国家出版基金资助项目

中国刑事法制建设丛书·刑事诉讼系列　总主编　陈国庆　孙茂利

侦查监督制度理论与实践

张翠松　著

中国人民公安大学出版社
·北　京·

图书在版编目（CIP）数据

侦查监督制度理论与实践／张翠松著．—北京：中国人民公安大学出版社，2012.8

（中国刑事法制建设丛书／陈国庆，孙茂利主编．刑事诉讼系列）

国家出版基金资助项目

ISBN 978-7-5653-0960-1

Ⅰ.①侦…　Ⅱ.①张…　Ⅲ.①侦查-司法监督-中国　Ⅳ.①D926.34

中国版本图书馆 CIP 数据核字（2012）第 198603 号

中国刑事法制建设丛书·刑事诉讼系列　总主编　陈国庆　孙茂利

侦查监督制度理论与实践

张翠松　著

出版发行：中国人民公安大学出版社
地　　址：北京市西城区木樨地南里
邮政编码：100038
经　　销：新华书店
印　　刷：北京蓝空印刷厂

版　　次：2012 年 8 月第 1 版
印　　次：2012 年 8 月第 1 次
印　　张：17.75
开　　本：787 毫米×1092 毫米　1/16
字　　数：348 千字

书　　号：ISBN978-7-5653-0960-1
定　　价：41.00 元

网　　址：www.cppsup.com.cn　　www.porclub.com.cn
电子邮箱：zbs@cppsup.com　　zbs@cppsu.edu.cn

营销中心电话：010-83903254
读者服务部电话（门市）：010-83903257
警官读者俱乐部电话（网购、邮购）：010-83903253
公安业务分社电话：010-83905641

本社图书出现印装质量问题，由本社负责退换

本书咨询电话：（010）63485228　63453145

中国刑事法制建设丛书·刑事诉讼系列

编　　委　　会

前　言

刑事诉讼法律制度的健全和完善是建设法治国家的重要保障。跨入新世纪以来，随着我国经济社会发展和人权保障观念的日益深入人心，对刑事诉讼理论与实践运行问题的研究日益呈现繁荣的景象。许多研究者本着对刑事法制建设的高度社会责任感，投身于刑事诉讼理论与实务的研究，为刑事诉讼立法的完善提供了理论支持，也为司法工作者严格、准确执行法律提供了理论指引，使公正程序为实体正义的实现提供保障。

受国家出版基金资助，中国人民公安大学出版社启动了《中国刑事法制建设丛书》出版项目，将“刑事诉讼系列”作为丛书的重要组成部分。为了给广大从事刑事诉讼法学研究的专家学者提供一个高层次的交流平台，也使广大读者系统和全面地获取刑事诉讼理论和实践研究的成果，本丛书力求兼顾以下几方面特点：

第一，本丛书入选书目的内容全面覆盖从立案、侦查、提起公诉到审判和执行的各个诉讼阶段中的重要诉讼法律制度。本丛书对理论研究和司法实践中的热点问题予以充分关注，尤其是对管辖、证据、司法鉴定、强制措施适用、刑事被害人权利保障、刑事和解等方面的难点问题进行研究，力求从多角度提供更具可操作性的制度选择方案。在信息化时代，刑事诉讼法律制度必须对科学技术迅猛发展背景下的电子证据的收集、保全、证据规则、DNA 生物证据的运用等前沿问题作出回应，本丛书也吸纳了一批介绍国外先进经验，探讨新时期程序法运行中的新问题的具有开创性的作品。

第二，本丛书的出发点是在现行的刑事诉讼法律制度基础上，深入探寻刑事诉讼的基本原理、基本规律和价值取向，以期对刑事诉讼立法的完善起到参考作用，帮助广大司法工作者正确理解法律精神，在办案过程中准确解释法律。为此，本丛书选择了一批对我国现行的刑事诉讼法律及司法解释的制定背景、具体内容进行详细解读，进而研究实践操作中存在的问题并提出解决方案的著作。希望这些研究成果能直接服务于刑事诉讼立法和司法工作，尤其是对公检法机关的司法工作人员规范执法、提高办案质量发挥指导作用。

第三，本丛书由最高人民检察院、公安部等长期从事业务指导工作的专家担任总主编，选择了具有前瞻性、独创性、实用性和建设性的刑事诉讼领域的优秀研究成果收入本丛书。

希望在国家出版基金的资助下，《中国刑事法制建设丛书》为我国的刑事法治建设发挥积极的推动作用。

由于时间仓促，疏漏之处在所难免，欢迎广大读者批评指正。

中国刑事法制建设丛书·刑事诉讼系列编委会

2011 年 2 月

目 录

上篇 制度理念篇

下篇 制度运行篇

导 言

一、问题提出

"犯罪"，虽然不同时期的法律赋予其不同的内涵与外延，但它一直相伴于人类文明社会左右。犯罪活动扰乱了国家所要维系的社会秩序，侵蚀了社会文明的健康肌体，被视为文明社会的"顽疾"。为了惩治犯罪，国家创设了警察、刑罚、监狱，侦查亦随之应运而生。千百年来，侦查以查明犯罪真相为天职，被视为犯罪的"天敌"和"克星"。正如台湾学者林钰雄教授所言："古今中外，发现刑事案件之真相，被视为刑事审判想当然的目的。"为了达到此目的，人类曾经使用了各种手段，从所罗门式的威胁欺诈到令人惨不忍睹的刑讯逼供。这种不择手段、不问是非及不计代价的真实发现是刑事诉讼中实体价值观的真实体现，也是古代刑事诉讼制度的典型特征。"若谓启蒙的刑事诉讼法与过去有何不同，或许是'三不'的界限：刑事诉讼法禁止不择手段、不问是非、不计代价的真实发现！"① 摒别"三不"，禁止刑讯逼供，对具有侵略性和扩张性的侦查权进行控制和约束逐渐成为现代各国刑事诉讼的基本理念之一，也是现代文明法治国家的基本特征。但各个国家在理念上的共识和一致并不代表实践中具体制度设计的无差别性，因各国的法律文化传统、政治权力结构以及诉讼模式的不同，作为控制和约束侦查权的侦查监督制度在世界各国呈现出多样性的面相。

从宽泛的意义上来说，对侦查的监督或控制可以通过多种方式实现。这些方式既包括来自刑事诉讼体制内部的检察机关的侦查监督和人民法院的审判监督，② 也包括来自刑事诉讼体制外部的其他国家机关的监督，还包括来自社会和普通民众的舆论压力以及具体个案的控告、申诉。在英国、丹麦、瑞典等国还设有专门的警察投诉部门，我国香港特别行政区也设有独立的警察投诉处。此外，

① 林钰雄著：《刑事诉讼法》，中国人民大学出版社2005年版，第3页。

② 参见马静华：《侦查权力的控制如何实现——以刑事拘留审批制度为例的分析》，载《政法论坛》2009年第5期。

侦查机关自身内部的行政管理和规章纪律也是对侦查活动进行监督、控制的重要方面。当然，除了上述几种主要的监督、控制措施外，任何国家均有可能根据该国社会之特殊境况，采行其他一些控制手段。例如，党纪的教育和惩戒、宗教教义的规训、道德和伦理的评判、行政纪律程序的制裁、刑事法律的制裁等手段。这些都可能对侦查活动发挥控制作用。① 从世界许多国家的实际做法来看，为防止侦查权的滥用，目前主要有以下几种限制和约束侦查权的方式：

（1）法律保留原则，即对侦查机关在侦查过程中能够行使的权力通过立法加以明确规定，其目的在于使侦查机关能够完全按照法律的规定进行执法，做到有法可依；同时，也使相对人能够清楚地了解侦查机关的权力范围，以便在侦查机关滥用权力时加以反对。②

（2）程序法定原则，即要求侦查机关进行刑事诉讼活动必须严格遵循法定程序。如果在法定程序之外开展侦查活动，则侦查行为原则上应属无效，所收集的证据原则上也应予以排除。③

（3）侦查机关内部自上而下的监督。这是从侦查机关的行政属性以及警察组织管理的角度进行的约束。目前，世界各国对于侦查的组织体制可以分为集中式侦查体制和分散式侦查体制。所谓集中式侦查体制，是指全国各级警察机关上令下从，统一归属中央警察机关领导和指挥的侦查体制。而分散式侦查体制则刚好相反，是指各级警察机构分属地方政府领导，中央和地方各级警察机构之间没有严格隶属关系的侦查体制。但无论是集中式侦查体制还是分散式侦查体制，在侦查机关内部形成隶属关系的上下级之间，在特定的侦查机关内部，一般都强调上令下从、统一高效的行政管理制度。这种管理活动包含了事先的职业素质培训，伦理道德教育，执法过程中的严格管理和程序约束，以及对于不服从行政管理的人员的纪律处分、内部惩戒。④

（4）对侦查权的司法审查。其主要包括事前的司法授权和事后的司法救济两个方面。事前的司法授权，即令状原则，这是西方法治国家普遍采用的对侦查权的规制方式。之所以要司法授权，一个重要的理由是“强制侦查的批准权从法律性质上看，总体上应当属于司法裁判权的范围，不属于侦查、起诉机关的固有权限。因而，它不能由承担追诉职责的公安、检察机关自行决定针对相对人行

① 但伟、姜涛：《侦查监督制度研究——兼论检察引导侦查的基本理论问题》，载《中国法学》2003 年第 2 期。

② 徐美君著：《侦查权的运行与控制》，法律出版社 2009 年版，第 166 页。

③ 毛立新著：《侦查法治研究》，中国人民公安大学出版社 2008 年版，第 83 页。

④ 但伟、姜涛：《侦查监督制度研究——兼论检察引导侦查的基本理论问题》，载《中国法学》2003 年第 2 期。

使。如果侦查、起诉机关自行掌握着强制侦查的批准决定权，那么本来公正、中立的裁判权将会沦为追诉权的附属品”①。事后的司法救济，即允许公民在侦查行为结束后，针对侦查中的违法行为向法院提起诉讼，申请司法救济，由法院审查该行为是否无效或违法等。侦查权作为行政权，受到司法权的审查和监督，符合权力的一般原理。

（5）对侦查权的检察监督。这是目前在我国实行的一项独特的侦查监督制度。该制度源于前苏联的立法模式，由作为国家法律监督机关的人民检察院负责对侦查机关的活动实施法律监督。

（6）公民个人的监督。来自公民个人的监督方式可以区分为一般的非法律性申告和司法救济两种。前者在任何社会都是经常的、主要的形式，因为其简单、直接、经济。申告既可以是向行使侦查权的个人提出，要求其给予公正、人道的待遇，尊重公民应有的权利；也可以向对直接侦查人员具有领导权的主体提出，请求其敦促侦查人员纠正、约束自己的行为。来自公民个人的监督，可以采取的最终解决途径就是寻求司法救济。在现代法治国家中，任何冲突或者纷争都应以能够得到司法救济作为最终的解决方式，除非国家以立法的形式事先将某一事项予以排除。侦查人员和侦查机关作为政府的重要组成部分，可能发生与公民之间的直接冲突和对立，当双方争执激烈、无法通过行政的方式妥善处理时，这种冲突与对立的最终解决亦需在司法制度之中求得实现。这时，公民作为侦查行为相对人，对于直接涉及其权利的事项则可以通过司法诉讼的方式实现其监督的权利。当然，在世界许多国家实行的审讯时犯罪嫌疑人律师在场制度以及犯罪嫌疑人的家属和近亲属在犯罪嫌疑人被羁押和逮捕期间有权探视的制度，也都属于公民个人的监督方式。②

以上六种对侦查权监督制约的方式，既有立法层面的法律保留原则，也有司法层面的程序法定原则；既有侦查机关的内部监督制约，也有法院、检察机关对侦查机关的外部监督制约；既有公民个人权利对侦查权的限制、制约，也有权力（司法权、法律监督权）对侦查权的监督制约。可以说这六种方式互相结合构筑了一张对侦查权防护、规制的网络。归纳起来共有四种模式，即以法限权模式、内部监督模式、权力制约权力模式和权利制约权力模式。（详见表 0 - 1）

① 龙宗智主编：《徘徊于传统与现代之间——中国刑事诉讼法再修改研究》，法律出版社 2005 年版，第 187 页。

② 但伟、姜涛：《侦查监督制度研究——兼论检察引导侦查的基本理论问题》，载《中国法学》2003 年第 2 期。

表0－1　世界各国对侦查权监督制约的几种模式

<table>
<tr><th>序号</th><th>模式类型</th><th colspan="2">具体内容</th></tr>
<tr><td rowspan="2">1</td><td rowspan="2">以法限权模式</td><td colspan="2">法律保留原则</td></tr>
<tr><td colspan="2">程序法定原则</td></tr>
<tr><td>2</td><td>内部监督模式</td><td colspan="2">侦查机关内部的监督和管理</td></tr>
<tr><td rowspan="3">3</td><td rowspan="3">权力制约权力模式</td><td rowspan="2">司法审查原则</td><td>事前令状原则</td></tr>
<tr><td>事后司法救济原则</td></tr>
<tr><td colspan="2">检察监督原则</td></tr>
<tr><td>4</td><td>权利制约权力模式</td><td colspan="2">以公民个人（被告人、犯罪嫌疑人及其律师）的权利制约侦查权</td></tr>
</table>

在上述六种方式中，第一种和第二种方式目前在世界各国普遍存在，是侦查法定原则的体现和延伸。第三种方式对侦查权的内部监督属于权力内部的自我约束和控制机制，这种控制和约束方式属于行政权的内部管理范畴而无法体现刑事诉讼的特点，其有效性有限，这种方式虽在各国普遍存在，但不属于本书研究的重点。第六种方式属于以权利制约权力的模式，这种理念和原则被各个国家普遍采用，但由于诉讼模式、侦查技术以及法治发展水平的不同，个人（被告人、犯罪嫌疑人）权利的范围差别很大。[①] 第四种及第五种方式属于以权力制约权力的模式，这是启蒙思想家留给我们的政治遗产。[②] 这种制度模式的理论出发点是"权力就其本质而言是邪恶的，而不论权力的行使者是谁"。[③] 正如英国上议院大法官丹宁勋爵所说："每一社会均须有保护本身不受犯罪分子危害的手段。社会必须有权逮捕、搜查、监禁那些不法分子。只要这种权力运用适当，这些手段都是自由的保卫者。但是这种权力也可能被滥用，那么任何暴政都要甘败下风。"[④]

---

① 对侦查权进行限制和约束的个人权利主要包括犯罪嫌疑人（被告人）的沉默权、律师在侦查阶段的帮助权等。沉默权目前在西方法治国家普遍存在，律师帮助权主要包括会见权、阅卷权、侦查阶段的在场权等，目前律师在侦查阶段的帮助权的范围在各个国家差别较大。参见樊崇义主编：《刑事审前程序改革实证研究——侦查讯问程序中律师在场（试验）》，中国人民公安大学出版社2006年版，第130～164页。

② 孟德斯鸠说："一切有权力的人都容易滥用权力，这是万古不易的经验，有权力的人们使用权力一直到遇有界限的地方才休止。""要防止权力滥用，就必须以权力约束权力"。[法] 孟德斯鸠著，张雁深译：《论法的精神》（上册），商务印书馆1987年版，第154页。

③ M. D. H. Reflections on History. London，1903，P86.

④ [英] 丹宁勋爵著，李克强、杨百揆、刘庸安译：《法律的正当程序》，法律出版社2011年版，第109页。

从人类政治发展史来看，没有监督制约的权力是危险的，没有权力的监督制约是无效的，两者都容易导致权力滥用和权力腐败，因此，以权力监督制约权力的模式也成为各国司法制度实践中最常见、最有效的权力制约方式。

通过上述对侦查权监督与规制方式的梳理，我们可以看出，各个国家的侦查监督制度虽然有不少共同点，但制度设计的差别也十分明显，侦查监督制度的内涵和外延在不同国家呈现出多样的面相。决定这种制度多样性的关键在于对侦查权监督的限度和平衡点的不同。因为侦查监督制度的实质是在侦查的正当性与法对犯罪的控制之间寻求平衡、在社会公共秩序和安全的价值与公民个人权利自由的价值之间寻求平衡。那么，这种限度和平衡点究竟应在哪里呢？决定侦查权规制与监督模式不同的因素有哪些呢？各国侦查监督模式选择的背后包含或隐藏着怎样的政治、经济与文化逻辑呢？带着这样的问题，笔者对侦查监督制度进行了研究。

本书对侦查监督制度的研究试图采用规范分析、经验研究和理论反思三位一体的思路，遵循制度现状描述－制度解释分析－制度应然模式设计的路径对刑事诉讼中的一个基本制度——侦查监督制度进行系统、立体、全景式的描摹与分析。其中，对侦查监督制度的现状描述，既有对现存侦查监督法律制度的静态规范分析，也有对制度运行的动态描述；既研究“书本上的法”，又研究“行动中的法”；既研究侦查监督制度的“规范表达”，又研究侦查监督制度的“运作实践”。通过对“表达”与“实践”① 之间的流转反复，试图勾勒出侦查监督的全貌，在此基础之上反思中国侦查监督制度存在的问题，并提出中国侦查监督制度法治化、合理化的改革路径。

二、概念界定

（一）概念展示

人类之所以创造出概念，就是为了满足人自身表达的需要和人与人之间交流的需要。人是生活在“意义之网中的动物”。人与事物（事态）的意义或有效性，是通过主体间的认同而达成的，因而需要有一种基础性的共同背景来促成主体间的理解，对于抽象于生活世界的概念需要在一种共同背景下的解释性认知来加以完成。因此，科学研究的首要任务便是对概念进行分析，清晰地理解和界定

① “表达”与“实践”是美国加州大学洛杉矶分校黄宗智教授在《清代的法律、社会与文化：民法的表达与实践》一书中首先使用的一对概念。这里的“表达”，主要是指法律条文或制度规范，有时也包含国家官方意识形态话语中关于法律的“宣传和说教”。“实践”，主要是指法律制度的具体运作实施。参见［美］黄宗智著：《清代的法律、社会与文化：民法的表达与实践》，上海书店出版社2007年版。

概念是学术研究的起点和逻辑前提。正如当代美国人类学家E. 霍贝尔教授在其代表作《原始人的法》一书中所说："一个探索者在任何领域的工作总是从创造该领域中有用的语言和概念开始。'语言和我们的思想是不可分割地交织在一起，在某种意义上，二者是同一的'。开始工作时，人们总是企图把新思想装入原有的语言框架中。但当他扩大了知识领域或加深了某一观点时，他必然发现旧词的意义实际已经变更，或者新词已从新现象中被锤炼出来。而这些概念同旧概念所包含的意义是大不一样的。新的事实和新的思想总是在召唤着新的词汇。实际上科学工作者也是一个教师，他们总是以熟悉的措词以似乎更好的方式在表达着自己的思想，假如这不影响事实及其意义的真实性的话。因此，在任何法律的研究中理想的情况是法理学在尽可能的限度内同时创造词汇和概念。"① 本书的研究也是从对侦查监督概念的界定开始的。

侦查监督，顾名思义是对侦查权的约束和控制。这种对侦查权进行约束和控制的制度由来已久，当今世界各国也普遍存在着某种或某些形式的侦查监督制度，应当说人们对这个制度并不陌生。但对于侦查监督的具体含义和确切类型却没有达成约定俗成的共识，这给研究侦查监督带来了巨大的障碍。笔者认为，研究侦查监督首先要厘定的就是侦查监督的概念。作为至关重要的一级，侦查监督概念的明确是我们进行逻辑推理从而最终得出正确判断的基石。正如E. 博登海默先生所言："概念乃是解决问题所必需的和必不可少的工具，没有限定的专门的概念，我们便不能清楚地和理智地思考法律问题。没有概念，便无法将我们对法律的思考转变为语言，也无法以一种可以理解的方式把这些思考传达给他人。"② 只有在准确的概念体系之下，理论的探索才变得有意义。笔者通过梳理，认为目前国内学界对于侦查监督概念的理解主要有以下六种观点：

第一种观点认为，侦查监督就是人民检察院对公安机关的整个刑事侦查工作实行监督，它既包括对侦查机关的侦查活动是否合法进行监督，也包括对侦查机关侦查的案件是否符合审查逮捕、审查起诉的条件进行监督。审查逮捕、审查起诉和侦查活动监督三个方面都是侦查监督的内容。③

第二种观点认为，侦查监督是一种行政监督，它是以公安机关为主体的一种行政内部监督。④ 公安系统内部大多赞同此观点。

---

① ［美］E. 霍贝尔著，严存生等译：《原始人的法》，贵州人民出版社1992年版，第17页。

② ［美］E. 博登海默著，邓正来译：《法理学：法律哲学与法律方法》，中国政法大学出版社1999年版，第486页。

③ 参见贺恒扬著：《侦查监督论》，河南大学出版社2005年版，第12页。

④ 参见龙荼花：《论我国公安机关内部侦查监督机制》，西南政法大学硕士学位论文，2011年。

第三种观点认为，侦查监督就是对侦查过程中使用的强制措施的监督。

第四种观点认为，侦查监督就是对侦查机关的违法活动进行监督的简称，主要是指人民检察院在审查逮捕和审查起诉过程中对侦查机关的活动是否合法实行的监督。我国出版的法学词典大都采纳这一观点，如《法学词典》（增订版）对于“侦查监督”的定义是“检察机关对公安机关的侦查活动是否合法实行的监督。”《诉讼法大辞典》对于“侦查监督”的定义是“指我国人民检察院依法对公安机关（包括国家安全机关）的侦查活动是否合法进行的监督。”①

第五种观点认为，侦查监督是检察机关法律监督职能的重要组成部分，其内涵主要包括检察机关侦查监督部门的“三项职责”，即审查逮捕、立案监督和侦查活动监督。②

第六种观点认为，侦查监督是拥有独立司法监督权的司法机关为控制犯罪、保障人权，运用司法监督权，采取书面或者言辞的方式，对侦查程序的始末以及强制性侦查措施和强制措施进行的独立司法审查，目的是实现对侦查机关立案活动、强制性侦查措施的使用情况以及侦查程序的合法性、适当性进行公正、独立的引导和控制。③

（二）观点评述

上述各种对侦查监督概念的界定，虽然都有其合理性，但也存在一定的不足。第一种观点主要是基于我国目前的立法实际对侦查监督概念作出的界定。《中华人民共和国宪法》（以下简称《宪法》）第129条规定：“中华人民共和国人民检察院是国家的法律监督机关。”2012年《刑事诉讼法》第8条规定：“人民检察院依法对刑事诉讼实行法律监督。”第98条规定：“人民检察院在审查批准逮捕工作中，如果发现公安机关的侦查活动有违法情况，应当通知公安机关予以纠正，公安机关应当将纠正情况通知人民检察院。”第168条规定：“人民检察院审查案件的时候，必须查明……（五）侦查活动是否合法。”《中华人民共和国人民检察院组织法》（以下简称《人民检察院组织法》）第5条规定：“各级人民检察院行使下列职权……（三）对于公安机关侦查的案件，进行审查，决定是否批捕、起诉或者免予起诉；对于公安机关的侦查活动是否合法，实行监督……”以上这些法条是我国现行法律对人民检察院侦查监督职权的法律规定。第一种观点的概念界定主要就是依据这些现行法律的规定。这一概念虽然明确了侦查监督的主体，但是对于侦查监督的目的、对象和手段都缺乏相应的阐述。更重要的是，这一观点缺乏对概念本质属性的抽象而仅仅是对现行立法的简单提

① 徐益初：《侦查监督理论与实践若干问题探析》，载《政法论坛》1995年第6期。

② 杨振江：《侦查监督工作三十年回顾与展望》，载《人民检察》2008年第23期。

③ 李虎桓：《侦查监督概念论析与构建》，载《犯罪研究》2005年第4期。

炼，这无论是对于理论研究还是诉讼实践都是不够的。

第二种观点把侦查监督的视角仅仅局限于侦查机关的内部监督和管理上。这种内部监督论的有效性是建立在自律的基础之上的，且不说这种监督是否真正有效，就算有效，它也不会产生外部监督所具有的公信力。因为自己作自己的法官，即使裁决正确也同样让人怀疑。

第三种和第四种观点的缺陷都在于对侦查监督对象的片面理解。第三种观点把侦查监督的对象仅仅理解为侦查过程中使用的强制措施，而实际上这些只是侦查的一小部分。侦查过程中可能影响到公民利益的手段除了拘留、逮捕等强制措施外，还包括强制性侦查措施，如询问证人（一般理论认为是任意性侦查措施，除有关强制作证的询问）、现场勘验（对私人场所）、人身检查、强制取样、搜查、查封、扣押、鉴定和大量秘密侦查手段（监听、监拍、秘密录像、卧底等）。根据现代诉讼理论，一切可能影响到公民基本权利的国家行政手段、措施都应当受到权力的监督。所以侦查监督概念中理应包含强制性侦查措施。第四种观点把侦查监督仅仅理解为对侦查机关的违法活动进行的监督是不够的，按照我国现行法律的规定，“人民检察院对于公安机关侦查的案件，进行审查，决定是否批捕、起诉或者免予起诉”，这实际上也是对侦查权的监督。

第五种观点的界定主要根据我国目前侦查监督部门的工作职能。这种概念具有明显的“部门主义”倾向，实际上就是按照我国目前的立法规定和检察机关各个部门的职责划分（也不仅仅只有侦查监督部门履行侦查监督职能，还包括公诉部门）。

第六种观点是目前笔者查阅到的对侦查监督概念比较准确和全面的界定，对侦查监督的主体、目的、方式、对象等各关键因素一一涉及。但笔者认为，该观点把侦查监督的主体仅仅限定为拥有独立司法监督权的司法机关未免有些偏颇。笔者在前述梳理各国侦查监督的方式（模式）时发现，侦查监督的主体实际上非常广泛，既有公民个人（主要是被告人和犯罪嫌疑人）也有司法机关（法院），既有媒体等社会权力也有作为国家专门法律监督机关的检察机关，如果不考虑权利限制权力的模式，就算是以各国普遍存在的权力制约权力模式来说，侦查监督的主体除了拥有独立司法监督权的司法机关外还包括国家法律监督机关（或护法机关）的检察机关。虽然现在学界对检察机关的性质有争议（有学者认为它也是司法机关）①，但检察机关的侦查监督模式与西方国家法院的司法监督模式具有明显的不同，这也被认为是中国侦查监督模式的独特性所在。因此，笔者认为，侦查监督的主体应界定为拥有独立司法监督权的司法机关或法律监督机关（检察机关）。

---

① 参见陈永生：《论检察机关的性质》，载《国家检察官学院学报》2001 年第 2 期。

综上，笔者认为，侦查监督，是指拥有独立司法监督权的司法机关或国家法律监督机关（检察机关），为控制犯罪、保障人权，运用司法监督权，采取书面或者言辞的方式，对侦查程序的始末以及强制性侦查措施和强制措施进行的独立司法审查，目的是实现对侦查机关立案活动、强制性侦查措施的使用情况以及侦查程序的合法性、适当性进行公正、独立的引导和控制。

三、研究现状

如果把整个刑事诉讼程序比做一座大厦，侦查程序则如同这座大厦的地基，而侦查监督制度是决定这座大厦的地基是否牢固的关键。与侦查监督制度的重要地位相比，我国对侦查监督问题的研究却未给予应有的关注和重视。长期以来，在刑事诉讼理论的研究过程中，刑事审判程序一直备受学界的青睐，无论是在审判理论研究还是在审判方式改革方面均取得了令人瞩目的成就。近些年来，虽然由于人权保障的呼声日益高涨以及侦查程序中发生的刑讯逼供、超期羁押、违法取证等程序违法、侵犯人权的事件触目惊心、发人深省，诉讼法学界已经有越来越多的学者加强了对侦查程序以及刑事审前程序的关注和研究，但从现有的文献来看，对侦查监督制度做专门研究的并不多。按照巩富文博士在2010年时的统计，我国检察制度恢复重建30年来，先后有20部著作设有侦查监督内容的专章、节或专题，5部业务培训教程、5部实务指导用书、1部论文集对侦查监督问题进行实务研究。[①] 除了上述统计的研究资料外，与侦查监督制度相关的文献还包括对于立案监督、审查批捕制度、侦查活动监督以及检警关系等的研究。据笔者的统计，截至2012年2月7日，在中国期刊网上有关这些问题的文章有200余篇，其中包括有关立案监督的硕士学位论文11篇；有关侦查活动监督的硕士学位论文2篇；有关检警关系的硕士学位论文32篇；有关逮捕制度的硕士、博士学位论文及专著80余篇。从这些数字我们可以看出，除了逮捕制度外，学界对侦查监督制度的研究还显得比较薄弱，且大多数研究是司法实务部门的同志，结合从业经验，针对侦查监督制度中的某一问题进行零散的对策建议型研究，只有简单的知识增量，而没有理论的推进。在总体研究水平不高的情况下，以下对侦查监督制度相关问题的研究比较有代表性，是本书研究的学术起点，主要包括：

（1）孙谦博士的《逮捕论》（中国政法大学博士学位论文，2001年）。[②] 该

---

① 以上研究文献的统计参见巩富文：《中国侦查监督制度研究》，中国政法大学博士学位论文，2010年。

② 孙谦博士在该博士学位论文基础上，2001年由法律出版社出版了同名书籍《逮捕论》。

书通过对逮捕的概念、本质、特征、逮捕与犯罪、逮捕与刑罚、逮捕与人权保障辩证关系的分析，对逮捕的相关理论体系进行了全面的改造和建构。

（2）郭松博士的《话语、实践与制度变迁——中国当代审查逮捕制度实证研究》（四川大学博士学位论文，2008 年）。[①] 该书通过扎实的实地调查，采用多学科的视角，对审查逮捕制度的运作进行深度描述，并在此基础上分析在现代性的背景下逮捕制度如何转型。

（3）种松志博士的《检警关系论》（中国政法大学博士学位论文，2006 年）。[②] 该书从检警关系的历史、检警关系的定位、检警关系理论基础、检警关系的构成、影响检警关系因素等几个方面对检警关系进行了深入全面的阐释。

（4）巩富文博士的《中国侦查监督制度研究》（中国政法大学博士学位论文，2010 年）。[③] 该书分为上下两篇，对侦查监督的概念与特点、原则及其体系、制度设计依据等基本理论以及刑事立案监督、侦查行为监督、强制措施监督、职务犯罪侦查监督等侦查监督制度的重要组成部分进行微观分析。该书是笔者目前所能检索到的唯一一部比较系统、深入研究侦查监督制度的著作。

另外，英国学者杰奎琳·霍奇森的《警察、检察官与预审法官：法国司法监督的理论与实践》[④] 一文，在观察访谈与问卷的基础上，对法国侦查监督制度的法律规定和日常运作实际进行分析，发现法国的司法监督制度在实际运行中受各种制度环境的约束与法律规定并不完全一致，外国侦查监督制度同样存在“表达”与“实践”之间的背离。杰奎琳·霍奇森的研究拓宽了我们对域外侦查监督制度的认识。长期以来，通过学者翻译的刑事诉讼法及外国刑事诉讼程序，我们了解到的更多的是纸面上的“检警一体、检察指挥引导侦查”，而不是侦查监督制度运行的实然状态，这启示我们，侦查监督制度“表达”与“实践”之间的差距不是中国侦查监督制度的独有特征，而是世界各国侦查监督制度运行的共通之处。

四、研究方法

“方法”一词来源于希腊语，具有“沿着”和“道路”的意思。语义学的解释是“按照（沿着）某种途径（道路）”，因此，最粗浅的理解，是实现目的

---

① 该论文作为《中国刑事诉讼运行机制实证研究（四）——审查逮捕制度实证研究》，于 2011 年 9 月由法律出版社出版。

② 种松志在该博士学位论文的基础上，2007 年由中国人民公安大学出版社出版了同名书籍《检警关系论》。

③ 参见巩富文：《中国侦查监督制度研究》，中国政法大学博士学位论文，2010 年。

④ ［英］杰奎琳·霍奇森著，朱奎彬、廖耘平译：《警察、检察官与预审法官：法国司法监督的理论与实践》，载《中国刑事法杂志》2010 年第 2 期。

的手段和中介。在法学领域，学者们一般认为方法有两个层面的含义：方法论和具体的研究方法。[①] 所谓方法论，是“把某一领域分散的各种具体方法组织起来并给予理论上的说明”。[②] 所谓具体的研究方法，是从事研究的计划、策略、手段、工具、步骤以及过程的总合，是研究的思维方式、行为方式以及程序和准则的集合。一般认为，研究方法有三个层面的表现：一是方法论层面，即指导研究的思想体系；二是研究方法或方式，即贯穿于研究全过程的程序与操作方式；三是具体的技术和技巧，即在研究某一个阶段使用的具体工具、手段和技巧等。[③]

对于研究者而言，研究方法非常重要，他必须了解可供选择的方法，并根据研究问题的特性和研究目的来决定采用何种方法以实现研究的有效性。但是我们也应看到，仅有或仅懂得研究方法是不够的，拉德布鲁赫教授曾言：某一学科如果过分沉溺于方法论，那么这个学科就可能是“有病的科学”。[④] 方法是为问题服务的，问题决定方法，没有问题就没有方法，决定采取何种研究方法的关键是研究问题的特性以及通过研究所要达到的目的。对于本书的研究而言，笔者试图对刑事诉讼中的一个基本制度——侦查监督制度进行全方位、多角度的研究，既包括对中国历史上的侦查监督制度进行分析，也包括对西方法治国家的侦查监督制度进行比较研究；既关注中国侦查监督制度的“规范表达”，也关注中国侦查监督制度的“运作实践”。因此，本书的研究采用了多种研究方法的综合。

（一）研究的方法论

对于本书的研究而言，所采用的最根本的方法论是马克思主义哲学的方法论，即历史唯物主义。马克思、恩格斯所创立的历史唯物主义是我们研究社会历史现象的世界观和方法论，而科学地揭示了法的本质和发展规律的历史唯物主义法律观是历史唯物主义理论在法学研究领域的具体体现。这一法律观的实质在于从社会的经济基础来把握法律现象的本质，它的核心命题是法以社会为基础。法律应该是社会共同的、由一定物质生产方式所产生的利益和需要的表现。[⑤] 历史唯物主义的法律观是从法律与社会的相互作用去发现法律的功能和运行机制，从生产力和生产关系、经济基础和上层建筑的矛盾运动中，去寻找法律变迁的内在规律，认识法律在社会变迁中的作用，以及从法律与经济、政治、思想文化等社

① 樊崇义、夏红：《刑事诉讼法学研究方法的转型——兼论在刑事诉讼法学研究中使用实证研究方法的意义》，载《中国刑事法杂志》2006 年第 5 期。

② 张文显主编：《法理学》，高等教育出版社、北京大学出版社 1999 年版，第 56 页。

③ 参见陈向明著：《质的研究方法与社会科学研究》，教育科学出版社 2000 年版，第 5 页。

④ 林来梵：《宪法学的方法与谋略》，载华中大法律网。

⑤ 参见赵震江主编：《法律社会学》，北京大学出版社 2001 年版，第 73 页。

会要素的相互关系中，去发现法律发挥实际作用的社会环境条件。

本书的研究遵循了结构功能主义的研究方法。从孔德 1822 年创立社会学以来，人们开始用科学的方法研究社会，把社会看做是通过理性研究就可以认识的事实。从此，实证主义成了指导法社会学研究的方法论。在本书的研究中，将社会、法律作为可研究、可认识的事实对象，同时，秉承结构功能主义的观点，将法律置于其社会背景之中来研究法律的生成、运作、实施，并根据法律在社会中发挥的作用和影响来研究法律与社会的互动。认为法律本身是由各个不同要素相互联系所组成的一个有机整体，每个要素都对其他要素从而对整个法律体系的稳定和变化产生相应的作用，各个要素都各具其特点及功能，通过相互作用而成为一个系统。法律的产生过程是由多种构建力量共同作用的结果。它们中的有些因素是通过事先计算确定的，而对有些因素则只能通过事后的校正。这些因素相互适应、相互妥协，通过其固有的结构性的共同作用，最终形成了“法律生活”。不是每个法官通过其判决促成了法律，而是法制社会中在每一历史时刻发挥着约束作用的法律，它们是促使整个集体制度和整体结构发挥作用的基础。[①]

（二）具体的研究方法

1. 注释法学研究方法

注释法学研究方法,[②] 即从文字上和逻辑上对法律条文和法律制度规范本身作出正确的解释。这是长期以来在我国法学界运用比较多的一种研究方法，尤其是在法学研究和法制建设恢复之初，老一辈学者肩负起了在历史断裂的情况下的学术复兴的责任。当时的刑事诉讼法学研究的主要任务是建立《刑事诉讼法》的基本框架、普及相关法律知识，采用的方法则主要是以注释研究为主，用陈瑞华教授的话讲就是“注释法学”曾兴盛一时。[③] 20 世纪 90 年代以后，法学界对注释法学的局限性和缺陷性进行了大规模的反思，中国刑事诉讼的研究（方法）也实现了顺利转型，由注释法学的“一枝独秀”走向了多种研究方法的“普遍开花”。虽然我们不鼓励在研究中仅仅采用“注释方法”，即只关注法律条文规

---

① ［德］托马斯·莱塞尔著，高旭军等译：《法社会学导论》（第四版），上海人民出版社 2008 年版，第 108 页。

② 北京理工大学的谢晖教授认为，规范分析的方法是法学领域独有的分析方法，其包括三种实证方法，即价值实证、社会实证和规范实证。谢晖教授所讲的规范实证研究方法与本书的注释法学研究方法的内涵相似。参见谢晖：《论规范分析的三种实证方法》，载《江海学刊》2008 年第 5 期。

③ 参见陈瑞华著：《问题与主义之间——刑事诉讼基本问题研究》（第二版），中国人民大学出版社 2008 年版，代序言第 5 页。陈瑞华著：《刑事诉讼的前沿问题》，中国人民大学出版社 2000 年版，第 38 页。

范，论证法律条文的正确性或者是正当性，但不可否认，注释法学研究方法仍然是法学研究中一种重要的方法。因为法律首先是一种规则体系，了解法律的制度规范现状是研究的基础。正如谢晖教授所言："法律既是一种人为的规定，同时它一旦产生，就是一种事实存在，是立法者通过主观能动加工而产生的自觉的、理性的事实。它是其他一切制度事实得以产生的前提和根据。没有规范事实，其他制度事实就是无源之水、无本之木，即使因为种种因素而存在，也只能昙花一现，难以维系长久。规范分析的主要使命，自然也要基于对规范事实的实证而展开。在规范分析中，特别是规范实证的内容，首先从认知规范事实的内容出发，并在此基础上对规范事实加工、归纳、整理、提升，发现规范事实中的普遍性因素，总结、提升为有关规范的法理。可以说，规范事实不仅是制度事实的前提，同时也是规范分析的前提。没有对规范事实的规范实证，其他规范分析范围内的实证——价值实证和社会实证就在学理上无从展开，在学理上缺乏针对性。"① 本书由于研究资料和精力所限，对中国古代的侦查监督制度和西方法治国家的侦查监督制度的研究多采用注释法学研究方法，即以制度规范条文为基础，也即仅仅关注"书本上的法律"。

2. 法社会学实证研究方法

法社会学实证研究方法就是将社会学、经济学、人类学、文化学等学科的实证研究方法运用到法学领域中。法社会学实证研究方法是法学研究的重要方法之一。"按照科学研究的一般规律，法学者对于法律问题应当像社会学家对待社会问题、经济学者对待经济问题那样，运用科学的方法进行分析、解释和预测。其中，运用精当的实证分析构成了社会科学的基本方法，也属于法学者分析、解释法律问题的基本手段。"② 实证研究是一种通过对研究对象大量的观察、实验和调查，获取客观材料，从个别到一般，归纳出事物本质属性的研究方法。③ 该方法注重对实践中的法律现象进行描述，从中发现问题、把握问题、解释问题，并在此基础上提出合理化和可操作化的改革路径。由于法社会学研究注重的不再是国家制定的法律规则，而是影响这种规则制定的各种社会学因素，因此，实证研究使得法学不再是生产和传播"纯粹的演绎知识"，而是累积在制度框架中行动者的知识，从而使得法律经验的累积成为可能，也使得更加务实的实用主义的审

① 谢晖：《法学研究的方法——规范实证分析》，载正义网。

② 陈瑞华：《刑事诉讼法学研究范式的反思》，载《政法论坛》2005 年第 3 期。

③ ［美］沃野：《论实证主义及其方法论的变化和发展》，载《学术研究》1998 年第 7 期。

判成为可能。[①] 实证研究方法在本世纪初期的刑事诉讼法学研究中开始勃兴，一时间甚至成为研究潮流，越来越多的刑事诉讼研究者开始认识到实证研究的重要性。[②]

实证研究方法对于法社会学的研究而言具有非常重要的意义，因为法社会学所研究的并不是作为规则体系或价值目标的法律现象，而是法律生活中的经验事实，是处于“行动中的法”而不是“书本上的法”，通过研究法律与社会之间的互动关系来解决法律在现实中的实施问题，它是在社会中研究法律，又通过法律来研究社会。因此，法社会学的论文需要对现实生活中大量存在的各种法律事实进行实态调查、经验累积和数据统计，进而把对一系列法治实践活动及其效果的理论研究建立在对事实材料进行严密论证分析的基础上。而要进行这种实践性很强的调查研究工作，就必然要求有科学的研究方法，如果没有科学的研究方法，研究者就会陷入寸步难行的境地。[③] 本书对中国侦查监督制度的各微观组成部分——立案监督制度、审查批捕制度、侦查活动监督制度的研究遵循的法社会学描述解释的分析路径，[④] 采取问卷调查、数据统计、深度访谈等实证研究方法对其

① ［美］理查德·A. 波斯纳著，凌斌、李国庆译：《法律、实用主义与民主》，中国政法大学出版社 2005 年版，第 1 页。

② 根据胡铭以人大复印资料《诉讼法学、司法制度》所转载的刑事诉讼法学的论文的统计数据可以发现，在 2005 年之前很少看到实证研究的文章，2006 年有大约 8% 的被转载文章采用了实证研究的方法，而 2007 年则共有 16 篇实证研究的文章被转载，约占到所有刑事诉讼法学被转载文章的 37%，并且开辟了“实证研究”专栏。2008 年则共有 14 篇，约占了所有刑事诉讼法学被转载文章的 33%。参见胡铭：《略论刑事诉讼实证研究方法——以经济学实证方法为借鉴》，载《清华法学》2011 年第 1 期。

③ 参见赵震江主编：《法律社会学》，北京大学出版社 2001 年版，第 43 页。

④ 笔者这里的解释是通则性的解释而不是个案式的解释。按照艾尔·巴比的划分，社会学上的解释包括个案式的解释和通则式的解释，个案式的解释的原因是相对完全的，而通则式的解释则是一个概率性的、通常是不完全的，在通则式的解释中，例外并不否定因果关系。例如，我们一贯发现在美国女性的宗教倾向比男性强，所以，性别可能是宗教虔诚的一个原因，尽管你的叔叔可能是一个宗教狂热者或者你知道一个女人是无神论者，但这些例外，并不否定总体性的因果模式。参见［美］艾尔·巴比著，邱泽奇译：《社会研究方法》（第 10 版），华夏出版社 2005 年版，第 90～91 页。

在日常实践中的运作予以“深描”[①]（Thick Description），以求在最大程度上接近侦查监督制度运作的真实面貌，在此基础上对侦查监督制度的复杂的社会意义和社会基础进行阐释。

3. 比较研究方法

比较研究方法是20世纪下半叶兴起的一种研究方法，其优势在于拓展和借鉴。在20世纪90年代中期以后的法学教材中，已经普遍地将比较研究方法列为刑事诉讼法学的研究方法。我国的刑事诉讼法学研究中大规模、普遍地应用比较研究方法是在1996年《刑事诉讼法》修改的前后。樊崇义、夏红教授曾对刊载于《法学研究》和《中国法学》上的有关刑事诉讼法学方面的论文所使用的研究方法进行了调查，结果显示：1994年发表的文章中有20%使用了比较研究方法，1995年使用该方法的比例增加到50%，在随后的年份中，除了1997年使用该方法的比例比较低外，直到2005年的其他年份中，使用该方法的比例基本上保持在40%以上，2001年甚至达到了77%。[②] 可见，比较研究方法在我国刑事诉讼法学研究中已成为了一种重要的研究方法。比较研究方法的盛行，一方面是由于学者们意图迅速打破“注释法学”统治的局面；另一方面，则是由于《刑事诉讼法》修改时面临的理论严重缺位问题。为此，学者们都不约而同地将目光投向西方法治发达国家，特别是对两大法系刑事诉讼模式和具体制度之比较渐渐成为一个新的思路。20世纪80年代末90年代初以来，介绍外国刑事诉讼理论和制度的著作日趋增多；在我国学者陈光中的主持下，西方主要国家的刑事诉讼法典相继被翻译成中文；采用比较研究方法的论文被大量发表，一时间可谓是汗牛充栋。[③] 本书的研究同样采用了比较研究方法，通过对西方法治国家（包括英、法、德、美、日等国）侦查监督的理念、原则、规则和制度的研究，为我国侦查监督制度的完善提供了宝贵的借鉴经验。

---

① 深描（Thick Discription），也称厚描，是美国人类学家克利福德·格尔茨（Clifford Greertz）在其著名论文《深描：迈向文化的阐释理论》中使用的一个重要概念，但“深描”这个概念并不是格尔茨的首创，而是借用吉尔伯特·赖尔的概念来表达作者对民族志的写作要求。格尔茨所说的“深描”，“就是从极简单的动作或话语着手，追寻它所隐含的无限社会内容，揭示其多层内涵，进而展示文化符号意义结构的复杂社会基础和含义”。参见格尔茨：《深描：迈向文化的阐释理论》，载［美］克利福德·格尔茨著，韩莉译：《文化的解释》，译林出版社1999年版，第3页。

② 樊崇义、夏红：《刑事诉讼法学研究方法的转型——兼论在刑事诉讼法学研究中使用实证研究方法的意义》，载《中国刑事法杂志》2006年第5期。

③ 参见胡铭：《略论刑事诉讼实证研究方法——以经济学实证方法为借鉴》，载《清华法学》2011年第1期。

4. 历史研究方法

历史研究方法是要从历史发展的角度研究某一社会现象的产生、发展、变化的规律。不了解历史，就无法透彻地理解现实，更无法预见未来。杜鲁门曾说："你不能预测未来的唯一问题，就在于你不了解历史。"侦查监督制度的发展同样如此，因为任何制度都不是凭空产生的，都是在一定的社会历史条件下逐渐形成发展起来的，可以说侦查监督制度是历史的产物。要把握现今的侦查监督制度就要从历史中探寻来源，分析影响其产生、发展、变化的因素，阐明其发展阶段和演变过程，从其历史发展过程中掌握规律，把握其历史变迁的动因，以期能够给我们今天的制度完善带来更多的启示。

上篇　制度理念篇

第一章　我国侦查监督制度的历史发展

历史性的认识只能这样才被获得，即在任何情况下都必须从过去与现代的连续性中考察过去——而这正是法律学家在其实际的通常的工作中所做的，因为法律学家的任务就是“确保法律的不可中断的连续性和保持法律思想的传统”。

——伽达默尔

任何一门社会科学——或任何一项深思熟虑的社会研究——都需要一种历史范围的构想与充分利用历史资料。

——C. 赖特·米尔斯

第一节　中国古代的侦查监督

中国史学界一般将1840年“鸦片战争”之前的历史时期称为“古代”，把1840年“鸦片战争”之后至“五四运动”的历史时期称为“近代”，把“五四运动”后的民国时期称为“现代”，把中华人民共和国成立后的时期称为“当代”。本节研究的虽然是中国古代传统的侦查监督制度，但并没有严格按照史学界的通常划分标准，而是以1906年作为划分时间点，将“古代”的时间向后做了延展。之所以选择1906年作为中国古代传统侦查监督制度的终点，理由有二：第一，1906年是中国司法体制全面改革的开始。“清光绪三十二年九月二十日，谕刑部改为法部，专任司法；大理寺改为大理院，专掌审判”，并规定“司法裁判，不受行政衙门干涉”。[1] 从此，在中国延续了几千年的行政权、司法权合一的传统格局得以改观。清政府随即拟定《大理院审判编制法》，该法采四级三审制，建立起自成一体的司法体制。虽然此时尚未在全国推行该新制度，但中国传

① 谢振民编著：《中华民国立法史》，中国政法大学出版社2000年版，第984页。

统刑事司法权配置的混沌状态从此被改变，侦查权、公诉权、审判权具有了独立的地位，迈出了现代转型的第一步，具有历史转折的意义。[①] 与此同时，中国传统侦查监督制度逐渐瓦解，一种不同于传统的现代侦查监督制度被大规模引入中国。第二，1906 年，清政府开始设置现代意义上的审判、公诉机构，大理院行使审判权，检察厅行使公诉权和侦查权。大理院在京直辖审判厅局包括京师高等审判厅、京师内外城地方审判厅和京师分区城谳局。各审判厅局均附设检察厅局，检察官负有侦查犯罪的法定职权，并有指挥调度司法警察从事侦查的权力，从此，检察官指挥调度司法警察的“检警一体化”侦查权监督限制格局得以初步确立。

在中国古代社会中，侦查权本质上是政治权力，是专制集权体制中君权的诉讼表达形式，是君主控制犯罪、维护社会秩序的一种治理工具。[②] 在这种“压制型”的政治社会中，中国传统的侦查权在“纠问式”的刑事诉讼模式下运作，侦查权依附于审判权，审判权则依附于行政权，侦查权、公诉权、审判权、执行权、行政权集中于同一官员，刑事诉讼多项职能混合在一起，侦查权没有独立发展的空间。对侦查权的监督制约不是来自于侦查程序本身，不是来自于赋予被告人及“律师”（讼师）[③] 的各项诉讼权利，也不是来自于平行的其他司法权，而是来自于上位权力的控制和威压，这种约束构成了“司法统制”[④]，再加上在中国传统侦查制度中，犯罪嫌疑人、证人、被害人的诉讼地位客体化被视为传统刑事司法查明案件、适用刑罚的有力工具，通过权利制约侦查权的模式基本付诸阙如。因此，从总体上来说，中国古代的侦查监督制度并不发达，也没有体现现代程序法治的精神，但是这并不意味着侦查权在中国古代就可以恣意行使，它仍然受到各种制度的监督和制约，主要体现在以下两个方面：

---

① 参见倪铁：《中国传统侦查制度的现代转型——1906～1937 年侦查制度现代化的初期进展》，华东政法大学博士学位论文，2008 年。

② 倪铁：《中国传统侦查制度的现代转型——1906～1937 年侦查制度现代化的初期进展》，华东政法大学博士学位论文，2008 年。

③ 从严格意义上来说，中国古代并没有现代意义上专门为人提供法律服务的律师，律师在古代被称做是“讼师”或是“讼棍”，是指专门挑拨是非的法律专业人士，讼师在中国古代是被禁止的行业。但是到了近代，引进和翻译西方法律的过程中，Lawer 出现了，并被翻译成律师。据记载，1879 年薛福成所著的《筹洋刍议》，大概是最早采用“律师”一词的。这本书建议聘请外国律师，“参用中西律例”来和列强推论废除领事裁判权问题。改良思想家陈虬在其 1893 年出版的《治平通议》一书中建议设立律师制度，制订律师条例，以律师驱逐原来的讼师。以后律师一词被普遍接受。清末起草的《民刑诉讼律草案》中设定了律师的制度，民国成立后的不久就公布了第一部律师法律。可见，在中国封建社会的末期，律师已经出现。参见郭建：《〈亨利六世〉——受诅咒的律师》，载《法律与生活》2008 年第 18 期。

④ 张建伟著：《刑事司法体制原理》，中国人民公安大学出版社 2002 年版，第 157 页。

一、对侦查行为的“文牍约束”

传统侦查措施是在“纠问式”的刑事诉讼模式下进行的，虽然它并没有体现现代的法治精神，但其仍必须接受传统法律的“文牍约束”。侦查权的行使和侦查行为的运作必须遵循相关法律，这是君主专制下对侦查权控制和约束的基本方式之一。

早在奴隶制时代，《周礼》、《礼记》已有关于侦查规范的记载（如侦查官员必须“具五听听狱讼，求民情”[①]）。在秦朝，传统侦查措施“莫不皆有法式”，这一时期的侦查法律体系较为发达，不但包括了《秦律》中的“盗”、“囚”等专章性的侦查规范，而且包括了《法律答问》、《封诊式》所规定的大量的侦查法律规范。[②] 汉承《秦律》，改《秦律》六章为九章结构，亦以专章规范多种传统侦查措施，在新增的《厩律》中就有“逮捕之事”的规定。[③]

在唐朝，《唐律疏议》以“捕亡”、“断狱”等专篇规定了缉捕、侦讯等侦查措施；在“斗讼”、“杂律”等篇分散地规定了很多侦查法令。《唐律疏议》对封建盛世时期侦讯的规定较为体系化：首先，对“五听”侦讯法做了规范，“诸察狱之官，先备五听”，要求司法官员把“五听”作为首选手段。其次，对刑讯行为设置了较为细致的程序规定，“事须讯问者，立案通判，然后拷讯”。最后，还规定了严格的刑讯条件，“察狱之官，先备五听，又验诸证信，事状疑似，犹不首实者，然后拷掠”[④]。此外，对刑讯工具也做了严格规定，“杖皆削去节目，长三尺五寸。讯囚杖，大头径三分之二厘，小头三分二厘。常行杖，大头二分七厘，小头一分七厘。笞杖，大头二分，小头一分五厘”[⑤]。这些侦查规范突出表现了对传统侦查行为的规制。

在宋朝，官方颁布了《验他物及手足伤死》，以作为规范相关侦查措施之依据。例如，其对“伤”做了严格界定，“律云：见血为伤，非手足者其余皆为他物，即兵不用刃，亦是”[⑥]。

二、刑讯的限制以及侦讯人员违规刑讯的责任机制

“讯”在中国古代是获取言词证据的一项重要的侦查措施。由于口供在中国

---

① 《周礼·秋官·小司寇》。

② 王立民主编：《中国传统侦查和审判文化研究》，法律出版社 2009 年版，第 76 页。

③ （唐）房玄龄等撰：《晋书·刑法志》，中华书局 1974 年版，第 923 页。

④ 《唐律疏议·断狱》。

⑤ 《唐律疏议·断狱》。

⑥ （南宋）宋慈著，杨奉琨校译：《洗冤集录》，群众出版社 2006 年版，第 7 页。

传统的“证据之王”地位，使得讯问制度在中国古代相对发达。在传统侦查所谓之“讯”中，还有一种特殊的手段，它在整个侦讯制度中极为重要，也体现了纠问式侦查的特色，这就是“刑讯”。刑讯作为中国古代审讯案件的重要方法和诉讼制度，仅其称谓在中国古代就有“拷鞫”、“掠治”、“拷掠”、“拷讯”、“熬审”等多种。刑讯中的“刑”专指诉讼中对被讯问人的体罚。审问也好，体罚也罢，二者的目的都在于得到被审讯人的供述，只是“讯”以文明、理智的方法而显示，“刑”则以野蛮、残酷的手段而著称。[①]“刑”和“讯”两种方法的差异在一定程度上反映了二者性质的不同。刑讯作为“刑”和“讯”结合的产物，是古代诉讼中国家司法机关获取人证，尤其是获取囚犯口供的重要手段。刑讯的对象既包括犯罪嫌疑人，也包括被害人、证人。一方面，为了保证刑讯制度的顺畅运作，防止其成为酷吏发泄私欲的工具，传统法律为刑讯规定了若干行为规范。另一方面，为了确保传统侦查官吏能够依法行使权力，传统法律确立了一系列的违规拷讯禁止制度和惩戒机制。

（一）刑讯的限制

刑讯，虽然中国自古有之，并且成为获取证据的基本手段之一，但并不能说中国古代司法中就认为此制度是最好的，相反，自秦朝起，在司法上就认为刑讯在审理案件中不是最好的选择。《睡虎地秦墓竹简》中秦朝的价值取向是最具有代表性的，其在“治狱”记载有“能以书从迹其言，毋治（笞）谅（掠）而得人请（情）为上，（笞）谅（掠）为下；有恐为败”[②] 的内容。从这里可以看出，国家并不提倡在司法审理中采用刑讯。由于国家在司法中并不提倡刑讯，所以在立法中对刑讯的前提、范围、方式、工具、部位、限度、原则和对象等方面进行限制，同时规定，对那些滥用刑讯的官员进行追究和制裁。

1. 刑讯条件的限制

中国古代自西周起就形成了“五听”审案的制度，此后“五听”成为审理案件，特别是调查案情的基本手段。所以在后来的刑讯前提条件中一般规定必须经过“五听”。从相关法律来看，此制度最迟开始于秦朝，国家在法律上明确规定必须先进行“五听”，是在北魏时期，北魏的《狱官令》规定进行刑讯的前提条件是已经采用了“五听”等非刑讯的手段。此规定被唐朝继承，《唐律疏议·断狱·讯囚察辞理》中规定“诸应讯囚者必先以情，审察辞理，反覆参验，犹未能决，事须讯问者，立案同判，然后拷讯”。此后的宋元明清诸朝均有相似的规定，只是文字表述上略有差异。

---

① 姜小川：《中国古代刑讯制度及其评析》，载《证据科学》2009 年第 5 期。

② 睡虎地秦墓竹简整理小组编：《睡虎地秦墓竹简》，文物出版社 1978 年版，第 245 页。

2. 刑讯对象的限制

中国古代立法中主要是对于不可刑讯的对象进行排除，其他的就是可以刑讯的对象了。从现在存留的法律资料来看，最早对刑讯的对象进行立法规范的是唐朝。《唐律疏议》中对刑讯对象规定了三类人不适用刑讯：第一类是享有特权的官僚。当然，在不同的朝代享有特权的官僚的范围有所变化。第二类是老幼。这类人是最早的比较明确禁止刑讯的对象。老，具体是指 70 岁以上；幼，是指 15 岁以下。对此类人的刑讯，历朝多有限制。第三类是残疾的人。唐朝以后的朝代对此也多有相应的法律规定。除了以上三类法定的人员外，还有两类人在特定的时期内不能被刑讯：第一类是孕妇。孕妇在中国古代是限制刑讯的对象。唐朝时，对妇女的刑讯进行了专门规定，对于孕妇一般是禁止刑讯的。第二类是患有疮病的人。唐朝时还规定对患有疮病的人，在疮病没有治好前也不能刑讯，否则要承担相应的法律责任。当然，后两类与前三类是不同的，因为对他们在这些因素排除后还是可以进行刑讯的。唐朝对孕妇的规定被后来的朝代继承。①

3. 刑讯工具的限制

中国古代刑讯在南北朝以前，特别是封建五刑中笞杖刑形成以前，刑讯中采用的方式是笞杖。三国两晋时的法律，对刑杖的尺寸、质地材料等进行了规定。把笞刑、杖刑和刑讯的行杖进行明确立法区别最迟应在唐朝。因为《唐律疏议》在引用《狱官令》时就有明确的立法。唐朝在《狱官令》中对法定刑杖的不同种类进行了规范。② 从法律上来看，唐朝刑杖分为刑讯用杖、常行杖（即实施杖刑的杖）和笞刑用杖三类。三种杖的基本要求是“杖皆削去节目，长三尺五寸”，具体根据“杖”的类别略有不同，分别是“讯囚杖，大头径三分二厘，小头二分二厘。常行杖，大头二分七厘，小头一分七厘。笞杖，大头二分，小头一分半”③。从《唐律疏议·断狱·拷囚不得过三度》来看，唐朝排除了其他刑讯工具，仅有一种刑讯工具。

4. 刑讯杖数的限制

在具体刑讯时，中国古代的立法主要从三个方面进行规制，具体是刑讯的次数、总数和行刑的人员。其中，对于次数和总数，不同朝代的差别较大。在行刑的人员规定上，主要是规定不得中途换人。对刑讯的数量进行限制开始于南北朝时期。秦汉时期，特别是秦朝时是没有限制的。

---

① 参见胡兴东：《中国古代刑讯法律规制问题研究》，载《云南大学学报（法学版）》，2008 年第 1 期。

② 参见胡兴东：《中国古代刑讯法律规制问题研究》，载《云南大学学报（法学版）》，2008 年第 1 期。

③ 《唐律疏议·断狱》。

刑讯不得中途换人在汉朝时就开始。唐朝对刑讯的次数和总数进行了完善的立法：在总数上继承了隋朝的规定，但把它分为3次进行，即刑讯次数不得超过3次，总数不得超过200下。

5. 刑讯部位的限制

中国古代刑讯的部位在法律上是有规定的。西汉景帝以前，刑讯的部位在法律上应是在背部。西汉景帝时，对此进行改革，把刑讯的部位限定在臀部上。此后，直到唐朝时再次有法律规定刑讯的部位。按《唐律疏议·断狱·决罚不如法》中所引用的《狱官令》的规定，唐朝时可以刑讯的部位是背、腿、臀三处。宋朝规定刑讯的部位是臂、腿、两足，元朝时法定的刑讯部位是臀部与腿，明朝的刑讯部位与元朝一致，清朝时没有明确的规定。从上述规定可以看出，中国古代在刑讯中对刑讯部位进行规制，对刑讯产生的危害起到了一定的制约作用。

6. 违反刑讯的法律责任

在司法实践中，常常出现一些官吏故意和随意刑讯，导致嫌疑人员大量伤残、死亡的现象。为此，国家不得不在承认刑讯的同时对那些滥用刑讯的官吏追究责任。

（1）如果拷讯了不应拷讯之人，侦查官吏要承担责任。一方面，如果被拷讯人是与本案本不相关的无辜者，则侦讯官吏承担较重的司法责任。另一方面，虽然被拷讯人与案件有牵连关系，但出于特殊考虑，法律不允许对其进行拷讯，侦查官吏违制拷讯的，要承担司法责任。若侦查官吏违反规定，对“议”、“请”、“减”、“老少笃疾”以及“得相容隐”的特殊人群进行拷讯的，根据犯罪嫌疑人被定罪的情况，分别承担不同的刑事责任，患有疮伤病没有治愈和孕妇未产或产后未满百日而刑讯的，处以杖100下。

（2）拷讯工具违制，问刑衙门的侦查人员要承担责任。早在三国魏高祖时期，就对使用“重枷”等违制工具拷讯人犯的行为进行追究责任，“检枷杖大小违制之由，科其罪失”，并焚毁违制刑具。宋朝对“枷讯”等拷讯工具的规格进行了细致规范，同时，也加强了对侦讯官吏使用违制刑具的处罚力度。宋真宗景德四年乙卯颁诏，强调必须销毁非法拷讯工具，称：“拷掠之法，素著科条，非理擅行，兹谓惨酷。诸道官司有非法讯囚之具，一切毁弃。”[①] 同时，宋朝还处罚了一批使用违制拷讯工具的官吏。政和十二年，御史台点检钱塘、仁和县狱具，“钱塘大杖，一多五钱半；仁和枷，一多一斤，一轻半斤，诏县官各降一官”[②]。

（3）违反拷讯“程序”的侦讯官吏必须承担程序违法的责任。拷讯是对被

① （清）毕沅编著：《续资治通鉴》（第二册），中华书局1957年版，第605页。

② 《宋史·刑法志》。

拷讯者人身和尊严的严重侵犯，为了审慎起见，《唐律疏议》为拷讯设定了立案“程序”，以此作为拷决人犯的前置手续，违反该程序即为非法，责任官吏要因此受罚。[①]“清例设置了承问官与捕官交接人犯时的检验制度，以制约捕官的私拷行为；对违法检验制度和招内开明制度的不法行为，清律予以严格制裁。凡强盗重案……其承问官于初审之时，即先验有无伤痕，若果无伤，必于招内开明，并无私拷伤痕字样，若疏忽不开，扶隐讳及纵容捕官私审者，即将印题参交部议处。”[②]

（4）拷讯部位、次数、总数等违规，责任官吏也要承担刑事责任。魏晋时期，法律已对拷讯次数和总数有所规范，隋律总其大成，“至是尽除苛惨之法，讯囚不得过二百，枷杖大小，咸为之程品，行杖者不得易人”[③]。唐律对超限拷讯的违制行为进行严格惩治，规定“拷囚不过三度”[④]，如果刑讯的数量超过法定数字和法外用其他方式进行刑讯的处以杖 100 下。

（二）严格的司法责任机制

在中国古代传统的侦查中，虽然出现过独立、系统的侦查规范，但我们不能就此断言中国传统专制权力放弃了对侦查人员自由裁量权和侦查权的控制，实际上，中国传统法律中规定了严格的司法责任机制，以“治吏”来达到“治民”的专制控制目的。

《唐律疏议》规定了“众证定案”，但并未形成严格的法定证据体系。侦查人员受制于严格的司法责任，如果出现违制启动侦查、未能及时处置侦查紧急情况、违制拷讯犯罪嫌疑人、违法逮捕、不当使用械具、违反侦查文书格式等情形，都作为刑事犯罪处理，侦查人员都要承担较重的司法责任。例如，关于侦查官吏检验责任，唐律规定，官吏必须如实检验“病死及伤”的情况，如果“不以实验”就要“以故入人罪论”[⑤]。关于侦查官吏保密责任，唐律规定，官吏前往捕捉犯罪嫌疑人，却“泄露其事，令得逃亡者”，他们也要被处罚，用刑是“减罪人罪一等”[⑥]。关于逮捕的责任，唐律规定有二：（1）逮捕违限的责任，即各级官吏对所辖地区内发生的强盗、窃盗和杀人案件，必须在法定的 30 天以内捕获，这样方可免罪；违反该期限捕获犯罪人的，则要追减三等处罚。（2）逮捕迟缓的责任，即对于严重的犯罪案件，有关官吏接到报案以后如果不立即逮

① 《唐律疏议·断狱》。
② 《大清律例·刑律·盗贼》。
③ 《隋书·刑法志》。
④ 《唐律疏议·断狱》。
⑤ 《唐律疏议·诈伪》。
⑥ 《唐律疏议·捕亡》。

捕犯罪人的，则要追究其责任。具体包括两种情况：一是接到有人犯谋叛以上罪的告发而不立即逮捕的，各自和知而不告罪一样处罚。如果是因需要进行必要的准备致使逮捕迟缓的，则无罪。二是接到有人犯强盗、杀人及窃盗案的告发而不立即逮捕犯人的，“一日徒一年。窃盗，各减二等。”①

在《大清律例·刑律·断狱》中，也设“官司出入人罪”，用极具弹性的条款控制侦查人员的自由裁量权。

通过上述对中国古代对侦查权的监督制约方式的梳理可以看出，中国传统侦查重控制、重文牍，轻程序、轻人权。虽然传统侦查制度的内容较为丰富，主要侦查手段基本都有相应的规范，但是传统侦查“法制”极为粗疏，没有形成合理的侦查程序规则，并不能够保证传统侦查行为的合法运作，并没有体现出程序应有的“法治精神”。一方面，很多传统侦查行为没有细致的法律规范，尤其是秘密侦查措施和基础性侦查措施，几乎找不到任何法律依据，其运作的自由空间极大。另一方面，即使是那些已有法律规制的传统侦查行为，相关规范也并不统一，它们分散于各种律令、诏文之中，而且变更较为频繁。同时，由于传统侦查模式的“纠问式”特点，犯罪嫌疑人、证人、被害人等在传统侦查制度中也被客体化，其诉讼权利被随意践踏，专制权力对侦查权的控制不是为了保障犯罪嫌疑人的权利。在这样的传统权力格局中，传统侦查沦为政治治理的一种手段，对它的监督制约机制只是在有限的程度上发挥着作用。②

第二节　清末及民国时期的侦查监督制度（1906～1931年）

在中国传统刑事司法领域中，审判之前的犯罪调查活动由审判官兼任，侦查职能寓于审判职能之中，并与行政职能交缠在一起。在此情况下，中国传统的侦查一直没有获得程序化和诉讼化的机会，即使在晚清时期的警探体制专业化之初，侦查仍未能获得刑事诉讼制度的支持。③ 在清末的刑事司法改革中，大理院和检察厅成立，与之相匹配，警政建设中也引入了司法警察制度，使得侦查得以诉讼化。同时，侦查被列为新建的刑事诉讼程序之一，并以检察官主导侦查权，

① 巩富文：《中国古代法官责任制度的基本内容及现实借鉴》，载《中国法学》2002年第4期。

② 参见倪铁：《中国传统侦查制度的现代转型——1906～1937年侦查制度现代化的初期进展》，华东政法大学博士学位论文，2008年。

③ 倪铁：《中国传统侦查制度的现代转型——1906～1937年侦查制度现代化的初期进展》，华东政法大学博士学位论文，2008年。

实行检警一体的体制，至此，我国的侦查制度实现了从传统向现代的转变，对侦查权的监督制衡机制也在逐渐完善。

一、清末及民国时期侦查监督制度的渊源

清末司法改革后，我国的法律制度改变了“诸法合体、以刑为主”的局面。同时，由于政权更迭频繁，法律制度的变革也相当频繁，与侦查相关的法规数量相当丰富，既有刑事诉讼法典，也有单行条例、司法解释、行政性规章等；既有规制警察侦查活动的法规，也有规制检察侦查活动的法规，还有法院法规；既有侦查组织法，也有侦查程序法规，还有侦查行为法规。侦查监督的制度规范体系逐渐形成，侦查步入了“有法可依”的时期。

（一）诉讼法典中的侦查监督制度

清末民初，近代中国制定了一系列诉讼法典性质的法律，建立起了近代刑事诉讼体制，为侦查程序的运行提供了法制框架。1906 年起草制定的《大清刑事民事诉讼法》是“中国历史上第一部专门的诉讼法”。该法为捕逮、搜查、拘留、取保、羁押等各项刑事强制措施提供了粗疏的法律框架，为调查犯罪的侦查活动提供了可资遵循的基本法律规范。但遗憾的是，该法因其“先天不足和后天水土不服”而未能实施。①

1911 年，清政府制定了另一部专门的刑事诉讼法典——《大清刑事诉讼律草案》，这是“中国历史上第一部法典化的刑事诉讼法”。该法将侦查作为独立的程序进行规定，并以较为完善的检察制度、检察官指挥司法警察制度与之相配套。该法将清末司法改革的成果以法律形式固定下来，但未及审议颁行，清王朝即宣告灭亡。②

1921 年，北洋政府制定并颁行了《刑事诉讼条例》。该条例对于侦查监督制度做了进一步的完善和发展：首先，设置了“侦查”和“预审”两个程序，由检察官主导“侦查”，审判官主导“预审”，分散检察官对侦查程序和预审程序的控制权。其次，对讯问、羁押、证据调查手段规定了细致而详尽的程序规范，设置了保护犯罪嫌疑人权利的程序机制。例如，在刑事强制措施执行过程中，“应注意被告之身体及荣誉”；在讯问犯罪嫌疑人的程序中，不得用强暴、威胁、利诱、诈欺及其他不正当的方法。

1928 年，南京国民政府在原来袭用的《大清刑事诉讼律草案》的基础上，

---

① 郭成伟等著：《清末民初刑诉法典化研究》，中国人民公安大学出版社 2006 年版，第 255 页。

② 参见倪铁著：《法文化视角下的传统侦查研究》，复旦大学出版社 2011 年版，第 289 页。

对北洋政府的《刑事诉讼条例》进行修改和统一，颁行了《中华民国刑事诉讼法》，这是近代中国刑事诉讼体制移植大陆法系的集大成法典。该法对清末民初的一系列侦查规范进行了调整，建立起了较成熟的侦查监督体系：首先，它将“预审”并入“侦查”程序，由检察官主导整个侦查程序的运作。其次，更加注重对侦查程序中犯罪嫌疑人权利的维护。例如，“羁押被告，侦查不得逾二月”，这有利于防止超期羁押。

（二）单行法规体系中的侦查监督制度

近代刑事司法改革过程中，“法制先行”的指导思想贯穿其中，几乎每一项侦查制度的创设都伴随着相关条例、章程的制定，侦查体制改革的渐进状态促使该时期的侦查法规层出不穷。随着自治意识的觉醒，地方政权的离心力加大，这主要表现为地方立法的活跃，侦查法规也在这样的中央—地方权力关系中获得繁荣的空间。虽然这一历史时期的侦查立法处于纷乱状态，但它毕竟为侦查的法制化奠定了制度基础。①

（1）通过一系列组织法性质的法规，确定了各级检察厅局、司法警察的侦查权。1906 年制定的《大理院审判编制法》确定了检察官指挥司法警察进行侦查的权力，并对主要侦查主体——检察机构和检察官的体制进行了规范。该法要求“凡大理院以下审判厅局均须设有检察官，其检察局附属该衙门之内”，并通过“平时亦由本院会同该厅委派警察官为司法警察官，以备侦探之用”的条文，开始要求司法警察驻审判厅，协助检察官侦查、调查证据。1910 年颁行的《法院编制法》明文规定，检察官负有侦查职权，对预审程序拥有实质上的影响力。此外，警察一经接受检察官指挥从事侦查，即行使司法警察职能，故广义上的侦查组织法还应包括警察组织法在内。清末民初制定了大量的警察组织法，如 1898 年的《湖南保卫局章程》，1901 年的《山西巡警局详定章程》、1905 年的《巡警部官制章程》、《民政部、法部协定移交接收预审厅后办事权限章程》；民国时期又颁行了大量的警察组织法令，如《地方警察厅官制》、《县警察队章程》、《地方传习所章程》、《招募巡警章程》、《巡警教练所章程》、《侦缉队现行编制办法》、《侦缉队章程》、《省警务处组织法》、《内政部警察总队组织规程》、《各级公安局编制大纲》等。在民国初期颁行的《侦缉队章程》中，对刑事警察的具体组织和职责作出了细致的安排：内外城巡警总厅设侦缉队和高等侦探专司侦查事宜，司法处监事指挥管理侦缉队事务；侦缉队下分五队，设管理员、管带员、队官、队长等侦查官，队长有一等、二等的级差，队兵也有三等级差。此

① 参见倪铁著：《法文化视角下的传统侦查研究》，复旦大学出版社 2011 年版，第 289 页。

外，还设有备捕队兵、司书生。这些条例规章能够保证警察组织——特别是负责侦查职责的刑事警察部门高效地履行打击犯罪、维护治安的职责。①

（2）颁行一系列侦查实施规则，对侦查程序的具体运行进行了规范。清末时期，具体规范侦查工作的规则包括《检察厅调度司法警察章程》、《各处差役来京缉案章程》、《外城侦缉队章程》、《巡警总厅拘留所章程》等；民国时期规范具体侦查行为的规则则更为繁杂，包括《巡官长警拿获烟赌各案奖赏章程》、《哈尔滨临时警察总局侦缉队章程》、《检察官与司法警察机关执行职务联系办法》、《检察官推事指挥司法警察证细则》、《拘留所规则》、《附乱自首特赦令》、《内外城巡警厅区协缉章程》、《警械使用条例》、《保护管束规则》、《维持治安紧急办法》、《提审法》、《内政部指挥宪兵执行行政警察职务规则》等。其中，以1910年司法部会同内务部呈准施行的《检察厅调度司法警察章程》影响最大，北洋政府沿用之，并于1914年颁行《增订检察厅调度司法警察章程》，南京国民政府于民国二十五年、民国三十四年对其进行了两次修订，仍继续适用。该章程对清末和民国时期的检察官指挥警察进行侦查活动发挥了积极作用，在检察官的严密监督和指挥下，司法警察可以进行逮捕人犯、搜索证据、检验尸体等侦查活动。对于侦查文书，也有相关法令予以规范。例如，在南京国民政府时期，警察在侦查行为终结后要向检察处提出报送文书，可以公函报送侦讯报告书；如需继续调查，则需要由警察局的司法处处长向法院的检察处提出继续调查声请书。②

在近代侦查监督制度建设方面，无论是锐意革新的清末政府，还是资产阶级的南京临时政府，抑或是官僚买办统治的北洋政府、大地主大资产阶级的南京国民政府，都十分注重以法律制度来保障和规范侦查活动。虽然当局也要求各地整齐划一地进行建制，但是由于各地制度基础不一、民情差异甚大，地方侦查法制化的推进呈现出各自为政、参差不齐、衔接不严的纷乱状况同时，侦查法规的内部层次杂乱造成侦查法制更改频繁、稳定性差。不过纷繁的侦查法令构成了侦查法制化的多元化，总算为中国近代侦查监督制度的发展提供了较为细致的框架，将中国近代侦查法制化推进了一步。③

---

① 参见倪铁著：《法文化视角下的传统侦查研究》，复旦大学出版社2011年版，第289页。

② 参见倪铁著：《法文化视角下的传统侦查研究》，复旦大学出版社2011年版，第290～291页。

③ 参见倪铁著：《法文化视角下的传统侦查研究》，复旦大学出版社2011年版，第292页。

二、清末及民国时期的侦查机关

在中国传统专制社会中，侦查权、追诉权一直与审判权、行政权交融在一起。1906 年的清末司法改革，开始学习、借鉴邻国日本的刑事诉讼制度，将审判、追诉权分立，同时使检警一体的制度得到初步确定，打破了侦查权、追诉权、审判权合一的传统格局。但是，它们并没有彻底分离，法官仍保留一定的侦查权限。因此，在清末及民国时期，享有侦查权的机关包括检察官、司法警察以及法官。

（一）检察官的侦查权

1906 年颁布的《大理院审判编制法》赋予了检察官侦查权，但同时也将侦查权赋予大理院及其直辖各审判厅局。《大理院审判编制法》规定，大理院及其直辖各审判厅局关于证据事件须调查者，可随时径由该院会商民政部所辖巡警厅，使巡警单独或协同该院以下直辖检察官调查一切案件，平时亦可由该院会同该厅委派警察官为司法警察，以备侦探之用。检察官负有遵照刑事诉讼律及其他法令所定实行搜查处分的侦查权。另外，第 45 条规定了检察局指挥司法警察，此中也包含了犯罪侦查职权。《各级审判厅试办章程》规定检察官有八大职权，其中有“指挥司法警察官逮捕犯罪者”及“调查事实搜集证据”的侦查相关职权。《司法警察职务章程》规定，“凡关于命盗杀伤案件，警区得接受呈移送检察厅办理，其民事诉讼概不受理。”《法院编制法》第 90 条规定了检察官在刑事方面有“遵照刑事诉讼法及其他法令实行搜查处分”的侦查职权。宣统二年四月四日奏准的《检察厅调度司法警察章程》则规定了检察厅调度司法警察逮捕人犯、搜索证据、护送人犯、取保传人、检验尸伤、接收呈词等多项侦查相关职权，内容比较全面。除以上中央立法规定了检察机关的侦查职权外，地方立法对检察厅的侦查权也做了规定。例如，《四川检察官服务规则》规定了检察官的主动检察（侦查权）、搜查（侦查）犯罪终结后的检察处理，该规则第 6 条规定：“检察官虽未受他人之举发或被害者之告诉而自认知犯罪者时，亦得搜查其证凭及犯人。”第 10 条规定：“地方检察厅检察官搜查犯罪既终时，意料为重罪事件，当移送预审；为轻罪事件，可分别其难易，或移送预审，或提起公诉。”第 11 条规定：“初级检察厅检察官或地方检察厅检察官，知有属于初级审判厅管辖之轻罪现行犯而事件紧急者，亦得为前条所定之处分。”

（二）司法警察的侦查权

清末的法律虽然赋予检察官侦查权和指挥侦查权，但是这项权力不具有独占性，其表现在：首先，司法警察官享有同检察官相同的侦查权。《检察厅调度司法警察章程》第 3 条规定：“凡司法警察长官于执行检察事务时，与检察厅长官有同一之职权……凡司法警察人员当执行检察事务时，对于检察厅长官应受其调度与对于巡警长官同……凡左列（下列）各项，司法警察各员经本管长官之许可，得迳行搜查：一、现行犯在警厅区询问时发觉之证据；二、在警厅区告诉告发或自首应行查取之证据；三、巡警侦探所得之证据。”此外，《各级审判厅试办章程》规定司法巡警可以协助检察官办理侦查等刑事诉讼事务。《司法警察职务章程》第7条规定，凡现行犯，得由巡警迳行逮捕，带至厅区先行讯问，除违警及犯部厅所定各项罚则属于行政处分者应即判决外，其余解由总分厅备文派警送交检察厅办理。第8条规定，凡有现行犯在警厅区询问时供出之案内要犯及巡警侦探确实之要犯，有逃走之虞者，经该管长官之许可后，先行逮捕，俟交送检察厅取有收据时并补发拘票。1914年，北洋政府颁行了《增订检察厅调度司法警察章程》，将享有侦查权的司法警察官的范围扩大至“警察官长、宪兵官长、军士”。其次，司法警察享有紧急情况下侦查处分权。事实上，清末民初的法律都为司法警察留出了灵活处置的适当空间。针对现行犯和紧急者，司法警察可以不经检察官批准直接采取紧急侦查措施。该章程规定，“司法警察搜查证据，不得用强制手段，须听检察官之调度；但现行犯及事关紧急者不在此限……被告人关系事项与本案无涉，但可藉以供检察官之参考者，均可封缄发送；于搜查事件之宜秘密者亦同。”此外，遇有现行犯以及紧急情况时，司法警察可以主动采取侦查措施。为了充分调动司法警察的积极性，及时有效地收集证据、捉拿犯罪嫌疑人，在服从检察官指挥的前提下，1921年的《刑事诉讼条例》也赋予了司法警察必要的机动权力。1928年，南京国民政府颁行了《中华民国刑事诉讼法》。该法对司法警察及司法警察官的自主侦查权做了进一步扩充。该法第208~210条规定，左（下）列各员，于其管辖区域内，为司法警察官，有协助检察官侦查犯罪之职权：（1）县长、市长。（2）警察厅长，警务处长，或警察局长。（3）宪兵队长。前述司法警察官，应将侦查之结果，移送该管检察官，如接受被拘提或逮捕之犯罪嫌疑人，认其有羁押之必要时，应于24小时内移送该管检察官，但检察官命其移送者，即时移送。左（下）列各员，于其管辖区域内，为司法警察官，应听检察官之指挥，侦查犯罪：（1）警察官长。（2）宪兵官长，军士。（3）依法令关于特定事项得行司法警察官之职权者。前述司法警察官，知有犯罪嫌疑人者，应报告前条之该管检察官或司法警察官，但得不待其指挥，迳行调查犯人情形及必要之证据。左（下）列各员，为司法警察，应受检察官及司法警察官之命令，侦查犯罪：（1）警察。（2）宪兵。（3）依法令关于特定事项得行司法警察之职权者。前述司法警察官，知有犯罪嫌疑人者，应报告该管检察官或司法警察官，但得不待其命令，迳行调查犯人情形，并收集证据。虽然司法警察官必须将侦查结果移送检察官，并在24小时内将应羁押的人犯解送检察官，还须听从检察官的指挥或命令而行事，但是，不论是一般的司法警察，还是司法警察官，都可以对现行犯和有犯罪嫌疑者“迳行调查犯人情形，并收集证据”，司法警察官还可迳行拘提或逮捕犯罪嫌疑人。通过上述规定我们可以发现：清末民初，警察实际上拥有较大范围内的自主侦查权。

另外，从《各省审判厅判牍》中可以看出，司法警察可以不经检察厅指挥调度自行开展犯罪侦查。例如，清苑初级审判厅——诈称法官骗取财物案（此处“法官”意为“法师”）。[①] 该案的基本案情记载如下：

缘王见喜即王桂龙，又名王晓初，籍隶江西贵溪县，曾在云南营务处当差，后因赋闲无事，与素识之李子义、苏一龙伪造张天师符录戳记，冒充法官分途散放，诓骗钱文以图糊口。宣统元年九月间，该犯行至省城旅居唐家胡同正元客，正拟欺骗愚民，被工巡局查获送县，未经拟结。于本年四月间移送地方检察厅送赴地方审判厅预审。嗣经讯明该犯自河南彰德以及顺德、正定、定州等处行骗六次以上，共计得洋六十五元，照依管辖权限移请地方检察厅片发初级检察厅提起公诉前来。开厅审讯，供认前情，应即判决。查律载，“凡用计诈欺官私财物以取财物者，计赃准窃盗论。”又“窃盗得财二十两，工作六个月。”又例载，“行窃六次以上同时并发者，计各次赃数折半科罪”各等语。此案该犯伪造符录，用计诈财六次以上，得洋六十五元，合银四十五两五钱，应照本律本例折半，以二十二两七钱五分计赃问拟王见喜即王桂龙又名王晓初，合依诈欺取财准窃盗论，窃盗得财二十两工作六个月律，拟工作六个月，移送检察厅查照执行。限满释放后，应行迁解回籍严加管束。其改填功牌名字，讯明非该犯所为，免置议。财物等项原在地方厅存库未发，应由检察厅查照办理。

从此案的处理过程来看，工巡局未经检察厅指挥而直接查清案情，然后移送检察厅起诉办理。

（三）法官的侦查权

清末时期，在将侦查权赋予检察官和警察的同时，也将侦查权赋予大理院及其直辖各审判厅局。《大理院审判编制法》规定，大理院及其直辖各审判厅局关于证据事件须调查者，可随时径由该院会商民政部所辖巡警厅，使巡警单独或协同该院以下直辖检察官调查一切案件，平时亦可由该院会同该厅委派警察官为司法警察，以备侦探之用。《法院编制法》第 20 条规定了审判厅有预审职权，而“预审者，遇复杂刑事案件时，于起诉之后公判之前，预审官对于刑事被告人预行秘密讯问，及汇集调查证据材料，以决定此案并应付之公判或免诉之诉讼行为也。”可见，审判厅预审职权中就已经包含了侦查权，因此应该说清末审判厅开

① 《各省审判厅判牍》，判牍类之赃私门。转引自谢如程：《清末检察制度及其实践》，华东政法大学博士学位论文，2007 年。

展侦查活动是有法律依据的。但也应同时明确，法官的审判权必然包括在起诉后进行事实查明活动的权力，预审法官对于刑事案件事实的查明职权，是附属于其审判职能的，还不能认为是单纯、独立的侦查职权。实际上，审判厅有侦查权之制，由清末沿至民国，如民国三年大理院解释例规定，“（重新侦查之限制）审判衙门审理案件，应直接调查证据，不得于业经起诉之案件，移由检察庭重新侦查。”此解释例对审判厅的侦查权做了更为明确的规定，甚至“不得……移由检察庭重新侦查。”①

在清末刑事司法体制改革中，检察厅局被赋予了现代侦查权。但是，在清末刑事司法实践中，却存在法官侵越侦查权的现象：新设立的审判厅仍奉行“纠问式”刑事诉讼模式，撇开检察官，主动进行侦查和审判。1911 年，在“承发吏受贿延纵”一案处理过程中，贵阳地方审判厅即侵越了检察厅的侦查权。② 该案的基本案情记载如下：

缘王华轩籍隶贵筑县，系本厅承发吏，现因本案斥革。宣统三年三月二十九日，王华轩奉票往传王子清具控莫光培一案，向王子清索诈夫价银一两六钱。王子清初未允许，后因屡次向索，王子清无奈许四月初二日给付，随将银一两六钱交店主张双发，嘱其至期代交。初二日，王华轩复往索要，适王子清外出，张双发即照数将银转付。又周子清具控吴吉兴一案，亦系王华轩奉票查传，于四月初十日王华轩复向周子清索诈，得银四钱，均经本厅行后访闻。查传王子清、周子清、张双发到案，片请检察厅派员莅视，讯据各供前情不讳。质之，王华轩供认向王子清索诈夫价银一两六钱属实；周子清之银四钱系向其借用等语。查周子清系控案之人，无论是索是借，均属不应。即照例判决（援据法律某条理由）。查现行刑律载，内外大小衙门蠹役恐吓索诈贫民者，计赃一两至五两，徒一年。又名例载，二罪俱发，以重者论罪各等语。此案王华轩先后奉票往传王子清及周子清二案，向王子清索得银一两六钱，向周子清索索诈得银四钱，同时并发，系属二罪俱发，即应照例从重定拟，惟该犯承发吏，并无治罪专条，自应比照问拟。王华轩除索诈周子清得银钱轻罪不议外，合比依蠹役恐吓索诈贫民者，计赃一两至五两徒一年例，拟徒一年，收所习艺，限满释放。王子清、周子清因被索诈，并无请求情事，店主张双发仅只代为交银，不知索诈情弊，均免置议。赃银照追，分别给还，移送检察厅执行。此判。

按照清末刑事司法改革确立的新式侦查制度，应由检察官先行侦查，待犯罪事实查明、证据收集齐全后，移送至审判厅。但在该案中，“均经本厅行后访

① 谢如程：《清末检察制度及其实践》，华东政法大学博士学位论文，2007 年。

② 倪铁：《中国传统侦查制度的现代转型——1906～1937 年侦查制度现代化的初期进展》，华东政法大学博士学位论文，2008 年。

闻。查传王子清、周子清、张双发到案”，审判官在其中扮演了侦查人员、公诉人、审判人员三重角色，而检察官在其中所起的作用不过是“派员莅视”而已。通过该案我们发现：在清末，审判官没有保持中立、独立，却主动侦查、收集证据，这意味着在司法实践中仍存在着“纠问式”诉讼模式的现象。

三、清末及民国时期的侦查监督制度

（一）检察官的侦查指挥权——检察官对司法警察的控制

清末民初时期，侦查权配置的“检警一体化”模式决定了检察官对司法警察享有指挥权和监督控制权。①

1. 检察官有权调度司法警察对犯罪现场进行勘验和检查

《检察厅调度司法警察章程》将犯罪现场勘验确立为检察官的法定职责，司法警察协助检察厅检验尸伤。“凡毙于道路者是否有刑事情形，应由发见（现）之巡警一面保守一切证据，一面报告该管长官电告检察厅从速派员前往检验。”“凡检验尸伤，司法警察各员应俟检察官到场会同办理；如有重伤几死迫不及待者，得先录取生供并取具保辜限状。”“凡应相验各案，未经检察官相验以前其尸身应由警署派人看守，一面传尸亲、人证，预备一切事宜，以便检察官定时前往从速勘验。”现场勘验的保护、清理工作由警察执行，实地勘验、检查的侦查权则由检察官全面掌握，犯罪现场的证据提取也是在检察官的指挥下进行。

2. 检察官有权调度司法警察从事搜查、扣押等侦查活动

“凡审判厅应行查取证据时，由检察厅知照该管检察厅转饬司法警察人员，会同检察官前往。”“司法警察搜查证据，不得用强制手段，须听检察官之调度。”“遇命盗重案，除逮捕外，其一切可为证据之物件应设法保存，勿使湮灭或移动位置，以待检察官莅勘。如必须将尸身及各物移动时，应先拍照，仍绘具图说，俟检察官诣勘时报告。”

3. 检察官有权指挥司法警察采取刑事强制措施，进行逮捕、取保候审、拘传等

“凡逮捕人犯，除现行犯外，应以警察厅印票为凭。”“遇有刑事重要案件，不论发生地是否在本管地方，但经检察厅调度逮捕，司法警察应即遵照办理。”检察官对于取保候审具有实施和处分的决定权，“轻微刑事案件者令取具铺户水印保结”，“对不能依前条规定取保者，司法警察亦得将实情报明检察厅商审判官酌令呈缴相当保证金，在外候讯。”“凡传取之保人及证人到案，应于二十四

① 以下关于检察官对侦查权的控制参见《检察厅调度司法警察章程》第14、17、18、23、28、29、32、38、43、57、58、62、64~67条。

小时前通知本人；若被传不到，并无不得已之事由者，应即报明检察官处分。”检察厅指挥司法警察护送人犯：“凡由警察区送交检察厅之人犯，如经庭讯须听候再讯者，应由检察厅派人押回原送之警厅，饬区取保候传。”

4. 在针对身份特殊的犯罪嫌疑人——皇室、职官、外国人、军人等犯罪嫌疑人进行侦查的过程中，司法警察必须严格服从检察官的调度指挥

一方面，针对特殊人群的逮捕必须由检察官严格控制：“左列各项人等之现行犯罪须分别办理：一、宗室觉罗，送交该管检察厅；二、职官，由警署送交该管检察厅；三、外国人，除系警署逮捕者由警署解送所属国该管官署外，系检察厅调度逮捕者，均由检察厅自行办理，但仍交司法警察解送；四、军人，由警署送交检察厅，并知照该管官。”另一方面，在涉外刑事案件的侦查过程中，司法警察的侦查行为必须由检察官严格控制：“凡外国人在中国内地犯罪，应由司法警察搜集证据，偕同证人，报告检察厅将该人犯拘送最近口岸之该国领事讯办。”“凡外国人在租界内对中国人有犯罪情事，应速报告检察厅请该国领事照约办理，并一面禀知本管长官。”

5. 检察官对司法警察享有侦查指挥权，并逐渐建立起相关配套制度

（1）检察厅对驻厅司法警察有财政控制权：“驻厅之司法警察人员其薪饷及执行事务应需各费用，由检察厅支给。”

（2）检察厅对司法警察有奖惩建议权：“其功过赏罚，则应由检察厅核定后汇送至该管巡警官照警章一律办理”。“司法警察执行职务，有不尽力或处分不当之际，检察官可戒饬之或予记过。其所为有犯惩戒处分者，则详查事实，报告警署长官，以资督励。”检察官虽然没有直接掌握司法警察的人事任免权，但其通过财政薪金控制权、功、过、赏。

（二）检察机关的内部监督

前面已提到，清末检察机关享有较广泛的侦查权和指挥侦查权，对于检察机关的权力除了要受到来自司法警察和司法权的外部制约以外，检察厅内部也有较严格的监督管理制度。

1. 检察厅长官及监督检察官对本厅实行内部监督管理

根据《法院编制法》的规定，检察厅长官有分配检察官事务、调度所属各员等职权，可见检察厅长官对检察官事务负有全面管理职责。清末检察厅长官的监督管理权并不只是停留在原则、笼统的条文上的，有关法令有明确的规定，有较高的可操作性。根据《法院编制法》等法令规定，检察厅长官的具体管理职权主要有：（1）审批检察官出境勘验；（2）亲自处理检察事务及移转至别厅办

理；（3）管理检察官出差事宜；（4）明确规定检察官应服从本厅长官命令。[①]

除了检察厅长官外，为了保证监督的实效，清末还设置了监督检察官一职行使相应的监管职权，在一定程度上分担了检察厅长官的监督重任。

2. 检察厅受上级厅等厅外之司法行政监督

《各级审判厅试办章程》第 98 条就曾规定："凡属检察官职权内之司法行政事务，上级检察厅有直接或间接监督之权：（一）总检察厅丞监督总检厅及其下各级检察厅；（二）高等检察长监督高等检察厅及高等审判厅管辖区域内之各检察厅；（三）地方检察长监督地方检察厅及所附置地方审判厅管辖区域内之各检察厅。"《法院编制法》出台后，其第 158、159 条对司法行政监督权之施行作出规定，由此对行政监督职权做了比较完整的划分：（1）法部堂官监督全国审判衙门及检察厅；（2）各省提法司监督本省各级审判厅及检察厅；（3）总检察厅检察长监督该厅及各级检察厅；（4）高等检察厅检察长监督该厅及所属下级检察厅；（5）地方检察厅检察长监督该厅及所属初级检察厅。该法第 8 条规定："各级检察厅检察事务受本厅长官及上级检察官之指挥。各级检察厅长官无论何时得亲自处理该管辖区域内检察官事务并得以其事务移于别厅检察官使处理之。"《法院编制法》第 98 条还明确规定各级检察官应服从总检察厅厅丞命令："大理院审判特别权限之诉讼案件时，与该案有关系之各级检察官应从总检察厅厅丞之命令办理一切事务……大理院审判此种案件，有时由总检察厅直命高等以下各级检察厅所属检察官执行搜查犯罪事务，受命之检察官亦有服从之义务，以期事务之敏捷。"[②]

3. 对检察官履行职务实行诉讼上的制约

（1）明确追究检察官妄为起诉之责任。《各级审判厅试办章程》第 170 条第 2 款规定："如检察官非因过失，妄为起诉，至他人无辜受害者，依惩戒处分规则行之。"

（2）规范检察官监视执行刑罚。《大清刑事诉讼律草案》对执行轻重次序做了规定，由此规范检察官的监视执行职权。

（3）审判厅对检察官监视执行工作实行监督。《大清刑事诉讼律草案》第 512 条规定："受刑人以检察官行刑之指挥为不当者，得向配置该检察官之审判衙门声明异议。"第 514 条规定："审判衙门接受疑义或异议之声明者，应咨询检察官以决定裁判之。"第 430 条规定："不服检察官之羁押或扣押者，得请求该检察官所配置之审判衙门撤销或变更，准用之。"[③] 由此可见，在刑事诉讼中，

① 参见谢如程：《清末检察制度及其实践》，华东政法大学博士学位论文，2007 年。
② 参见谢如程：《清末检察制度及其实践》，华东政法大学博士学位论文，2007 年。
③ 参见谢如程：《清末检察制度及其实践》，华东政法大学博士学位论文，2007 年。

检察官的行为在诉讼上受到一系列的规范制约。

（三）司法权对侦查权的监督制约

（1）法官对强制性侦查措施的司法审查。在《各级审判厅试办章程》中，对法官的预审以及对强制性侦查措施的司法审查权进行了明确规定。《各级审判厅试办章程》不再提法官（推事）的侦查权，而是规定法官（推事）对“刑事案件疑难者”有权预审，对预审阶段中的强制性侦查行为进行司法审查，以监督检察官侦查行为的合法性。这一规定意味着剥夺了审判人员原来所享有的侦查权，而赋之以预审参与权，以法官这一中立主体来约束检察官的强制性侦查行为。[①] 这一举措进一步分离了侦查权和审判权，从而有利于防止法官变成“超级追诉者”。同时，法官参与预审，对强制性侦查行为进行审批，有利于制衡检察官侦查权，对犯罪嫌疑人权利的保障也有一定的积极意义。

（2）在逮捕中引入“令状制度”，[②] 要求侦查人员必须获得审判厅签发的厅票，才能逮捕犯罪嫌疑人。对逮捕这一重大侦查行为进行司法控制，这体现了控、辩、审三方参与诉讼程序的特点。《各级审判厅试办章程》及其后的《司法警察职务章程》都规定，“凡逮捕人犯应以审判衙门所发印票为凭，由检察厅备文送交该管巡警衙门转饬司法警察人员执行。”厅票制度使得中立的司法官得以对强制性侦查行为进行审查，以审判权制衡侦查权，从而加强了对侦查权的控制和约束。

（3）在预审活动中，要求检察官、录供者、预审推事莅庭以决定对被追诉者的侦查处分，控、辩、审三方参与预审程序，形成了诉讼程序所要求的三方构造。在预审中，作为控方的检察官提出证据和事实，由中立的法官进行评断，以决定是否继续对犯罪嫌疑人进行侦查，是否将犯罪嫌疑人提交审判，从而构成了控、辩、审三方参与的诉讼程序。预审程序设置改变了传统侦查人员“一言堂”的局面，一定程度上规制了侦查权，从而保障了犯罪嫌疑人的权利。[③]

---

① 参见《各级审判厅试办章程》第14、16、17、21、22、25、97、100、104、108条。

② 参见汪海燕著：《刑事诉讼模式的演进》，中国人民公安大学出版社2004年版，第399页。

③ 倪铁：《中国传统侦查制度的现代转型——1906～1937年侦查制度现代化的初期进展》，华东政法大学博士学位论文，2008年。

第三节 新民主主义革命时期的侦查监督制度（1931~1949年）

按照史学界的划分，中国的新民主主义革命时期，是指1919~1949年间由无产阶级领导人民大众反对帝国主义、封建主义和官僚资本主义的革命，以区别于资产阶级领导的旧民主主义革命（1840~1919年）。本书考察的新民主主义革命时期的侦查监督制度是从1931年起，理由在于：新民主主义革命的领导者——无产阶级政党（即中国共产党）于1931年在江西瑞金成立了独立于南京国民政府的工农民主政权，建立了一套与国民党统治区完全不同的司法制度。这一时期的刑事诉讼司法制度的总体特点是法制建设不发达，司法制度显现多样性和阶段性的特征，法制的主要任务是捍卫和保障革命政权。但无可否认，这一时期的侦查监督制度是新中国侦查监督制度的重要渊源之一，这一时期的侦查监督工作也为新中国侦查监督制度的建立和侦查监督工作的开展做了一次实践探索，为建国后侦查监督制度的创建和发展提供了宝贵的经验，尤其是由检察机关主导侦查监督的中国侦查监督制度模式在这一时期初步形成。

一、工农民主政权时期的侦查监督制度

（一）侦查监督制度的法律渊源

新民主主义革命时期承担侦查监督职责的机关多种多样，相关规定比较简单，其制度渊源也比较分散，主要有如下法律、法规：

1931年11月中华苏维埃第一次全国代表大会通过的《中华苏维埃共和国宪法大纲》，是工农民主政权时期的纲领性文件。虽然该宪法大纲没有明确规定侦查监督制度，但是其规定了工农劳苦民众的一系列权利和自由，比如，受教育的权利、劳动权利和劳动保护、言论出版集会结社的自由、婚姻自由、信仰自由、少数民族的民族自决权等，这些人权条款可以说是侦查监督制度的间接渊源。此外，《中华苏维埃共和国中央苏维埃组织法》（以下简称《中央苏维埃组织法》）、《工农检察部的组织条例》、《工农检察局的组织条例》等组织性规范在规定工农检察部（局）的职责和任务时明确了其对国家企业和机关的监督权。《中华苏维埃共和国军事裁判所暂行组织条例》（以下简称《军事裁判所暂行组织条例》）、《裁判部暂行组织及裁判条例》、《中华苏维埃国家政治保卫局组织纲要》（以下简称《国家政治保卫局组织纲要》）、《中华苏维埃共和国中央执行委员会训令（第六号）——处理反革命案件和建立司法机关的暂行程序》、《中华苏维埃共和国司法程序》（以下简称《司法程序》）等法律法规对军事检查所、

检察员和政治保卫局的侦查、预审、起诉等职权做了规定，这也是工农民主政权时期侦查监督制度的重要渊源。[①]

（二）工农民主政权时期的侦查机关

工农民主政权时期的司法制度处于探索时期，由于新的政权刚刚建立（有的地方还尚未建立），革命任务还十分艰巨，因此，法律（法规）上赋予多个机关享有侦查权，以对敌“作战”，保卫革命的胜利果实。

1. 裁判部检察员、革命法庭检察处

1932 年 6 月由中华苏维埃共和国中央执行委员会颁布的《裁判部暂行组织及裁判条例》第五章“检察员的工作和任务”专门规定了检察员的预审和逮捕权。《革命法庭的工作大纲》中规定检察处的两个中心工作之一就是“对一切刑事案件的侦察，及代表国家向法庭提起公诉”。同时，赋予检察处执行逮捕权。

2. 军事检查（察）所

1932 年 2 月中华苏维埃共和国中央执行委员会公布的《军事裁判所暂行组织条例》第五章“军事检查所的组织和任务”第 27 条规定，军事检查所是检查和预审军犯的机关。这里的“检查”包括侦查和起诉的职能。

3. 政治保卫局（即公安机关）

中华苏维埃共和国时期的政治保卫局主要负责反革命案件的侦查、起诉。1932 年 1 月 27 日通过的《国家政治保卫局组织纲要》第 1 条规定：“国家政治保卫局在苏维埃境内依照中华苏维埃共和国宪法之规定，在临时中央政府任命委员会管辖之下执行侦查、压制和消灭政治上经济上一切反革命的组织会及侦探盗匪等任务。”第 9 条规定：“一般的对于反革命犯人及其嫌疑犯的拘捕审问权属于政治保卫局。政府其他机关、共产党部、共青团部及一切革命团体均不得自行拘捕审讯，尤其不得自行处决。”

4. 肃反委员会、省县两级裁判部、高初两级裁判所

根据 1931 年 12 月 13 日中央执行委员会非常会议通过的《中华苏维埃共和国中央执行委员会训令（第六号）——处理反革命案件和建立司法机关的暂行程序》的规定，“对于在革命政府的建立尚未满六个月且未设立国家政治保卫局的地方，由肃反机关决定逮捕审讯反革命之权……对于革命政权尚未建立的地方，当地革命群众有直接逮捕和处决豪绅地主及一切反革命分子的权力”。可见，对于反革命案件，在未建立国家政治保卫局的地方，肃反委员会和革命群众也享有逮捕和审讯权。1934 年 4 月通过的《司法程序》第 3 条规定：“省县两级

---

① 上述法律文件资料参见闵钐编：《中国检察史资料选编》，中国检察出版社 2008 年版，第 199 ~ 229 页。

裁判部、肃反委员会、高初两级裁判所均有捉拿、审讯、判决与执行判决（包括死刑）一切人犯之权。”可见，按照这部法律的规定，享有侦查权的机关扩大到了裁判部。[①]

（三）工农民主政权时期的侦查监督制度

工农民主政权时期仿效苏联当时的体制，建立起了各级工农检察部。根据《中央苏维埃组织法》的规定，工农检察部是一般法律监督机关，享有广泛的监督权，负责对国家机关和国企等行为的监督以及对法令执行情况的监督。这些职权中当然包括侦查监督的内容。[②] 这种侦查监督的模式为新中国成立后确立具有我国特色的侦查监督模式奠定了实践基础。

1931 年通过的《工农检察部的组织条例》[③] 第 5 条规定：“工农检察部的任务，是监督着国家企业和机关及有关国家资本在内的企业和合作社企业等，要那些企业和机关坚决地站在工人、雇农、贫农、中农、城市贫苦劳动群众的利益上，执行苏维埃的劳动法令、土地法令及其他一切革命法令……”第 11 条规定：“组织突击队，以突然的去检察某项国家机关或企业的工作……”1935 年 12 月通过的《工农检察局的组织条例》第 5 条规定：“工农检察局的任务是监督着国家企业和机关及有关国家资本在内的企业和合作社企业等，要那些企业和机关坚决地站在工人、雇农、贫农、中农、城市贫苦劳动群众的利益上，执行苏维埃的劳动法令、土地法令及其他一切革命法令……”

《革命法庭的工作大纲》规定检察处的两个中心工作之一就是“保障苏维埃各种法令的执行和工农群众的利益，代表苏维埃政府实行检察”。这里的“检察”，就是监督的职责（包括诉讼监督）。

《中华苏维埃共和国中央执行委员会训令（第六号）——处理反革命案件和建立司法机关的暂行程序》规定，在建立政权尚未满 6 个月的地方，肃反委员会可以行使逮捕审讯权，但是必须在取得县或区执行委员会的同意之后才可行使该职权。可见，县或区执行委员会对肃反机关的逮捕审讯行为具有控制监督权。该训令同时规定，在建立政权已满 6 个月的地方，此等地方的苏维埃政府若发现了反革命案件，必须得到国家政治保卫局省分局（设在省苏维埃所在地）的同

---

① 裁判部是各地方在未设立法院之前，在省县区三级政府内设立的临时司法机关。参见闵钐编：《中国检察史资料选编》，中国检察出版社 2008 年版，第 229 页。

② 在中央苏区，中华苏维埃共和国中央执行委员会是全国最高权力机关。在中央执行委员会之下，设立人民委员会，为中华苏维埃共和国最高行政机关。人民委员会设“九部一局”。其中之一就是中央工农检察人民委员部，其承担检察职能。参见孙谦主编：《人民检察制度的历史变迁》，中国检察出版社 2009 年版，第 35 页。

③ 1931 年 11 月由中华苏维埃共和国第一次全国工农兵代表大会通过。

意后方可执行逮捕，仅仅在有特别情形时（如反革命分子已经在组织暴动，或该区与省苏的中间被“白色”区域间断，或在“赤白交界”地方易于逃跑，或敌人进攻情形紧急），不及报告或无法报告国家政治保卫局省分局，又得到了充分的证据下，才准许县区政府及其肃反委员会有决定逮捕之权。可见，除特殊情况外，将反革命案件的决定逮捕权赋予了级别较高的国家政治保卫局省分局，以保证该项权力不被滥用。上述享有侦查监督职能的机构，相互独立，没有相互间的隶属或监督关系，共同构成了苏区的侦查监督体系，但这些机构还未形成一个集中化、系统化的组织体系，侦查监督职能被分散在几个机构或部门中，这种分散性也是苏区侦查监督制度的特点之一。

二、抗日战争和解放战争时期的侦查监督制度

1937 年“七·七”事变后，中国革命进入了伟大的“抗日战争时期”。为了同国民党建立“抗日民族统一战线”，苏维埃共和国历史正式结束。同年 9 月，将中华苏维埃共和国中央临时政府西北办事处改组为陕甘宁边区政府，各边区抗日民主政府名义上隶属于“国民政府”，因而没有形式上的中国共产党领导的统一的民主政权。1945 年抗日战争结束时，中国共产党已逐渐开辟了 18 个敌后抗日根据地。在各根据地里，建立了边区政府、行政公署、专员公署、县政府、乡政府各级抗日民主政权。因此，这一时期的侦查监督职能主要体现在各抗日民主政权的司法机构中。

（一）侦查监督制度的法律渊源

前面已提到，这一时期中国共产党没有统一的民主政权，因此，关于侦查监督制度的法律渊源体现在各根据地的法律、法规和规章中，呈现出比较分散的特点，主要包括《陕甘宁边区高等法院组织条例》、《陕甘宁边区高等法院对各县司法工作的指示》、《陕甘宁边区暂行检察条例》、《晋察冀边区公安局暂行条例》、《晋察冀边区法院组织条例》、《晋察冀边区行政委员会关于改变公安机构及其工作范围之决定》、《晋冀鲁豫边区高等法院组织条例》、《晋冀鲁豫边区公安总局、晋冀鲁豫边区高等法院关于公安司法部门工作关系的联合指示》、《晋冀鲁豫边区关于公安司法关系及城市管理分工的指示》、《晋冀鲁豫边区太岳区暂行司法制度》、《山东省各级司法机关办理诉讼补充条例》、《山东省高级审判处暂行组织条例》、《山东省地方法院暂行组织条例》、《山东省县司法处暂行组织条例》、《山东省各级检察委员会组织条例》、《山东省公安局暂行条例》、《山东省各级公安局拘押差犯暂行条例》、《山东省政府关于公安、司法处理案件关系的决定》、《山东省审理汉奸战犯暂行办法》、《修正淮海区审理司法案件暂行办法》、《淮海区拘票使用办法》、《淮海区公务人员非法拘押惩处暂行条例》、《苏中区处理诉讼案件暂行办法》、《苏中区第二行政区诉讼暂行条例》、《苏北行

政公署关于县市公安机关与司法机关处理刑事案件权职的规定》、《苏北行政公署训令》、《冀南区诉讼简易程序试行办法》、《东北各级司法机关暂行组织条例》、《关东各级司法机关暂行组织条例草案》、《关东高等法院各部门（庭、处、室）工作条例》、《辽北省各市县旗人民法院的组织职权、义务及办事细则》、《哈尔滨特别市民事刑事诉讼暂行条例》、《哈尔滨特别市政府对公安局与人民法院关于处理民行案件的分工与联系的决定》、《太原市军事管制委员会特别法庭暂行办法》、《华北人民政府关于县市公安机关与司法机关处理刑事案件权责的规定》等。①

（二）侦查机关

抗日战争和解放战争时期各民主政权的司法机构设置不尽一致，总体上享有侦查权的机关包括公安机关和检察机关，还有的民主政权赋予法官以一定的侦查权。

1. 公安机关

这一时期多数民主政权赋予公安机关以侦查权，还有的地方规定由公安机关代行检察职权，享有起诉的权力，成为名副其实的追诉机关。例如，在《苏北行政公署关于县市公安机关与司法机关处理刑事案件权职的规定》、《苏北行政公署训令》中，均规定了公安机关的侦查、起诉的职权；《冀南区诉讼简易程序试行办法》规定了公安机关的侦查起诉职权，尤其是对汉奸政治犯的侦查起诉权；《华北人民政府关于县市公安机关与司法机关处理刑事案件权责的规定》规定："对于汉奸特务及内战罪犯等案件，其侦查的责任，应属于公安机关"；《哈尔滨特别市政府对公安局与人民法院关于处理民行案件的分工与联系的决定》规定了公安机关在侦查中的查封、逮捕以及协助法院侦查等职权；《山东省政府关于公安、司法处理案件关系的决定》明确了公安局为检察机关，负责刑事案件的侦查、预审、起诉等职责；《晋冀鲁豫边区太岳区暂行司法制度》赋予公安机关侦查起诉权；《晋冀鲁豫边区关于公安司法关系及城市管理分工的指示》明确规定公安局代行司法部门的检查权，等等。

2. 检察机关

在抗日战争时期，由于"国共合作"、"建立抗日民族统一战线"的需要，一些民主政权的检察职权设计受国民政府的检察制度影响较大，也赋予检察机关以侦查权、起诉权。例如，《太原市军事管制委员会特别法庭暂行办法》第3条第3项规定："首席检察官、检察官掌握预审、侦查、公诉、辩论等事宜。"《东

① 上述法规文件参见闵钐编：《中国检察史资料选编》，中国检察出版社2008年版，第232～303页。

北各级司法机关暂行组织条例》、《关东各级司法机关暂行组织条例草案》等规范中均包括实施侦查、提起公诉、实行上诉、协助自诉及指挥刑事裁判之执行等对检察官（检察员）之职权的规定；《陕甘宁边区暂行检察条例》、《陕甘宁边区法院组织条例》、《晋冀鲁豫边区高等法院组织条例》、《山东省高级审判处暂行组织条例》、《山东省地方法院暂行组织条例》、《山东省县司法处暂行组织条例》中均赋予了检察官侦查、搜集证据、提起公诉、协助自诉及指挥刑事裁判之执行等职权。

3. 人民法院

除了公安机关和检察机关外，某些民主政权在赋予法官以审判权的同时，为了查明案情也赋予其一定的侦查权。例如，《哈尔滨特别市政府对公安局与人民法院关于处理民行案件的分工与联系的决定》第6条第3款规定："人民法院在传唤、逮捕、搜查、检证及强制执行上，如需公安局协助之必要时，公安局有协助之责任。"这一条虽然是规定公安机关有协助传唤、逮捕、搜查等义务，但从另一个侧面也反映出人民法院也享有这些职权。

（三）侦查监督制度

1. 刑事诉讼法律对强制性侦查措施的程序性规制

在抗日战争和解放战争时期，一些民主政权在司法制度和刑事诉讼的规范中多有涉及规范强制性侦查措施的法律规定，某些民主政权（如淮海政权）甚至出台了专门规范侦查措施的法律。这说明了在这一时期，对侦查权的控制约束机制在不断完善。《苏中区处理诉讼案件暂行办法》第28条规定："搜查应提示搜索票，实施搜索时，应制作搜查笔录。"第30条规定："乡镇政府不得羁押人犯，区政府羁押人犯，不得超过24小时……"第31条规定："羁押及拘提人犯应尊重其人格，不得施以侮辱……"《苏中区第二行政区诉讼暂行条例》第10条规定："拘捕人犯非依法律不得为之。"《辽北省各市县旗人民法院的组织职权、义务及办事细则》第17条规定："对犯人住所或其他场所有必要搜索时，应协同公安机关及该犯人之住所或其他场所之组长或司领导到场搜索之。搜索时，或其他情况下，如发现被害人有应扣押之物得扣押之，但须交付扣押物品收据。因调查证据，得实施勘验，勘验进行时，须令证人、鉴定人到场。如检验尸体，得命医师为之。其他物证，可请有专门知识人员鉴别之。"《哈尔滨特别市民事刑事诉讼暂行条例》第12条第2款规定，"如犯罪嫌疑人重大而有下列情形之一者，得予逮捕或羁押：1. 逃亡或有逃亡之虞者；2. 有湮灭证据之虞者；3. 犯罪情节重大者"。《淮海区拘票使用办法》、《淮海区公务人员非法拘押惩处暂行条例》、《山东省各级公安局拘押差犯暂行条例》三部法律是专门规范侦查权制度的，体现了这两个政权对法治与人权的重视。

2. 检察机关（检察官）的监督

抗日战争和解放战争时期，一些民主政权受苏联检察机关建制的影响，赋予检察机关以广泛的监督权（一般监督权），其中侦查监督是主要的内容之一。《关东各级司法机关暂行组织条例草案》第27条规定："关东所有各机关各社团，无论公务人员或一般公民，对于法律是否遵守之最高检察权，均由检察官实行之。"《山东省各级检察委员会组织条例》第7条关于检察委员会职权的规定之一是"调查其他一切危害国家利益、政府法令及人民权利等"。可见，检察委员会具有一般监督权。这一时期的民主政权赋予检察机关法律监督职能，为新中国把检察机关的性质定位于法律监督机关奠定了实践基础。

3. 人民法院对侦查机关的监督

司法权（审判权）对侦查权的规制是西方法治国家的普遍做法。在这一时期，一些民主政权的立法也体现了这一精神。例如，《陕甘宁边区县司法处组织条例草案》第12条规定："司法处关于应羁押之人犯，羁押与各该县之看守所，对于人犯之教育、工作、生活各项事宜，审判员承处长之命，得随时到所视查之。"《哈尔滨特别市政府对公安局与人民法院关于处理民行案件的分工与联系的决定》第5条规定："公安局除依前条规定留用证物外，不得没收和截留扣押物品。如有此情形时，人民法院有权监督并得拒绝受理该项手续不合之案件……"可见，对于非法侦查行为，人民法院有权监督并可决绝受理案件。

第四节　新中国成立以后的侦查监督制度（1949年至今）

从1949年到2012年，新中国的侦查监督制度已经走过了62年。在这60多年的时光里，中国经历了"数千年未有之大变格局"，取得了经济增长与制度转型的双重奇迹，在社会生活的方方面面都发生了"山乡巨变"，同时，法制建设也取得了令人瞩目的成就。但是，中国的法治化进程并非一路坦途，而是与大的政治环境息息相关。侦查监督制度的创建与发展，更是明晰地展现了政治环境的印记。过去的60多年，对于侦查监督制度，"文革"成为一道鲜明的分水岭，"文革"前，侦查监督制度蹒跚起步，命运多舛；"文革"结束后实行改革开放以来，侦查监督制度蓬勃发展，欣欣向荣。在此，笔者将新中国侦查监督制度的发展历程大致划分为五个阶段。

一、中国侦查监督制度的初建与起步阶段（1949～1957年）

侦查监督制度同其他法律制度一样，其确立和发展与国家政治形式的发展变化及法制建设的进程密切相关。作为新中国检察制度重要组成部分之一的侦查监督制度始建于20世纪50年代初，当时中苏两国同属社会主义国家，由于意识形态因素的作用，中国的检察制度（包括侦查监督制度）借鉴苏联检察机关的建制，[①] 其是列宁关于社会主义检察制度的理论具体运用于中国实际的结果。

1949年6月23日，在新中国政治协商会议筹备会第一次会议召开期间，中央人民政府组织法起草组组长董必武做了《政府组织纲要中的基本问题》的报告。在报告中，他首次提出了“最高人民检察署是最高检察机关”的机构设置意见。后来的《中央人民政府组织法》采纳了这一意见，确立了最高人民检察署的机构设置和职权。1949年10月1日，中央人民政府委员会第一次会议任命罗荣桓为首任检察长。同年11月1日，最高人民检察署正式开始办公。1950年，最高人民检察署李六如副检察长在全国司法会议上所作的《人民检察任务及工作报告大纲》报告的第二部分“人民检察署与其他机关的分工合作问题”中谈到检察机关与公安、法院和监察等机关的关系时，明确了检察机关具有“检察公安机关之侦查逮捕释放等是否合法”的职权。[②] 1951年9月通过的《最高人民检察署暂行组织条例》和《各级地方人民检察署组织通则》规定，检察署对反革命案件和其他刑事案件实行检察，提起公诉。这里的“检察”，既包含了侦查工作，又包括了对公安机关侦查的监督工作。[③]

根据上述法律规定和报告，各级检察机关有权监督公安机关的侦查活动，但是，由于当时的历史环境，这个监督活动很不普遍，也不经常进行。在检察制度初创的四到五年间，检察机关的实际任务大都被集中在了镇压反革命运动、参加“三反”和“五反”运动、参加司法改革运动以及参加“新三反”斗争等诸多党和政府开展的运动之中。检察机关侦查监督工作的开展也都蕴含在这些运动中。主要表现在：一方面，在当时的历史条件下，审查逮捕工作主要采取“联合办案”的方式。其基本方式是：需要审查批准逮捕的罪犯，具体由公检法组成的联合办公室负责审查，提出处理意见，直接报请党委批准，检察署办理法律手续。另一方面，依法“保障人权”，纠正刑事案件中出现的错捕、错判也是当时检察署的工作重点之一。各地检察署对乱捕、乱打、利用职权恣意侵犯人权、陷害群众的违法行为加强检察，严厉打击罪行严重、民愤极大的违法乱纪分子，切实保障了人民的民主权利，成为整个社会反对违法乱纪斗争的重要方面。1953

① 苏联的检察机关是法律监督机关，享有最高的监督权。

② 闵钐编：《中国检察史资料选编》，中国检察出版社2008年版，第507页。

③ 程荣斌主编：《检察制度的理论与实践》，中国人民大学出版社1990年版，第128页。

年，各级人民检察署协调有关部门检察违法乱纪与错捕、错判案件9751件。①

随着残余反革命势力基本上被肃清和土地改革等各项社会改革运动的完成，国家已进入有计划的经济建设时期，需要进一步健全法制，加强对公民权利的法律保障。1954年4月，第二届全国检察工作会议之后，检察工作的典型试验在全国范围内普遍展开。典型试验的内容主要是检察机关在刑事诉讼中的各项活动和法律程序，包括对刑事案件的侦查、公诉以及对侦查、审判、监狱、看守所和劳改机关的监督等。②

1954年9月20日，在第一届全国人民代表大会第一次会议上，《中华人民共和国宪法》（以下简称《宪法》）通过实施，该法对检察机关的设置、领导体制、职权范围以及活动原则等进行了原则性规定。次日，《中华人民共和国人民检察院组织法》（以下简称《人民检察院组织法》）也通过实施。同年12月20日，《中华人民共和国逮捕拘留条例》颁布实施。这些法律对保障公民人身自由和检察机关的侦查监督权作出了一系列规定，为检察机关行使审查批捕权和侦查活动监督权，建立侦查监督制度，奠定了初步的法律基础。其中，《人民检察院组织法》确定的检察机关的六项职权之一为对侦查机关的侦查活动是否合法实行监督，并明确规定，“对于任何公民的逮捕，除经人民法院决定的以外，必须经人民检察院批准……人民检察院对本级公安机关的侦查活动发现有违法情况，应当通知公安机关给以纠正”。1955年，按照1954年《人民检察院组织法》规定的六项职权，参照苏联检察机关的机构设置，各级检察机关的内设机构由原来的按照案件进行分工，改变为按照各项法律监督职权进行分工，最高人民检察院共设8个厅局单位，其中之一就是侦查监督厅，负责主管侦查监督工作。1957年7月，最高人民检察院制定了《关于侦查监督工作程序方面的意见（试行草案）》。该意见规定，侦查监督工作的具体任务是审查批准逮捕人犯；审查决定起诉；处理对于公安机关侦查活动违法现象或关于冤案、错案的申诉和控告；对于发现有问题的案件进行检查。1954年至1957年上半年，这一时期是人民检察事业朝气蓬勃向前发展的时期，在业务工作上，各级人民检察院已全部担负起审查批捕、审查起诉工作。检察机关按照法律程序履行法律监督职能，有效地预防了把一些无罪的人或者可以免予处罚的人交付审判。③ 1962年最高人民检察院起草的《1958年以来检察工作基本总结之报告》指出：“我国检察制度，是由全国

① 扬振江：《侦查监督工作六十年》，载孙谦主编：《检察论丛》（第14卷），法律出版社2009年版，第156页。

② 参见张进德、何勤华：《中国检察制度洋埂年》，载《人民检察》2009年第19期。

③ 扬振江：《侦查监督工作60年》，载孙谦主编：《检察论丛》（第14卷），法律出版社2009年版，第157页。

人大制定的《宪法》和《人民检察院组织法》确定的。我国检察机关是人民民主专政的法律监督机关。必须正确理解人民检察院组织法规定的检察机关法律监督职能的性质和作用。法律监督职能概括起来有两个方面：一方面，是进行侦查、批捕、起诉、出庭支持公诉；另一方面，是对国家机关和国家机关工作人员的违法行为实行监督。”该报告要求各级检察机关切实做好批捕、起诉、出庭工作，并通过这些工作，加强侦查监督、审判监督。

二、中国侦查监督制度的波折与中断阶段（1957～1977 年）

1957 年，“反右”斗争开始，法律监督被批判为“矛头对内”，检察工作被指责为严重“右倾”，有些检察干部因为坚持垂直领导和一般监督而被定为“右派”，以致大伤元气，检察工作陷入低谷。到 1960 年冬，康生、谢富治取消最高人民检察院，只留 25 人归公安部领导。事情发生后，张鼎丞代表广大检察干部和最高人民检察院党组将上述情况向刘少奇、彭真做了反映。他们都坚持认为检察机关不能取消。这样一来，刹住了“取消风”，保存了检察机构。[①] 在当时的环境下，检察机关依然坚持依法办案，认真履行职责。但是，这股对检察机关的“取消风”，给检察工作造成了严重影响。1958～1960 年，检察机关审查批捕的案件，批准逮捕的占 80%，不批准逮捕的占 20%。时任最高人民检察院检察长的张鼎丞向国家主席刘少奇和全国人大常委会副委员长彭真汇报后，刘少奇主席说：“现在检察机关不是削弱，而是要加强。”彭真副委员长说：“三年来，你们在审查批捕中顶住了 20%，这就证明你们起了作用。”[②]

1966 年，“文化大革命”爆发，中国进入“十年浩劫”，社会主义法制，尤其是检察制度不可避免地遭受到空前劫难。1967 年 1 月 30 日，最高人民检察院遭到造反、夺权，工作陷于瘫痪。到 1968 年上半年，全国各级政法机关都遭受严重破坏，组织上陷于瘫痪，而其中检察机关受害最为严重。1968 年，最高人民检察院、军事检察院和地方各级人民检察院先后被撤销，包括审查批捕和诉讼监督在内的各项检察工作也中断了十年。1975 年，第四届全国人民代表大会第一次会议修正通过了第二部《宪法》。其中，第 25 条规定：“检察机关的职权由各级公安机关行使。”这样，检察机关的宪法地位彻底丧失，检察机构的设置也不复存在。至此，检察机关被撤销，侦查监督制度也就荡然无存了。

---

① 王丽丽、王松苗：《两度“三起三落”说明一个道理 人民检察只能加强不能削弱》，载《检察日报》2009 年 11 月 9 日。

② 扬振江：《侦查监督工作 60 年》，载孙谦主编：《检察论丛》（第 14 卷），法律出版社 2009 年版，第 157 页。

三、中国侦查监督制度的恢复与重建阶段（1978～1996年）

十年“文化大革命”之后，我国开始酝酿恢复重建检察制度。检察制度的正式重建，却是肇始于1978年《宪法》的制定。1978年3月，第五届全国人民代表大会第一次会议通过了我国的第三部《宪法》，明确规定设置人民检察院。1978年《宪法》颁布后，国家成立最高人民检察院筹备组，在组建最高人民检察院的同时，领导筹建地方各级人民检察院。1978年6月1日，最高人民检察院开始正式恢复办公。1978年8月，最高人民检察院设立刑事检察厅、信访厅、研究室等业务机构，其中，刑事检察厅主管审查批捕、提起和支持公诉，以及对公安机关侦查活动和人民法院审判活动是否合法进行监督等工作。1979年2月23日，第五届全国人民代表大会常务委员会第六次会议通过了《中华人民共和国逮捕拘留条例》（以下简称《逮捕拘留条例》）。为贯彻执行《逮捕拘留条例》，最高人民检察院党组向中央提交了《关于认真执行〈逮捕拘留条例〉简化案件批准手续的请示报告》。该报告提出简化逮捕拘留的审批手续，凡公安机关提请审查批捕的一般案犯，直接移送县或县以上人民检察院审查决定，不再报党委讨论批准；要求各级人民检察院在批捕工作中，坚持毛主席关于“捕人要少”和“可捕可不捕的坚决不捕”的指示，对批准逮捕的人犯，按照《逮捕拘留条例》规定的主要犯罪事实已经查清、可能判处徒刑以上刑罚、有逮捕必要的三个条件，严格掌握。

1979年，第五届全国人民代表大会第二次会议颁布的《刑事诉讼法》和重新修订的《人民检察院组织法》中，规定了侦查监督的主要内容和侦查监督的程序。从此，检察机关的侦查监督活动有了比较明确具体的法律规范。

1982～1983年，全国人民代表大会常务委员会先后通过了《关于严惩严重破坏经济的罪犯的决定》、《关于严惩严重危害社会治安的犯罪分子的决定》。按照中央的方针政策和决定，各级人民检察院与公安机关、人民法院统一行动，积极投入到严厉打击严重刑事犯罪和严重经济犯罪的斗争中，依法履行审查逮捕和审查起诉职责，充分发挥了检察机关的职能作用。1983～1988年，检察机关共批准逮捕各类刑事案犯221万多人，依法起诉216万多件，有力地打击了各类刑事犯罪活动，严惩了严重破坏经济秩序的犯罪，为社会治安的好转作出了积极努力。

四、中国侦查监督制度的改革与发展阶段（1997～2012年）

1996年对《刑事诉讼法》的修改，强化了检察机关履行刑事诉讼监督的职能，增设了立案监督职权。为适应新形势发展的需要，全面履行法律监督职能，1999年，最高人民检察院将刑事检察厅分设为审查批捕厅和审查起诉厅，由审查批捕部门独立承担对刑事案件的审查批捕、立案监督等职能。2000 年 8 月，最高人民检察院将审查批捕厅更名为侦查监督厅，全国各级检察机关原来的刑事检察部门也相应分设为公诉部门和侦查监督部门，检察机关侦查监督工作得以全面、快速的发展。

将审查批捕部门更名为侦查监督部门，不是简单的名称变更，而是从检察工作实际出发，适应依法治国的要求，全面强化法律监督职能，加强对侦查工作的监督，维护国家法律统一、正确实施的重要举措，改革的主要目的就是要使机构名称更好地体现其所担负的职责任务。

2000 年 9 月，全国检察机关第一次侦查监督工作会议在浙江省杭州市召开。会议对侦查监督工作作出了“三项职责、八大任务”的准确定位。“三项职责”，即审查逮捕、立案监督和侦查活动监督。“三项职责”的准确定位，进一步扩大和深化了侦查监督工作的内涵与外延，强化了侦查监督的法律监督属性，使工作重心从传统的办理审查逮捕案件向“全面履行职责，强化诉讼监督”转移，明确确立了以“审查逮捕、立案监督、侦查活动监督”三大职能为主要内容的侦查监督工作格局，掀开了侦查监督工作发展史的崭新一页。

2005 年 5 月，全国检察机关第二次侦查监督工作会议在广西南宁市召开。会议总结了全国第一次侦查监督工作会议以来侦查监督工作的成绩与经验，围绕“强化法律监督，维护公平正义”的检察工作主题和总体要求，提出了以强化法律监督为主线，以提高办案质量和监督实效为基本要求，以改革完善工作制度和机制为动力，以提高队伍侦查监督能力为保障的工作思路，确立了以审查逮捕为主体，立案监督和侦查活动监督平衡发展的工作格局。全国第二次侦查监督工作会议，开创了检察机关侦查监督工作的新局面，侦查监督职能得以进一步深化、完善和全面发展。

2009 年 6 月，全国检察机关第三次侦查监督工作会议在云南省昆明市召开。这次会议是在国际国内经济形势发生重大变化、中央部署新一轮司法体制和工作机制改革的背景下召开的。会议站在新的历史起点上，全面总结了全国第二次侦查监督工作会议以来侦查监督工作的丰硕成果和宝贵经验，深刻分析了当前面临的新形势、新情况和新问题，深入探寻了侦查监督工作规律，创新、丰富了侦查监督理论，更加明晰和坚定地把握了审查逮捕的法律监督属性，提出了当前和今后一个时期加强侦查监督工作的总体思路和主要措施。侦查监督工作在新形势下面临崛起性发展的大好机遇，会议振奋人心、继往开来，是推动侦查监督工作乘势而上、科学发展，迈向崭新历史时期的重要会议。

最高人民检察院 2009 年 9 月 2 日印发了《关于省级以下人民检察院立案侦查的案件由上一级人民检察院审查决定逮捕的规定（试行）》，明确规定省级以下（不含省级）人民检察院立案侦查的案件，需要逮捕犯罪嫌疑人的，应当报请上一级人民检察院审查决定。

五、中国侦查监督制度的创新与纵深发展阶段（2012年以后）

2012年3月14日，第十一届全国人民代表大会第五次会议表决通过了《关于修改〈中华人民共和国刑事诉讼法〉的决定》。这部法律于1979年制定，1996年第一次修正，在历经16载社会变迁和司法实践的积累之后，再一次作出重要修改。2012年《刑事诉讼法》有多个条文涉及侦查监督制度，主要内容包括：

（一）增加“尊重和保障人权”的规定

2012年《刑事诉讼法》增加了“尊重和保障人权”的规定，将其作为《刑事诉讼法》的任务之一，规定在总则中。这对于保障人权，加强对公权力（侦查权）行使的制约，有着不可低估的作用。

（二）进一步完善侦查监督的规定，赋予了检察机关对侦查监督的投诉处理权

为进一步强化对侦查措施的监督，2012年《刑事诉讼法》第115条增加规定当事人、利害关系人认为司法机关及其工作人员不依法解除、变更强制措施，不依法退还取保候审保证金，违法采取搜查、查封、扣押、冻结，不依法解除查封、扣押、冻结，阻碍辩护人、诉讼代理人依法履行职责，侵害其合法权益时的申诉、控告及处理程序。同时，该条首次建立了对各种违法侦查行为的投诉处理机制，其中规定人民检察院为申诉或控告的处理机关。这些规定，强化了对侦查措施的监督，进一步发挥了法律监督机关的监督职能，有利于进一步保障公民的合法权益。

（三）在证据制度方面增加了“不得强迫任何人证实自己有罪”的规定，同时明确规定了非法证据排除的具体标准

2012年《刑事诉讼法》第54条第1款规定：“采用刑讯逼供等非法方法收集的犯罪嫌疑人、被告人供述和采用暴力、威胁等非法方法收集的证人证言、被害人陈述，应当予以排除。收集物证、书证不符合法定程序，可能严重影响司法公正的，应当予以补正或者作出合理解释；不能补正或者作出合理解释的，对该证据应当予以排除。”这从制度上防止和遏制了侦查机关的刑讯逼供及其他非法收集证据的行为，为维护司法公正和刑事诉讼参与人的合法权利提供了保障。

（四）细化且降低了逮捕条件，除明确“社会危险性”条件的具体情形外，增加规定了应当逮捕的情形

2012年《刑事诉讼法》第79条将“发生社会危险性，而有逮捕必要”的原则规定，细化规定为：可能实施新的犯罪的；有危害国家安全、公共安全或者

社会秩序的现实危险的；可能毁灭、伪造证据，干扰证人作证或者串供的；可能对被害人、举报人、控告人实施打击报复的；企图自杀或者逃跑的。同时，该法明确规定，对有证据证明有犯罪事实，可能判处10年有期徒刑以上刑罚的，或者有证据证明有犯罪事实，可能判处徒刑以上刑罚，曾经故意犯罪或者身份不明的犯罪嫌疑人、被告人，应当予以逮捕。被取保候审、监视居住的犯罪嫌疑人、被告人违反取保候审、监视居住规定，情节严重的，可以予以逮捕。这些修改，有利于执法机关准确掌握逮捕条件，发挥逮捕措施在惩治犯罪中的作用，也有利于防止错误逮捕，加强对公民人身权利的保护。

（五）增加了人民检察院审查批捕可以讯问犯罪嫌疑人制度

为进一步完善审查逮捕程序，以有利于检察机关更全面地了解案件情况，准确适用逮捕措施，2012年《刑事诉讼法》第86条规定，人民检察院审查批准逮捕，对是否符合逮捕条件有疑问的，犯罪嫌疑人要求向检察人员当面陈述的，或者侦查活动可能有重大违法行为的，应当讯问犯罪嫌疑人。人民检察院审查批准逮捕，可以询问证人等诉讼参与人，听取辩护律师的意见；辩护律师提出要求的，还应当听取辩护律师的意见。

（六）增加了人民检察院对羁押必要性的审查权

为强化人民检察院对羁押措施的监督，防止超期羁押和不必要的关押，2012年《刑事诉讼法》第93条创设了逮捕后对羁押的必要性进行定期审查机制，其中，对于不需要继续羁押的，应当建议予以释放或者变更强制措施。

（七）明确监视居住的适用条件

作为减少羁押的替代措施，2012年《刑事诉讼法》第72条对监视居住规定了单独的适用条件，即适用于符合逮捕条件，但患有严重疾病、生活不能自理，怀孕或者正在哺乳自己婴儿的妇女，系生活不能自理的人的唯一扶养人，因为案件的特殊情况或者办理案件的需要，采取监视居住措施更为适宜的，以及羁押期限届满，案件尚未办结，需要采取监视居住措施的情形。对于符合取保候审条件，但犯罪嫌疑人、被告人不能提出保证人，也不交纳保证金的，也可以监视居住。2012年《刑事诉讼法》第73条第4款还规定了人民检察院对监视居住进行监督的职责。同时，第74条明确规定，指定居所监视居住的期限应当折抵刑期。犯罪分子被判处管制的，监视居住1日折抵刑期1日；被判处拘役、有期徒刑的，监视居住2日折抵刑期1日。

（八）严格限制不通知家属的情形

2012年《刑事诉讼法》对采取强制措施后不通知家属的情形做了严格限定。第73条第2款规定："指定居所监视居住的，除无法通知的以外，应当在执行监视居住后二十四小时以内，通知被监视居住人的家属。"第91条第2款规定：

"逮捕后，应当立即将被逮捕人送看守所羁押。除无法通知的以外，应当在逮捕后二十四小时以内，通知被逮捕人的家属。"第83条第2款规定："拘留后，应当立即将被拘留人送看守所羁押，至迟不得超过二十四小时。除无法通知或者涉嫌危害国家安全犯罪、恐怖活动犯罪通知可能有碍侦查的情形以外，应当在拘留后二十四小时以内，通知被拘留人的家属。有碍侦查的情形消失以后，应当立即通知被拘留人的家属。"

旨在规制侦查权力、保障公民个人权利的侦查监督制度在一定程度上说，是衡量一个国家法治文明和法治建设的标尺，2012年《刑事诉讼法》关于侦查监督制度的上述修改，是我国刑事法治建设领域的重大事件，对于规制我国侦查机关的权力行使、保障公民个人权利、完善我国的侦查监督制度具有重大意义。我们相信我国的侦查监督制度必将随着2012年《刑事诉讼法》的实施而迎来"自己的春天"。

通过上述对我国侦查监督制度60多年变迁的梳理，我们可以发现，我国侦查监督制度的发展完善，印证了我国法治理念的文明演进，记录了我国法治建设的坚实步履。正如原最高人民检察院侦查监督厅厅长杨振江所说："60年多来，侦查监督工作伴随着检察事业的风雨历程不断发展和完善，已经成为中国特色社会主义检察制度的重要组成部分。经过长期探索和实践建立起来的侦查监督制度，具有鲜明的中国特色。在职能属性上，侦查监督集惩罚犯罪与保障人权、保障诉讼与监督诉讼两方面功能于一身，具有独特的法律监督属性。'监督'是侦查监督的主线和特色，也是我国逮捕权有别于国外逮捕制度的鲜明要素。在地位作用上，侦查监督集制约型监督与督察型监督、被动型监督与主动型监督、裁断型监督与启动程序型监督等多类型监督于一体，既是逮捕措施的审查把关者，又是侦查程序的纠错匡正者，处于检察机关打击刑事犯罪和诉讼监督的'前沿阵地'，对于维护社会和谐稳定和公平正义，促进经济社会科学发展，保证法律在侦查程序中正确实施具有重要作用。"① 但同时，我们也应看到我国的侦查监督制度设计本身还有许多不完善之处，尤其是在侦查监督制度运作实践中受历史传统、政治结构、社会转型等因素的影响，其法治化和理性化的程度还比较低，对于我们的法治理想而言，侦查监督制度的改革和完善还远远是一项未竟的事业。

---

① 扬振江：《侦查监督工作60年》，载孙谦主编：《检察论丛》（第14卷），法律出版社2009年版，第170页。

第二章　侦查监督制度的域外考察

歌德有句名言："不知别国语言者，对自己的语言便也一无所知。"塞克尔也说："不知别国法律者，对本国的法律也一无所知。"[①] 因此，比较法学大师大木雅夫认为："法是一种文化现象，只要是准备研究它的现象形态、功能、前提条件和效果等，就不可能将视野封闭在国境之内"[②]。侦查监督制度作为国家刑事诉讼制度的一个组成部分，普遍存在于各国的法律和实践中，其具体规则和实践受一个国家的政治权力结构、法律制度、历史文化传统、犯罪状况和司法水平等多种因素的影响和制约。本章对域外国家侦查监督制度的考察主要以目前世界上侦查监督制度比较有代表性的国家——法国、德国、英国、美国、日本、俄罗斯六国为例证，从侦查监督制度的法律渊源、侦查模式[③]及特点以及侦查监督制度的特点等三个方面进行论述，以期从中发现决定各国侦查监督制度模式选择背后的政治、经济与文化因素。

第一节　法国的侦查监督制度

一、法国侦查监督制度的法律渊源

法国是大陆法系的成文法典制国家，目前并没有专门为侦查监督立法，有关

① ［日］大木雅夫著，范愉译：《比较法》（修订译本），法律出版社 2006 年版，第 67 页。

② ［日］大木雅夫著，范愉译：《比较法》（修订译本），法律出版社 2006 年版，第 16 页。

③ 与构造相比，模式是从动态的比较角度来考察基本的诉讼类型的。模式具有样式之意，描述的是一种典型特征而非全称概括。从严格意义上说侦查模式不等于侦查构造，二者研究的侧重点稍有区别：侦查模式更加注重对具体侦查样式、侦查方法的研究；而侦查构造比较强调从宏观上对侦查过程的控制和掌握。但对于本书侦查监督制度的研究而言，侦查模式和侦查构造两者的区别不大，文中笔者对这两个概念不做严格区分而是在同一意义上使用。参见黄豹：《侦查权力论》，中国社会科学出版社 2011 年版，第 87～88 页。

侦查监督制度的规范主要体现在《法国刑事诉讼法典》（Code de procédure pénale）中。目前法国适用的是 1958 年《法国刑事诉讼法典》，该法典于 1958 年 12 月 23 日颁布，一直沿用至今。当然，在几十年的适用过程中，不仅通过法律对该法典进行了补充和完善，而且对许多条文做了较大的修改。对法典修改的目的之一，就是为了更好地保护公民的权利，限制强大的侦查权。例如，1970 年 7 月 17 日修改的法律明确以“保护公民权利”为其名称。按照这一法律的规定，应当尽量减少审判前的羁押，使审判前的羁押仅仅成为特别的情形。同时，审判前的羁押也改称为“先行羁押或者临时羁押”（Detention provisire），而不再称为“预防性羁押”（Détention préventive）。为减少审判前的羁押（先行羁押），该法设立了一种新的制度，即“司法监督”制度。1975 年 8 月 6 日的法律又对此前实行的措施进行了补充与完善。此后，法国又通过了许多法律，目的都是进一步规范审判前采取的剥夺或者限制自由的措施，其中有 1983 年 6 月 10 法律，1985 年 12 月 30 日法律，1986 年 9 月 9 日法律，1987 年 12 月 30 日法律，1989 年 7 月 6 日法律，1993 年 1 月 4 日与 8 月 24 法律，1996 年 12 月 30 日法律，2000 年 6 月 15 法律等。①

除了《法国刑事诉讼法典》外，法国批准加入的《欧洲保障人权和基本自由公约》（以下简称《欧洲人权公约》）② 在该国也具有法律效力。根据《法国宪法》第 55 条的规定，《欧洲人权公约》具有高于法国国内法的权威，因此，该公约包含的所有条款，尤其是涉及刑事诉讼程序的所有条款（如关于逮捕与拘押的规定；关于“公正程序”与辩护权的规定；关于尊重私生活与家庭生活的规定；关于尊重住所不受侵犯以及尊重通信自由的规定，等等）在法国具有强制适用的效力。另外，在《欧洲人权公约》所规定的各项原则的直接或间接影响下，立法者非常关注审判前的程序的修改。例如，1988 年，由戴尔玛斯 · 玛蒂夫人主持的“刑事司法与人权委员会”对审判前的程序进行了深入的研究。该委员会对警察进行的调查以及预审程序作出了重大修改，提出了警察的调查任务要与司法裁判权力明显分开。虽然该委员会的结论并没有全部得到立法者的认可，但是法国政府在 1992 年 2 月 4 日提交的法案中接受了其中的某些结论，并在此法案的基础上产生了 1993 年 1 月 4 日关于改革刑事诉讼程序的法律。该法律对警察调查、被拘留人的权利保障、预审法官的权力、当事人的权利、先行羁押和预审无效进行了规定。随着 1993 年 8 月 24 日法律进行的调整，先行羁押方

---

① ［法］贝尔纳 · 布洛克著，罗洁珍译：《法国刑事诉讼法》，中国政法大学出版社 2009 年版，第 54 页。

② 法国于 1973 年 12 月 31 日通过法律批准了该公约，并以 1974 年 5 月 3 日的法令予以公布。

面的权力被归还给预审法官行使，与此同时，给予当事人的新权利则得到了保留，这样就赋予预审以更多的对审性质，并对各方当事人开放了监督预审行为符合规定的权利。①

二、法国的侦查模式及特点

（一）侦查主体

根据最新的《法国刑事诉讼法典》的规定，可以进行侦查的主体主要由司法警察、检察官和预审法官三部分组成。

1. 司法警察

在法国，警察机关隶属内政部，受国家警察总署署长领导。国家警察总署管辖分布在全国范围的国家警察的各部门和巴黎警察局及其各分部局。警察有行政警察和司法警察之分。前者的职责主要在于维护社会秩序，属于预防性质；后者的职责则在于发现与查证犯罪，属于制裁性质。事实上，行政警察与司法警察所担负的任务间有着十分密切的联系，不可能将二者完全清晰地区分开，一部分行政警察同时也是司法警察。②

根据《法国刑事诉讼法典》的规定，司法警察分为：（1）司法警察警官（Des officiers de police judiciaire）；（2）司法警察警员（Des agents police judiciaire，包括助理司法警察警员）；（3）负责司法警察特定职责的有关官员与人员（Des fonctionnaires et agents chargés de certaines functions de police judiciaire）。法律授予司法警察警官广泛的权力，因此只有得到司法机关授权的少数司法警察（如市长及其助理，国家宪兵队总监察、总督察，警察分局局长及各级警官等），才能行使这种职权。司法警官与警员拥有权力大小不同，因此区分其身份很重要。根据《法国刑事诉讼法典》第14条的规定，在正式侦查开始前的初步调查阶段，司法警察负责查证、勘验违反刑事法律的犯罪行为，收集犯罪证据，查证犯罪行为人；在此阶段，司法警察受共和国检察官的领导。③ 为了收集证据，司法警察可以采用多种方法，如前往现场勘验、固定犯罪痕迹、搜查和扣押、听取证人证言、核查身份、潜入有组织犯罪内部卧底、采取拘留措施等。在已经开始侦查的情况下，司法警察执行预审法庭的委派授权，按照预审法庭的要求办案。

---

① ［法］贝尔纳·布洛克著，罗结珍译：《法国刑事诉讼法》，中国政法大学出版社2009年版，第55~56页。

② 参见宋英辉、孙长永、朴宗根等著：《外国刑事诉讼法》，北京大学出版社2011年版，第184页。

③ ［法］贝尔纳·布洛克著，罗结珍译：《法国刑事诉讼法》，中国政法大学出版社2009年版，第185页。

通过委托查案，预审法官可以授权司法警察以自己的名义进行某些侦查活动。具体说来，司法警察的任务和职权按照司法警官、警员、助理警员级别不同而有所不同。同时，在初步调查、对现行犯罪的调查、依照预审法官授权开展行动等不同的调查模式中，司法警察享有权力的范围大小也不相同。

另外，还有一些公务人员也可以在特定情况下行使司法警察的职权。例如，工程师、区长、水泽森林管理部门技术人员与乡村治安员（在涉及危害森林或乡村财产的轻罪和违警罪的案件中）享有司法警察的部分权力。除此之外，一些管理和公共服务部门的公务员与宣誓的特殊保管人员在一些特殊犯罪中也有权行使司法警察的职权。

2. 检察官

同英国检察官不介入侦查程序不同，法国的共和国检察官在每级刑事审判法院中都有自己的代表，其重要职权之一就是本人或命令他人采取措施追查违法犯罪活动。法国实行检警一体的侦查模式，共和国检察官在侦查程序中拥有指挥权和主导权，享有法律赋予司法警察的一切权力和特权，领导其辖区内的司法警察活动。在一个司法行政区内，司法警察收集到的有关犯罪的各种材料都要集中报送给该区的共和国检察官。任何依法设置的权力机关，公务员或公务助理人员在履行职责中知悉的犯罪，也均应立即报告共和国检察官并向其转送有关材料，个人、社团组织、协会等也有义务将其所发现的犯罪行为报告共和国检察官。①

3. 预审法官

预审法官是法国侦查主体的另一个重要组成部分，这也是法国侦查体制的一个特色。预审法官设立于拿破仑时期，最初的身份相当于高级警察，在预审中仅仅负责收集证据；随后，法律赋予预审法官司法裁判权，但因其兼具审判者与调查者双重身份为人所诟病，于是法律又陆续修改并撤销了预审法官的临时羁押决定权以及有组织犯罪调查权；目前，预审法官的主要职责是实施必要的侦查行为，其后作出是否交付审判的决定。

由此可见，在法国，共和国检察官和预审法官在侦查活动中的地位明显高于司法警察。可以说，共和国检察官或预审法官直接领导和指挥侦查活动是法国侦查制度的一个重要特点。

（二）侦查模式

相比英美法系国家侦查主体的侦查权而言，法国侦查主体的权力较大。法国的司法警察实行垂直领导，尽管受共和国检察官及预审法官的领导和监督，但还

---

① 参见宋英辉、孙长永、朴宗根等著：《外国刑事诉讼法》，北京大学出版社 2011 年版，第 192 页。

是享有较大的侦查权。这是由于法国一般都将侦查作为审判程序的奠基性活动，是官方为查明事实真相而进行的单方面调查行为。侦查的目的是查明实体真实，审判活动能否顺利进行，在很大程度上取决于侦查活动的成效。因而，侦查程序主要是侦查机关为调查犯罪嫌疑人而设置的程序，其重心在于确保侦查机关高效、及时地查清案件事实，惩罚犯罪。为了实现这一目标，侦查被设计为国家侦查机构针对犯罪嫌疑人的追诉活动，无论是司法警察、共和国检察官，还是负有侦查职责的预审法官，都要客观地收集有利和不利于犯罪嫌疑人的证据，查明犯罪事实，保证有罪者受到公正的追究，防止无罪者受到不适当的牵连，并可以为此依职权主动实施某一诉讼行为。侦查程序被视为实现公正诉讼结果的理想工具。因此，在侦查中，侦查机构和犯罪嫌疑人的地位和诉讼手段的配置是不平衡的。

在法国，由于犯罪嫌疑人是被追诉、被侦查的对象，而侦查是国家机关的专门职权，因此，犯罪嫌疑人及其律师均不得行使侦查权，该模式被称为单轨制侦查模式。该模式要求犯罪嫌疑人在认为有能够证明自己无罪或罪轻的证据时，需要通过请求侦查机关收集，以防犯罪嫌疑人毁灭、伪造、隐匿或串供等妨碍侦查的活动。出于该目的，羁押犯罪嫌疑人被作为一种常见的措施，且羁押的期限一般取决于侦查工作的进展情况。近年来，法国法律也规定，律师可以在侦查阶段介入诉讼并为犯罪嫌疑人提供法律帮助，但同英美法系的国家相比，律师的权利还是受到严格限制的。①

三、法国的侦查监督制度

虽然同英美法系国家的侦查机关相比，法国的侦查主体享有较大的侦查权，但是这并不意味着侦查权在法国是不受监督制约的，相反，近年来，法国司法改革的趋势是加强对侦查权的监督制约。在法国，侦查主体由司法警察、检察官和预审法官三部分组成，现在笔者按照主体的不同对法国的侦查监督制度分别加以阐述。

（一）对司法警察侦查权的监督制约制度

法国的司法警察在履行职责的过程中，要接受其行政上司与司法权力机关的双重监督，司法警察隶属的管理部门可以对其行使纪律惩戒权或者撤销检察长对司法警察的资格授权，并且司法警察队伍的成员有可能因其行为而承担民事责任或刑事责任。

① 参见余正琨：《两大法系法官侦查监督权之比较》，载《江西社会科学》2001 年第 12 期。

在法国，司法警察在共和国检察官的领导下履行职责。从法国的法律结构来看，共和国检察官在刑事诉讼监督中起核心的作用，主要体现在：（1）对于所有重罪或者轻罪，司法警察都必须向共和国检察官报告。（2）在调查过程中，司法警察必须向检察官汇报工作情况，① 其行动结束后，应向检察官送交笔录、相关文书资料及扣押物品等。（3）司法警察采取的拘留措施必须报告给共和国检察官，检察官决定拘留程序，确定是否授权延长拘留时间、可以查看拘留场所。共和国检察官不但在起诉上（可以将重罪当轻罪处理，以便避开预审程序），而且在将案件移送法官的问题上，享有极大的裁量权。此外，法国法律还规定，检察长对其辖区的司法警察官进行评分，而在对当事人作出任何晋级、提升决定时，检察长的评语都在考虑之列。在每一个上诉法院的辖区内，司法警察都受检察长的监视，并且受上诉法院预审庭的监督。因此，法律准许检察长依据其监视权，自行对不履行义务的司法警察成员宣告制裁，收回其原来给予该成员的资格授权。需要注意的是，法国检察官对司法警察的领导关系并不像法律规定的那样明确，实践中也存在司法警察抵制检察官指挥的现象。因为在隶属组织关系上，警察由内政部领导，具有司法警察身份的宪兵隶属于国防部。不同的机构建制使得司法警察本质上追求的行政部门利益与检察机关的任务和目的有所差异。同时，在司法实践中，检察官和司法警察之间存在的职责分工也使二者在工作时的侧重点有所不同，如司法警察在收集证据时并不像检察官那样关注证据的合法性。因此，二者在工作中并没有真正形成法律规定的和谐关系。②

除了共和国检察官对司法警察的监督外，上诉法院的预审法庭也可以对司法警察行使纪律惩戒权。如果司法警察看来有违反刑法的犯罪行为，上诉法院的预审法庭还可以命令将有关犯罪嫌疑人的案卷移送上诉法院的检察长，以便其作出相应的处理。

如果司法警察中的某一成员在履行职务时实施违法行为的，有可能承担刑事责任并可能在刑事法庭受到追诉；如果在履行职务时实施违规行为的，受害人在任何情况下，都可以向民事法院提出诉讼。

法律通过规定司法权力机关对司法警察成员的监督与监视，以及司法警察应负的法律责任，给予个人保护，以对抗司法警察可能滥用职权的行为。

---

① 例如，根据《法国刑事诉讼法典》第 75 条的规定，司法警察依共和国检察官的指令或依职权进行初步调查，这种调查行为受上诉法院检察长监督。依职权进行的调查如果超过 6 个月的期限，司法警察应向共和国检察官报告调查的进展情况。参见宋英辉、孙长永、朴宗根等著：《外国刑事诉讼法》，北京大学出版社 2011 年版，第 192 页。

② 参见宋英辉、孙长永、朴宗根等著：《外国刑事诉讼法》，北京大学出版社 2011 年版，第 185 ~ 192 页。

（二）对检察机关侦查权的监督制约

在法国，共和国检察官是侦查的领导监督机关，享有法律赋予司法警官的一切权力和特权，对某些短时间内剥夺公民自由的强制措施（如对24小时之内的“拘留”）具有批准决定权。但不论检察机关在法国的司法体制中作用多么强势，仍然不能改变其作为诉讼当事人的地位。检察机关在刑事诉讼中既是原告，又是控方，其代表的是公共利益，是社会的律师。对于剥夺个人自由的强制性措施（如先行羁押）要由“自由与羁押法官”来决定。此外，监听措施只能由预审法官才能行使，签发执法凭证（包括通缉令、传唤到案通知书、拘票与逮捕令）等职权也多由预审法官决定。

法国法律对先行羁押的期间作出限制。根据受审查人涉嫌犯罪事实的严重性和侦查事实真相的复杂性，先行羁押不得超过合理的期限。当受审查人的情况不再适合先行羁押的条件时，法官必须及时解除对他的羁押措施。在重罪案件中，先行羁押的期间不得超过1年，特殊情况下可以延长6个月；在轻罪案件中，先行羁押的期间不得超过4个月，特殊情况下可以延长4个月。需要延长的，必须经过对审辩论之后，由法官作出裁定。

（三）对预审法官侦查权的监督制约

在1808年《法国刑事诉讼法典》中，预审法官因为“权力空前扩张，达到了几乎可以左右整个诉讼程序的地步”，而被巴尔扎克称为19世纪“法国权力最大的人”。其后虽然历经改革，但是法国的预审法官依然拥有较大的权力。根据《法国刑事诉讼法典》的规定，预审法官在履行职责时，相对于审判法庭和共和国检察官而言，是完全独立的。预审法官对在该法院辖区内发生的所有刑事犯罪拥有管辖权。预审法官一旦受理案件，即有权实施一切其认为有助于查明事实真相的侦查行为。但预审法官的权力在法国绝对不是没有限制的，法国对预审法官权力的监督可以分为以下四个方面：

1. 检察官对预审法官权力的监督

《法国刑事诉讼法典》规定，驻上诉法院检察长负责监督在上诉法院管辖区内所有刑事法律的实施情况。因此，预审法官权力的行使要受到检察官的监督。同时，该法典还规定，检察官可以为了审判的利益，向法院院长提出附理由的请求书，要求更换预审法官；对于预审法官作出的预审行为，检察官可以向上诉法院的刑事审查庭请求确认无效；检察官对于预审法官作出的任何具有司法裁判性质的裁定都可以向上诉法院提出上诉。

2. 被指控人与民事当事人对预审法官权力的监督

1993年法国第93－2号法律规定，被指控人和民事当事人既可以在侦查过程中向预审法官提出书面和附理由的请求，要求听取他或证人的陈述，或者责令任何一方提供某项有助预审的材料；也可以要求预审法官作出进行鉴定等裁定。此外，被指控人对于预审法官作出的具有司法裁判性质的任何裁定均有权提出上诉。

3. 上诉法院刑事审查庭对预审法官权力的监督

在法国，上诉法院的刑事审查庭主要从以下两个方面来监督预审法官权力的行使：一是审查预审行为是否适当。上诉法院刑事审查庭可以行使一系列的监督权力，如命令释放被指控人；命令预审法官进行一切其认为有益的侦查行为，等等。二是审查预审行为是否符合法律规定的程序。

《法国刑事诉讼法》规定了预审行为无效制度。预审行为无效可分为两种情形：一是法律明确规定违反某一程序会导致该预审行为无效；二是法律虽然没有明确规定违反某一程序会导致该预审行为无效，但如果此程序是《法国刑事诉讼法典》或其他有关刑事诉讼的条款所规定的“实质性诉讼行为”，且对此程序的违反已经危害到了有利害关系的一方当事人的利益，则该预审行为无效。一般由上诉法院刑事审查庭决定预审行为是否无效。

4. 上诉法院刑事审查庭庭长的监督

《法国刑事诉讼法典》规定，上诉法院的刑事审查庭庭长负责确保在上诉法院辖区内的各预审法庭的正常运作。为了使监督真正得以实行，预审法官在每一季度应向上诉法院刑事审查庭庭长报送案件进展情况。

第二节　德国的侦查监督制度

一、德国侦查监督制度的法律渊源

（一）《德国刑事诉讼法典》

德国是大陆法系的典型国家，制定于1877年的《德国刑事诉讼法典》是德国侦查监督制度最主要的渊源。这部法律迄今已有130多年的历史，其后虽有多部法律涉及对《德国刑事诉讼法典》的修改，但仍没有制定出一部统一的刑事诉讼法来代替它，该法所确立的以审讯准则为基础的刑事诉讼程序的基本结构依然被保留下来。这部古老的法典对其他大陆法系国家产生了重要影响，而在亚洲法制史上，也曾对日本和近代中国刑事诉讼制度的形成起到了举足轻重的作用。

（二）联邦法律

除《德国刑事诉讼法典》外，《德国联邦刑事警察局法》、《德国羁押执行法》等在联邦范围内生效的法律也对侦查机关的行为进行了约束和规制。

（三）州宪法

除了联邦法律外，各州在自己的宪法中也对侦查监督制度作出了规定，但是依照《德国基本法》[①] 第31条的规定，联邦法律优先适用于各州法律。尤其值得注意的是，在最近进行的联邦制改革中，各州又得到了对羁押的执行进行立法的权力。

（四）欧洲的、跨国的刑事诉讼法

1.《欧洲人权公约》

作为《欧洲人权公约》的缔约国，《欧洲人权公约》[②] 在德国也具有法律效力。虽然目前《欧洲人权公约》在德国法律规范体系中的位阶没有像法国那样明确具有高于国内法的效力，[③] 但是德国联邦法院和德国联邦宪法法院都在判决中提出，要依据《欧洲人权公约》的内容和精神来解释联邦的其他法律。

2. 国际刑事诉讼法

根据《罗马规约》制定的《程序与证据规则》，对于签署的各成员国（包括德国）的刑事诉讼程序产生了重要影响。

（五）法官造法（判例法）

德国作为大陆法系的代表，虽然没有明确规定判例法对司法具有约束力，但就最高司法机关的判例而言，其影响与制定法非常接近。

二、德国的侦查模式及特点

侦查制度是国家刑事诉讼制度的一个组成部分，德国侦查制度中的侦查主体、侦查程序、侦查强制措施、证据收集原则等都有自己鲜明的特点。

（一）侦查主体

在德国，被法律赋予侦查权限的有司法警察、检察官和侦查法官。其中，检察院是侦查程序的主导机构。此外，还有一些联邦机构也负有一定的侦查职责，如专门打击危害国家安全犯罪活动的联邦宪法保卫局；专门对付外国间谍并搜集各种情报的联邦情报局，等等。[④]

---

① 也就是德国的宪法。

② 《欧洲人权公约》于1953年9月3日在德国生效。

③ 目前，德国主流观点认为，《欧洲人权公约》并不属于国际法的一般规则，而是单一的法律，不能优先于联邦法律而适用。参见宋英辉、孙长永、朴宗根等著：《外国刑事诉讼法》，北京大学出版社2011年版，第261页。

④ 以下关于德国侦查制度的表述主要参见郭炬：《论德国的侦查制度》，载《河南公安高等专科学校学报》2000年第3期。

1. 司法警察

德国的司法警察在刑事侦查中受检察官指挥，担任辅助角色，有权临时采取拘留、搜查、扣押等强制措施。由于检察官没有自己的刑事侦查机构，司法警察工作仍处在刑事侦查活动的第一线，是进行刑事侦查的主要力量。

德国的警察系统由联邦警察机构和州警察机构两部分组成。联邦警察机构中的联邦刑事警察局和联邦边防警察局是德国最主要的犯罪侦查机构，它们隶属于联邦内务部，其中联邦刑事警察局是德国犯罪侦查系统的核心机构。州警察机构在州内务部的领导之下，设州和市两级。联邦警察和州警察各有自己的侦查权限和分工，它们各司其职，相互配合，相互协作，但它们之间不属于领导与被领导的关系。联邦警察负责侦查跨州界、跨国界的犯罪案件，支援和指导各州司法警察的工作；州警察负责本州内的刑事案件。一般情况下，联邦警察和州警察可以互相配合和协作，遇到难以解决的矛盾冲突，则由全国内务部长联席会议协商解决。

2. 检察官

德国的检察官是侦查工作的领导者，有权决定是否立案侦查，是否临时采取拘留、搜查、扣押等强制措施，是否提起公诉等。在侦查犯罪的过程中，检察官起决策作用，其享有的刑事侦查权力不仅多于司法警察，而且其中某些侦查权起着至关重要的作用。虽然说在实践中，检察机关由于没有足够的人员而不可能执行《德国刑事诉讼法典》所规定的程序模式，存在着法律实践与法律条文脱节的现象，但其仍是重要的犯罪侦查主体。①

3. 侦查法官

在德国，检察官是侦查工作的指挥者，但许多措施，尤其是影响力极深、极强的措施，只能由法官发出命令。为了保证这些措施尽快在侦查程序中得以实施，而又不使检察官的指挥地位受损，法律规定了侦查法官制度。当需要采取影响力极深、极强的措施时，检察官需要向有管辖权的区法院的法官提出申请；在涉及国家安全的案件中，除了有管辖权的区法院的法官行使审理权外，也可由州高级法院或对德国境内的该类案件有管辖权的联邦最高法院的侦查法官处理。拘传、审前羁押、扣押物品、搜查、身体检查和对私人通信的秘密监控（包括邮件检查、电子通讯的监控与记录、影像监视和记录）等，都需要申请法官发布命令。不过，在紧急情况下，法律有例外规定，但需要有关机关在法定期间内报送法官审查，以作出决定。侦查法官只有在迟疑就有可能发生危险时，才会主动行动。一旦检察官提起诉讼，侦查权的职责就告结束，此后的程序交由负责案件

---

① 参见郭炬：《论德国的侦查制度》，载《河南公安高等专科学校学报》2000 年第 3 期。

审理的法官进行。[①]

（二）侦查模式

德国是采用“一步式侦查”模式的典型国家。司法警察在对接报的案件进行初步调查和了解后，认为有必要立案的，立即报告检察官。检察官批准立案后，司法警察便开始正式进行侦查。如果需要采取强制措施，要经法官批准，但是在紧急情况下，检察官、司法警察也可以采取临时性强制措施。侦查工作结束后，司法警察将案卷移送给检察院，检察院审查后再决定是否起诉。德国的侦查模式较为单一，虽然德国法律规定，检察机关在侦查阶段享有指挥权和监督权，学者更将其称为“侦查程序的主人”，而司法警察只能以非独立的辅助机关的身份参与侦查，被看做是“检察机关延伸的臂膀”，然而在当今侦查程序中的力量分布与主体作用方式上，却表现出很多与法律规定不一致的地方。在侦查阶段，实际上是司法警察单独办案，检察官、预审法官很少参与。[②]

一方面，检察机关无法实现其“领导”作用，即其指挥权并非在所有案件中均存在并发挥作用。具体表现为：（1）在杀人等严重犯罪或一些特别程序的案件中，检察机关享有最大程度的侦查指挥权。（2）在经济、金融、有公众影响、环境、恐怖主义等案件中，检察机关能够独立侦查或至少享有很大程度上的程序指挥权；在抢劫等严重犯罪案件中，检察机关则通常不参与指挥。（3）在中等严重的犯罪案件中，检察机关只是一个“卷宗处理机关”，其对于侦查权的“控制”往往表现在补充侦查上。然而，补充侦查只是作为一种例外才得以出现，而且检察机关对于补充侦查的要求，在很大程度上只能对警察机关产生所谓的纪律方面的影响，作为一种纯粹的事后控制，无法发挥所谓的“领导”作用。一份关于1997年德国检察院工作时间分配的调查数据显示，检察机关用于侦查的时间支出非常少，除了出庭支持公诉以外，其大部分工作时间都花在了处理卷宗及其他公务上。因此，我们可以得知，检察机关对于中度严重的犯罪案件也已经不具备实质上的主导地位。（4）在轻微犯罪案件中，司法警察自己主导侦查程序的运作，侦查过程结束后才向检察机关移送案卷，据此，检察机关已经丧失了对于轻微犯罪案件侦查的主导地位。虽然有观点认为，司法警察在处理此类案件时，依旧是在检察机关“总揽的、默示的同意”之下进行的，然而这种理由并没有任何说服力，也不可能改变警察机关独立进行侦查的现实。因此，我们不

① 参见宋英辉、孙长永、刘新魁等著：《外国刑事诉讼法》，法律出版社2006年版，第382～388页；参见宋英辉、孙长永、朴宗根等著：《外国刑事诉讼法》，北京大学出版社2011年版，第284～286页。

② 瞿丰：《侦查横向比较研究纲要（三）》，载《公安学刊（浙江公安高等专科学校学报）》2001年第3期。

难得出这样的结论：德国检察机关地位渐衰，无法履行法律所要求的领导与控制侦查的职责。另一方面，警察机关在启动侦查程序、实施具体侦查措施、查明案件终结结果等方面均有相当大的影响作用，不仅直接决定侦查质量的好坏，而且为其后的提起公诉、法庭审判甚至最终判决奠定基础。此外，随着警察机关人员选拔、教育培训、侦查技术水平、先进设备等方面的发展，警察的总体侦查素质有了大幅度的飞跃，正因为如此，警察机关已越来越不满足于“辅助机关”的地位，其要求修改相关法律，赋予更多的侦查自主权，肯定独立的侦查主体地位的呼声也越来越高。①

三、德国的侦查监督制度

德国刑事诉讼的整个侦查阶段对侦查权的制约和控制是全方位的、系统的。它强调法官对侦查程序的介入，以司法权来监督侦查权。侦查权的监督主体是法院或法官，通过侦查法官的司法审查权来控制侦查机关在侦查过程中采取的各种强制措施。检察机关被定位为侦查机关，有权指挥、指导、引导司法警察进行侦查，有权从事自我侦查行为，其权力的行使和运作要受到侦查法官的司法审查控制。德国监督侦查权的基本做法主要分为两种：一是以权力监督权力，即通过司法权来监督侦查权，具体表现为以法院司法审查权监督侦查权；二是以权利来监督权力，即通过强化犯罪嫌疑人、被告人辩护权来监督侦查权。②

（一）司法审查权对侦查权的监督

在德国的侦查程序中，基于揭露犯罪、查清犯罪分子的需要，法律赋予侦查机关对犯罪嫌疑人采取强制措施的自由裁量权。侦查机关适时采取强制措施可以有效地保证犯罪嫌疑人不逃避侦查、起诉和审判，保证其不毁灭、伪造、变造、隐匿证据和串供，不继续犯罪，不逃避刑罚的执行，其积极作用不容置疑。但是，强制措施如果处置不当，则必然造成对公民基本权利的侵害，其风险显而易见。为了防止这种风险的发生，德国法律在赋予侦查机关有采取强制措施的权力的同时，建立了司法审查机制，让不承担侦查职能的“中立司法机构”——法院参与其中，对警察和检察官采取的强制措施进行审查并发布许可令状，旨在使作为第三方的审判机关就强制措施的理由和必要性进行审查并作出公正的裁判，以防止侦查权与强制权的滥用，达到有效保障人权的目的。③

---

① 李冬妮：《中德检警关系比较研究》，中国政法大学硕士学位论文，2008 年。

② 参见施业家、罗林：《中德侦查权监督机制之比较与我国侦查权监督机制的完善》，载《法学评论》2011 年第 5 期。

③ 参见宋英辉、孙长永、刘兴魁等著：《外国刑事诉讼法》，法律出版社 2006 年版，第 39 页。

德国对侦查权进行监督的方式是设置侦查法官，目的就是针对检察官（或警察）的侦查活动为公民的人权提供保护。[1] 侦查法官作为独立和中立无偏的裁判者，有权对侦查行为的合法性进行司法审查，检察官或司法警察在侦查过程中采取的所有涉及公民自由权、财产权、隐私权的强制措施（如逮捕、拘留、搜查、扣押、窃听、监听、勘验、检查等），除法定情形外，都必须接受司法审查，由侦查法官审查并签发令状后才能实施。以剥夺人身自由的强制措施为例，《德国刑事诉讼法典》中剥夺人身自由的强制措施包括审前羁押和暂时逮捕。审前羁押必须有侦查法官签发的书面命令（第114条第1款）。暂时逮捕不需要法官的书面的逮捕令，但只能在紧急情况下才能采取，这些紧急情况包括：（1）行为人正在从事犯罪行为时被发觉或者被追捕，如果该行为人有逃跑嫌疑或者身份不能确定时，任何人（包括检察官和警察）都可以在没有法官的逮捕令的情况下对其实施暂时逮捕（第127条第1款前段）；（2）在不逮捕不能查明犯罪嫌疑人的身份时，检察官或警察可实施暂时逮捕（第127条第1款后段、第163条b、第163条c）；（3）如果侦查法官已签发了逮捕令或者安置令，检察官和警察在延误就有可能发生难以预料的危险时，有权实施暂时逮捕（第127条第2款）。[2] 公民个人对犯罪嫌疑人实施暂时控制后，应当把被控制人带至最近的警察局，由警察进行首次讯问。如果讯问结果证明被控制人无罪，则应当立即释放之。如果检察官或警察为了调查行为人的身份而实施逮捕，在身份调查完成之后，也应当立即释放被捕人。为查明身份而实施的逮捕，剥夺被捕人人身自由的时间总计不得超过12小时（第163条c第3款）。如果到时不能释放被捕人，则应当立即或者最迟于次日将被捕人送交最近的地方法院（第128条第1款）。法官在讯问被捕人后，如果认为逮捕没有正当理由或者逮捕的理由已经消灭，则应当命令立即释放被捕人（第128条第2款前段）。反之，法官则应当依据检察官的申请或者依职权签发逮捕令、安置令（第128条第2款中段）。如果被捕人依法已经被提起公诉的，在逮捕之后，则应当立即把他送交有管辖权的法院。该法院至迟应当在逮捕后的第2日作出释放、逮捕或者暂时移送被捕人的决定（第129条）。[3]

德国法学家一直认为，以强制措施干预公民基本权利是可以被允许的，但其

---

① ［德］约阿希姆·赫尔曼著，李昌珂译：《德国刑事诉讼法典》，中国政法大学出版社1995年版，第6页。

② 参见［德］克劳思·罗科信著，吴丽琪译：《德国刑事诉讼法》，法律出版社2003年版，第301～308页。

③ ［德］克劳思·罗科信等著，吴丽琪译：《德国刑事诉讼法》，法律出版社2003年版，第279～298页。

关键点是："对于国家权力，必须进行防范和限制，同时对于公民，必须给予他可以要求法院审查的权利；以这种双重方式使公民不仅在国家权力的强制性措施面前得到保护，而且还在任何时候，也就是说包括国家权力对其权利的非强制性侵犯面前得到保护。"

（二）辩护权对侦查权的监督

在人类的历史长河中，权力与权利是同时产生和存在的。权力基于其强制性和支配性，总是趋向扩张，易被滥用，权利与其相较，确实处于劣势。但这并不意味着权利在权力面前束手无策。在德国，法律通过一系列的程序设置和制度安排，使权利对权力进行有效制约，以防止权力的滥用，保护公民的合法权利不受权力的非法侵犯。在侦查阶段，权利对权力的制约主要表现为犯罪嫌疑人的辩护权对侦查权的制约。具体说来，犯罪嫌疑人对抗侦查机关侦查权的权利包括以下三种：

1. 沉默权

沉默权，即被指控犯有罪行或有犯罪嫌疑的人对司法警察、检察官和法官的讯问所享有的拒绝回答的权利。西方各国普遍赋予犯罪嫌疑人、被告人这种权利。《德国刑事诉讼法典》第136条规定："被指控人有就指控进行陈述或者对案件不予陈述的权利，并且有权随时（包括在讯问之前），与由他自己选任的辩护人商量对被指控人决定和确定自己意志的自由，不允许用虐待、疲劳战术、伤害身体、服药、折磨、欺诈或者催眠等方法予以侵犯。"作为保障不强迫自证其罪原则的有效手段，沉默权的行使能够达到对抗刑讯逼供、防止侦查权滥用的目的。

2. 获得律师帮助权

侦查讯问开始后，被告人有权获得律师帮助。如果被告人的此项权利被剥夺或受到限制，则已进行的刑事追诉归于无效。在德国的司法实践中，在刑事诉讼的每个重要阶段，被告人都可以由其律师代表。如果在审判阶段法庭没有给予或者保障被告人的这一权利，则构成对宪法性权利的重大侵犯，法庭对被告人定罪的裁判将自动撤销。《德国刑事诉讼法典》第137条第1款规定，被指控人在程序的任何阶段都可以委托辩护人为自己辩护。犯罪嫌疑人在被讯问前必须被告知有权同辩护人商议，如果他希望如此，讯问必须停止，讯问人有义务尽合理义务帮助犯罪嫌疑人确定辩护人。如果没有遵守这些规则，犯罪嫌疑人随后作出的陈述在其提出异议的情况下不能作为证据使用。

3. 无罪推定权

无罪推定，即任何人在未经依法确定有罪以前，应假定其无罪。《德国刑事诉讼法典》虽没有无罪推定的明确规定，但依据《欧洲人权公约》第6条第2款之规定，犯罪嫌疑人在作出判决之前，应作无罪之推定。无罪推定权也是犯罪嫌疑人对抗侦查权的一件有力“武器”。[①]

第三节　英国的侦查监督制度

英国的全称为大不列颠及北爱尔兰联合王国，在地理上由英格兰、苏格兰、威尔士和北爱尔兰组成。由于历史、宗教、文化等原因，英格兰和威尔士的法律制度与苏格兰和北爱尔兰的法律制度有很明显的差别，前两者具有突出的英美法系的特点。通常说的英国法律制度多指英格兰和威尔士的法律制度。在谈到“不列颠”一词时，则会把苏格兰等其他的法律制度包括在内。[②] 本部分对英国侦查监督制度的介绍也是在此背景下展开的。

一、英国侦查监督制度的法律渊源

英国是普通法的发源地，在传统上是不成文法国家，其法律主要是通过判例逐渐演进而形成的。目前，英国的侦查监督制度散见于与刑事诉讼活动有关的规范中，如1984年《英国警察与刑事证据法》以及依据此法第67条颁行的《执行守则》、1994年《英国刑事司法即公共秩序法》、1996年《英国刑事诉讼和侦查法》、[③] 2001年《英国反恐怖主义、犯罪与安全法》、2003年《英国刑事司法法》、2005年《英国严重的有组织犯罪与警察法》、2006年《英国犯罪被害人执行守则》、《欧洲人权公约》，以及相关的司法判例等。

二、英国的侦查模式及特点

（一）侦查主体

1. 警察机构

现代英国的犯罪侦查活动以警察机构为主体，英国的警察机构包括中央警察机构、地方警察机构和专门警察机构。

（1）中央警察机构。内政部是英国的中央警察机构，虽然英国内政部的职权范围并不仅仅局限于警察事务，但是英国的内政大臣往往把管理全国警务作为其最重要的职责，可以说英国内政大臣是英国警察机构的最高首长。英国内政部在犯罪侦查活动中主要起着指导与协调的作用。

---

① 施业家、罗林：《中德侦查权监督机制之比较与我国侦查权监督机制的完善》，载《法学评论》2011年第5期。

② 参见宋英辉、孙长永、朴宗根等著：《外国刑事诉讼法》，北京大学出版社2011年版，第1页；甄贞等著：《检察制度比较研究》，法律出版社2010年版，第62页。

③ 该法也被翻译为1996年《英国刑事程序和侦查法》。

（2）地方警察机构。除大伦敦警察厅直接由英国内政部领导之外，其他地方的警察机构一般都接受内政部和地方行政当局的双重领导。

（3）专门警察机构。英国还有一些附属于行政或军事部门的专门警察机构。目前，除英国司法警察是主要侦查机关外，还有许多其他公共职能部门在与各自管辖的有关刑事案件的事务中也具有侦查权，最典型的领域包括反严重欺诈局（The Serious Fraud Office）、[①] 社会保障部（The Department of Social Security）、贸易与工业部、健康与安全执行委员会、交通运输警察署、原子能总署警察局、邮政总局稽查处、港口警察局、机场警察局、内政部关税总署稽查处、内政部毒品管理署稽查处、国防部警察局、皇家陆军宪兵总队、皇家海军警察局、皇家空军警察局、皇家海军陆战队警察局等。这些警察机构都在一定的范围内行使执法和犯罪侦查职能。[②]

2. 私人侦探

在一些英国警方不便介入或无暇介入的一般性犯罪案件的侦查过程中，私人侦探发挥着重要的作用。除此以外，私人侦探机构在工业和商业领域的伪造以及民事和经济纠纷的调查中也发挥着重要作用。[③]

（二）侦查模式

英国采用的是“一步式侦查”模式。英国刑事警察不仅负责大部分刑事案件的侦查取证工作，而且还对部分刑事案件行使起诉权，这与许多国家由检察机关独享起诉权不同。警察等侦查机关权力的“强大”与检察制度在英国的不发达密切相关，因为直到1986年英国才成立专门负责起诉的机构——皇家检控署（The Crown Prosecution Service）。[④] 在此之前刑事案件的公诉职能曾经在相当长的时间内由警察机构承担。同时在英国侦查主体呈现出单一性的特点，主要的侦查任务都是由警察负责完成的，检察机构不参与侦查活动，司法警察是侦查行为的独立实施者，这与德国、法国等大陆法系国家不同。

但是这并不意味着皇家检察院和警署之间没有合作关系。经过多年的司法实

---

① 反严重欺诈局是1988年根据1987年《英国刑事审判法》建立的一个特殊机构，其职责是侦查和起诉英格兰、威尔士和北爱尔兰地区的重大欺诈犯罪案件。该机构办理的通常是比较严重和复杂，涉案金额达500万英镑以上的案件。

② 参见甄贞等著：《检察制度比较研究》，法律出版社2010年版，第76～77页。

③ 瞿丰：《侦查横向比较研究纲要（一）》，载《公安学刊（浙江公安高等专科学校学报）》2001年第1期。

④ 皇家检控署是英格兰和威尔士行政区的最高公诉机构，其根据1985年《犯罪起诉法》于1986年成立。皇家检控署负责审查警察提交起诉的案件，依据《皇家检控官准则》决定是否起诉或终止诉讼。参见宋英辉、孙长永、朴宗根等著：《外国刑事诉讼法》，北京大学出版社2011年版，第3页。

践，双方都认识到了加强联系与合作对彼此都具有至关重要的意义。因为二者所追求的目标是一致的，都有责任使犯罪嫌疑人受到惩罚。怎样使二者之间保持一种有效的合作，直接影响到案件能否被有效起诉，以及能否使被告人得到有罪判决。在侦查阶段，皇家检察院加强同警署的联系与合作，会使警察在侦查证据方面得到指导，因为这一阶段所获的证据，只有符合审查起诉中的“证据检验标准”，才能使案件具有起诉可能性，假设案件通过了“双重检验标准”，皇家检察官在法庭审判中也要为进行控诉而使用该证据。因此，相比较而言，检察官们要比警察们更知道哪种证据或者哪些证据对控诉更加有利。所以，指导警察的侦查证据的行为是有必要的。不仅如此，皇家检察院还制定了“指控标准”。这些基本标准为警察和检察官规定了如何根据各种犯罪的证据要求，对某一犯罪提出适当的指控。显然，如果警察能够根据“指控标准”首先提出正确的指控，那么检察官对指控进行修改的比例就将大为降低，“诉讼效率得到提高的直接结果也就显而易见了”①。

那么，英国这种侦查体制的特点会不会导致侦查权（警察权）的滥用呢？英国又是通过怎样的一系列制度设计实现对侦查权的监督制约呢？这要从英国的法律文化和历史传统谈起。英国是奉行个人自由主义的典型国家，民主自治和民间社会权力发达，中央君主与地方性力量在地方司法、行政事务中不同寻常的合作与权力融合是英国普通法治理模式的最大特征之一。地方社区遴选出来的乡绅和自由民是英国社会治理权力体制框架的主要力量。英国形成了混合私人、地方社区和中央政府三重因素的开放型刑事检控权执行机制。这种刑事司法程序体现出非常浓郁的非职业化特质的司法机制，是高度强调私人检控者作用的民主性机制，是国家在其中作用非常微弱的分权性机制。② 这同大陆法系国家由国家垄断刑事审前程序形成了鲜明的对比。因此，在英国，警察的地位和权力虽然与检察机构相比显得强大，但仍与法国警察广泛的司法行政权力不能相提并论。这一点仍然要放在英国整个刑事司法体制的背景中去理解。英国的警察来源于早期的巡警（即13世纪的地方治安员），主要负责所在区域的治安，这是由中央与地方当局共同管理组织，由地方当局直接控制的民间治安力量，尽管早期的警察参与刑事检控的审前程序，但是，警察制度不是一个全国性的组织架构。到了19世纪，随着日益严重的犯罪形势，英国的警察逐渐走到了刑事司法体制的前台。1829年，英国议会通过了《英国大都市警察法》，依据这部法律，伦敦大都市警

① 最高人民检察院法律政策研究室编：《所有人的正义》，中国检察出版社2003年版，第54～56页。

② 参见黎敏著：《西方检察制度史研究——历史缘起与类型化差异》，清华大学出版社2010年版，第171、220页。

区第一批警察上街巡逻。新建立的警察制度在刑事方面的职责就是预防和调查犯罪。[①]但法案通过后，遭到了英国各界激烈的批评，民众害怕权力过于强大的警察将破坏英国公民自治与自由的传统。由于社会的强烈反对与抵制，导致立法从一开始就不敢赋予警察过大的权力。相比于其他欧陆国家的警察制度，英国警察职能的服务性质和公益性质更加明显，议会甚至主张合格的警察首先要有温和的性情。[②] 在英国人心目中，警察不过是一些穿着统一制服的普通公民。“无论是在法律上，还是依据传统，警察从来都不是一个与一般公民团体迥然有别的组织。一个警察的职责仅仅是履行那些任何有公益心的普通公民都可能会自愿去做的事情，不同的只是警察们为此还能领到薪水。”[③] 英国的警察是一群穿着统一制服的领薪水的特殊私人检控者。[④] 在这样的传统和背景下，英国实行双轨制的对抗式的侦查模式。所谓双轨制，是指刑事诉讼由官方和民间的侦查人员分别进行，而且他们分别从属于或服务于公诉方和辩护方，也就是检察官可以要求和指导侦查人员（一般为警察）就案件进行调查，而辩护律师也可以自己或聘请某些专门人员（一般为私人侦探和鉴定人员）调查案情和收集证据。[⑤] 这种侦查模式不承认侦查活动只是国家机关的单方面追诉活动，强调侦查机关与犯罪嫌疑人地位的平等性、对抗性。在英国，刑事诉讼被视为政府与犯罪嫌疑人或被告人之间关于刑事责任的一场争执，侦查是以公平地做好审判准备为目的，作为政府代表的侦查机关与犯罪嫌疑人方都有权各自独立收集证据，任何一方都不能被强迫为对方提供进攻或者防御的武器。因此，侦查阶段实行“两条腿走路”的方针，侦查机关的罪案调查活动与被告方的辩护性调查活动同时展开，没有高低先后之分，并且相互制约，共同推动侦查活动向前发展。[⑥] 这种侦查模式的理论基础是

① 参见黎敏著：《西方检察制度史研究——历史缘起与类型化差异》，清华大学出版社 2010 年版，第 235 页。

② 参见黎敏著：《西方检察制度史研究——历史缘起与类型化差异》，清华大学出版社 2010 年版，第 235 页。

③ 参见黎敏著：《西方检察制度史研究——历史缘起与类型化差异》，清华大学出版社 2010 年版，第 236 页。

④ 与普通私人追诉者相比，警察职权的唯一特殊之处在于：首先，无论事实上是否真的有犯罪行为发生了，警察有逮捕严重刑事犯罪嫌疑人的自由裁量权，这种自由裁量权受到法律的保护。而私人追诉者的追诉权只能在刑事犯罪行为实际发生或正在发生的情况下才受到法律的保护。其次，警察调查与对犯罪提出控诉的权力本身是他们的法律职责和工作内容，不能放弃。参见黎敏著：《西方检察制度史研究——历史缘起与类型化差异》，清华大学出版社 2010 年版，第 237 页。

⑤ 参见何家弘编著：《外国犯罪侦查制度》，中国人民大学出版社 1995 年版，第 26 页。

⑥ 侯德福：《论我国侦查制度的完善——以两大法系侦查模式的比较为视角》，载《法制与社会发展》2003 年第 3 期。

洛克提出的“市民社会先于国家”的思想，即国家决定于市民社会，是为满足市民社会的需要而产生的，是手段而不是目的。坚信国家权力是不可靠的，只有使得一切不可靠因素处于制约与平衡的系统之中，一种权力的恶性扩展和滥用的行为才能被抑制，处于社会中最弱势的个人自由才可能得到保障。[①] 因此，英国的侦查模式是以不信任国家权力、而强调个人权利的保障为前提。

三、英国的侦查监督制度

正是在上述“平等武装”、“不信任国家权力”等思想基础的前提下，英国采取了一系列的制度和方式，包括羁押警官和审查官的监督审查制度、侦查人员的控方披露责任、法官签发逮捕令状制度、周期性的羁押期限审查制度、还押与保释制度、非法证据排除规则，并且赋予被告人一系列的防御权利来规制侦查权的行使。

（一）警察机构内部的监督——羁押警官和审查官的审查监督制度

英国警察机构内部存在侦查警官（Investigation Officers）、羁押警官（Custody Officers）以及审查官的职能区分。侦查官负责实施具体的侦查行为，如讯问犯罪嫌疑人、执行逮捕、进行搜查和扣押等；羁押官（通常被称为羁押警佐）则负责维护那些受到羁押的犯罪嫌疑人的福利待遇和基本权利，对羁押的合法性进行监督，对羁押的全部过程制作书面羁押笔录，[②] 并在条件具备时将案件移交检察机构起诉。如果羁押官与侦查警官在关于如何对待被拘留人的问题上存有分歧，这种冲突必须上报给警长，否则，羁押官在此类问题上总是享有决定权。审查官是在羁押官作出决定准许不指控拘留后6小时内，由其对继续拘留被拘留人是否适当进行审查。从根本上说，审查官也要经历和羁押官同样的程序，询问迄今为止是否已有足够证据指控被拘留人。审查官必须具有督察以上警衔，而且和羁押官一样，不能直接地涉入侦查。羁押官和审查官由于不承担具体的调查工作，长期驻守在羁押场所，并且一般具有高于侦查警察的警衔和相对的独立性及

① 参见林达著：《总统是靠不住的》，生活·读书·新知三联书店1998年版，第61页。

② 羁押笔录是一份标准格式文件，用以记录被羁押人在警署里所发生事情的关键细节。羁押笔录中应包含的条目包括：被逮捕人被拘留的理由；由他签署的确认书；证明他已收到关于他的权利的数码陈述；关于他是否希望得到法律建议的说明；他的财物清单及从他身上取走的所有物品的清单；所有的来访记录；为他提供膳食的时间；任何警告的时间和地点；他被移交给侦查警官讯问的时间；他被指控及他对此作出任何言辞回应的时间；和他对受到的任何不当待遇的申诉。参见［英］约翰·斯普莱克著，徐美君、杨立涛译：《英国刑事诉讼程序》（第九版），中国人民大学出版社2009年版，第17页。

超然性，因此能够对侦查活动（尤其是羁押措施）的合法性实施一定的制约。①

（二）侦查人员的披露义务制度

英格兰和威尔士的刑事审判的一大重要特色，就是控方有将在他控制之下的证据向辩方披露的义务。这一义务的合理性在于控方和作为被指控犯罪的个人之间资源上的悬殊，目的是尽可能地保证被指控者接受公平的审判，在控辩之间达到“平等的武装”，这一义务有两个方面：（1）将控方所准备依赖的证据通知辩方的义务。（2）使辩方获得任何与案件相关的控方不准备依赖的材料——“无用信息”。对只向皇室法院提交起诉书审判的案件而言，控方的披露义务是强制被适用的。同时，该义务也可以在自愿的基础上适用于任何简易审判。②

在控方披露义务中，其中重要的一项就是侦查人员的披露义务。这一义务不仅适用于警察，还适用于负有刑事侦查义务的其他人员（如海关官员和贸易标准官员）。这一制度主要体现于 1996 年《英国刑事程序和侦查法》第 23 条上，该条要求制定规范警察侦查的执行守则。而执行守则的内容应包括侦查人员负责确保任何与侦查有关的信息必须被记录和保存下来，无论是在侦查过程中收集的材料（如搜查住所时没收的文件），还是在侦查过程中产生的材料（如会谈记录）；如果对材料的相关性有任何质疑，侦查人员应当将其保存；侦查人员应当使检察官注意到任何可能削弱控方案件证明力的材料，披露官员必须证明，尽他所知和理解，守则规定的义务已经履行。从上述规定可以看出，法律将警方（侦查人员）披露官员置于披露控方占有的材料这一义务的中心。虽然这一角色在实践中受到法律行业的猛烈批评，但它对规范和限制警方侦查权的作用是比较明显的。③

（三）针对侦查行为的司法授权和审查机制

英国侦查模式的特点是对抗式的侦查模式，其本质在于引进刑事审判方式的当事人主义，强调侦查活动的基本内容是侦查机关和犯罪嫌疑人双方作为法律地位平等的当事人的对立抗辩，主张法官以第三人身份介入侦查阶段，对侦查活动进行广泛的监督、制约。基于对公民人权的保护，英国侦查机关对公民实施搜查、扣押、逮捕、窃听等侦查行为时，必须取得法官的令状。同时，法官有权对

---

① 参见［英］约翰·斯普莱克著，徐美君、杨立涛译：《英国刑事诉讼程序》（第九版），中国人民大学出版社 2009 年版，第 17～19 页；陈瑞华著：《比较刑事诉讼法》，中国人民大学出版社 2010 年版，第 267 页。

② 参见［英］约翰·斯普莱克著，徐美君、杨立涛译：《英国刑事诉讼程序》（第九版），中国人民大学出版社 2009 年版，第 168～169 页。

③ 参见［英］约翰·斯普莱克著，徐美君、杨立涛译：《英国刑事诉讼程序》（第九版），中国人民大学出版社 2009 年版，第 170～171 页。

限制或剥夺公民人身自由的侦查措施进行司法审查。法官对侦查活动的监督权主要表现在对公民采取的强制性措施的审查，具体说来，主要包括：

1. 逮捕证和搜查证必须由治安法官签发

一般而言，除了那些法律允许采用的“无证逮捕”或“无证侦查”的情况以外，警察对任何公民实施的逮捕或者对任何公民实施的搜查和扣押行为，都必须事先向治安法官提出申请，并说明实施逮捕和搜查的正当理由。只有在治安法官经过审查发布许可逮捕、搜查或者扣押的令状之后，警察才能实施具体的逮捕、搜查、扣押行为。警察对任何公民逮捕后的羁押一般不得超过24小时，但经具有较高警衔的警官批准，可以将这一期间延长12小时；对怀疑从事恐怖活动者，可延长至48小时；特殊情况下经内政大臣下令还可延长5天。警察在上述期间之外如果还要延长对犯罪嫌疑人的羁押期间，就必须取得治安法院或者其他法院的合法授权。当然，即使经过法院的授权，警察逮捕犯罪嫌疑人后的羁押期间一般也不得超过96小时。在此之后，警察必须将犯罪嫌疑人提交治安法院。后者将就是否对犯罪嫌疑人进行羁押作出裁决。在侦查期间，在押的犯罪嫌疑人有权向羁押警察直接请求保释，如遭到拒绝，则可以向治安法院提出请求。治安法院将就是否保释举行听审会，保释警察和犯罪嫌疑人及其律师作为控辩双方，到庭陈述意见并进行辩论，法官将就此作出裁断。如果有关保释的申请仍然遭到拒绝，或者治安法院确定的保释条件过于苛刻，犯罪嫌疑人可以将此程序性问题上诉至高等法院。此外，在侦查机关遭受不当或非法羁押的犯罪嫌疑人，还可以向高等法院王座法庭申请人身保护令。这一法庭一旦接受这种申请，将专门就羁押的合法性和正当性举行由控辩双方同时参与的法庭审理活动，并作出裁决。①

2. 非法证据排除规则

无论是逮捕、搜查，还是羁押，都属于涉及限制或剥夺个人人身自由权、财产权和隐私权的强制性侦查措施。对于这些措施的司法审查主要表现在法院同步实施的许可和授权以及事后进行的听审和裁决方面。但是，英国法律还建立了另一种形式的司法审查机制，就是对非法取得证据的司法排除规则。这种排除规则主要有两项内容：一是“自动排除规则”；二是“自由裁量的排除规则”。所谓自动排除，是指法官如果发现控方提交的被告人有罪供述系警察采用强制、压迫或其他非自愿的方法所获得的，就必须将该供述排除于法庭之外，而不论它是否真实可靠。所谓自由裁量的排除，则是指法官发现控方提交的某一证据系采用非法的手段取得，或者在该证据的收集过程中违反了法律程序，就可以通过行使自由裁量权，将该证据予以排除。法官在进行这种排除证据活动时，必须对该证据

① 参见陈瑞华著：《比较刑事诉讼法》，中国人民大学出版社2010年版，第267～268页。

的证明价值与它对诉讼的公正性所产生的不利影响加以权衡。这也就是说，法官所要排除的是所有严重妨碍被告人获得公正审判的证据。无论在审判前的准备阶段，还是法庭审理过程中，法官都可以自行或者应辩护方的申请行使上述证据排除权。这种证据排除活动尽管发生在审判阶段，但对侦查活动构成了一种事后的司法审查。当然，对于从被排除的非法证据中延伸出来的其他证据，只要被证明具有可靠性和关联性，就可以将其采纳为证据。在这一方面，英国采取与美国不同的做法，即排除非法所得证据，但并不“禁食毒树之果”。不过，对于违反法定的程序实施侦查行为的警察，英国法律允许受侵权者对其提起民事诉讼，上级警察机构也可以对其实施纪律惩戒。①

3. 设立人身保护令制度

犯罪嫌疑人在被羁押期间，必须保证其每 24 小时内有 8 小时的休息。警察在对犯罪嫌疑人讯问一段时间后，必须使其有一段短暂的休息时间，犯罪嫌疑人如果认为其羁押不合法，可以向高等法院申请人身保护令。

4. 设立保释制度

保释制度，是指对于等待侦查、审判而被羁押的人，在其提供担保并履行必要的手续后将其予以释放的制度。被告人从羁押时起，直到上诉阶段，都有权要求保释，除极少数法定情况外，法院一般应予保释，但可以附加一定的条件，如不得干扰证人、不得妨碍诉讼等。②

（四）被告人的一系列防御权

为了确保被告人获得公正的审判，英国普通法为被告人设立了一系列的诉讼权利或程序保障，即赋予犯罪嫌疑人较为充分的防御权，以平衡国家侦查机关强大的权力。

1. 沉默权

犯罪嫌疑方既然与侦查机关同样行使侦查权，都是侦查的主体，因此，对侦查人员的讯问，犯罪嫌疑人享有保持沉默的权利（Right to Silence）。这也就是说，犯罪嫌疑人不再是侦查的对象，也不承担忍受侦查人员讯问的义务。犯罪嫌疑人的沉默权主要有两项基本要求：一是被告人不得被迫提供证据或作出陈述；二是被告人受到指控时，有权不作出使自己不利的陈述。因此，侦查机关的调查活动一般都有一个不可逾越的界限，即不能强迫犯罪嫌疑人自证其罪。如果侦查机关逾越了这一界限，法院还可以根据非法证据的排除规则进行程序性审查，以及对侦查机关侦查行为进行事后审查，使得违法证据不进入审判程序，并且不作

---

① 参见陈瑞华著：《比较刑事诉讼法》，中国人民大学出版社 2010 年版，第 268 页。

② 参见余正琨：《两大法系法官侦查监督权之比较》，载《江西社会科学》2001 年第 12 期。

为定案根据。

2. 律师帮助权

在整个侦查的过程中，犯罪嫌疑人都有权获得律师的帮助。被告人获得律师帮助权是刑事被告人的程序性的基本权利，在本质上属于公民宪法权利的有机组成部分，具有基本权利、对抗公权力和程序权利的基本属性。犯罪嫌疑人的律师帮助权包括权利告知制度、律师会见制度、律师在场权制度、免费获得律师帮助权等。

（1）权利告知制度。侦查机关一旦采取限制公民人身自由的措施，或者开始讯问犯罪嫌疑人，就负有义务及时告知犯罪嫌疑人享有请求律师协助的权利。《英国法官条例》规定，警察在讯问犯罪嫌疑人之前，必须口头告知犯罪嫌疑人有权获得律师的帮助。在英国，警察在讯问犯罪嫌疑人以前，必须口头告知被羁押的人有权获得律师的帮助，如果犯罪嫌疑人放弃这一权利，他必须签署一个放弃声明。同样的，被逮捕的人有权将他被逮捕一事和关押地点毫不迟疑地通知律师，如果出于对犯罪的调查、预防或对其他罪犯的羁押，可以适当迟延。

（2）律师会见制度。在英国，如果被告人要求会见律师，讯问应当推迟，直至律师到达为止，除非存在例外情形。处于预审调查阶段的公民私下同律师进行交谈、商量和联系，即使在羁押中也是如此，只要他这样做不会导致不合理地拖延或妨碍调查程序或审判的进行。

（3）律师在场权制度。英国原则上允许律师于警察讯问犯罪嫌疑人时在场。在警察对犯罪嫌疑人进行讯问时，除了特定情况外，律师有权自始至终在场，这项权利与警察进行的同步录音录像一起构成了警察讯问有效性的两大关键保证。英国法律规定，在讯问开始时或者进行过程中，允许被拘留人咨询律师，而且在可能咨询到律师的情况下（如律师已经在警察局、正在途中或者很容易与他联系），必须允许该律师在讯问过程中在场。但如果由于在场律师的行为使讯问人员无法正常向犯罪嫌疑人提问时，可以中止讯问，要求该律师离开，由讯问人员申请不特定级别的上级警官后，由该上级警官找律师谈话，决定是否在有该律师在场的情况下继续讯问犯罪嫌疑人。如果决定不让该律师在场，犯罪嫌疑人可以在恢复讯问前咨询另一名律师，接任的律师可以在讯问过程中在场。凡有律师到场的，负责侦查本案的警察还必须在讯问前向律师扼要介绍一下指控的事实，然后由律师与犯罪嫌疑人单独会谈，接下来才能对犯罪嫌疑人进行讯问。[①]

（4）免费获得律师帮助权。在英国，被告人在被逮捕时就被告知有权委托律师给予帮助，如果无力委托，政府将为其指定一名律师提供法律援助。目前英

① 王晋：《英美法系国家被告人获得律师帮助权之考察》，载《内蒙古财经学院学报（综合版）》2010 年第 3 期。

国已经建立了所谓的“当值律师计划”（Duty Solicitor Schemes），只要被逮捕者不放弃获得律师帮助的权利，政府将及时为几乎所有犯罪嫌疑人提供法律援助。一般而言，警察局必须在犯罪嫌疑人被捕后24小时内为其提供一名事务律师，并安排他们会面或者联络。即使在特殊情况下，这一时间也不得超过36小时。[①]

3. 保释权

犯罪嫌疑人享有充分的保释权。英国奉行较为彻底的无罪推定原则，这一原则在侦查阶段的自然要求是犯罪嫌疑人在法庭确定为有罪之前应被视为无罪的人，应当尽可能地像普通公民一样对待。因此，一般应当允许尽可能多的犯罪嫌疑人被保释，而不宜将其羁押起来。

第四节　美国的侦查监督制度

一、美国侦查监督制度的法律渊源

英美法系国家大多实行司法判例制度，它们没有成文、系统的刑事诉讼法典，这些国家关于侦查活动的要求、原则散见于大量的司法判例之中，[②]尤其是美国联邦最高法院近四五十年间的判决，成为美国刑事诉讼法的主要来源。当然美国侦查监督制度的渊源还可能散见于一些单行法规之中。在美国，刑事司法制度还有一个明显特点，就是将一些直接涉及公民人权和自由的诉讼行为上升到宪法高度，为公民在刑事诉讼中的权利提供宪法性的保障。美国联邦宪法修正案中的前十条被称为“权利法案”，具体规定了公民应当享有并依法受到保护的诸项基本权利。其中与侦查监督制度相关的有四条，包括美国联邦宪法第四、五、

① 陈瑞华著：《比较刑事诉讼法》，中国人民大学出版社2010年版，第267页。

② 例如，凯茨案。在凯茨诉美国一案之前，法院普遍认为，美国联邦宪法第四修正案关于搜查的限制性规定保护的是人身、住所、文件和财产，是一些诸如住所的领域，并且只有执法人员具体进入了该受宪法保护的领域，才可能构成非法搜查或非法查封。但凯茨案改变了对搜查的界定。审理凯茨案的法官认为，美国联邦宪法第四修正案保护的是人而不是房子等物，所以在任何地方，只要当事人合理合法地认为其享有隐私权，执法人员在没有搜查令的情况下就不能随意入侵这些地方。因为宪法保护的是这种个人权利，是某个人所合理合法期待的隐私权、安全权，而不是房子等物。联邦最高法院的这种解释实际上扩大了美国联邦宪法第四修正案的保护范围。（参见刘玲：《凯茨（Katz）规则对美国宪法第四修正案的影响》，载中国法院网）再如，1948年Johnson v. U. S. 案，确立的司法令状的签发只能由“中立及超然的司法人员”才有权签发。（参见宋远升：《论司法令状的制衡效力——基于英、美司法令状制度构成要件的比较视角》，载《甘肃政法学院学报》2011年第1期）

六、八修正案。[①] 因此，宪法及其修正案也是美国侦查监督制度的重要渊源。

二、美国的侦查模式及特点

美国国家侦查体制可以溯源至19世纪初期。法裔美国财政专家和慈善家史蒂芬·吉拉德立下遗嘱，将其财产留赠给费城，用以建立一支高效率的警察力量。1833年费城议会通过一个法案，建立了美国第一个支付薪水的昼夜执勤的警察力量。1845年纽约市政府也开始实际执行1844年纽约州警察法案并组建警察队伍。[②]

（一）侦查主体

在美国各种侦查主体中，警察和执法机构中的侦查人员是最主要的力量，其次是检察人员，大陪审团和私人侦探在犯罪侦查中只起辅助和制约的作用。

1. 警察机构

美国的警察机构组织机构可以用“复杂多变、混乱无章”来形容，其基本框架为“四类警察、两种领导”，主要包括联邦、州、县、市镇四个层次。

（1）联邦警察机构的侦查部门。美国负有犯罪侦查职能的联邦机构多称为联邦执法机构。美国主要的联邦执法机构隶属于司法、财政、内政和国防四个部。美国司法部下属的联邦调查局是美国最重要的联邦犯罪侦查机构，其总部设在首都华盛顿，下设3个自属科和3个职能处。

（2）州警察机构的侦查部门。由于美国各州法律制度传统和现状的不同，因而美国各州的警察机构的体制也不一样。从名称上来看，有的叫州警察局，有的

---

① 美国联邦宪法第四修正案规定：“任何人的人身、住宅、文件和财产不受无理搜查和查封，没有合理事实依据，不得签发搜查令和逮捕令，搜查令必须具体描述清楚要搜查的地点、需要搜查和查封的具体文件和物品，逮捕令必须具体描述清楚要逮捕的人。”美国联邦宪法第五修正案规定：“非经大陪审团提起公诉，人民不应受判处死罪或会因重罪而被剥夺部分公权之审判；惟于战争或社会动乱时期中，正在服役的陆海军或民兵中发生的案件，不在此例；公民不得为同一罪行而两次被置于危及生命或肢体之处境；不得被强迫在任何刑事案件中自证其罪，不得不经过正当法律程序而被剥夺生命、自由或财产；人民私有产业，如无合理赔偿，不得被征为公用。”美国联邦宪法第六修正案规定：“在一切刑事诉讼中，被告有权由犯罪行为发生地的州和地区的公正陪审团予以迅速和公开的审判，该地区应事先已由法律确定；得知控告的性质和理由；同原告证人对质；以强制程序取得对其有利的证人；并取得律师帮助为其辩护。”美国联邦宪法修正案第8条规定，不得对被告人课以过重的保释金（Excessive Bail），不得对被告人判以过重的罚金（Excessive Fine），不得对被告人处以残酷和异乎寻常的刑罚（Cruel and Unusual Punishments）。

② 但彦铮：《美国犯罪侦查的历史变革与犯罪侦查学发展简论》，载何家弘主编：《公安学论丛》（第二卷），法律出版社2006年版，第199页。

叫州公路巡警队，有的叫州执法局，还有的叫州公安局。这种名称上的不统一在一定程度上反映了美国分散型警察体系的特点。在美国，虽然各州执法机关有权在全州范围内执行警务。但在实践中，各州的警察机关一般都避免介入市镇警察局的管辖范围，而把自己的执法力量主要集中于没有建立自治警察局的地区和州属公路上。

（3）县警察机构的侦查部门。美国的县级执法机构主要有两种模式：一种是县司法局模式；另一种是县警察局模式。前者是美国传统的县级执法机构模式，县司法行政官是县的执法长官，负责本县的警务。目前美国的绝大多数县都属于这种模式。后者是一种较新的县级执法机构模式，即县警察局长是县的执法长官，负责本县的警务。

（4）市镇警察机构的侦查部门。市镇警察是美国警察的最主要力量，其人数约占美国警察总数的四分之三。美国的城市一般都建有自己独立的警察机构，称为“自治警察机构”，这些市镇警察机构中的侦查或侦探部门负责本市镇辖区内犯罪案件的侦查工作。

2. 检察机构

美国的检察人员在犯罪侦查活动中扮演着相当积极的角色。虽然他们的主要职责是在刑事诉讼中代表国家提起公诉，但他们也经常参与犯罪侦查工作。在多数犯罪案件的侦查中，检察人员并不亲自进行侦查活动，而是指导和监督专业侦查人员或大陪审团的调查工作。但是在某些情况下，检察人员可以亲自主持并开展犯罪案件侦查工作。在美国，有些检察机构有自己专门的侦查人员，还有些检察机构经常从当地警察局抽调侦探组成专家侦查队伍。

3. 大陪审团

美国的犯罪侦查主体除了警察机构和检察机构的侦查部门以外，还有大陪审团和私人侦探机构。由于历史的原因，美国早期的犯罪侦查活动是以审判人员为主体进行的。这也就是说，调查案情以及收集证据等活动都是属于审判活动的范畴。但由于法官在审判中起消极的“裁判”作用，所以大陪团在刑事案件的调查中扮演了十分重要的角色。然而，自 19 世纪中期开始，美国各地掀起了一场要求废除大陪审团制度的运动。到了 20 世纪 20 年代，美国西南部的大多数州都在实践中废除了大陪审团制度。但在美国东北部各州，大陪团在刑事案件的调查、起诉中仍然发挥着重要作用。

4. 私人侦探机构

在美国犯罪侦查的历史上，私人侦探扮演了特殊的角色。可以这样说，在美国，私人侦探业是打击犯罪的一支专业队伍，而且它是在美国近代警察机构发展的“空隙”中产生的。这是因为 19 世纪中期美国的一些专职警察机构建立之后，犯罪活动并未因此而得到有效的控制，特别是那些侵犯财产的犯罪。这样一来，很多工商企业都到警察机构之外去寻求更有效的保护力量，于是私人侦探业或私人保安业便应运而生了。到了20世纪中期，美国的私人侦探业或私人保安业已经发展为一个规模宏大的行业。时至今日，私人侦探业或私人保安业已成为美国犯罪侦查系统中不可缺少的组成部分。

5. 其他主体

除了以上主要侦查机关在主要领域内行使侦查权力外，其他侦查权力主体也在各自的范围内行使侦查权力，如美国联邦药品执法管理局负责执行《美国联邦药品管理法》，重点侦查的是美国国内和国际上最突出的个人和组织贩毒案件。美国外交安全局在美国境内调查假护照假签证案件，保护美国国务卿和其他来访的外国高官，分析针对美国的恐怖活动。联邦执法局的主要职责是负责运送和监管在押犯，追捕逃犯，执行逮捕，保障联邦法院和法官的个人安全，登记和保管联邦司法部依据美国联邦法律扣押的财产以及保证证人的人身安全。美国联邦烟酒枪支爆炸物管理局专司打击非法贩卖烟酒、枪械的犯罪活动。①

（二）侦查模式

美国学者认为，美国不存在刑事侦查的正式阶段，当警察根据其本人的观察以及线人提供的信息，或者仅仅根据线人提供的信息，相信犯罪活动已经开始着手实施或者已经发生时，刑事侦查活动就开始了。② 美国大多数侦查部门都采用“二步式侦查”模式，一般情况下，美国的许多州的初步侦查活动主要是由巡警进行的，这是美国侦查模式上的一个重要特点。巡警最先接手刑事案件后，负责对案件进行初步侦查。巡警在完成初步侦查工作后，要向警察总局提交一份简要的书面报告。如果案情简单，巡警也可以用口头方式向上级汇报。警察总局在接到巡警的报告后，根据案件情况和技术鉴定报告（如果已经作出的话），在对案件进行综介分析的基础上，决定是否正式立案侦查。对于决定立案侦查的案件，警察总局就将案件直接分配给有关的专业化侦探组或者就近分配给下属警探，后续侦查由刑事警察负责，其侦查活动一直延续至可以移交给检察官为止。美国的后续侦查一般实行刑事警察个人负责制，重大案件的后续侦查则由侦查探组负责。

三、美国的侦查监督制度

美国作为英美法系国家的典型代表，同大陆法系国家的侦查监督制度（模式）相比，法官的侦查监督权力更大、更广泛一些，原因主要在于二者之间的刑事诉讼价值及模式选择的不同，主要表现在：（1）大陆法系国家刑事诉讼的

---

① 黄豹著：《侦查权力论》，中国社会科学出版社2011年版，第240页。

② ［美］约书亚·德雷斯勒、艾伦·C. 迈克尔斯著，吴宏耀译：《美国刑事诉讼法精解（第一卷·刑事侦查）》（第四版），北京大学出版社2009年版，第6页。

架构是建立在“犯罪控制模式”的基础之上，强调对犯罪的控制与惩罚，以便维护社会的安全。因此，侦查机关享有广泛的侦查权力，减少对侦查权力运用的重重限制也是其基本理念之一。而英美法系国家刑事诉讼结构是建立在“正当程序模式”理念之上的，追求司法正义的实现和被告人权利的保护，每个公民都享有宪法赋予的基本权利，因此，对容易侵犯公民权利（如人身自由权和财产权）的侦查行为的监控必定十分严格。（2）大陆法系国家的刑事诉讼理念在于追求实体真实的发现。侦查机关要揭露犯罪、证实犯罪，必应尽量收集各种证据，查清事实，侦查手段运用得自由且广泛，是作为发现客观真实的前提和基础。因此，对侦查权的控制范围、手段的运用限制很少。而英美法系国家奉行的是“政府权力有限论”，刑事司法制度也许比其他任何社会制度都更多地涉及运用国家权力和权威来强调和控制公民个人的行为。一方面，必须明确侦查机关权力范围和行为限度，减少侦查人员的自由裁量权。另一方面，对侦查权力的行使进行有效的监督和约束，法官作为第三者，监督侦查活动的合法性、正当性，防止滥施侦查权力对公民合法权益的侵犯。①

正是由于英美法系国家刑事诉讼模式和理念，美国法官的侦查监督权特别大，主要表现为需由法官签发搜查、扣押、逮捕、窃听等令状。虽然侦查职能一般由警察履行，但侦查机关无权签发搜查、扣押、逮捕、窃听等令状，必须向法官提出申请，由法官签发。如果控告表明，或者根据提出控告的宣誓书获悉，有合理根据相信有犯罪行为发生并且由被告人所为，应签发逮捕令，逮捕令由治安法官签发。执行逮捕后，应当无延误地将被捕人解送至最近的联邦治安法官处，进行初次聆讯。根据联邦执法官员或政府检察官的请求，联邦治安法官有权签发搜查和扣押令状。1968 年，美国国会通过的《美国犯罪控制法案》规定，警察在进行窃听之前，必须首先向法庭提出窃听的申请并获得法官的许可。②

当然法官签发令状也是有限制的，而不是仅仅走个程序。一般情况下，请求人要提交经宣誓的请求报告，法官认为有“合理根据”时才能予以签发。所谓合理根据，是指作为一个正常的人处在那样一种特定场合，以公正且不带偏见的态度把一切现有的信息情况考虑在内，如果认为某人很可能犯了罪，那么他就可以逮捕这个人。签发搜查、扣押的令状中应明确要扣押的财产或人员，明确和描述搜查人员的名字或地点名称，且只能对令状中规定的情形进行扣押、搜查。根据联邦执法

① 参见余正琨：《两大法系法官侦查监督权之比较》，载《江西社会科学》2001 年第 12 期。

② 参见余正琨：《两大法系法官侦查监督权之比较》，载《江西社会科学》2001 年第 12 期。

官员或政府检察官的请求，联邦治安法官有权签发搜查和扣押令状。①

第五节　日本的侦查监督制度

一、日本侦查监督制度的法律渊源

（一）《日本刑事诉讼法》

日本的刑事诉讼制度以混合性为其特征。在明治维新至第二次世界大战结束的阶段，其主要以法国、德国为样本制定了旧《日本刑事诉讼法》；第二次世界大战后，其刑事诉讼制度又受到美国法的影响，大量吸收了当事人主义的因素。目前，日本侦查监督制度的主要渊源是1949年生效实施的新《日本刑事诉讼法》，其后，曾经多次进行小规模修改。2004年5月，日本国会通过了一系列关于刑事司法改革的法律文件，对新《日本刑事诉讼法》进行了较大的修改。

（二）《日本宪法》

《日本宪法》第31条明确规定："任何人，未经法律规定的程序，不得剥夺其生命、自由或者科处其他刑罚。"这条关于刑事诉讼程序法定主义的原则的规定是日本侦查监督制度的宪法渊源。

（三）国会制定的其他刑事法律

除了《日本刑事诉讼法》外，日本国会还制定了《日本检察厅法》、《日本警察官职务执行法》、《关于刑事案件中第三者所有物没收程序的应急措施法》、《关于犯罪侦查中监听通讯的法律》等刑事方面的法律。这些法律中均涉及对侦查权的规制和监督，是日本侦查监督制度的又一渊源。

（四）国会以外的机构制定的规则

除了日本国会制定的刑事法律，日本最高法院制定的《刑事诉讼规则》，以及国家公安委员会制定的《犯罪侦查规范》、《犯罪侦查共助规则》、《指纹等处理规则》、《犯罪嫌疑人照片处理规则》、《犯罪线索资料处理规则》、《犯罪嫌疑人留置规则》等也是日本侦查监督制度的渊源。

（五）国际条约以及与国际社会有关的规定

国际条约以及与国际社会有关的规定包括《公民权利和政治权利国际公约》和《国际侦查共助法》。

---

① 参见余正琨：《两大法系法官侦查监督权之比较》，载《江西社会科学》2001年第12期。

二、日本的侦查模式及特点

（一）侦查主体

日本的侦查主体包括司法警察、检察官和检察事务官。大多数刑事案件由司法警察负责侦查，但检察官和检察事务官对司法警察侦查的案件同样有进行侦查的权力。

1. 司法警察

根据职务权限的不同，日本的司法警察可分为一般司法警察和特别司法警察两种。

（1）一般司法警察。日本警察厅和都、道、府、县警察局的警察官的总称为“一般司法警察”，以区别于特别司法警察。从诉讼法角度来看，警察官有司法警察和司法巡查两种。就侦查的权限而言，二者有很大区别。例如，法律确认了司法警察有权请求逮捕状等令状（紧急逮捕除外），却没有赋予司法巡查这项权利。依照国家公安委员会和都道府县公安委员会制定的有关规则的规定，阶级处于巡查部长以上的警察官是司法警察，而处于巡查的警察官是司法巡查。虽然法律上作出上述原则性规定，但警察厅长官或者管区警察局长认为有特殊需要时，可以把处于巡查阶级的警察官指定为司法警察。①

（2）特别司法警察。一般司法警察对所有种类的犯罪都可以行使刑事诉讼法上的侦查权限。对违反规范特定生活领域的法律的行为和对特别的场所、地域、设施内等发生的犯罪的侦查，以及需要运用专业知识的侦查，日本法律设立了特别的侦查机关，或者给一定的行政机关以侦查权限，并指定了特别司法警察，如监狱、拘留所的“法务事务官”、保护皇宫的“皇宫护卫官”、管理邮政业务犯罪的“邮政监察官”、自卫队中的“自卫队警务官”、海上治安管理的“海上保安官”等。在一般司法警察与特别司法警察的侦查权限发生竞合时，特别司法警察负有第一位的侦查责任。（日本特别司法警察的官名、法律根据和职务范围见表2－1）②

2. 检察官

第二次世界大战后，日本重新制定了刑事诉讼法。其中对检察官的侦查权限和范围做了一些变动，但仍赋予检察官较大的侦查权。这些侦查权包括自行侦查权、补充侦查权、指挥侦查权和监督侦查权。

---

① 李忠诚：《日本刑事诉讼中的司法警察职员》，载《研究生法学》1994年第1期。

② 参见《日本刑事诉讼法》。

表 2－1　日本特别司法警察的官名、法律根据和职务范围

		官名	法律根据	职务范围
特别司法警察	基于《关于指定司法警察官吏及履行司法警察官吏职务者等的措施》而产生者	北海道厅官员（北海道厅的森林管理局署工作的地方技术官员及事务官、负责公有林野生食物的北海道厅的地方事务官及技术官员、北海道厅坚守河川地方事务官）	《关于指定司法警察官吏及履行司法警察官吏职务者等的措施》第 3 条第 6、7、14 项	有关北海道公有林野、其林野生产物或者在其林野狩猎等方面的犯罪
		森林管理局署工作的农业水产事务官及技术官员（林野厅申领管理局职员）	《关于指定司法警察官吏及履行司法警察官吏职务者等的措施》第 3 条第 4 项	有关国有林野、部分林木、公有林野、官营造林以及林野生产物等方面的犯罪
		负责官吏狩猎食物的厅府县的地方技术官员	《关于指定司法警察官吏及履行司法警察官吏职务者等的措施》第 3 条第 8 项	在林野和国营猎区狩猎等方面的犯罪
		船长及其他船员	《关于指定司法警察官吏及履行司法警察官吏职务者等的措施》第 6 条第 1、2 项	船舶内发生的犯罪
		负责坚守猎场事务的宫内厅官员	《关于指定司法警察官吏及履行司法警察官吏职务者等的措施》第 3 条第 2 项	涉及皇室的关于狩猎等方面的犯罪

续表

		官名	法律根据	职务范围
特别司法警察	基于单行法而产生者	海、陆、空自卫队警官	《日本自卫队法》第96条、《日本自卫队法施行令》第109~113条	1. 自卫队员实施的犯罪或者对执行职务的队员实施的犯罪，以及队员以外的人对其他队员实施的犯罪 2. 发生在自卫队使用的船舶、厅舍、营舍及其他设施内的犯罪 3. 对自卫队所有或使用的设施和物品实施的犯罪
		劳动基准监督官	《日本劳动基准法》第102条	违反《日本劳动基准法》的犯罪
		船员劳务官	《日本船员法》第108条、《关于促进船员灾害防止活动的法律》第62条	违反《日本船员法》、《日本劳动基准法》以及根据《日本船员法》发布命令的犯罪
		海上保安官	《日本海上保安厅法》第31条	海上发生的犯罪
		麻药管理官 麻药管理员	《日本麻药管理法》第54条	违反《日本麻药管理法》、《日本大麻管理法》以及《日本鸦片法》的犯罪，《日本刑法》第一编第十四章规定的犯罪，实施麻药或鸦片中毒的犯罪
		监狱长及其他监狱职员	《关于刑事收容设施及被收容者等的待遇的法律》第290条	监狱中发生的犯罪
		皇宫护卫官	《日本警察法》第69条第3款	对皇室成员的生命、身体及财产的犯罪，以及对皇室用财产和设施的犯罪
		负责处理关于合理保护及狩猎鸟兽事务的都道府县的职员	《关于合理保护及狩猎鸟兽的法律》第76条	违反关于合理保护及狩猎鸟兽的法律或根据该法发布的命令及都府道县规则的犯罪
		渔业监督官及渔业监督吏员	《日本渔业法》第74条第5款	有关渔业的犯罪
		矿务监督员	《日本矿山保安法》第49条	违反《日本矿山保安法》的犯罪

日本的大多数刑事案件由司法警察负责侦查，但检察官和检察事务官对司法警察侦查的案件同样有进行侦查的权力。《日本刑事诉讼法》第 191 条第 1 款规定："检察官在认为必要时，可以自行侦查犯罪。"检察机关为国家专设追诉犯罪之司法机关，检察官一旦得知有犯罪之嫌疑者，应即主动开始侦查，而不以事实上果真有犯罪存在为必要条件。日本的检察官享有自行侦查权，可以独立对一些刑事犯罪案件进行侦查。《日本刑事诉讼法》第 191 条第 2 款规定："检察事务官在检察官的指挥下进行侦查。"《日本刑事诉讼法》将司法警察机关视为检察机关之辅助机关，检察官在自行侦查犯罪中，认为有必要时，可以指挥司法警察辅助其侦查。检察官在其管辖区域内对司法警察所进行的侦查活动可以进行必要的指挥。从以上描述可以看出，不论刑事案件是警察机关移送的，还是检察机关自行侦查的，也不管警察机关是否对同一案件已经开始了侦查，检察官均有对该案进行侦查的权力。但是检察官在实际侦查中，往往需要司法警察的辅助。法律将有的侦查权限只赋予检察官而没有赋予司法警察，如羁押请求权、起诉前询问证人请求权；相反，司法警察享有的侦查权限，检察官都享有。

一般情况下，检察官只对少数为社会所注目的重大刑事案件或一些经济犯罪案件参与侦查或自行侦查。日本检察官自行侦查刑事案件的范围包括经济与公司犯罪案件、大规模偷税与漏税犯罪案件、公务员贪污受贿犯罪案件等。这几类犯罪案件常被称之为"白领犯罪案件"和"职权犯罪案件"。对这几类刑事案件的侦查需要较高的法律知识和相应的侦查技术，检察官具备这两个方面的素质和条件，故被划为检察官自行侦查刑事案件的范围。

（二）侦查模式

在日本，侦查，是指侦查机关认为存在犯罪事实时，为提起公诉和实行公诉而发现犯罪嫌疑人及证据，并进行收集和保全证据的程序。侦查可以分为两个阶段，在提起公诉前是针对特定的犯罪嫌疑人是否有犯罪事实以及是否有必要提起公诉的心证过程；在提起公诉以后是以支持公诉为目的的准备过程。由于日本是实行职权主义与当事人主义相结合的诉讼构造，因而其侦查制度也就具有这种特色。

有学者认为，日本的侦查体制兼容了以预审为中心的纠问型和以公判为中心的弹劾型两种基本侦查类型的特点，可以称之为"中间型"；也有人认为，日本犯罪侦查制度由最初的"唐化形态"演变为"西化形态"，最后形成颇具日本特色的"中间形态"。根据阶段的不同，日本侦查权力的运行可以划分为初步侦查与后续侦查。一般来讲，在侦查阶段的初期，由于犯罪嫌疑人不十分确定，为了保护公民的合法权利不受到侵犯，侦查人员往往采用较温和的侦查手段。随着侦查活动的逐步深入，当案情越来越明朗，可以确定犯罪嫌疑人是谁时，侦查人员就采用强制性侦查手段。因此，日本的侦查可以分为两个阶段：初步侦查和后续侦查。

1. 初步侦查

初步侦查往往由案发地附近的治安警察或巡警负责，但是对于重大案件的初步侦查，也可以直接由警察机构中的专案负责。初步侦查的工作内容主要包括迅速到案发现场保护现场，抢救被害人，询问目击者、证人、被害人，记录他们的陈述，处理紧急情况等。

2. 后续侦查

后续侦查，也称为正式侦查。一部分后续侦查交由刑警进行，另一部分由警察机构完成初步侦查后将案件移送检察院，然后由检察院中的侦查人员继续侦查。日本的侦查活动主要由刑警负责，检察官对侦查工作作出一般性指示和指挥。①

三、日本的侦查监督制度

（一）检察官对司法警察的侦查监督权

司法警察应当服从检察官的指挥，司法警察没有正当理由而不服从检察官的指示或指挥的，检察机关的首长可以向公安委员会提出惩戒或罢免的追诉，即检察官对司法警察的侦查享有监督权。但司法警察一旦知悉犯罪，亦可不待检察官之指挥或命令而自行侦查。

（二）刑事诉讼法规定的一些基本原则

1. 任意侦查的原则与强制处分（措施）法定主义

强制处分法定主义，是指强制处分必须根据《日本刑事诉讼法》的规定，不得实行该法没有规定的强制处分。《日本刑事诉讼法》规定的强制处分包括拘留、逮捕、押收、搜查、勘验、鉴定以及询问证人等，这些都允许使用直接强制或者间接强制。强制侦查要受强制处分法定主义与令状主义的双重制约。令状主义，是指除了拘留现行犯的若干例外规定以外，对带有强制处分的侦查活动都要由法官加以控制，特别是《日本宪法》规定实施拘留以及押收、搜查，需要由法官签发的令状（《日本宪法》第33、35条)。《日本刑事诉讼法》根据这一精神，对拘留、搜查、扣押、勘验以及监听通信规定了令状主义。此外，逮捕、为鉴定而进行的留置以及询问证人要由侦查机关提出申请，由法官自行实施，法官有权批准施行鉴定所需要采取的必要处分措施。日本现行法一方面允许侦查机关开展广泛的侦查活动，同时也努力通过司法对其加以控制。

在任意侦查的原则下，也明确了任意侦查的界限，即使是任意侦查也不允许

① 黄豹著：《侦查权力论》，中国社会科学出版社2011年版，第113~114页。

无限制使用，特别对于那些不当侵害犯罪嫌疑人以及他人名誉的行为必须审慎（《日本刑事诉讼法》第196条）。此外，即使侦查手段不伴随有形力，如果是明显侵害当事人精神自由和隐私的处分手段，则必须将这些措施看做强制处分来判断是否可以适用。相反，在任意侦查中并非不能行使轻微的有形力，但不得超出社会观念所认可的与具体状况相适应的程度。

2. 逮捕前置主义

所谓逮捕前置主义，是指羁押必须以合法的逮捕为前提的诉讼原则。羁押请求的实施对象均是已逮捕者，即羁押犯罪嫌疑人必须先行实行逮捕或由检察官提出羁押申请，禁止侦查机关自行决定羁押。逮捕前置主义的主要内容，是在逮捕时实施司法抑制，在羁押时也实施司法抑制，即保障双重检查。

第六节 俄罗斯的侦查监督制度

众所周知，前苏联的法学理论和法制观念曾对我国法制建设产生过重大影响，我国现存的侦查监督制度就源于前苏联的立法模式。1991年苏联解体后，俄罗斯联邦作为一个独立国家出现。在迈向民主与法治国家进程中，俄罗斯开始了一场深刻的司法改革。现行的《俄罗斯联邦刑事诉讼法典》是2001年12月通过的，其接受和借鉴英美法的内容，确立了辩论式诉讼模式，实现了俄罗斯传统职权主义诉讼模式的转变。

一、俄罗斯侦查监督制度的法律渊源

俄罗斯属于传统的大陆法系国家，成文法典是其主要的法律渊源。现行的《俄罗斯联邦刑事诉讼法典》是俄罗斯侦查监督制度的基本法律渊源。该法典从2002年颁布施行至2011年2月，已历经78次修订，其中的大部分原则与规范同制定之初已大有不同，这也说明俄罗斯的刑事诉讼法律制度处于较大的变革时代。现行《俄罗斯联邦刑事诉讼法典》在立法体例上可以划分为6卷，共19篇、57章、475个条文，其所涉及的基本概念、原则与规则较之前各部刑事诉讼立法更为全面。

此外，《俄罗斯联邦宪法》在第二章和第七章原则性地规定了无罪推定、个人自由不受侵犯、私生活不受侵犯、住宅不受侵犯等，这也是俄罗斯侦查监督制度的宪法基础。

《俄罗斯联邦检察机关法》、《俄罗斯联邦和解法官法》、《俄罗斯联邦警察法》、《俄罗斯联邦侦缉活动法》、《俄罗斯联邦私人侦探和私人保安活动法》、《俄罗斯联邦刑事执行法典》、《关于保护被害人、证人和刑事诉讼参加人的联邦法律》等法律中也涉及监督、制约侦查和调查人员的规定，是俄罗斯侦查监督

制度的重要法律渊源。

《俄罗斯联邦宪法》第15条第4款规定："如果俄罗斯联邦签署的国际条约规定了与法律不同的规则，则适用国际条约的规则。"这说明国际条约在俄罗斯具有较高的法律效力。俄罗斯联邦因加入欧洲委员会而于1998年批准的《欧洲人权公约》、《预防酷刑和其他不人道和有辱人格待遇的欧洲公约》、《独立国家联合体人权和基本自由公约》也是俄罗斯侦查监督制度的法律渊源之一。

二、俄罗斯的侦查模式及特点

（一）侦查主体

1. 检察长

《俄罗斯联邦刑事诉讼法典》规定，检察长有权提起刑事案件并依照该法典规定的程序委托调查人员、侦查员、下级检察官员调查案件，委托调查机关进行侦查行为，以及向调查机关发出进行侦缉措施的指示，在必要的情况下可以亲自进行某些侦查行为。检察长作为控诉职能的行使者，直接侦查犯罪、指挥和领导侦查与调查是其追诉犯罪职能的必然要求。在审前程序中，调查人员和侦查员都必须服从检察长的指挥，其所实施的调查、侦查行为及作出相关决定都需先向检察长提出申请，由检察长批准决定，即检察长具有绝对的指挥和领导侦查与调查的权力。

检察机关在俄罗斯联邦刑事诉讼立法赋予的权限内对其管辖范围内的案件开展调查，同时进行刑事侦查。检察长有权自行侦查或指派下属检察长或侦查官调查任何犯罪。

2. 侦查官

侦查员是有权以侦查形式进行刑事案件调查的公职人员，包括在检察院、内务机关、联邦安全局机关和联邦麻醉品管制机关担任国家公务的公职人员，大多数犯罪案件，一般是危险而复杂的刑事案件归他们调查。由于侦查官所处机构不同，因此在刑事案件侦查中不同的侦查官员负责的侦查案件也不尽相同。由检察机关侦查官进行侦查的案件为《俄罗斯联邦刑事诉讼法典》列明适用特别刑事案件诉讼程序的人员实施的案件，包括俄罗斯联邦安全局机关、对外情报局、保卫局、俄罗斯联邦内务部、俄罗斯联邦刑事执行系统机构、麻醉品与精神药物流通管制机关、俄罗斯联邦海关等机关公职人员实施的犯罪案件，军人、参加军事集训的公民、俄罗斯联邦武装力量、其他部队、军事组织与机关中的文职人员因履行其职务，以及在部队、军团机构卫戍区驻地内实施的犯罪案件等。内务机关、联邦安全局机关和联邦麻醉品管制机关的侦查官负责侦查《俄罗斯联邦刑事诉讼法典》规定涉及的刑事案件。当由不同机关侦查管辖的不同刑事案件合并为一案时，侦查管辖由检察长按照法定侦查管辖规则确定。

在进行侦查时，侦查员具有诉讼独立地位。侦查员根据其经验专业水平和在侦查机关工作地位的不同而分为侦查员、首席侦查员、特别重大案件侦查员和特别重大案件首席侦查员。

3. 调查机关及人员

《俄罗斯联邦刑事诉讼法典》规定的调查机关及人员有：(1) 俄罗斯联邦内务机关以及依照联邦法律享有侦缉权的其他行政机关。依照联邦法律享有侦缉权的其他行政机关包括俄罗斯联邦安全局机关、俄罗斯联邦保卫局机关、俄罗斯联邦麻醉品管制局机关、俄罗斯联邦海关机关、俄罗斯联邦对外情报机关、俄罗斯联邦刑罚执行局机关、俄罗斯联邦国防部对外情报局机关。(2) 俄罗斯联邦首席司法警官、俄罗斯联邦首席军事司法警官、俄罗斯联邦各主体的首席司法警官以及他们的副职、主任司法警官、主任军事司法警官，以及俄罗斯联邦宪法法院、俄罗斯联邦最高法院和俄罗斯联邦最高仲裁法院的主任司法警官。(3) 部队军团的指挥员以及军事机构或卫戍区的首长。(4) 国家消防机关。

上述调查机关的公职人员有权进行调查形式的审前调查以及实施刑事诉讼法规定的其他行为，对不必进行侦查的刑事案件实施紧急侦查行为，完成侦查员采取侦缉措施以及实施个别侦查行为、执行拘捕、拘传决定等的书面委托，根据检察长的委托出庭支持公诉。如前所述，调查机关一般是国家机构，但调查一般是由该机构被称为调查人员的公职人员进行的。调查人员办理刑事案件的权力和义务有很多方面与侦查员的权限相似。调查人员一般有权独立实施侦查行为或其他诉讼行为（但依照《俄罗斯联邦刑事诉讼法典》规定的必须经调查机关首长同意、检察长批准或须经法院决定的情形除外）。

（二）侦查模式

按照《俄罗斯联邦刑事诉讼法典》的规定，犯罪侦查活动可以统称为“审前调查”。审前调查有两种方式：一种是调查；另一种是侦查。二者的任务都是查明案情和收集证据，但是二者的实施主体和适用对象有所不同。调查由法律规定的调查机关负责，其适用的对象是法律未规定必须调查的刑事案件，一般为轻微的盗窃或流氓等犯罪案件；侦查由法律规定的侦查机关负责，其适用的对象是法律规定应该侦查的刑事案件，大多数刑事案件均属此类。调查可以作为侦查的初始阶段。在法律规定必须侦查的刑事案件中，调查机关在必要情况下可以先对案件进行调查，然后再将案件移送侦查机关。在实践中，大多数刑事案件的侦查活动都属于这种“二步式模式”。由此可见，调查与侦查的区别有两层含义：一是案件种类上的划分，即横向划分；二是程序阶段上的划分，即纵向划分。因此，俄罗斯联邦采用的侦查模式是在调查机关的调查活动和侦查机关的侦查活动中，出现了两种侦查模式："一步式"侦查模式和"二步式"侦查模式。[①]

1. 调查机关的调查活动（实际上也属于一种侦查活动）

调查机关负责调查法律上认为轻微的盗窃或流氓等犯罪案件以及法律上规定必须正式侦查的较严重的案件。经过调查，调查机关将案件移送侦查机关。调查活动既可以是独立的案件侦查程序，也可以是侦查之前的辅助性或预备性案件侦查程序。换言之，调查活动本身就可出现两种侦查模式：一种是"一步式"侦查模式，另一种是作为"二步式"侦查模式的初步侦查。[②]

2. 侦查机关的侦查活动

具体包括两种情形：其一，侦查机关自行侦查法定的刑事案件。此时采用"一步式"侦查模式，侦查人员的侦查活动是一个完整的侦查过程。其二，侦查机关对调查机关移送的较重的刑事案件进行后续侦查，主要采用"二步式"侦查，而对开始活动视为初步侦查阶段。[③]

三、俄罗斯的侦查监督制度

俄罗斯现存的侦查监督模式实行的是双轨制，即由检察长和法院对侦查权进行双重规制。

（一）检察长对调查人员和侦查员的行为实施法律监督

俄罗斯的检察机关可以对侦查活动进行法律监督，检察机关与警察机关从严格意义上说是监督与被监督关系，但检察机关在一定程度上拥有对侦查机关的类似于指挥的权力。根据《俄罗斯联邦刑事诉讼法典》以及《俄罗斯联邦检察机关法》的规定，在诉讼活动中，检察长以国家名义全权行使追诉职能，并对调查机关及侦查机关的诉讼活动予以监督，包括：（1）对特定机关与人员的法律执行情况予以监督；（2）对特定机关与人员恪守人与公民权利与自由原则的情况进行监督；（3）对侦讯、侦查及调查机关的法律执行情况予以监督；（4）对司法警察的法律执行情况予以监督；（5）对刑罚与法院裁定的强制性处罚措施予以执行的行政机关与机构、关押逮捕与拘禁人员的行政管理机关的法律执行情况予以监督。

通过上述规定可以看出，2001 年《俄罗斯联邦刑事诉讼法典》虽然取消了检察长对法院审判活动实施监督的职能，但为了保证审前程序的合法性，保证当事人和其他诉讼参加人的权利与自由不受非法侵犯，法律仍然赋予检察长对审前行为合法性进行监督的重要职权，只是监督的范围主要限于审前程序，监督的对

---

① 黄豹著：《侦查权力论》，中国社会科学出版社 2011 年版，第 115 ~ 116 页。

② 黄豹著：《侦查权力论》，中国社会科学出版社 2011 年版，第 116 页。

③ 黄豹著：《侦查权力论》，中国社会科学出版社 2011 年版，第 116 页。

象主要为侦查员和调查人员。《俄罗斯联邦刑事诉讼法典》第37条规定："检察长有权提起刑事案件并依照本法典规定的程序委托调查人员、侦查员、下级检察长调查案件和亲自受理案件……委托调查机关进行侦查行为，以及向调查机关发出进行侦缉措施的指示……检察长依照本法典规定的程序对调查机关、调查人员、侦查人员发出的书面指示具有强制力。"不过，检察长所享有的委托权力是建立在法律监督的基础上。首先，委托只适用于具体案件，并非像大陆法系国家一样是侦查资格的授予；其次，委托是依照法定程序的委托，是遵照不同案件管辖权规定的委托。可以说，委托的最终目的是为了保障法律的正确实施。事实上，检察机关由于其法律监督机关的特殊地位而对侦查机关形成了一定的控制，这种控制虽主要是程序性的但却几乎贯穿整个审前程序。在审前阶段，检察长有权行使下列权力：（1）检查在接受、登记和处理举报过程中联邦法律的执行情况；（2）提起刑事案件并依法定程序委托调查人员、侦查员调查案件；（3）参与审前调查并在必要情况下亲自进行某些侦查行为；（4）依法对调查人员、侦查员提起的刑事案件表示同意；（5）对调查人员、侦查员向法院提出选择、撤销、变更强制措施处分的请求表示允许，或者根据法院决定进行的其他诉讼行为的请求表示同意；（6）批准向上级检察长、侦查员、调查人员提出回避申请以及他们本人要求自行回避的事宜，当调查人员、侦查员在进行审前调查时违反《俄罗斯联邦刑事诉讼法典》的，要求停止调查人员、侦查员继续调查；（7）向任何调查机关提取刑事案件并将案件移送给侦查员、将刑事案件从一侦查员移送给另一侦查员，或从一审前调查机关移送给另一审前调查机关，但必须说明移送的根据并遵守管辖规定；（8）依法撤销侦查员、调查人员非法的或无依据的决定；（9）委托调查机关进行侦查行为，以及向调查机关发出进行侦缉措施的指示；（10）延长审前调查期限；（11）批准调查人员、侦查员关于终止刑事案件的决定；（12）批准起诉书并将刑事案件移送法院；（13）将刑事案件发还调查人员、侦查员并附补充侦查的指示；（14）中止或终止刑事案件；（15）检察长发现调查人员或侦查员的行为违反《俄罗斯联邦刑事诉讼法典》的要求时有权停止他们的调查工作，并将案件移交给其他调查人员或侦查员办理。如果在审前程序中，被告人及其他诉讼参加人认为侦查员和调查人员侵犯了他们的宪法权利和自由时，有权向检察长提出申诉，检察长应当及时审议并对违法行为加以纠正。如果检察长不及时采取措施，被告人等还有权向法院提出申诉，由法院进行司法审查并处理。

（二）法院对逮捕、羁押、搜查、扣押和电话监听等强制性侦查措施的审查和决定

我国的侦查监督制度源于前苏联的立法模式，但现行的《俄罗斯联邦刑事诉讼法典》却取消了检察长批准和决定逮捕、羁押、搜查、扣押和电话监听等

权限，改由法院进行审查和决定。这是新法典对于检察长权力的一个重大变化。侦查员和调查人员在审前程序中需要采取这些行为和决定的，应当先报经检察长同意后，再由检察长向法院提出申请，最后根据法院的决定才能实施，否则侦查中取得的证据将被认定为不合法而不得采信。《俄罗斯联邦刑事诉讼法典》借鉴现代法治国家的司法审查制度，取消了原来由检察长审批的涉及公民宪法权利和自由的羁押、搜查等行为的权力，将其确定为法院的职权，体现出新法典加大对公民权利的保障力度，并对国家追诉机关的权力进行必要限制的诉讼新理念。

下篇　制度运行篇

法律的生命不在于逻辑而在于经验。[①]

——霍姆斯

作为对刑事侦查活动的正当性、合法性进行有效监督、制约的侦查监督，是刑事诉讼的必要程序，也是诉讼规律的必然要求。在我国，这一权力是由检察机关来行使的。我国检察机关的侦查监督职能主要包括三个方面的内容：立案监督、审查逮捕以及对侦查活动的监督。本书在下篇“制度运行篇”中主要围绕这三项制度的运行情况进行考察与分析，目的是运用“社会学的想象力”[②] 看清这些看似杂乱无章的制度生成和运行过程中的内在逻辑和矛盾，从而帮助我们更好地理解我国现行的检察监督制度、诉讼制度、司法制度以及支撑这些制度背后的这个变化多端而又纷繁复杂的现实社会。

本书在下篇中对于我国侦查监督制度运行的描述主要以北京市人民检察院、北京市×人民检察院、北京市C区人民检察院办理的案件为例证，所使用的数据包括《最高人民检察院工作报告》的数据、最高人民检察院侦查监督厅公布的数据、1987~2011年《北京检察年鉴》所公布的数字，同时结合各个公开出版物以及首都检察网、上海检察网等检察内网中所公布的侦查监督制度的数据资料做分析。本部分所采用的经验材料主要包括刑事档案中的案件样本、问卷调查、统计数据以及访谈等。

---

① Oliver Wendell Holmes, The Common Law, edited by Mark DeWolfe Howe, Boston: Little, Brown, 1963. P5.

② “社会学的想象力”是美国著名社会学家赖特·米尔斯在其《社会学的想象力》一书中提出的一个重要概念。米尔斯认为，“社会学的想象力”是一种心智品质，这种品质可帮助他们利用信息增进理性，从而使他们能看清世事，以及或许就发生在他们之间的事情的清晰的全貌。参见［美］C. 赖特·米尔斯著，陈强、张永强译：《社会学的想象力》，生活·读书·新知三联书店2005年版，第3页。

第三章 立案监督制度运行的考察与反思

立案是案件进入刑事诉讼的第一个环节，只有完成立案程序，才能进行侦查、起诉、审判等其他诉讼活动。因此，立案与否直接关系到国家、社会、公民合法权益的保障，直接关系到刑事诉讼能否顺利地进行。这是因为，一方面，任何机关团体、企事业单位或公民，都可对犯罪提出控告和举报，要求追究犯罪人的刑事责任，这是宪法赋予他们的神圣权利，立案与否，就意味着司法机关对这一权利能否给予有效保护；另一方面，对被举报人、被控告人来说，一旦被立案，他们将成为刑事追诉的对象，而不得不面对强大的国家机器，很可能会受到各种刑事处罚，被剥夺财产、权利、自由甚至生命。① 作为刑事诉讼源头性监督的刑事立案监督，其监督的作用、地位在整个刑事诉讼活动全过程的法律监督中显得十分重要。② 然而这一项历经时日尚浅的制度，自 1996 年《刑事诉讼法》确立以来，对该制度的争论就一直未曾停止，其在实际运行中也暴露出了很多问题。从总体说来，刑事立案监督制度经过十多年的实践已经取得了一定成效，并且正在逐步向成熟、有序的方向不断发展，检察机关办理的立案监督案件在数量上与质量上都有所提高。然而，立案监督机制本身的一些缺陷却在一定程度上制约了立案监督工作的继续推进，使立案监督工作并没有达到制度设置之初所预期的效果。当前，我国立案监督工作已经进入“瓶颈”期，立案监督工作已经开始逐步弱化,③ 甚至有人认为，“目前在实践中，立案监督基本处于虚置的状态，至多算是‘心有余而力不足’的尴尬处境”④。那么导致这种现象的原因是什么呢？是制度本身不完善还是运行机制不畅通，还是二者兼而有之呢？

本章对立案监督的制度规范、运行情况、工作程序、考评情况等相关问题进

---

① 黄一超、李浩:《强化刑事立案监督的若干问题探讨》，载《政治与法律》2001 年第 3 期。

② 王志刚:《论立案监督程序的正当化构建》，载《行政与法》2009 年第 9 期。

③ 巩富文:《刑事立案监督制度的改革与完善》，载《人民检察》2010 年第 22 期。

④ 黄永维:《关于立案监督的几点思考——在〈关于刑事立案监督有关问题的规定（试行）〉发布之际》，载《河南社会科学》2010 年第 6 期。

行深入研究，以揭示立案监督制度在应对复杂现实过程中呈现出的实然状态，分析立案监督制度出现问题的原因，并提出解决对策，以补齐我国检察工作中立案监督这块“木桶中的短板”。

据最高人民检察院侦查监督厅统计，2011 年，北京市 27 个检察院[①]监督立案 277 人，有罪判决 60 人，有罪判决率为 21.7%，重刑率为 1.7%，院均有罪判决 2.2 人/院，在全国 33 个省级检察机关中位居第 21 位（详见表 3 –1）；2011 年针对不应当立案而立案提出纠正意见 144 人，其中已纠正 119 人，公安纠正率为 82.6%，院均纠正 4.4 人/院，在全国 33 个省级检察机关中排名第 14 位（详见表 3 –2）。两项工作平均起来排名第 18 位。从以上数据可以看出，北京市检察机关的立案监督工作总体上在全国处于中游水平，因此，选取北京市检察机关作为参照样本，对其立案监督工作情况进行详尽分析具有一定代表性。在时间的选取上，笔者以 1997 年为起点，原因是 1996 年《刑事诉讼法》第 87 条赋予了检察机关立案监督的职权，该法于 1997 年 1 月 1 日生效实施，也就是说立案监督的司法实践从 1997 年开始，截止时间是 2011 年，即在本书写作时的前一年，前后共 15 年的历时性考察更能反映和说明北京市检察机关立案监督工作整体的发展和变迁情况，以提炼和总结出其中的特点和规律。

表 3 –1　2011 年全国检察机关监督应当立案而不立案情况统计表

省份	检察院数（个）	监督立案（人）	有罪判决（人）	有罪判决率（%）	重刑率（%）	院均有罪判决（人/院）
安徽	128	1880	1654	88.0	7.7	12.9
广西	131	2121	1477	69.6	1.1	11.3
浙江	104	1390	1062	76.4	6.0	10.2
辽宁	142	1017	1447	142.3	11.2	10.2
江苏	128	2344	1256	53.6	8.1	9.8

① 包括北京市人民检察院及其下辖 3 个分院，即第一分院、第二分院、北京铁路检察分院；18 个区、县检察院；2 个派驻检察室，即清河人民检察院、团河地区人民检察院和 3 个铁路运输检察院，即北京、天津、石家庄铁路运输检察院。需要说明的是，2010 年 6 月，国务院正式批复了《北京市政府关于调整首都功能核心区行政区划的请示》，同意撤销北京市东城区、崇文区，设立新的北京市东城区，以原东城区、崇文区的行政区域为东城区的行政区域；撤销北京市西城区、宣武区，设立新的北京市西城区，以原西城区、宣武区的行政区域为西城区的行政区域。北京市的行政区划合并调整后，北京市人民检察院的下辖区县由原来的 18 个减少为 16 个。本书所用的 2011 年前的统计数字都是按照 18 个区县院的数据进行统计的。

省份	检察院数（个）	监督立案（人）	有罪判决（人）	有罪判决率（%）	重刑率（%）	院均有罪判决（人/院）
河南	184	1117	1213	108.6	4.2	6.6
山东	171	1065	1127	105.8	7.5	6.6
河北	192	1404	1125	80.1	5.2	5.9
云南	149	2504	821	32.8	9.0	5.5
天津	22	268	105	39.2	2.9	4.8
吉林	97	593	419	70.7	3.6	4.3
福建	96	708	382	54.0	4.7	4.0
贵州	99	539	318	59.0	6.3	3.2
陕西	123	609	348	57.1	7.5	2.8
上海	32	81	90	111.1	3.3	2.8
湖北	128	1369	350	25.6	1.7	2.7
山西	139	1281	354	27.6	5.4	2.5
四川	215	999	538	53.9	8.2	2.5
内蒙古	126	521	287	55.1	1.4	2.3
甘肃	115	646	259	40.1	3.9	2.3
北京	**27**	**277**	**60**	**21.7**	**1.7**	**2.2**
江西	123	573	204	35.6	3.4	1.7
黑龙江	198	368	311	84.5	2.9	1.6
湖南	144	615	197	32.0	1.5	1.4
宁夏	30	146	38	26.0	0.0	1.3
重庆	46	171	53	31.0	0.0	1.2
广东	158	547	144	26.3	2.8	0.9
海南	27	301	17	5.6	5.9	0.6
新疆	117	178	50	28.1	4.0	0.4
青海	56	96	22	22.9	0.0	0.4
西藏	81	6	21	350.0	19.0	0.3
兵团	40	3	2	66.7	0.0	0.1
军检	66					
全国	3644	25737	15751	61.2	6.0	4.3

表 3－2　2011 年全国检察机关监督不应当立案而立案情况统计表

省份	检察院数（个）	提出纠正意见（人）	已纠正（人）	公安纠正率（%）	院均纠正（人/院）
江苏	128	1903	1891	99.4	14.8
安徽	128	1089	1074	98.6	8.4
浙江	104	801	798	99.6	7.7
宁夏	30	194	192	99.0	6.4
贵州	99	610	579	94.9	5.8
山西	139	790	784	99.2	5.6
云南	149	822	839	102.1	5.6
吉林	97	547	546	99.8	5.6
山东	171	929	929	100.0	5.4
河北	192	1043	1040	99.7	5.4
甘肃	115	617	616	99.8	5.4
福建	96	514	501	97.5	5.2
海南	27	138	132	95.7	4.9
北京	**27**	**144**	**119**	**82.6**	**4.4**
广西	131	568	568	100.0	4.3
湖北	128	531	530	99.8	4.1
广东	158	631	615	97.5	3.9
河南	184	681	677	99.4	3.7
陕西	123	436	435	99.8	3.5
江西	123	388	386	99.5	3.1
辽宁	142	362	362	100.0	2.5
内蒙古	126	317	315	99.4	2.5
四川	215	349	353	101.1	1.6
湖南	144	186	184	98.9	1.3
黑龙江	198	250	250	100.0	1.3
新疆	117	89	88	98.9	0.8
天津	22	11	9	81.8	0.4

省份	检察院数（个）	提出纠正意见（人）	已纠正（人）	公安纠正率（%）	院均纠正（人/院）
青海	56	14	14	100.0	0.3
重庆	46	6	6	100.0	0.1
上海	32	1	1	100.0	0.0
西藏	81				
兵团	40				
军检	66				
全国	3644	14961	14833	99.1	4.1

第一节　立案监督制度规范现状

刑事立案，是指公安机关、人民检察院、人民法院等机关对于报案、控告、举报、自首以及自诉人起诉等材料，按照各自的职能管辖范围进行审查后，认为有犯罪事实发生并需要追究刑事责任时，决定将其作为刑事案件进行侦查或审判的一种诉讼活动。[①] 刑事立案是刑事诉讼活动开始的标志，是一个独立的、必经的诉讼阶段。人民检察院具有依法对刑事诉讼活动进行法律监督的职责。立案作为刑事诉讼活动的组成部分，同样是检察机关刑事诉讼监督的重要内容之一。

一、立案监督的概念

关于立案监督的概念，学术界的认识并不统一，其中比较有代表性的观点认为，刑事立案监督有广义、中义、狭义之分。广义的刑事立案监督，既包括人民检察院对立案活动的监督，又包括公、检、法三机关之间通过“相互制约”实现的立案监督以及党的监督、人民代表大会的监督和人民群众的监督等；中义的刑事立案监督，是指刑事诉讼过程中检察机关依法对刑事立案主体的立案活动是否合法所进行的专门性法律监督；[②] 狭义的刑事立案监督，是指享有法律监督权的人民检察院对公安机关的立案活动进行的监督。[③] 广义说的观点，实际上将党的监督、立法监督、群众监督等不具有诉讼法意义的一般性监督与检察机关专门

① 陈光中主编：《刑事诉讼法》，北京大学出版社、高等教育出版社 2002 年版，第 233 页。

② 伦朝平等著：《刑事诉讼监督论》，法律出版社 2007 年版，第 32 页。

③ 孙谦、刘立宪主编：《检察理论研究综述》，中国检察出版社 2000 年版，第 131 页。

的法律监督混为一谈，对刑事立案监督司法实践的指导意义不大；狭义说的观点，拘泥于《刑事诉讼法》不尽完善的规定，忽略了我国《宪法》对检察机关宪政体制层面的定位，没有立足于“刑事立案监督”语义学上的应有之义，把刑事立案监督的客体仅仅限定为公安机关的立案活动，范围过于狭窄。[①] 笔者同意中义说的观点，认为立案监督是检察机关对立案主体（既包括侦查机关[②]也包括检察机关自侦部门）的立案活动是否合法进行的监督。监督的内容包括对应立案而不立案的监督和对不该立案而立案的监督。

二、立案监督制度规范现状

从制度规范层面上看，我国立案监督制度的法律规定比较完备，构成了由《宪法》、《刑事诉讼法》、司法解释、部门规定、会签文件等组成的规范体系。（详见表3－3）

表3－3　立案监督法律制度规范一览表

时间	发文单位	名称
1982年	全国人民代表大会	《宪法》第129、135条
1996年	全国人民代表大会	《刑事诉讼法》第8、87条
1998年	最高人民检察院	《关于深入开展立案监督工作的通知》
1998年	最高人民检察院	《关于“人民检察院发出〈通知立案书〉时，应当将有关证明应该立案的材料移送公安机关”问题的批复》
1998年	最高人民法院、最高人民检察院、公安部、国家安全部、司法部、全国人大常委会法制工作委员会	《关于刑事诉讼法实施中若干问题的规定》[③] 第7条
1999年	最高人民检察院	《人民检察院刑事诉讼规则》第371～379条
2000年	最高人民检察院审查批捕厅	《人民检察院立案监督工作问题解答》

① 伦朝平等著：《刑事诉讼监督论》，法律出版社2007年版，第31页。

② 这里的侦查机关包括公安机关、国家安全机关、监狱、海关缉私、边防武警缉毒部门。

③ 这个文件是由六个国家机关联合发布的，在学界也被简称为《六机关规定》，在本书中也使用这种简称叫法。

时间	发文单位	名称
2001 年	最高人民检察院、公安部	《关于在办理刑事案件工作中加强联系配合的通知》
2002 年	最高人民检察院	《关于开展"打黑除恶"立案监督专项行动的实施意见》
2003 年	最高人民检察院侦查监督厅	《关于印发〈关于加强刑事立案监督工作的报告〉的通知》
2009 年	最高人民检察院	《关于进一步加强对诉讼活动法律监督工作的意见》
2010 年	最高人民检察院、公安部	《关于刑事立案监督有关问题的规定（试行）》

《宪法》第 129 条规定："中华人民共和国人民检察院是国家的法律监督机关。"这是我国检察机关行使一切法律监督权的宪法依据。1996 年《刑事诉讼法》第 8 条规定："人民检察院依法对刑事诉讼实行法律监督。"这意味着检察机关有权对刑事诉讼的整个过程行使法律监督权。1996 年修改《刑事诉讼法》时，在第 87 条增加了立案监督的规定，即"人民检察院认为公安机关对应当立案侦查的案件而不立案侦查的，或者被害人认为公安机关对应当立案侦查的案件而不立案侦查，向人民检察院提出的，人民检察院应当要求公安机关说明不立案的理由。人民检察院认为公安机关不立案理由不能成立的，应当通知公安机关立案，公安机关接到通知后应当立案"。这是我国继侦查监督、审判监督及执行监督之后，以法律形式规定下来的又一项独立的检察监督权，填补了以往检察机关对刑事立案阶段监督的空白，使检察监督能够贯穿于刑事诉讼活动的整个过程。但是，这一单一条文的原则规定使得立案监督制度在实践中很难具有可操作性。为此，1998 年最高人民法院、最高人民检察院、公安部、国家安全部、司法部、全国人大常委会法制工作委员会《关于刑事诉讼法实施中若干问题的规定》（以下简称《六机关规定》）第 7 条对 1996 年《刑事诉讼法》第 87 条进行了补充规定，"公安机关在收到人民检察院《要求说明不立案理由通知书》后七日内应当将说明情况书面答复人民检察院。人民检察院认为公安机关不立案理由不能成立，发出《通知立案书》时，应当将有关证明应该立案的材料同时移送公安机关。公安机关在收到《通知立案书》后，应当在十五日内决定立案，并将立案决定书送达人民检察院"。同年 12 月，最高人民检察院检察委员会通过的《人民检察院刑事诉讼规则》第十章"刑事诉讼法律监督"第一节"立案监督"中专门有 9 个条文对立案监督做了进一步的细化。例如，该规则明确了由检察机关

的审查逮捕部门和控告申诉部门负责审查公安机关应立案而不立案的工作；将检察机关立案监督的范围扩大到公安机关不应当立案而立案侦查的，以及检察机关自侦部门应当立案侦查而未立案侦查的案件；赋予了检察机关对于由公安机关管辖的国家机关工作人员利用职权实施的重大犯罪案件的机动立案侦查权。但是这些规定总体上是对检察机关立案监督职权的扩大以及检察机关内部部门间的工作分工，对于公安机关不立案侦查案件的法律后果以及检察机关在立案监督中的知情权、调查权等关系到立案监督效果的核心问题却未涉及。①

此外，为了增强立案监督作用性的认识，突出立案监督的重点，最高人民检察院于1998年3月9日发布了《关于深入开展立案监督工作的通知》，1998年5月12日公布了《关于“人民检察院发出〈通知立案书〉时，应当将有关证明应该立案的材料移送公安机关”问题的批复》。但是，上述法律和司法解释并没有解决立案监督实践中遇到的难题。为此，最高人民检察院审查批捕厅于2000年1月13日发布了《人民检察院立案监督工作问题解答》。在解答中，最高人民检察院对《刑事诉讼法》第87条中关于什么是“应当立案侦查”的案件，什么是“不立案侦查”，以及公安机关的范围等进行了界定；对公安机关刑事立案后作治安处罚或者劳动教养处理的案件可以作为立案监督案件办理进行了明确；把检察机关立案监督的重点定位在涉嫌徇私舞弊的案件；明确了要求公安机关说明不立案理由是否通知立案前的必经程序；明确了检察机关向公安机关发出要求说明不立案理由通知书后，公安机关在规定时限内拒不说明不立案理由的处理程序；明确了要求公安机关说明不立案理由和检察机关通知公安机关立案，应采取书面形式；对公安机关接到通知立案书后，在规定时限内不予立案的处理程序，公安机关接到通知立案书后虽已立案，但立案后立而不查、久拖不决的处理办法以及人民检察院通知立案的案件，公安机关立案后撤销案件的处理办法等事关立案监督实效的重要问题进行了规定。但是这些规定因为仅是最高人民检察院批捕厅解

① 笔者认为，《人民检察院刑事诉讼规则》之所以没有涉及这些核心问题，不是检察机关不愿意涉及这些问题，而是由检察机关司法解释权的限度所决定的。检察机关的司法解释是最高人民检察院对在检察工作具体应用法律的问题所作的解释，其解释权来源于全国人民代表大会常务委员会《关于加强法律解释工作的决议》，但作为我国司法解释之一的检察解释应当以法律为依据，不得违背和超越法律规定。因此，对于限制公安机关权力和赋予公安机关义务的法律解释需要由全国人民代表大会发布立法解释或者由最高人民检察院与公安机关联合发布规定，所以从理论上讲，仅在检察解释中是不能规定和限制公安机关权责的。但是我们也发现在实践中，有的检察解释条款也有扩大检察机关权限之嫌，如《人民检察院刑事诉讼规则》第378条规定：“对于公安机关不应当立案而立案侦查的，人民检察院应当向公安机关提出纠正违法意见。”这实际是把1996年《刑事诉讼法》第87条关于检察机关对于公安机关应当立案而不立案进行立案监督的规定的扩展。

答式的文件，其对公安机关的约束力有限，[①] 因此，可以说破解立案监督的难题并未从根本上解决。

2001 年，针对《刑法》和《刑事诉讼法》修改以来，公安机关、检察机关在协作配合工作中出现的问题，如相互联系协调不够、对一些法律规定的理解存在分歧等问题，最高人民检察院、公安部联合发布了《关于在办理刑事案件工作中加强联系配合的通知》。该通知主要是为了加强公、检两机关的联系配合，形成打击刑事犯罪的合力。该通知虽然不是专门为加强立案监督工作制定的，但作为规范公、检两机关之间关系的重要制度——立案监督也被提及，如第 3 条"关于建立情况信息通报制度，互通信息，加强联系"中规定，各级公安机关与人民检察院应当就刑事立案监督、侦查监督等方面的数字及有关情况每 1 个月互通一次。可以说，这一规定直指立案监督工作的症结之一——公、检两机关之间信息不畅问题，但是仅仅这一条文对解决立案监督工作中存在的问题的成效有限。

2002 年，为推动"严打"整治斗争的深入开展，最高人民检察院决定，从 2002 年 4 月至年底，在全国开展"打黑除恶"立案监督专项行动，并专门制定了《关于开展"打黑除恶"立案监督专项行动的实施意见》。

2003 年 10 月 6 日，贾春旺检察长对《北京检察情况反映》刊登的《立案监督工作存在的问题及对策》一文作出重要批示："应有针对性地采取几项有力措施，切实加强立案监督。"遵照这一指示，最高人民检察院侦查监督厅对加强刑事立案监督工作进行了研究，并于 2003 年 11 月 28 日发布了《关于印发〈关于加强刑事立案监督工作的报告〉的通知》，对进一步加强刑事立案监督工作提出了三项具体措施。

2010 年 7 月 26 日，最高人民检察院、公安部联合印发了《关于刑事立案监督有关问题的规定（试行)》。该文件规定了检察机关对不应当立案而立案进行监督的条件、范围和程序；建立了公安机关与检察机关刑事案件信息通报制度；明确了刑事立案监督的程序及保障措施；建立了公安机关不服纠正违法意见的复议复核制度；明确了关于检察机关对立案监督案件的跟踪监督程序，等等。上述规定明确了公安机关、检察机关的权力和权利，直击立案监督的症结，夯实立案

---

① 对公安机关具有法律约束力的文件是《公安机关办理刑事案件程序规定》，该文件第 164 条规定："对于人民检察院要求说明不立案理由的案件，应当在七日内制作《不立案理由说明书》，经县级以上公安机关负责人批准后，通知人民检察院。人民检察院认为不立案理由不能成立的，公安机关在接到人民检察院要求立案的通知后，应当在十五日内决定立案，并将立案决定书送达人民检察院。"

监督的内在基础，被认为是“有措施、有程度、有效力，还有制裁”[①]。值得注意的是，除了采用制定法的形式逐渐完善立案监督的相关规定外，最高人民检察院还利用公报案例的形式来指导和加强各地的立案监督工作。从 2001 年到 2002 年，《中华人民共和国最高人民检察院公报》共刊登了 2 个关于立案监督类的案例。[②]

除了全国性的法律规范和部门联合规定外，北京市人大常委会为加强诉讼监督（包括立案监督）工作还于 2008 年 9 月通过了《关于加强人民检察院对诉讼活动的法律监督工作的决议》。同时根据该决议，北京市人民检察院还制定了《关于加强对诉讼活动的法律监督工作的意见》、《北京市人民检察院刑事立案监督细则（试行）》，这几部地方规范性文件也是北京市检察机关立案监督工作的重要依据。（详见表 3 – 4）

表 3 – 4　北京市检察机关立案监督相关制度规范一览表

时间	发文单位	名　称
2008 年 9 月	北京市人大常委会	《关于加强人民检察院对诉讼活动的法律监督工作的决议》
2009 年 1 月	北京市人民检察院	《关于加强对诉讼活动的法律监督工作的意见》
2009 年 5 月	北京市人民检察院	《北京市人民检察院刑事立案监督细则（试行）》

从上述关于立案监督制度的法律规范现状的梳理可以看出，目前关于立案监督已形成了从宪法、基本法、司法解释到相关部门联合发布的部门规定以及公报案例的较完善的制度规范体系，但是其在实践中的运行情况如何；该制度在实践中的效果怎样；制度规范与实践之间呈现出怎样的张力呢？

第二节　立案监督制度的运行

立案监督是我国侦查监督中比较有特色的业务，[③] 检察机关的公诉职能、职务犯罪侦查职能等在别国法律体系中均有涉及，唯独立案监督职能在历史上

---

① 《最高检公安部联手能否破解立案监督难》，载《法制日报》2010 年 8 月 24 日。

② 参见《郑春标、刘宗方、郑伟森、项海波抢劫、诈骗立案监督案》，载《中华人民共和国最高人民检察公报》2001 年第 1 期；《黄春生、张宝成两个黑恶势力团伙犯罪立案监督、侦查活动监督案》，载《中华人民共和国最高人民检察公报》2002 年第 4 期。

③ 由于西方大多数国家（法国、俄罗斯除外）均没有将立案视为一个独立的诉讼阶段，因而也就没有专门针对立案阶段的立案监督制度。

没有传承，境外也没有现成经验可以借鉴，是具有中国特色的检察监督制度。在检察机关的各项业务中，立案监督工作起步较晚，在1996年《刑事诉讼法》修改后才开始这项工作。作为具有中国特色的检察监督制度的组成部分，立案监督制度近年来虽然取得了很大的发展，但其自1996年确立以来却一直在饱受争议中“蹒跚前行”，目前仍是各项检察监督业务中的薄弱环节。本部分以北京市检察机关立案监督制度的运行为视角，揭示立案监督制度在应对复杂现实过程中呈现出的实然状态，分析立案监督制度出现问题的原因，并提出解决对策。

一、北京市检察机关立案监督工作总体情况

我国1979年《刑事诉讼法》中没有专门规定人民检察院对刑事立案活动的监督。在司法实践中，“有案不立、有罪不究”，“以行政处罚、经济处罚、治安处罚代替刑事追究”的现象较为严重，致使有的犯罪分子逍遥法外，放纵了犯罪。对这种“有法不依、执法不严”的现象若不加以制止，势必造成对犯罪的打击不力，严重损害法律的尊严和权威，使国家、社会和公民的权益得不到有效的保护。有鉴于此，1996《刑事诉讼法》设立专门条款，具体规定了人民检察院对公安机关的立案活动实施监督。从此以后，北京市检察机关依法开展对公安机关的立案监督，并使这项工作逐年得到较大发展。据《北京检察年鉴》统计资料显示，1997~2011年，北京市检察机关共受理公安机关应该立案而不立案的立案监督案件2156件，[①] 其中，被害人请求立案995件、检察机关在办案中发现515件，其他来源248件；[②] 发出要求公安机关说明不立案理由通知书1556份，公安机关直接立案323件；认为公安机关说明的不立案理由不能成立，检察机关又发出通知立案书253份；公安机关接通知后，对226件案件进行了立案侦查。1997~2011年，北京市检察机关对自侦部门立案监督（建议报请立案监督）4件，自侦部门共立案2件；2006~2011年，北京市检察机关共受理对公安机关不应当立案而立案的监督161件202人，提出纠正147件187人，已纠正135件161人。（详见表3-5）

---

① 这个数字是对公安机关应当立案而不立案进行的监督，而不包括对检察机关自侦部门的监督。

② 这248件主要包括上级机关、领导交办、批办和其他部门转办的案件。

表 3－5　1997～2011 年北京市检察机关立案监督情况一览表

年份	对公安机关应该立案而不立案																
	受案					要求公安机关说明不立案理由			公安机关直接立案	通知公安机关立案		公安机关执行通知情况				书面纠正违法	
												立案		未立案			
	合计（件）	办案中发现（件）	被害人请求立案（件）	下级检察院报告（件）	其他来源（件）	合计（件）	控申部门（件）	批捕部门提出（件）	（件）	（件）	（人）	（件）	（人）	（件）	（人）	提出纠正（件）	已纠正（件）
1997	46					15			2	5		5	9				
1998	85	20	56	0	9	29	3	26	13	4	4	4	4	1	1	3	1
1999	66	7	48	0	11	27	0	27	5	9	13	9	11	0	0	1	0
2000	79	15	45	0	19	44	0	44	6	5	8	4	4	1	1	2	1
2001	127	21	50	0	56	68	0	68	3	13	18	7	9	0	0	1	0
2002	99	15	55	0	29	40	0	40	7	3	3	3	3	0	0	0	0
2003	104	24	64	0	0	71	0	0	7	13	14	7	8	0	0	0	0
2004	84	9	63	0	0	73	0	0	5	13	14	12	13	0	0	0	0
2005	165	10	134			132			7	9	12	11	14				
2006	155	26	101			110			7	12	18	12	18	0	0		
2007	152	28	102			119			5	12	14	10	12	1	1		
2008	145	39	74			123			13	18	24	13	19	0	0		
2009	164	39	73			129			12	18	18	16	16	0	0		
2010	276	73	78			218			74	45	56	44	55	0	0		
2011	409	189	52		124	358		205	157	74	88	69	79		1		
合计	2156	515	995	0	248	1556	3	410	323	253	304	226	274	3	4	7	2

二、北京市检察机关立案监督案件的特点

（一）受理立案监督案件的数量总体呈上升趋势并呈现出波段性的特征

通过对1997～2011年这十五年的数据进行分析可以发现，北京市检察机关受理立案监督案件的数量总体上呈现出上升趋势，1997年受理立案监督案件46件，是这十五年中的最低值，2011年受理立案监督案件数量达到最高值，即533件，[①] 是1997年数量的11.59倍。在这十五年中，1998年、2001年、2005年、2010年、2011年这五年的案件数比前一年实现了大幅增长，分别为84.78%、60.76%、96.43%、85.03%、72.49%。以这五年为分割点，北京市检察机关受理立案监督案件的数量呈现出波段性的特征，1997年受理立案监督的案件数量在四五十件；1998～2000年受理立案监督案件的数量在七八十件；2001～2004年受理立案监督的案件数量基本过百；2005～2009年受理立案监督的案件数量比较稳定，保持在150件左右；2009年后受理立案监督的案件数量呈现快速增长态势，2010年受理立案监督的案件数量达到300件，2011年更是进入了受理立案监督的案件数量达到500件的时代，2010年、2011年这两年合计受理立案监督的案件数量占15年受理立案监督案件总数（2321件）的38.04%。（详见图3－1）

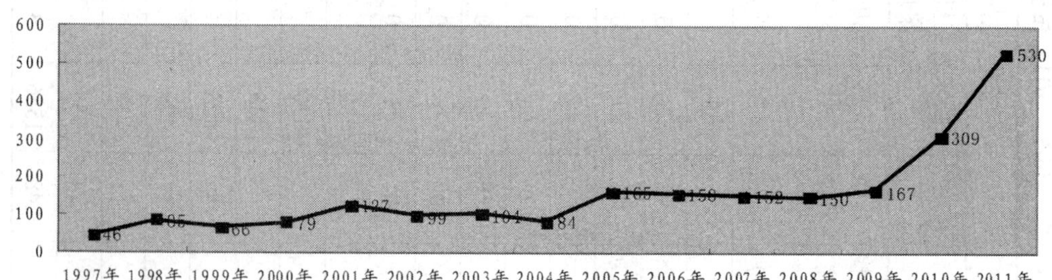

图3－1　北京市检察机关1997～2011年受理刑事立案监督案件数量

（二）立案监督多为对公安机关应当立案而不立案的监督，对自侦案件的监督基本上付诸阙如

通过数字统计我们可以发现，1997～2011年北京市检察机关共受理立案监

① 这个数字包括检察机关受理的对公安机关应该立案而不立案进行监督的案件（409件）、对自侦部门立案的监督案件（4件），以及对公安机关不应该立案而立案监督的案件（120件）。

督案件数量为2321件，其中主要集中在对公安机关应该立案而不立案的监督，数量为2156件，占92.89%；对公安机关不应该立案而立案的监督数量为161件，占6.94%；对检察机关自侦部门的立案监督数量仅为4件，占0.17%。（详见图3-2）

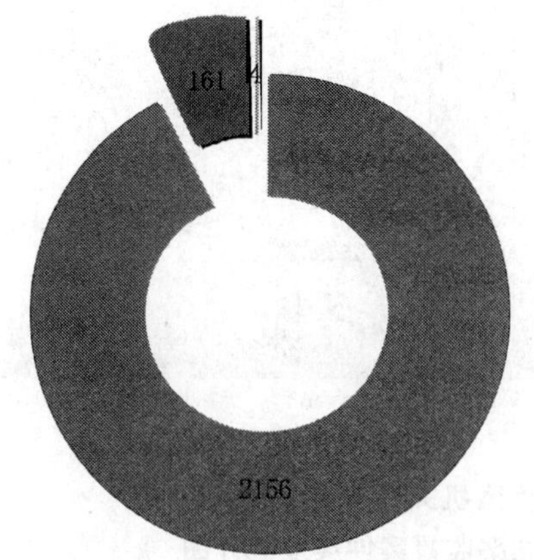

图3-2 1997~2011年北京市检察机关受理立案监督案件数量分布图

（三）立案监督案件的类型多为侵犯财产、侵犯公民人身权利、民主权利案

通过对1998~2010年①北京市检察机关受理的对公安机关应当立案而不立案的立案监督案件类型的统计分析，我们可以发现，立案监督案件涉及罪名多样，种类较分散，在公安机关立案侦查的《刑法》分则规定的八类②案件中，大致集中在侵犯财产，妨害社会管理秩序，侵犯公民人身权利、民主权利这三类案件中，其中侵犯财产案的数量最多，共计739件，约占总数的43.45%；侵犯公民人身权利、民主权利案次之，共计473件，约占总数的27.81%，两者合计占

① 笔者对立案监督案件类型的统计分析选用的是1998~2010年的数据，之所以没有1997年和2011年的数据而与前面的统计年限不一致，原因在于1997年北京市检察机关还没有系统、全面的立案监督数据统计表，笔者是从《北京检察年鉴》立案监督工作情况的叙述中查到了受理立案监督的数量而没有涉及具体的案件类型，而在笔者截稿时，《北京检察年鉴》（2012年）还在编撰之中，所以没有查到立案监督案件类型的相关数据。但是总体说来，没有这两年的数据不影响对问题分析的结论。

② 《刑法》分则共分十章，其中第八章贪污贿赂罪、第九章渎职罪属于人民检察院立案侦查的案件；其余八章的罪名包括危害国家安全罪，危害公共安全罪，破坏社会主义市场经济秩序罪，侵犯公民人身权利、民主权利罪，侵犯财产罪，妨害社会管理秩序罪，危害国防利益罪，军人违反职责罪属于公安机关立案侦查的案件。

总数的3/4左右。之后依次为妨害社会管理秩序案、破坏社会主义市场经济案秩序案和危害公共安全案，危害国家安全案、危害国防利益案以及军人违反职责案共计有3件，其中军人违反职责案数量为0。（详见图3－3）

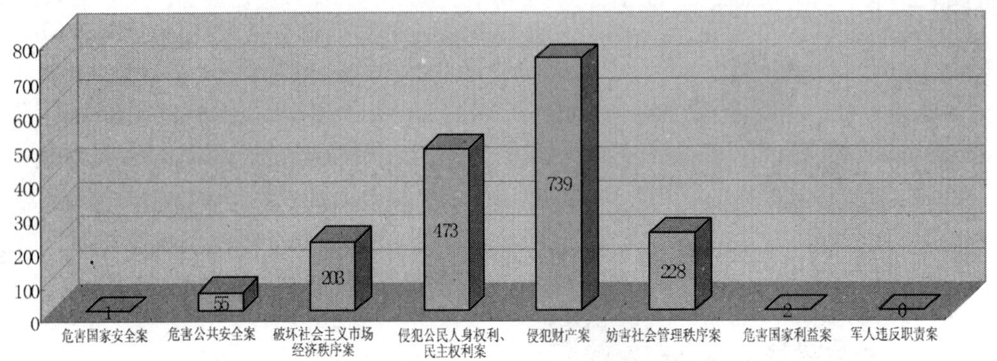

图3－3　1998～2010年北京市检察机关受理的对公安机关应当立案而不立案的立案监督案件类型统计图

对公安机关不应当立案而立案的案件进行监督的案件类型也主要集中在侵犯财产案，侵犯公民人身权利、民主权利案，妨害社会管理秩序案。2006～2010年检察机关共受理对公安机关不应当立案而立案监督的案件41件，其中，侵犯财产案17件，侵犯公民人身权利、民主权利案10件，妨害社会管理秩序案8件，危害公共安全案2件。（详见表3－6）

表3－6　2006～2010年对公安机关不应当立案而立案的案件进行监督的案件类型

案名 时间	妨害社会管理秩序案	侵犯财产案	危害公共安全案	破坏社会主义市场经济秩序案	侵犯公民人身权利、民主权利案
2006	3				
2007					
2008		5			
2009	1				
2010	4	12	2	4	10
合计	8	17	2	4	10

（四）立案监督的案件线索主要来自于被害人请求立案

根据北京市检察机关网上办案系统的分类统计，立案监督的案件线索来源主要包括办案中发现、被害人请求立案、下级检察院报告以及其他来源。① 1998～2011 年检察机关受理的 2107 件案件中，被害人请求立案 995 件，占受理案件数的 47.22%；办案过程中发现线索 515 件，占 24.44%；其他线索来源 248 件，占 11.77%；下级检察院报告 0 件。② 从总体上看，公民控告申诉（被害人请求立案）仍是案件线索的主要来源，占受理案件的半数左右；同时，2010、2011 这两年检察机关办案部门加强了对办理审查逮捕案件中的线索排查，效果明显。

---

① 根据《北京市人民检察院刑事立案监督细则（试行）》的规定，刑事立案监督案件线索的来源主要包括：（1）被害人及其委托的人提出控告或群众通过来信、来访向人民检察院反映、举报的；（2）人民检察院办案或者开展诉讼监督活动中发现的；（3）人民检察院审查公安机关刑事受案、立案、破案情况登记或者治安处罚、劳动教养等行政处罚案件中发现的；（4）海关、工商、税务等行政执法机关向公安机关移送，公安机关不予立案，而向人民检察院移送的；（5）人民检察院通过与行政执法机关信息共享、审查抄备的行政处罚决定书、接受行政执法机关咨询等工作过程中发现的；（6）人民检察院通过新闻媒体发现的；（7）人民检察院通过社会治安综合治理活动发现的；（8）有关部门给人民检察院转来的；（9）人民检察院通过其他途径发现的。其中第（1）项属于被害人请求立案，第（2）、（3）、（5）项属于办案中发现，第（4）项是根据行刑衔接规定移送的，第（6）、（7）、（8）、（9）项属于其他来源。从这个分类可以看出，目前北京市检察机关立案监督统计系统与《北京市人民检察院刑事立案监督细则（试行）》规定的案件来源有不衔接之处，主要体现在：第一，在办案系统中有下级检察院报告一类，但是据统计发现从 1996 年《刑事诉讼法》实施以来这一类案件数量始终为 0，在《北京市人民检察院刑事立案监督细则（试行）》关于立案监督案件线索来源中也没有这一规定；第二，《北京市人民检察院刑事立案监督细则（试行）》关于立案监督案件线索来源中的第 4 项，即"海关、工商、税务等行政执法机关向公安机关移送，公安机关不予立案，而向人民检察院移送的"是根据中共中央办公厅、国务院办公厅转发《国务院法制办等部门〈关于加强行政执法与刑事司法衔接工作的意见〉的通知》精神确定的来源依据，并且在实践中已取得较好的效果（据《北京市人民检察院侦查监督处行政执法与刑事司法衔接工作专刊》第 10 期统计，2010 年受理各行政执法部门要求立案监督的案件 39 件 44 人，审查后要求公安机关说明不立案理由 20 件 20 人，监督公安机关立案 12 件 12 人），但是在北京市检察机关刑事立案监督情况月报表中却没有这一项统计类别，也不宜将该项归入被害人请求、办案发现以及其他来源中，并且在 2010 年 12 月 9 日最高人民检察院第十一届检察委员会第 52 次会议通过的《检察机关执法工作基本规范（2010 年版）》第四编"侦查监督工作"第三章"立案监督"第 89 条关于立案监督的内容中，也将行政执法机关应当移送而不移送涉嫌犯罪的案件作为独立的一项，与侦查机关应当立案侦查而不立案侦查和侦查机关不应当立案侦查而立案侦查并列。因此，建议在立案监督统计系统中将行刑衔接线索来源设为独立的一项。

② 这一数据统计来自于北京检察年鉴中北京市检察机关刑事立案监督情况月报表，由于在 2006～2010 年的月报表中没有下级检察院报告和其他项的统计数据，笔者在统计中只得将其写为 0，这导致四项的数据总和达不到 100%，但是从总体来说，这些数据可以反映出北京市检察机关立案监督案件的来源分布。

2010 年，办案中发现 73 件，被害人请求立案 78 件，比例基本持平；2011 年，办案中发现 189 件，远远超过被害人请求立案的 52 件。

（五）对应当立案而不立案监督的质量总体不高，成效不是很明显

1997~2011 年北京市检察机关受理的 2156 件案件中，要求公安机关说明不立案理由 1556 件，占受案总数的 72.17%。其中，公安机关接到要求说明不立案理由通知书后主动立案 323 件，通知公安机关立案 253 件，公安机关立案 226 件。检察机关共监督立案 549 件，占要求说明不立案理由案件总数的 35.28%。在监督立案的案件中，最终作出有罪判决的 303 件，占监督立案案件总数的 55.19%，占要求说明不立案理由案件总数的 19.47%。这也就是说，在检察机关要求公安机关说明不立案理由的立案监督线索中只有约 20% 的案件，在监督立案的案件中只有约一半多一点的案件最终作出了有罪判决，说明监督立案案件的质量总体上不高，立案监督工作的成效还不是很明显。

（六）立案监督效果不平衡

通过上述分析我们可以看出，检察机关对公安机关应当立案而不立案的监督以及对检察机关自侦案件的监督效果都不是很明显，但对比来看，对公安机关不应当立案而立案进行的监督成效却比较突出。自 2006 年检察机关对公安机关不应当立案而立案进行监督被纳入了立案监督统计表以来，至 2011 年，共受理案件 161 件 202 人。其中，提出纠正 147 件 187 人，已纠正 135 件 161 人。从受理案件数量来看，纠正率达到 83.85%；从监督案件数量来看，纠正率达到 91.84%，远远高于对应当立案而不立案监督 55.19% 的比例，这说明立案监督的效果在不同立案监督类型中呈现出不平衡的特征。

三、北京市检察机关立案监督工作呈现出的规律

通过对 1997 年以来我国立案监督工作情况的描述和特点的分析，笔者发现以下三点规律：

（一）健全的制度规范是检察机关开展诉讼（立案）监督工作的基础

通过图 3-1，我们可以看出立案监督受理案件数量增长率最高的年份分别是 1998 年、2001 年、2005 年、2010 年和 2011 年，这些年份与立案监督相关法律、法规颁布的年份存在重合。[①] 例如，1998 年最高人民检察院颁布了《人民检察院刑事诉讼规则》、《关于深入开展立案监督工作的通知》、《关于“人民检察院发出〈通知立案书〉时，应当将有关证明应该立案的材料移送公安机关”问题的批复》、《六机关规定》，这些司法解释（或权威性很高的文件）完善了

① 也许有巧合的因素。

《刑事诉讼法》关于检察机关立案监督的原则性规定,[①] 是检察机关开展立案监督工作的基础。同时，笔者注意到，在2001年和2010年，最高人民检察院、公安部都联合发布了有关立案监督的文件（或规范性文件），尤其是2010年通过的《关于刑事立案监督有关问题的规定（试行)》，该规定扭转了以往最高人民检察院单方面发布立案监督方面的文件对公安机关没有约束力（或约束力不强）的尴尬局面，改变了立案监督工作“有法律、无程序”的现状，使检察机关的立案监督工作“有措施、有程序、有效力，还有制裁”，真正实现了“有法可依”。正是从2010年起有关立案监督制度规范的健全，使检察机关的立案监督实现了跨越式的发展。当然在关注最高人民检察院、公安部联合制定规范的同时，也不要忽略了直辖市级（省级）人民检察院结合自身工作实际发布的规范性文件的作用。例如，2009年5月北京市人民检察院发布的《北京市人民检察院刑事立案监督细则（试行)》，这也是指导检察机关开展立案监督工作的“圣经”。通过访谈我们发现，由于该细则更具可操作性，因此其实用性和影响力远远超过了法律规范效力层级上具有较高地位的《刑事诉讼法》、《六机关规定》以及《人民检察院刑事诉讼规则》等。可以预见在未来的一段时间，由于上述这些规范性文件的叠加效应，会使检察机关的立案监督工作迎来属于自己的“春天”。

（二）检察机关自身的内部监督有限

通过2006~2011年北京市检察机关对自侦部门立案监督的数据统计可以看出，在这6年中，北京市检察机关共建议自侦部门报请立案监督4件，其中2006~2008年为0件，2009年为2件、2010年为1件、2011年为1件，平均每年不足1件。在建议报请立案监督的4件案件中，自侦部门立案2件，立案率为50%。上述数据说明，北京市检察机关对其内部自侦部门的立案监督非常有

① 1996年《刑事诉讼法》只有第87条一个条文规定了立案监督制度。

限。[①] 产生这种问题的原因是多方面的，既有内部监督制约机制本身的缺陷所致，[②] 也有现行的自侦部门立案监督制度设计不完善、不合理之处。1996《刑事诉讼法》并没有明文规定，[③] 检察机关应对内部自侦部门进行刑事立案监督，仅在第170条有所涉及，即被害人有证据证明被告人侵犯自己人身、财产权利的行为应当追究刑事责任，而公安机关或人民检察院不予追究被告人刑事责任的案件，被害人可作为自诉案件向人民法院起诉。从某种意义上说，这也是对检察机关自侦案件的一种间接立案监督方式。而《人民检察院刑事诉讼规则》中也只是在第379条概括规定，人民检察院审查逮捕部门或审查起诉部门发现本院侦查部门对应当立案侦查的案件不报请决定立案侦查的，应当建议侦查部门报请立案侦查；建议不被采纳的，应当报请检察长决定。这一规定把自侦部门不应当立案而立案侦查的案件排除到了监督范围之外，使检察机关对自侦部门立案监督的范围变窄。而在实践中，由于没有其他配套制度作支撑，审查起诉部门既没有约束也没有动力对本院自侦部门进行立案监督；再加之每年检察机关自侦部门立案侦查并经起诉的案件数量基数很少，[④] 在现行考核机制的约束和激励下，检察机关反贪、反渎部门处于对立案线索的“渴求”状态，遗漏追究罪犯的情形几乎不存在。因此，通过审查批捕和审查起诉部门发现立案监督线索的可能性非常小。

---

① 笔者通过访谈发现，目前检察机关自侦部门的检察官大多数还不知道相关法律制度有对自侦部门进行立案监督的规定，这从另一侧面也反映了对自侦立案进行监督的影响力非常有限。

② 内部监督，即系统的自循环监督，是指监督主体和监督对象属同一组织或同一系统内部的自我约束的机制。（参见汤唯、孙季萍著：《法律监督论纲》，北京大学出版社2001年版，第12页）按照我国《宪法》的定位，人民检察院是国家法律监督机关，对刑事诉讼（立案、侦查、审判、执行）进行监督是其法定职责。但同时，人民检察院又拥有职务犯罪的侦查权，因此，对检察机关职务犯罪侦查权（包括立案权）的监督只能来自于检察机关的内部监督。而同一组织体内部监督的权威性和公信力有限，这是所有内部监督共有的缺点，也是外界普遍诟病的“谁来监督监督者”问题。但这是我国现有司法职权配置和法律规定的现实，因此我们只能在现有制度框架内进行更好的制度设计，以在最大程度上避免内部监督的自身缺陷。

③ 1996年《刑事诉讼法》第87条赋予了人民检察院的立案监督权，但是该条文明确规定立案监督的对象是公安机关应当立案侦查而不立案侦查的案件，而不包括检察机关侦查的职务犯罪案件，2012年新修订的《刑事诉讼法》同样对检察机关立案监督的范围没有涉及。因此，可以说，对于检察机关自侦部门的立案监督，《刑事诉讼法》没有明文规定。

④ 据笔者在北京市×检察院的调研统计，2011年，反贪部门经立案侦查进入审查起诉阶段的案件仅为26件；反渎职侵权部门经立案侦查进入审查起诉阶段的案件更少，仅为8件。

(三) 公检两机关关系的博弈影响侦查(立案)监督制度的发展历程

通过对 1997 年以来北京市检察机关立案监督案件情况的描述，可以透视出立案监督工作经历了一个逐步发展完善的过程：从制度规范上看，从最初的 1996 年《刑事诉讼法》的一个条文（第 87 条），发展到较为完善的最高人民检察院和公安部联合发布的《关于刑事立案监督有关问题的规定（试行）》；从案件受理数量上看，从 1997 年受理立案监督案件 46 件，发展到 2011 年受理立案监督案件 530 件；[①] 从监督效果上看，从 1997 年监督公安机关立案 7 件，到 2011 年监督公安机关立案 118 件、监督检察机关自侦部门立案 1 件，立案监督工作经历了从无到有、从小到大的发展过程。回顾立案监督制度的发展过程我们发现，司法系统内部，也即检察机关和公安机关关系和地位的变化是影响立案监督制度发展的重要原因，这主要体现在制度规范层面上。1996 年《刑事诉讼法》只有一个条文（即第 87 条）规定了检察机关对公安机关应当立案而不立案进行的监督，但是检察机关的立案监督工作单凭这一条文仍然是举步维艰，不但立案监督范围有限，而且该条只赋予人民检察院要求公安机关说明不立案的理由，以及人民检察院认为公安机关不立案的理由不能成立的，通知公安机关立案的权力，但对于公安机关仍不立案，或者立案后不侦查，或者侦查后不结案等情况以及如何获取公安机关的立案信息等重要问题均未提及，使得立案监督变成了检察机关的“软权力”。最高人民检察院为改变立案监督制度不完善的困境，采用发布司法解释、规范性文件等手段逐步改变这一现状，典型的体现是在 1998 年修订的《人民检察院刑事诉讼规则》中将公安机关不应当立案侦查而立案的情形也列入了立案监督的范围，扩大了检察机关立案监督权的适用范围。但是最高人民检察院的“司法抢滩”[②] 行为并没有给立案监督工作带来实质性的改变。因为最高人民检察院一家单独发布的这一司法解释对公安机关没有强制约束力，导致实践中公安机关仍不愿及时向人民检察院提供刑事立案活动的全部情况，不积极配合相关工作，这样就使人民检察院的刑事立案监督工作难以打开局面。从司法实践看，《最高人民检察院工作报告》中从 2004 年才有了关于对公安机关不应当立案而立案进行监督的统计数据，北京市人民检察院到了 2006 年才有对了相应的统计数据。在这漫长的六年中，我们看到最高人民检察院曾积极与公安部协

---

① 北京市检察机关的统计数据。

② 所谓“司法抢滩”，大体上是指司法机关尤其是最高司法机关以既有的职权为基础，不断抢占新的职权行使领域，在事实上改变宪定权力配置格局，并使之于己有利的行为或活动。参见赵明：《从历史的深处走来——漫议转型时期的当代中国政治与司法改革》，载《政法论丛》2008 年第 3 期。

调，以联合出台立案监督的有关规定，但始终未果，[①] 这个过程可以看做是最高人民检察院在我国司法职权配置中与公安机关关系的典型体现。虽然《宪法》赋予了检察机关法律监督权，并在第135条规定，“人民法院、人民检察院和公安机关办理刑事案件，应当分工负责，互相配合，互相制约”，但在实践运作中，公安机关在三机关中实际上具有显著的优先地位，人民检察院对公安机关的制约能力有限，甚至弱于公安机关对人民检察院的制约。[②] 因此，面对强大的侦查权和优势的公安机关，检察机关立案监督（侦查监督）工作局面不利也就不难理解了。那么，2010年最高人民检察院和公安部联合发布《关于刑事立案监督有关问题的规定（试行）》，是否说明检察机关的地位有所改变，或是在与公安机关关系的博弈中胜出呢？笔者认为，这样的结论还有些草率。虽然这些年我们看到检察机关通过自身的努力在不断找回其应有的地位和行使诉讼监督权的正当性，其权威性和公信力也有所上升，但是更要看到这些改变背后的大环境，即2004年起中央政法委推动的中央司法体制改革，尤其是2008年以来以优化司法职权配置和加强权力监督制约为重点的新一轮改革。在这一轮改革主题中，检察机关因其具有的法律监督地位被赋予了特殊的使命，也迎来了难得的发展机遇，尤其是2012年《刑事诉讼法》修改过程中，全面加强检察机关的侦查监督成为了修改的亮点之一。但是应该看到在刑事诉讼的实践运行中，检察机关在公、

① 比如，2003年11月最高人民检察院侦查监督厅印发的《关于加强刑事立案监督工作的报告》中曾提到最高人民检察院侦监厅曾起草了《关于刑事立案和刑事立案监督工作有关问题的通知》，拟以最高人民检察院的名义与公安部会签，但由于种种原因没能会签下发。（参见福建省人民检察院：《刑事立案监督案例评析》（内部刊物），第128页）又如，2010年8月2~3日在宁夏银川召开的全国侦查监督改革座谈会上提到，“最高人民检察院在有关部门的配合下，起草了强化侦查监督改革的四项规定，即《关于刑事立案监督有关问题的规定（试行）》、《关于侦查活动监督有关问题的规定（试行）》、《关于审查逮捕阶段讯问犯罪嫌疑人的规定（试行）》、《关于人民检察院对搜查、扣押、冻结等侦查措施进行法律监督的规定（试行）》，目前这四项改革规定已先后进入会签阶段，并于近期实施”。但是自笔者截稿时止，距离银川会议已有近两年的时间，该四项规定只出台了两项，即《关于刑事立案监督有关问题的规定（试行）》、《关于审查逮捕阶段讯问犯罪嫌疑人的规定》，而《关于侦查活动监督有关问题的规定（试行）》、《关于人民检察院对搜查、扣押、冻结等侦查措施进行法律监督的规定（试行）》这两项规定却迟迟未见。这两项规定搁浅的背后可能有复杂的利益博弈关系在里面，虽然这两个文件不是直接涉及立案监督工作，但是检察机关和公安机关之间在侦查监督工作中的博弈、妥协关系却得到了鲜明的体现。（参见倪爱静：《强化侦查监督职责推进侦查监督改革—全国检察机关侦查监督改革工作座谈会述要》，载《人民检察》2010年第16期）

② 参见韩大元、于文豪：《法院、检察院和公安机关的宪法关系》，载《法学研究》2011年第3期。

检、法三机关中的地位并没有得到实质的改变，“弱检察”仍是“残酷”的现实，检察机关宪法地位的名实不符仍是立案监督（侦查监督）工作遭遇“瓶颈”的重要原因甚至是决定因素。因此，重塑检察机关的权威、找回检察机关应有的宪法地位是解决立案监督（侦查监督、诉讼监督）的治本之策。

第三节 立案监督的工作程序和考评机制

一、立案监督的工作程序

上节通过一系列数据对北京市检察机关立案监督案件进行了一个历时性的描述和分析，下面我们将从立案监督的工作程序和工作制度的角度，描述立案监督工作操作者的工作程序，分析行动决策中的制约和激励因素，以实现对立案监督制度的运行做全景式的描述。

前面已介绍过检察机关立案监督工作主要包括两类，即对应该立案而不立案的监督、对不应立案而立案的监督，实践中以对公安机关应当立案而不立案进行监督的案件数量最多。下面笔者主要以检察机关对公安机关应当立案而不立案进行监督的程序为例证来说明立案监督的基本程序：

（一）立案监督案件的来源和审查受理

人民检察院负责立案监督的职能部门是侦查监督部门和控告申诉部门。受理立案监督的案件的主要途径是接受被害人不服公安机关不立案决定而向检察机关提出的意见，接受其他报案人、控告人、举报人向检察机关反映的情况，以及检察机关办案过程中发现问题等。从笔者对北京市检察机关立案监督案件线索来源的统计来看，被害人请求立案是立案监督线索来源的主要途径。1997～2011 年北京市检察机关共受理被害人请求立案 995 件，占所有立案监督线索来源的 46.15%，居于线索来源的第一位；其次是办案中发现的线索共计 515 件，占 23.89%。上述两个统计数据，在笔者对检察官的访谈中也得到了一定的印证，“立案监督的线索主要来自于控申部门转过来的，我们在办案中发现的占少数”。其理由在于，目前检察机关的立案监督工作中对侦查机关应当立案而不立案的监督案件占多数（1997～2011 年北京市的统计为 92.23%），而这些应当立案而不立案的案件因其没有进入正式司法程序，所以检察机关很少有途径获知线索。检察机关通过办案发现立案监督线索的主要途径是审查批捕和审查起诉，而这两种工作的主要形式就是书面阅卷审查，因此，他们在办案中能发现的立案监督线索多是与正在审查的案件有关联的案件，如共同犯罪中的其他犯罪嫌疑人，而这样的情况一般只是少数，所以立案监督线索来源也就有限。目前检察机关立案监督线索匮乏是影响立案监督工作开展的一个重要原因，因此，要加强立案监督工作，首先要在线索来源上下功夫，通过上述的分析提示我们，加大对检察机关立案监督职能的宣传力度，让普通百姓知晓检察机关的这一职能是改变目前检察机关立案监督线索来源匮乏的一个有针对性的对策。

（二）要求公安机关说明不立案的理由

人民检察院发现公安机关应当立案侦查的案件而不立案侦查时，向公安机关发出要求说明不立案理由通知书，通知公安机关说明不立案的理由。

（三）通知公安机关立案侦查

人民检察院对公安机关不立案理由进行审查后，认为不立案理由不成立，经检察长或者检察委员会决定，应当通知公安机关立案侦查，并填写通知立案书送达公安机关。公安机关收到通知立案书后，应当在7日内决定立案，并将立案决定书送达人民检察院。如果立案监督是根据被害人所提意见，检察机关在通知公安机关立案时应将此决定同时通知被害人。认为公安机关不立案理由成立的，人民检察院应将审查意见通知被害人。

（四）审查决定直接立案侦查

对于公安机关管辖的国家机关工作人员利用职权实施的重大犯罪案件，人民检察院通知公安机关立案，公安机关不予立案的，经省级以上人民检察院决定，人民检察院可以直接立案侦查。

（五）备案与审查

人民检察院通知公安机关立案的案件，应当报上一级人民检察院备案。

对于不应当立案而立案侦查的，人民检察院应当向公安机关提出纠正违法意见。人民检察院侦查监督部门或者审查起诉部门发现本院侦查部门对应当立案侦查的案件不报请立案侦查的，应当建议侦查部门报请立案侦查，建议不被采纳的，应当报请检察长决定。

由此可见，虽然在实践中对于立案监督工作有一整套较完备的程序，但是我们可以发现立案监督程序的缺陷也比较明显，主要体现在检察机关的立案监督权力比较软，多数情况下，检察机关只有“通知权”（如通知公安机关说明不立案的理由，通知公安机关立案侦查），对于公安机关不说明不立案理由、不立案侦查的，法律却没有明文规定罚则和法律后果，“没有强制力的法律是一把不燃烧的火、一缕不发亮的光”[①]。因此，在实践中刑事立案监督由一种单向的“监督模式”变成为一种双向的“配合模式”，其法律效果很大程度上取决于“被监督

① ［美］E. 博登海默著，邓正来译：《法理学——法律哲学与法律方法》，中国政法大学出版社1999年版，第110页。

者”的配合程度，这种制度设计模式决定了实践中立案监督制度的法律实效是大打折扣的。

二、立案监督的文书

立案监督的文书包括法律文书和工作文书两类。立案监督的法律文书，是指各级人民检察院为履行立案监督职责，依法行使立案监督权，根据有关法律规定制作的具有法律效力的公文。立案监督的工作文书，是指各级人民检察院为规范、方便立案监督工作，内部使用而不具有法律效力的文书。两类文书最大的区别是：法律文书属于外部文书，具有法律效力；工作文书属于内部文书，没有法律效力。①

根据有关法律和司法解释，立案监督的法律文书包括纠正违法通知书、要求说明不立案理由通知书、要求说明立案理由通知书、通知立案书、通知撤销案件书和立案监督案件催办函六种。根据最高人民检察院及北京市人民检察院有关规定，对于公安机关应当立案而不立案进行立案监督的工作文书包括立案监督案件受案审查审批表、立案监督案件受案审查意见书、要求说明不立案理由审批表、刑事立案监督案件审查意见书、不立案理由审查意见通知书、释法说理文书等；对于公安机关不立案、人民检察院决定直接受理立案侦查的案件进行立案监督的工作文书包括公安机关不予立案决定书、提请批准直接受理报告、提请批准直接受理书、批准或不批准直接受理决定书等；对于公安机关不应当立案而立案进行立案监督的工作文书包括立案监督案件受案审查审批表、立案监督案件受案审查意见书、要求说明立案理由审批表、询问通知书、询问证人笔录、案件讨论记录、刑事立案监督案件审查意见书、立案理由审查意见通知书、释法说理文书、答复当事人笔录、撤销案件决定书、公安机关申请复议文书、通知撤销案件复议决定书、公安机关申请复核文书、通知撤销案件复核决定书。

三、立案监督的考评机制

考评对于任何一种工作来说都是十分重要的。检察业务考评是检察机关进行绩效管理的有效方法，科学合理的检察业务考评机制，对于促进检察工作发展，调动检察人员的工作积极性具有重要意义。在实践中，检察业务考评因与检察工作绩效评定、职级升迁、福利待遇等检察人员的切身利益密切相关而备受关注，甚至可以说检察业务考评在一定程度上成为检察工作的“指挥棒”，因此，不了解业务考评制度就无法全面认识检察机关的侦查监督制度。在下篇对侦查监督制度运行的描述中，笔者专门就北京市基层人民检察院建设考评中涉及对立案监督

① 何晶：《论刑事立案监督》，四川大学硕士学位论文，2006年。

制度、审查逮捕制度以及侦查活动监督制度的考评予以介绍和分析。

2009年以前，北京市基层人民检察院[①]建设考评制度处于不成熟、不规范的阶段，立案监督的考核主要由市院侦查监督部门完成条线考评；2009年以后，其逐渐成熟、规范，[②] 先后制定了《北京市基层人民检察院建设考评实施办法》、《北京市基层人民检察院建设考评实施细则》、《北京市基层人民检察院建设考评表》等一系列与考评相关的制度规范。随着北京市基层人民检察院建设考评制度的逐渐完善，作为考核内容之一的立案监督的考评也逐渐规范。

（一）2009年立案监督考评的内容

立案监督工作作为侦查监督工作“一体两翼”[③] 中的“一翼”，其考评被纳

① 之所以称为北京市基层人民检察院建设考评制度，是因为北京市人民检察院作为考核的主管单位其不参与考评，考评的对象是北京市区、县人民检察院，北京市人民检察院铁路运输分院所辖基层院。对北京市人民检察院第一分院、第二分院，铁路运输分院的考评规则同基层院相同，但分院考评成绩不列入基层院考评排名。

② 主要表现在有明确的指导思想、具体的政策法规依据、比较科学完整的考评体系，包括组织体系、制度体系、指标体系、方法体系、程序体系和结果运用体系。（1）组织体系。市院成立了考评工作领导小组，下设考评办公室、监督办公室和业务、队伍、保障三个专业考评组负责统筹和专项工作。（2）制度体系。制度建设遵循“搭建框架—全面完善—调整优化”战略，三年来制定了《北京市基层人民检察院建设考评民主测评实施办法（试行）》（简称《民主测评实施办法》）、《北京市基层人民检察院建设考评实施细则》（简称《实施细则》）、《北京市基层人民检察院建设考评表》（简称《考评表》）、《关于创优创新考评认定依据的说明》等一系列与考评相关的制度规范。其中，《实施细则》和《考评表》根据北京市每年检察工作的重点和特点进行微调，每年内容不尽相同，体现了与时俱进的特点。（3）指标体系。设置了比较科学的考评指标体系，数量型指标和质量型指标相结合，人均化指标和综合化指标相结合，争创性指标和违规性指标相结合，突出工作实绩导向，实现数量、质量、效率、效果和安全的有机统一。（4）方法体系。采用定期网络考评与日常指导监督相结合，人均考评和综合考评相结合，定量考评和定性考评相结合。（5）程序体系。分为基层自评、对口考评、综合考评、民主测评、总结汇报和通报反馈六个阶段，程序比较完整和规范。（6）结果运用体系。考评领导小组根据考评成绩和实际情况确定本年度各基层院、分院考评等次，考评结果是对基层院表彰奖励和人员任用奖惩的主要依据，考评结果运用明确。参见《北京市人民检察院第二分院基层院建设考评情况分析报告（2009～2011年）》（内部资料）。

③ “一体两翼”是对检察机关侦查监督部门主要工作的概括。“一体”，是指审查逮捕工作；“两翼”，是指立案监督和对侦查活动的监督。

入侦查监督工作的考评范围中。[①] 2009 年立案监督工作的考评主体是北京市人民检察院侦监处和检委办，考评的内容作为侦查监督工作绩效之执法质量之一，占考核比例的 25%，仅次于审查逮捕工作 30% 的比例。[②]（详见表 3 - 7）

表 3 - 7 2009 年北京市基层人民检察院建设执法规范化项目考评表之侦查监督工作质效

<table>
<tr><th colspan="2">类 别</th><th>考评项目</th><th>关键业绩指标</th><th>权重</th><th>考评主体</th></tr>
<tr><td rowspan="11">侦查监督工作绩效（6分）</td><td>办案效率</td><td>结案率</td><td>规定时限结案率</td><td>5%</td><td rowspan="11">市院侦监处
检委办</td></tr>
<tr><td rowspan="8">执法质量</td><td rowspan="3">立案监督</td><td>优质案件率或差错率</td><td rowspan="3">25%</td></tr>
<tr><td>行刑衔接监督准确率</td></tr>
<tr><td>立案监督有罪判决数</td></tr>
<tr><td rowspan="4">侦查活动监督</td><td>追捕成功数</td><td rowspan="4">25%</td></tr>
<tr><td>重大疑难案件引导侦查效果</td></tr>
<tr><td>延长羁押期限审批质量</td></tr>
<tr><td>纠正违法成效</td></tr>
<tr><td>综合治理</td><td>检察建议被采纳数</td><td>5%</td></tr>
<tr><td rowspan="2">执法规范</td><td rowspan="2">遵守办案规范</td><td>法律文书和工作文书质量</td><td rowspan="2">10%</td></tr>
<tr><td>重大案件和事项备案规范</td></tr>
</table>

具体内容是：

（1）立案监督（权重 25%）。立案监督二类案件 80% 以上、一类案件占全年审结案件的比例，每出现 1% 记 2 分；三类案件占全年审结案件的比例，每出现 1% 减 1 分；四类案件占全年审结案件的比例，每出现 1% 减 2 分。

监督行政执法机关依法移送案件，犯罪嫌疑人被追诉的，每件记 3 分；未开展行刑衔接监督工作的，减 3 分。

立案监督案件经法院判决有罪的，每件记 5 ~ 10 分。

---

① 虽然《人民检察院刑事诉讼规则》等文件，把立案监督的职责赋予了检察机关的控申部门和侦查监督部门，但是立案监督的考核主要体现在对侦查监督部门工作的考评中，对公诉部门的考核也有所体现。但是由于目前检察机关的控申部门是检察机关社会矛盾化解工作的主责部门，近年来随着社会矛盾化解工作的重要性和紧迫性的日益凸显，控申部门承担了大量的社会矛盾化解工作，工作量和工作压力之大也达到了历史顶点，相应的其立案监督工作却出现了逐渐弱化的趋势。

② 与对侦查活动监督的考核所占比例相同。

对立案监督线索不查或对应当立案侦查的案件未监督立案的，每件减 5 分；未开展立案监督工作的，减 5 分。

（2）人均监督立案数（权重 20%）。监督侦查机关或检察机关侦查部门立案的，每立案一人计 1 分；判处 3 年以下有期徒刑的，每人加 1 分；判处 3 年以上 10 年以下有期徒刑的，每人加 2 分；判处 10 年以上有期徒刑的，每人加 4 分；判处无期徒刑、死刑的，每人加 10 分。

经两法衔接机制监督立案案件在此项考核。

监督立案人均值 = 监督立案得分 ÷ 本院上年度在编检察人员数

（3）人均监督撤案数（权重 10%）。对侦查机关不应立案而立案的案件，提出纠正意见后，公安机关撤案的，每件计 1 分。

监督撤案人均值 = 监督撤案得分 ÷ 本院上年度在编检察人员数

（二）2010 年立案监督的考评内容

2010 年，最高人民检察院下发了《最高人民检察院考核评价各省、自治区、直辖市检察业务工作实施意见（试行）》和《最高人民检察院考核评价各省、自治区、直辖市检察业务工作项目及计分细则（试行）》，开始对各省、自治区、直辖市检察业务工作进行统一考评。其中，对刑事立案监督工作考评的具体操作方法如下：

（1）人均监督立案数（最高评价分 20 分）。监督侦查机关或者检察机关侦查部门立案的，每立案一人计 1 分；判处 3 年以上 10 年以下有期徒刑的，每人加 1 分；判处 10 年以上有期徒刑的，每人加 4 分；判处无期徒刑、死刑的，每人加 10 分。

人均监督立案基础分 = 监督立案计分/本地区上年度在编检察人员数

（2）人均监督撤案数（最高评价分 20 分）。对侦查机关不应当立案而立案的案件，提出纠正意见后，公安机关撤案的，每件计 1 分。

人均监督撤案基础分 = 监督撤案计分/本地区上年度在编检察人员数

根据最高人民检察院的考评项目、考评权重和考评内容，2010 年北京市基层人民检察院考评中关于立案监督的考评也做了调整，实现了与最高人民检察院考评的衔接，但是关于人均监督撤案数的权重有所不同。（详见表 3－8）

具体内容是：

（1）人均监督立案数（权重 20%）。监督侦查机关或检察机关侦查部门立案的，每立案一人计 1 分；判处 3 年以下有期徒刑的，每人加 1 分；判处 3 年以上 10 年以下有期徒刑的，每人加 2 分；判处 10 年以上有期徒刑的，每人加 4 分；判处无期徒刑、死刑的，每人加 10 分。

经两法衔接机制监督立案案件在此项考核。

监督立案人均值 = 监督立案得分 ÷ 本院上年度在编检察人员数

(2) 人均监督撤案数（权重10%）。对侦查机关不应立案而立案的案件，提出纠正意见后，公安机关撤案的，每件计1分。

监督撤案人均值＝监督撤案得分÷本院上年度在编检察人员数

表3－8　2010年北京市基层人民检察院建设立案监督工作考评表

考核项目	权重	考评点	考评细则	考评说明	是否自动计算	提交事项
人均监督立案数	20%	人均监督立案数	监督侦查机关或检察机关侦查部门立案的，每立案一人计1分；判处3年以下有期徒刑的，每人加1分；判处3年以上10年以下有期徒刑的，每人加2分；判处10年以上有期徒刑的，每人加4分；判处无期徒刑、死刑的，每人加10分。 监督立案人均值＝监督立案得分÷本院上年度在编检察人员数	经两法衔接机制监督行政机关移送案件线索或监督公安机关立案案件在此项考核	是	监督立案案件、有罪判决案件法律文书
人均监督撤案数	10%	人均监督撤案数	对侦查机关不应立案而立案的案件，提出纠正意见后，公安机关撤案的，每件计1分。 监督撤案人均值＝监督撤案计分÷本院上年度在编检察人员数		否	监督撤案案件法律文书

（三）2011年立案监督考评的内容

2011年北京市基层人民检察院考评中关于立案监督的考评项目仍然是人均监督立案数和人均监督撤案数，但是权重比例有所调整，其中人均监督立案数的权重由2010年的20%降为15%，人均监督撤案数权重保持不变，仍然是10%。考评内容和2010年的考评内内容相同。（详见表3－9）

在笔者截稿时，2012年《北京市基层人民检察院建设考评实施细则》已出台，其关于立案监督的考评内容、所占权重与2011年度相同，这也就是说，立案监督工作的考评逐渐走向了稳定和规范化的道路。

立案监督的考评除了主要体现在侦查监督工作中外，还体现在审查起诉工作中对侦查机关不应当立案而立案的监督。例如，2010年北京市基层人民检察院建设考评中对审查起诉工作的考评就包括人均监督撤案数。（详见表3－10）

表 3－9　2011 年北京市基层人民检察院建设立案监督工作考评表

考核项目	权重	考评点	考评细则	考评说明	是否自动计算	提交事项
人均监督立案数	15%	人均监督立案数	监督侦查机关或检察机关侦查部门立案的，每立案一人计 1 分；判处不满 3 年有期徒刑的，每人加 1 分；判处 3 年以上不满 10 年有期徒刑的，每人加 2 分；判处 10 年以上有期徒刑的，每人加 4 分；判处无期徒刑、死刑的，每人加 10 分。 监督立案人均值＝监督立案得分÷本院上年度在编检察人员数	经两法衔接机制监督行政机关移送案件线索或监督公安机关立案案件在此项考核。 监督立案数以市院办公室统计数据为准	是	
人均监督撤案数	10%	人均监督撤案数	对侦查机关不应立案而立案的案件，提出纠正意见后，公安机关撤案的，每一件计 1 分。 监督撤案人均值＝监督撤案计分÷本院上年度在编检察人员数	监督撤案数以市院办公室统计数据为准	否	

表 3－10　2010 年北京市基层人民检察院建设公诉工作考评表

考核项目	权重	考评点	考评细则	考评说明	是否自动计算	提交事项
人均监督撤案数	5%	人均监督撤案数	对侦查机关不应立案而立案的案件，提出纠正意见后，公安机关撤案的，每件计 1 分。 监督撤案人均值＝监督撤案得分÷本院上年度在编检察人员数	此项目中的撤案情形，仅指对侦查机关不应立案而立案的案件，提出纠正意见后，公安机关撤案的，即没有犯罪行为或犯罪行为不是犯罪嫌疑人所为的两种情形		

具体内容如下：

人均监督撤案数（权重 5%）。对侦查机关不应立案而立案的案件，提出纠正意见后，公安机关撤案的，每件计 1 分。

监督撤案人均值＝监督撤案得分÷本院上年度在编检察人员数

从最高人民检察院和北京市人民检察院刑事立案监督的考评标准来看，既包括了对监督立案的考评，也包括了对监督撤案的考评；既有对监督侦查机关的考评，也有对监督检察机关自侦部门的考评。同时，也设计了对监督立案后处理结果的考评。客观来讲，这一考评范围是比较全面的，但也存在一些设计上的缺陷，主要包括以下几个方面：

（1）仅对结果进行考评，而忽视对过程的考评。采取这种结果考评的方式，最大的好处就是在实践中易于操作，最高人民检察院仅通过各省级人民检察院填报的统计数据就可以做到。笔者认为，某些考评结果在一定程度上的确可以反映出过程，但是对过程进行考评有其独立的价值意义，可以进一步规范执法行为。例如，对刑事立案监督的外部法律文书和内部工作文书进行考评，可以促进工作的规范化。

（2）未对法律文书以外的“准法律”文书进行适当关注。最高人民检察院的考评主要是基于通知立案书等法律文书的考评，只有运用此类文书所进行的监督才能输入进其统计软件，最终的监督结果才能被纳入进考评范围。然而，在司法实践中却存在大量使用立案建议书或者建议立案函等非法律文书进行监督的形式。可以说，这种监督形式是在法治环境尚不完善、法律制度尚不健全的背景之下，实践理性的“最优”选择，在一定程度上保证了监督能够收到较好的效果。对于这种虽然缺乏法律规定却在司法实践中具有深厚实践基础的监督方式，笔者认为，不应忽视它的现实价值，在考评设计中应当进行适当关注。

第四章　审查逮捕制度运行的考察与反思

审查逮捕作为宪法赋予检察机关的一项重要职权，作为维护社会秩序的国家权力的重要组成部分，因其直接关系到当事人的宪法性权利——人身自由，其一直是刑事诉讼法学界乃至宪法学界以及司法实务界关注的焦点之一。从 1979 年《刑事诉讼法》的颁布，到 1996 年《刑事诉讼法》的修改，再到 2012 年《刑事诉讼法》的再修改，从司法体制改革研究中关于逮捕制度改革的研究到中央政法委公布的深化司法体制和工作机制改革的内容和任务看，逮捕制度的改革与完善始终是一个重大课题。就现有的研究来看，学界对审查逮捕制度的诟病颇多，甚至于一些论者提出了“逮捕功能异化”、“逮捕价值的偏离”、“逮捕制度的失灵”等论断。与此同时，检察机关的批捕权和审查逮捕制度的运作方式也遭到了前所未有的质疑和挑战。可以毫不夸张地说，当下的逮捕制度（逮捕权）处于一种前所未有的“合法性危机”之中。① 正是在这样的背景下，笔者开始了本章内容的研究。由于研究主题和研究精力所限，本章没有对审查逮捕制度的运作进行全面的分析，而是侧重于对审查逮捕制度中的不（予）批准逮捕、复议复核等明显体现检察机关程序监督的环节进行分析，以期发现审查逮捕制度中侦查监督存在的问题。

第一节　审查逮捕制度的规范现状

一、审查逮捕制度的规范现状

审查逮捕是检察机关侦查监督工作的首要职责，是开展刑事立案监督和侦查活动监督的重要基础，检察机关通过行使审查逮捕权，监督公安机关的侦查活动，保障刑事诉讼的顺利进行。与立案监督相比，我国现行法律对检察机关审查

① 参见郭松著：《中国刑事诉讼运行机制研究（四）——审查逮捕制度实证研究》，法律出版社 2011 年版，第 4 ~5 页。

逮捕工作的规定比较完善，在2012年《刑事诉讼法》中大约就有10个条文对逮捕的职能分工、逮捕的条件、审查批准逮捕和审查决定逮捕的程序等方面进行了规定。[①] 除了《刑事诉讼法》外，1999年最高人民检察院公布的《人民检察院刑事诉讼规则》更是通过大量的条文（据笔者统计大约33条）[②] 对逮捕的一系列问题进行了细化和具体规定。2001年8月16日，最高人民检察院和公安部联合印发的《关于依法适用逮捕措施有关问题的规定》对逮捕的必要条件等进行了细化，增强了其在实践中的可操作性。

在上述法律制度的基础之上，为进一步规范人民检察院审查逮捕工作，提高办案质量，2006年8月17日最高人民检察院第十届检察委员会第59次会议通过了《人民检察院审查逮捕质量标准（试行）》。该文件对逮捕的条件、检察机关审查逮捕的程序、逮捕质量问题的认定以及逮捕质量责任等进行了全面规定，是检察干警从事审查逮捕工作的主要依据。2011年3月22日，最高人民检察院对《人民检察院审查逮捕质量标准（试行）》进行了修订。修订后的《人民检察院审查逮捕质量标准》增加了对于采用刑讯逼供等非法手段取得的非法言辞证据依法予以排除的规定，规定了检察机关办理审查逮捕案件应当讯问犯罪嫌疑人的情形以及必要时当面听取委托律师意见。这些新规定体现了近年来审查逮捕改革的最新成果，使《人民检察院审查逮捕质量标准》与《关于办理刑事案件排除非法证据若干问题的规定》、《关于审查逮捕阶段讯问犯罪嫌疑人的规定》等相关规定实现了有效衔接。

为了强化对职务犯罪案件逮捕环节的监督制约和业务指导，2009年6月8日最高人民检察院第十一届检察委员会第13次会议审议通过了《关于省级以下人民检察院立案侦查的案件由上一级人民检察院审查决定逮捕的规定（试行）》。自该规定实施之日起，全国的检察机关开始实施省级以下（不含省级）人民检察院直接受理侦查的案件由上一级人民检察院审查逮捕的改革，由上一级人民检察院决定下级人民检察院自侦部门办理的职务犯罪案件是否对犯罪嫌疑人采取逮捕措施。“职务犯罪批捕权上提一级改革”能够优化检察职权配置，最大限度地强化内部监督制约，合理地解决自侦自捕、“以捕代侦”等所造成的监督缺失问题，符合正当程序的要求。针对“职务犯罪审查决定逮捕权上提一级改革”运行中出现的问题，最高人民检察院办公厅于2010年6月29日印发了《关于省级以下人民检察院立案侦查的案件由上一级人民检察院审查决定逮捕的规定（试行）》相关问题解答，对下级人民检察院报请上一级人民检察院审查决定逮捕的审批主体；下级人民检察院侦查监督部门经审查后与侦查部门的意见有分歧，如

① 主要包括第3、85、86、87、88、89、90、92、93、98条。

② 主要包括第86～118条。

何处理；下级人民检察院侦查监督部门能否适时介入侦查；对于监所、林业等派出人民检察院立案侦查的案件，是否需要报请上一级人民检察院审查决定逮捕；最高人民检察院《关于省级以下人民检察院立案侦查的案件由上一级人民检察院审查决定逮捕的规定（试行）》第7条关于逮捕决定由与下级人民检察院同级的公安机关执行的规定，与最高人民检察院、公安部《关于适用刑事强制措施有关问题的规定》不一致，如何处理等问题进行了解答。2011年6月2日，最高人民检察院印发了《关于省级以下人民检察院立案侦查的案件由上一级人民检察院审查决定逮捕的规定（试行）的补充规定》的通知，在第6条中增加了第2款，规定“上一级人民检察院侦查监督部门不同意下一级人民检察院报请逮捕意见的，分管侦查监督工作的副检察长应当征求分管侦查工作的副检察长的意见，意见一致的，作出不予逮捕决定；意见不一致的，报请检察长决定”。

此外，针对审查逮捕外国人适用的特殊程序，最高人民检察院于1999年1月12日出台了《关于人民检察院审查批准逮捕外国籍犯罪嫌疑人程序的规定》，对审查逮捕外国人案件的受理主体，作出批准逮捕决定的特殊程序等进行了规定。随着外国人犯罪现象的不断增多，2006年11月29日最高人民检察院第十届检察委员会第65次会议通过了《关于审查批准逮捕外国犯罪嫌疑人的规定》（同时，1999年1月12日出台的《关于人民检察院审查批准逮捕外国籍犯罪嫌疑人程序的规定》废止）。最高人民检察院《关于审查批准逮捕外国犯罪嫌疑人的规定》主要是对外国人犯罪的一般案件[①]的批准逮捕程序进行了简化，即直接由地市级或者省级人民检察院审查，并在作出批准逮捕决定后的48小时内报上一级人民检察院备案而不再需要层报最高人民检察院审查。

另外，2006年12月28日最高人民检察院第十届检察委员会第68次会议通过了《人民检察院办理未成年人刑事案件的规定》。该规定对未成年人刑事案件的审查批准逮捕、审查与公诉、法律监督以及未成年人案件的刑事申诉检察等内容进行了规范，也是指导检察机关未成年人审查逮捕工作的重要文件。

除了上述提到的专门规范审查逮捕工作的文件外，2006年12月28日最高人民检察院第十届检察委员会第68次会议通过的《关于在检察工作中贯彻宽严相济刑事司法政策的若干意见》、2009年2月18日最高人民检察院第十一届检察委员会第9次会议通过的《关于进一步加强对诉讼活动法律监督工作的意见》、2009年9月14日最高人民检察院第十一届检察委员会第19次会议通过的《人民检察院检察建议工作规定（试行）》、2010年10月1日实施的最高人民检

① 这里是指外国人（包括无国籍人，但不包括享有外交特权和豁免权的人，下同）涉嫌危害国家安全犯罪的案件，涉及国与国之间政治、外交关系的案件以及在适用法律上确有疑难的案件以外的案件。

察院、公安部《关于审查逮捕阶段讯问犯罪嫌疑人的规定》、2011 年 7 月 11 日最高人民检察院第十一届检察委员会第 63 次会议通过的《关于加强检察法律文书说理工作的意见（试行）》也是指导审查逮捕工作的主要文件。[①]（详见表 4－1）

表 4－1　审查逮捕法律制度规范一览表

时间	发文单位	名称
1982 年	全国人民代表大会	《宪法》第 129、135 条
2012 年	全国人民代表大会	《刑事诉讼法》第 3、85、86、87、88、89、90、92、93、98 条
1998 年	最高人民法院、最高人民检察院、公安部、国家安全部、司法部、全国人大常委会法制工作委员会	《关于刑事诉讼法实施中若干问题的规定》第 27 条
1999 年[②]	最高人民检察院	《人民检察院刑事诉讼规则》第 86～118 条
2001 年	最高人民检察院、公安部	《关于在办理刑事案件工作中加强联系配合的通知》
2006 年	最高人民检察院	《关于审查批准逮捕外国犯罪嫌疑人的规定》
2006 年	最高人民检察院	《人民检察院办理未成年人刑事案件的规定》
2007 年	最高人民检察院	《关于在检察工作中贯彻宽严相济刑事司法政策的若干意见》
2009 年	最高人民检察院	《人民检察院检察建议工作规定（试行）》
2009 年	最高人民检察院	《关于省级以下人民检察院立案侦查的案件由上一级人民检察院审查决定逮捕的规定（试行）》
2009 年	最高人民检察院	《关于进一步加强对诉讼活动法律监督工作的意见》

① 这是笔者在调研的过程中，向访谈的检察官了解到的情况。在我国，要想做好“审查逮捕工作”不仅要懂得法条规定，审查事实和法律，还要紧随国家的形势政策需要；不但要办好案，还要积极化解矛盾，进行释法说理，做到政治效果、法律效果和社会效果的统一。

② 《人民检察院刑事诉讼规则》，1997 年 1 月 5 日最高人民检察院第八届检察委员会第 69 次会议通过，1998 年 12 月 16 日最高人民检察院第九届检察委员会第 21 次会议修订，1999 年 1 月 18 日发布施行。笔者在这里以文件实施的时间为准。

时间	发文单位	名称
2010 年	最高人民检察院、公安部	《关于审查逮捕阶段讯问犯罪嫌疑人的规定》
2011 年	最高人民检察院	《人民检察院审查逮捕质量标准》
2011 年	最高人民检察院	《关于加强检察法律文书说理工作的意见（试行）》
1998 年	公安部	《公安机关办理刑事案件程序规定》

二、审查逮捕工作的地方规范性文件

除了上述提到的最高人民检察院等部门出台的适用于全国范围的法律文件外，北京市人民检察院制定的《北京市检察机关审查逮捕办案规则》，北京市高级人民法院、北京市人民检察院、北京市公安局、北京市司法局、北京市监狱管理局、北京市教育委员会、北京市劳动教养管理委员会、北京市未成年人保护委员会联合颁发的《关于办理未成年人违法犯罪案件建立相互配套工作体系的通知》等也是指导北京市检察机关审查逮捕工作的重要制度规范。

第二节　审查逮捕的工作程序和考评机制

在检察实践中，审查逮捕的主要工作程序包括案件的受理、案件的分配、案件的审查、案件的审核审批、案件的移交、监督执行和归档等。①

一、案件的受理

对于审查逮捕案件具体的受理程序，目前，《刑事诉讼法》和《人民检察院刑事诉讼规则》没有明确的规定，但根据 2012 年《刑事诉讼法》第 3、85 条和《人民检察院刑事诉讼规则》第 13、14、16、84、93、98、99 条的隐含规定，检察机关在受理案件时要进行一定的审查工作，即审查侦查机关或侦查部门的提请批准逮捕书与案卷材料是否齐备。

在实践中，根据笔者所调研的北京市 × 检察院的《侦查监督工作细则》的规定，侦查机关提请批准逮捕的案件，由人民检察院的侦查监督部门负责人或内勤人员统一受理，并按照下列条件进行检查：

（1）提请批准逮捕书一式三份，格式符合公安部的统一要求。

① 吕毅平主编：《检察机关规范执法手册（刑事检察工作分册）》，中国检察出版社 2006 年版，第 9 页。

（2）案件属于侦查机关的管辖范围。

（3）案卷材料应当装订成册。

（4）法律手续齐全。立案、强制措施文书必须齐备；进行搜查的，应有搜查证和搜查记录；扣押财物的，应有扣押物品清单。

（5）杀人、伤害、抢劫等涉及人身损伤的案件，应当有法医鉴定或者伤情证明；盗窃、抢夺等涉及财产的案件，应当有财物估价结论或者其他原始证明；未成年人涉嫌犯罪的案件，应有犯罪嫌疑人出生日期的证明或者相关材料。

符合上述条件的，应当予以受理。对于需要补充有关法律手续、法律文书及相关案卷材料的案件，应当要求侦查机关在 1 日内予以补充。超时未补充材料的，不予受理。

笔者从对北京市×检察院①负责受理审查逮捕案件工作的干警的访谈中了解到，审查逮捕案件的受理条件，除了以上提到的五点之外，还有一个就是要符合管辖的要求，这个管辖的要求对于分、州、市及以上级别的人民检察院来说很重要，因为审查逮捕的案件最后大多要移送到审查起诉部门并向人民法院提起公诉，这就要受到《刑事诉讼法》关于级别管辖规定的限制。例如，2012 年《刑事诉讼法》第 20 条规定："中级人民法院管辖下列第一审刑事案件：（一）危害国家安全、恐怖活动案件；（二）可能判处无期徒刑、死刑的案件。"因此，对于普通刑事案件，如果不可能判处无期徒刑、死刑，分、州、市级的检察机关的侦查监督部门就不应该受理此类案件。如果受理了不符合管辖的要求的案件，就会产生再行移交的问题，这会给以后的工作带来不必要的麻烦。因此，符合管辖的要求也是受理案件时要审查的一个条件，甚至是一个重要条件（当然，管辖问题对于基层人民检察院来说并不突出）。

郭松博士在《中国刑事诉讼运行机制实证研究系列（四）——审查逮捕制度实证研究》一书中，也对其调研的 A、B 检察院关于案件受理的条件以及不予受理时的处理办法做了调查，与笔者调研的北京市×检察院的规定有相似之处，也有不同，现笔者对其予以介绍：

A 检察院：提请（移送）逮捕的案件，必须具备提请批准逮捕书或移送逮捕意见书一式三份案卷材料；对于上述材料不齐全的，应当退回提请机关（移送部门），补齐全后再另行提请（移送）逮捕。

B 检察院：对公安机关和本院自侦部门提请、移送的审查逮捕案件应查明提请批准逮捕书或逮捕意见书和案卷材料是否齐备。案卷材料包括：（1）自然人或单位（法定代表人、直接负责人）主体身份材料；（2）办案程序材料，包括受案登记表、立案报告、立案决定书、强制措施证明文件等；（3）证实犯罪的

① 北京市×检察院属分、州、市级检察院。

材料；（4）证实有逮捕必要的材料。文书、材料齐备的案件，由侦查监督科内勤受案后进行登记，交部分负责人进行分配。①

通过对上述三个检察院关于审查逮捕案件的受理规定来看，虽然各个检察院对受理的条件和要求不完全一致，有的简单一些（如A检察院），有的具体、详尽一些（如B检察院和北京市×检察院），但总体说来，检察机关侦查监督部门对审查逮捕案件的受理都是要进行审查的，而且这种审查既有形式的审查，也有实质的审查，如北京市×检察院对于杀人、伤害等案件法医鉴定或者伤情证明的审查，对于盗窃、抢夺类案件财物估价结论的审查以及未成年人涉嫌犯罪的案件出生日期的审查等。

在实践中，除上述这些可以明确列举的条件外，检察干警在案件受理时，还有几项重要内容需要审查，并应及时向部门负责人或主管检察长请示沟通。主要包括：（1）是否属于重大、疑难案件；（2）是否需要指定专人办理；（3）是否有上一级检察机关的批示和指示；（4）是否需要拟写相关综合材料等。②

从以上叙述和分析可以看出，审查逮捕中的受理环节虽然在《刑事诉讼法》和相关司法解释中没有具体明确的规定，但其并不是一个可有可无或“走过场”的环节，它不仅意味着一个新的法律程序的开始，也意味着对犯罪嫌疑人的权利多了一个程序性的保护，更意味着检察机关在审查逮捕中的监督权力的存在。③但是，笔者在调研中也发现，目前检察机关在加强内部监督的探索改革中，成立了专门的案件管理办公室，由案件管理部门对审查逮捕案件统一进行受案登记、统一受理，以加强对审查逮捕案件的内部监督制约。从案件管理办公室成立后运行的效果来看，目前的案件管理部门对审查逮捕案件的受理更多的是形式审查而不进行实质审查，只要是侦查机关（本院侦查部门）提请（移送）逮捕的案件，一般都能受理，使得本具有法律意义的受理审查环节在实践中往往流于形式。从经济学“理性人”的角度来看，案件管理部门工作人员的行为选择无可厚非，因为按照检察机关内部的职责分工，审查逮捕案件的承办应由侦查监督部门负责而与案件管理部门无关。因此，作为一个理性的经济人在既无内部激励机制也无外部约束机制的前提下，选择对自己最有利（最方便）的行为应是一个正常的选择。正如埃特奇奥尼认为的那样，在大部分时间里，多数组织都不能信赖其成

① 郭松著：《中国刑事诉讼运行机制实证研究系列（四）——审查逮捕制度实证研究》，法律出版社2011年版，第29~39页。

② 吕毅平主编：《检察机关规范执法手册（刑事检察工作分册）》，中国检察出版社2006年版，第16页。

③ 参见郭松著：《中国刑事诉讼运行机制实证研究系列（四）——审查逮捕制度实证研究》，法律出版社2011年版，第27页。

员会在不另外加以刺激的情况下把自愿完成任务作为一种义务自觉接受下来，因此，组织需要把奖励和惩罚的运用加以正式的规定，以使成员遵守组织的规范、规则和秩序。[①] 而在改革前，受理案件的审查由侦查监督部门的内勤人员负责，内勤作为侦查监督部门的一员，其与组织体的利益息息相关，如果案件审查不认真就容易给以后的工作带来不便，如与公安机关之间因互相扯皮而影响正常的检警关系，因此，对其来说，认真审查提请批准逮捕（移送逮捕）的案件，决定是否受理应是一个理性的选择。

2011 年 11 月 9 日，最高人民检察院成立了案件管理办公室，内设案件综合管理处、案件流程管理处、案件质量管理处和案件统计信息管理处 4 个机构，确定了以“六个统一”（即统一案件受理、流转，统一办案流程监控，统一扣押、冻结款物监管，统一案件文书的监管，统一组织办案质量评查，统一业务统计、分析等各项案件管理职能）为基础的机构职责框架。同时，最高人民检察院明确要求 2012 年各地（市）级以上和有条件的基层检察机关都要设立案件管理部门。[②] 可以说，案件管理办公室的成立已不是个别基层检察机关的探索，而是大势所趋。那么在检察机关普遍设立案件管理办公室、统一案件受理的情况下，针对刚才笔者提到的审查逮捕案件受理过程中“容易走过场”的问题，笔者认为，应该制定新的制度规范，明确规定案件管理办公室工作人员审查受理案件的程序、职责以及责任，以弥补现有制度的管理漏洞。这也启示我们在推进某一检察改革的过程中一定要注意整体性和协调性，要有相关的配套制度与其相衔接，而不能为了实现一个价值（如公正）而减损另一个价值（如效率）。

二、案件的分配

关于案件如何分配，目前法律没有明确的规定，主要是由检察机关内部一些不成文的操作惯例来协调，属于检察机关内部的日常工作，但案件分配不是没有意义的一个环节，因为其不仅关系到案件与检察官的结合方式，也关系到案件的审查。案件分配的合理与否在一定程度上影响程序运转的效率以及司法资源的充分利用。同时，案件分配的方式也关系到审查逮捕制度的公正性品格。[③] 在审查逮捕工作实践中，一般都由侦查监督部门的内勤人员分配案件，由部门负责审查。内勤人员在分配案件时首先要遵照 2012 年《刑事诉讼法》第 28 ~ 30 条以及

---

① 参见苏国勋、刘小枫主编：《社会力量的诸理论》（Ⅱ），上海三联书店、华东师范大学出版社 2005 年版，第 425 页。

② 首都检察网信息。

③ 参见郭松著：《中国刑事诉讼运行机制实证研究系列（四）——审查逮捕制度实证研究》，法律出版社 2011 年版，第 27 页。

《人民检察院刑事诉讼规则》第 20～29 条关于回避的规定，这是事关审查逮捕工作客观公正的基本问题，也是刑事正当程序原则“任何人不能担任自己案件的法官”的基本要求。

在符合回避规定的前提下，内勤人员首先按照专业化的原则分配案件。在笔者所调研的北京市×检察院，其侦查监督部门已进行了专业化的分工，① 因此，内勤人员在分配案件时首先要考虑到案件的性质，如果是职务犯罪类的案件一般就要分配到职务犯罪案件科，经济犯罪类的案件分配到经济案件科，普通刑事案件（如伤害、杀人、盗窃、抢劫等案件）优先分配到一般刑事案件科，但由于此类案件数量较多，而该科里的承办人数量不能满足办案的需要，在一般刑事案件科“忙不过来”的情况下，内勤人员还要根据其他两个科室（职务犯罪案件科、经济案件科）承办人手头的工作，进行一定的调节。当然，在遵循上述原则的前提下，以下两种情况的案件也可能会指定专人办理：（1）如果案件属于上级交办、督办以及有重大影响的案件，部门负责人也可指定专人办理案件；（2）如果案件是人民检察院已经不（予）批准逮捕的，侦查机关补充证据后重新提请批准逮捕的案件，一般仍交原承办人审查办理。

笔者将上述这种案件分配的方式概括为“专业化＋循环分配＋一般调节＋特殊调节”。其中，一般调节是内勤人员根据案件数量和检察干警实际的案件负担，在各干警之间保持平衡所作的调节；特殊调节是侦查监督部门负责人根据案件的“特殊性质”所作的调节。②

三、案件的审查

（一）审查的方式

关于逮捕的审查方式，我国《刑事诉讼法》并未对此作出明确规定。根据

① 北京市×检察院侦查监督部门分为五个科（组），即内勤综合科、经济案件科、职务犯罪案件科、一般刑事案件科以及诉讼监督科。内勤综合科一般不负责办理具体案件，诉讼监督科一般只承办立案监督、复议复核、信访接待类的案件以及对检察建议、纠正违法通知、不批准逮捕等侦查监督的事项进行审核。

② 笔者对审查逮捕案件分配所提炼出的方式与郭松博士所概括的循环式的“随机分配＋调节性的分配”稍有不同，主要区别在于专业化这个原则，笔者分析造成这种差异的原因是我们所调研的检察院的情况不同，郭松博士在文章中调研的四个检察院全部属于基层检察院，而笔者所调研的检察院是分、州、市级的检察院。另外，笔者所调研的检察院都是北京市的检察院，北京市的检察院的各项工作无论是工作机制的改革和创新，还是规范化的管理水平，一般来说都要高于全国水平，如笔者刚才提到的专业化分组的办案模式，这在一些地区的检察院并没有实现，所以也就不会得出案件分配中首先是按照专业化的原则进行分配的结论。

《人民检察院刑事诉讼规则》第 92 条第 1 款的规定，办案人员应当审阅案卷材料，制作阅卷笔录，提出批准或者决定逮捕、不批准或者不予逮捕的意见，经部门负责人审核后，报请检察长批准或者决定；重大案件应当经检察委员会讨论决定。这也就是说，书面审查案卷的形式是审查逮捕案件的法定形式，也是基本形式。虽然近年来学术界对这种书面化的审查方式的质疑声颇多,① 但是从实践来看，这种书面审查的方式不仅是获取案件信息的有效途径，也是正确作出逮捕决定（不逮捕决定）的基础。郭松博士在调研中也认为，阅卷基本上能实现批捕权的合法性与有效性，同时也是检察机关控制侦查、实现侦查监督的基本方式，但是，对于犯罪嫌疑人的权利保障功能的实现却存在着一定的问题。② 笔者同意其观点，可能正是由于书面阅卷的方式对于保障犯罪嫌疑人的权利存在缺陷，使得近年来检察机关又在积极推动另一种案件审查的方式——讯问犯罪嫌疑人，以实现与书面阅卷审查方式功能上的互补。

审查逮捕阶段讯问犯罪嫌疑人的改革已被 2012 年《刑事诉讼法》所确认，该法第 86 条规定："人民检察院审查批准逮捕，可以讯问犯罪嫌疑人；有下列情形之一的，应当讯问犯罪嫌疑人：（一）对是否符合逮捕条件有疑问的；（二）犯罪嫌疑人要求向检察人员当面陈述的；（三）侦查活动可能有重大违法行为的。人民检察院审查批准逮捕，可以询问证人等诉讼参与人，听取辩护律师的意见；辩护律师提出要求的，应当听取辩护律师的意见。"从本条关于应当讯问犯罪嫌疑人的三个情形的规定可以看出，《刑事诉讼法》对审查逮捕阶段讯问犯罪嫌疑人的制度有三个功能期待：一是获取是否具有逮捕必要性的信息；二是加强对审查逮捕阶段犯罪嫌疑人的权利保障；三是发现侦查活动中的违法行为，实现对侦查的监督。可以说，《刑事诉讼法》对于讯问犯罪嫌疑人的这三个功能也是审查逮捕制度的主要功能，即逮捕权的正当性、人权保障及侦查监督。但是，从目前学界对检察机关讯问犯罪嫌疑人实践的调研来看，审查逮捕过程中的讯问犯罪嫌疑人并没有很好地实现这三个功能。首先，讯问的时间较短，平均讯问时间只有 24.2 分钟。其次，检察官在讯问过程中普遍存在一种简单化或是程序化的倾向，对涉及案件事实和逮捕必要性的相关信息的讯问并不多。即使涉及案件的具体事实和证据也主要是通过讯问来进一步获取犯罪嫌疑人认罪的口供，印证或

---

① 参见夏阳：《论轻罪案件逮捕必要性审查机制的完善》，载《河南社会科学》2009 年第 6 期。

② 参见郭松著：《中国刑事诉讼运行机制实证研究系列（四）——审查逮捕制度实证研究》，法律出版社 2011 年版，第 27 页。

增强阅卷中形成的内心确信或是形式上履行侦查监督的义务。[①] 这个研究提示我们，检察机关在贯彻2012年《刑事诉讼法》的过程中，一定要把该制度的精神落到实处，如果仅停留在以前的做法，将讯问犯罪嫌疑人看做是“走过场”，或者仅讯问一些案件事实，而不是重点对逮捕的必要性、侦查机关的违法行为等问题进行讯问，则制度改革的初衷就不会实现。对此，笔者的建议是在下一阶段有关《刑事诉讼法》的司法解释或是修改《人民检察院刑事诉讼规则》的过程中，对逮捕阶段讯问犯罪嫌疑人的内容和程序予以规范，如要围绕逮捕必要性的条件进行讯问，要侧重于发现侦查活动中的违法行为进行讯问，这样就有利于实现讯问犯罪嫌疑人的功能。

当然按照《刑事诉讼法》的要求，人民检察院审查批准逮捕时，还可以询问证人等诉讼参与人，听取辩护律师的意见等，但是受办案期限和执法理念以及现有办案模式等因素的制约，这些做法目前在实践中还不普遍，《刑事诉讼法》修改后也不一定能大规模的推进。但是对于审查逮捕阶段听取辩护律师的意见，笔者认为，这对于保障犯罪嫌疑人权利的意义重大，[②] 也符合审查逮捕阶段诉讼化改造的趋势，应在实践中予以强化。[③]

---

① 参见郭松著：《中国刑事诉讼运行机制实证研究系列（四）——审查逮捕制度实证研究》，法律出版社2011年版，第102~103页。

② 关于逮捕权的人权保障功能，我们应当从宪法的高度来认识。我国《宪法》第37条规定，“中华人民共和国公民的人身自由不受侵犯。任何公民，非经人民检察院批准或者决定或者人民法院决定，并由公安机关执行，不受逮捕。禁止非法拘禁和以其他方法非法剥夺或者限制公民的人身自由”。该规定表明，我国的逮捕制度是作为人人享有不受任意逮捕的保障而存在的，侧重于逮捕制度的限权功能。在我国《宪法》中，关于逮捕制度的内容规定在“公民的基本权利和义务”的章题之下，从条文结构看，像许多国家以及《公民权利和政治权利国际公约》的规定一样，它也是作为公民人身自由不受国家权力侵犯的保障机制而存在的。因此，对我国逮捕程序功能的设置必须从宪法的高度着眼，强调其保障公民的人身自由权利不受任意剥夺的价值层面，并以此为着眼点，对我国现行逮捕程序进行检讨和完善。参见宋英辉：《我国逮捕程序完善之思考》，载《河南社会科学》2009年第6期。

③ 学界相关的实证研究也表明，目前在司法实践中审查逮捕环节几乎没有律师介入。即便是修订后的《律师法》扩大了律师参与刑事辩护的权利和范围，律师在审查逮捕环节介入刑事案件的比例也非常小。以重庆市主城某区检察院为例，2005年至2008年5月，律师在审查逮捕环节介入刑事案件数为0；自2008年6月1日《律师法》修订实施以来，律师在审查逮捕环节介入刑事案件的比例仅占公安机关提请批准逮捕案件数的6%，即使是在审查起诉环节，律师介入刑事案件的比例也只占检察机关受理移送审查起诉案件数的20%。由此可见，审查逮捕环节缺乏辩护权的制衡是审查逮捕实践中的普遍现象。参见夏阳：《论轻罪案件逮捕必要性审查机制的完善》，载《河南社会科学》2009年第6期。

（二）审查的内容

案件的审查是审查逮捕工作的关键，审查的主要内容就是围绕是否符合逮捕条件作出批准逮捕或者不予批准逮捕的决定。

2012 年《刑事诉讼法》第 79 条、《人民检察院刑事诉讼规则》第 86 条，以及《六机关规定》第 26 条、《人民检察院审查逮捕质量标准》中关于逮捕条件的规定，承办人在办理案件的过程中主要审查逮捕的三个条件，即证据条件、刑罚条件和必要性条件。

1. 证据条件

证据条件是审查逮捕中最核心的条件，法条将其表达为“有证据证明有犯罪事实”。这里的“有证据证明有犯罪事实”，是指同时具备下列情形：

（1）有证据证明发生了犯罪事实（犯罪事实既可以是单一犯罪行为的事实，也可以是数罪行为中任何一个犯罪行为的事实，或者共同犯罪中参与实施犯罪行为的事实）；

（2）有证据证明该犯罪事实是犯罪嫌疑人实施或者参与实施的；

（3）证明犯罪嫌疑人实施犯罪行为的证据已查证属实。

证据条件是审查逮捕三个条件中最核心也是最重要的条件。在司法实践中，检察官对审查逮捕必要性的考察主要也是从证据条件角度进行。笔者调研的《北京市×人民检察院侦查监督工作规则》第 18 条规定，“办案人员应当认真、全面地审查案卷，围绕《提请批准逮捕书》中所认定的犯罪事实，可以从以下几个方面着手进行审查：（一）犯罪嫌疑人是否供认，前后各次供述有何变化，如不一致是有意翻供，还是有其他客观上的原因，一案有数个犯罪嫌疑人的，注意他们各自间供认的异同，所有供词间有多少能相互印证，不能印证部分的原因可能是什么；（二）被害人或当事人的各次陈述是否稳定，和犯罪嫌疑人的供述是否吻合，如不能吻合其差别在哪里，是何原因；（三）书证、物证、证人证言、鉴定结论、勘验、检查笔录、视听资料等证据的具体内容是什么，有无疑点，它们能证明什么事实，不能证明什么事实；（四）卷内所有证据材料的取得是否合法，其内容是否确实；（五）全面比较、鉴别、分析供与供、供与证、证与证之间一致与不一致的地方，综合分析它们的证明力，是否能证明《提请批准逮捕书》中指控的犯罪或者另外的犯罪；（六）有无刑事诉讼法第十五条规定的情形；（七）法律手续是否符合法律规定”。

从以上规定可以看出，办案人员在审查逮捕案件的过程中主要是“围绕证据条件”进行审查，而对刑罚条件和必要性条件却着墨不多。这个内部工作规范对检察干警的办案实践非常具有“指导性”，多篇学界研究成果[①]也证实了在审查逮捕案件的办理过程中，逮捕标准中的证据条件在实践中得以严格执行，无论是人民检察院还是检察官，在审查逮捕的运作过程中都非常重视案件的质量、重视对案件事实的认定和把握。“实践中，一方面，办案部门大都单纯将逮捕的证据条件理解为对犯罪事实的证据要求，在侦查环节忽视对逮捕刑罚证据和必要性证据的收集、固定，加之证明逮捕必要性需要侦查机关除了收集证明有犯罪事实的证据外，还要投入大量的精力去调查了解关于对犯罪嫌疑人采取取保候审、监视居住是否足以防止发生社会危险性、是否会妨碍诉讼等情况，并收集固定相关证据；另一方面，侦查部门普遍存在重犯罪证据的收集、轻逮捕必要性证据的收集的情况，因而，它们往往只从破案完成打击任务的角度出发收集、固定证据，这就造成了提请批准逮捕的案件逮捕必要性证据缺乏或薄弱的客观现状，从而致使检察环节对逮捕必要性的审查因缺乏必要的证据基础而难以对是否有逮捕的必要作出正确的判断，实践中一般也只能把是否系本地人作为衡量逮捕必要性的标准。这导致检察机关对逮捕必要性审查的依据不足，并且导致对本地人和外地人适用法律不平等。”[②]

2. 刑罚条件

按照《刑事诉讼法》、《人民检察院刑事诉讼规则》、《公安机关办理刑事案件程序规定》、《六机关规定》、最高人民检察院《关于在检察工作中贯彻宽严相济刑事司法政策的若干意见》的相关规定，刑罚条件，是指“可能判处徒刑以上刑罚”。这里的“可能判处徒刑以上刑罚”，是指依照《刑法》的规定，对有证据证明的犯罪事实进行衡量，认为犯罪嫌疑人应当判处徒刑以上刑罚。也就是按照法律的要求，审查逮捕的重要内容之一就是审查刑罚条件的证据（包括犯罪嫌疑人涉嫌罪名的证据、所涉嫌罪名应当适用的法定刑刑格的证据，以及法定量刑情节和酌定量刑情节的证据），以决定是否逮捕。但是在实践中，侦查部门普遍存在重犯罪证据的收集、轻刑罚证据尤其是量刑情节证据的收集，它们往往只从破案完成打击任务的角度出发收集、固定证据，这就造成了提请批准逮捕的案件刑罚证据缺乏或薄弱的客观现状，从而致使检察环节对逮捕刑罚条件的审查因缺乏必要的证据基础而难以对是否有逮捕的必要作出正确的判断。这样的判断也得到了大量实证研究的支持。

---

① 参见夏阳：《论轻罪案件逮捕必要性审查机制的完善》，载《河南社会科学》2009年第6期；参见郭松著：《中国刑事诉讼运行机制实证研究系列（四）——审查逮捕制度实证研究》，法律出版社2011年版，第153～156页。

② 夏阳：《论轻罪案件逮捕必要性审查机制的完善》，载《河南社会科学》2009年第6期。

从夏阳对2007～2008年重庆市某区人民检察院办理的轻罪案件适用逮捕情况的调研分析发现，2007年，该区人民检察院提起公诉后被判处拘役、缓刑、免予刑事处罚、单处罚金和作微罪不起诉处理的犯罪嫌疑人共275人，被逮捕人数为137人，逮捕率为49.82%。其中，判处拘役77人，被逮捕60人，逮捕率为77.92%；判处缓刑144人，被逮捕68人，逮捕率为47.22%；判处免予刑事处罚1人，被逮捕0人，逮捕率为0；判处单处罚金25人，被逮捕0人，逮捕率为0；作微罪不起诉处理28人，被逮捕9人，逮捕率为32.14%。2008年，该区人民检察院提起公诉后被判处拘役、缓刑、免予刑事处罚、单处罚金和作微罪不起诉处理的犯罪嫌疑人448人，被逮捕189人，逮捕率为42.19%。其中，判处拘役138人，被逮捕102人，逮捕率为73.91%；判处缓刑240人，被逮捕81人，逮捕率为33.75%；判处免予刑事处罚3人，被逮捕1人，逮捕率为33.33%；判处单处罚金45人，被逮捕2人，逮捕率为4.44%；作微罪不起诉处理22人，被逮捕3人，逮捕率为13.64%。[①]（详见表4－2）

表4－2　2007～2008年重庆市某区人民检察院轻刑案件逮捕情况统计表

年份（年）	轻罪案件数（人）	捕后判轻罪案件数（人）	轻罪逮捕率	判拘役逮捕率	判缓刑逮捕率	判免予刑事处罚逮捕率	判单处罚金逮捕率	微罪不起诉逮捕率
2007	275	137	49.82%	77.92%	47.22%	0	0	32.14%
2008	448	189	42.19%	73.91%	33.75%	33.33%	4.44%	13.64%

据郭松对四川省的四个基层人民检察院调研发现，犯罪嫌疑人捕后被判处有期徒刑以下刑罚的为30%左右；[②] 邵砚涛对山东省某县人民检察院的调研发现，犯罪嫌疑人捕后被判处3年以下有期徒刑的占38%，10%左右的人最后被免除刑罚、判处附加刑、管制或拘役。[③]

刑罚条件被虚化的现象在笔者的调查访谈中也得到了证实。笔者对北京市×检察院的审查逮捕卷宗进行阅卷调查，并参照了“首届全国侦查监督十佳检察

① 夏阳：《论轻罪案件逮捕必要性审查机制的完善》，载《河南社会科学》2009年第6期。

② 参见郭松著：《中国刑事诉讼运行机制实证研究系列（四）——审查逮捕制度实证研究》，法律出版社2011年版，第156～159页。

③ 参见邵砚涛：《逮捕标准之实证分析与思考》，载《国家检察官学院学报》2005年第3期。

官暨全国侦查监督优秀检察官评选活动”中的十份优秀审查逮捕案件意见书，[①]发现作为审查逮捕重要法律文书的审查逮捕意见书中几乎没有对是否可能判处徒刑以上刑罚进行分析论证。承办人就每个案件撰写的审查逮捕意见书分析的焦点一般仅限于是否构成犯罪以及构成何种犯罪，而没有关于是否会被判处徒刑以上刑罚的分析论证。有论者分析，造成这种现象的原因是办案人员对逮捕刑罚条件的理解不正确，“在办案人员看来，刑罚条件基本没有论证的必要，因为只要《刑法》中对适用的罪名规定有有期徒刑的，就表明犯罪嫌疑人都可能会被判处徒刑以上刑罚，而在我国《刑法》中，绝大多数犯罪的法定刑中都含有有期徒刑，因此，只要构成犯罪就可能被判处有期徒刑以上刑罚。然而，按照法律规定的本意‘可能判处徒刑以上刑罚’不仅仅是指适用罪名的法定刑中是否规定有有期徒刑以上刑罚，还应当指在犯罪嫌疑人应当适用的法定刑幅度范围内，根据案件的具体事实和情节，其是应当适用有期徒刑、无期徒刑、死刑，还是应当适用管制、拘役，或者单独适用附加刑”[②]。

以上数据显示，逮捕条件中的刑罚条件在实践中并没有得到严格的适用，也没有得到审查逮捕承办人的足够重视，逮捕的刑罚条件被忽略的情况非常突出。

3. 必要性条件

逮捕必要性条件是逮捕区别于取保候审、监视居住等其他强制措施的特质所在，集中体现了羁押的目的与必要性。从相关法律规定来看，逮捕的必要性包括三种情况：

一是社会危险性。犯罪嫌疑人具有下列情形之一，采取取保候审、监视居住等方法，尚不足以防止发生社会危险性：（1）可能继续实施犯罪行为，危害社会的；（2）可能毁灭、伪造证据，串供或者干扰证人作证的；（3）可能逃跑或自杀的；（4）可能实施打击报复行为的；（5）可能有碍其他案件侦查的；（6）其他可能发生社会危险性情形的。

二是在取保候审期间发生以下情形的也要予以逮捕：（1）企图自杀、逃跑，逃避侦查、审查起诉的；（2）实施毁灭、伪造证据，串供或者干扰证人作证行为，足以影响侦查、审查起诉工作正常进行的；（3）未经批准，擅自离开本市，造成严重后果，或者两次未经批准，擅自离开本市的；（4）经传讯不到案，造成严重后果，或者经两次传讯不到案的；（5）故意实施新的犯罪行为的。

三是在监视居住期间具有下列情形之一的，应当予以逮捕：（1）故意实施

① 杨振江主编：《审查逮捕实务培训教程》，中国检察出版社2009年版，第112～223页。

② 肖卓、倪绍霞、王凯石等：《云南省审查逮捕机制运作实证分析》，载《云南大学学报（法学版）》2010年第3期。

新的犯罪行为的；（2）企图自杀、逃跑，逃避侦查、审查起诉的；（3）实施毁灭、伪造证据，串供或者干扰证人作证行为，足以影响侦查、审查起诉工作正常进行的；（4）未经批准，擅自离开住处或者指定居所，造成严重后果，或者两次未经批准，擅自离开住处或者指定居所的；（5）未经批准，擅自会见他人，造成严重后果，或者两次未经批准，擅自会见他人的；（6）经传讯不到案，造成严重后果，或者经两次传讯不到案的。

从第一个条件可以看出，逮捕必要性中尚不足以防止发生社会危险性的规定过于模糊，在六种情形中有五种都用了“可能”，而由于实践中对于“可能”的界定没有可操作性的量化标准，导致其在司法实践中被歪曲、被滥用的现象十分普遍。从逻辑上讲，任何一个犯罪嫌疑人都有逮捕的必要，因为根据日常生活经验和趋利避害的本能，任何一个犯罪嫌疑人都有实施上述六种行为的可能，尽管可能性有大有小，因人因案而异，但谁也不能说一个犯罪嫌疑人绝对没有实施上述六种行为的可能，毕竟万分之一的概率也是可能的。正是这个模糊的规定，导致了审查逮捕工作在司法实践中“严格”掌握逮捕必要性的条件，对那些本没有社会危险性的犯罪嫌疑人进行了羁押。针对逮捕必要性条件模糊的现状，2012年《刑事诉讼法》中对有社会危险性的条件予以了明确。该法第79条规定：“对有证据证明有犯罪事实，可能判处徒刑以上刑罚的犯罪嫌疑人、被告人，采取取保候审尚不足以防止发生下列社会危险性的，应当予以逮捕：（一）可能实施新的犯罪的；（二）有危害国家安全、公共安全或者社会秩序的现实危险的；（三）可能毁灭、伪造证据，干扰证人作证或者串供的；（四）可能对被害人、举报人、控告人实施打击报复的；（五）企图自杀或者逃跑的。对有证据证明有犯罪事实，可能判处十年有期徒刑以上刑罚的，或者有证据证明有犯罪事实，可能判处徒刑以上刑罚，曾经故意犯罪或者身份不明的，应当予以逮捕。被取保候审、监视居住的犯罪嫌疑人、被告人违反取保候审、监视居住规定，情节严重的，可以予以逮捕。”可以说，2012年《刑事诉讼法》虽然细化了逮捕的条件，但是对于逮捕必要性条件的规定仍然比较模糊。因此，笔者建议，在最高人民法院、最高人民检察院出台有关《刑事诉讼法》司法解释或是在修改《人民检察院刑事诉讼规则》的过程中进一步明确和具体社会危险性的条件。

一般认为，社会危险性包括两个方面，即犯罪嫌疑人的罪行危险性和人身危险性。罪行危险性，是指基于犯罪嫌疑人的罪名因素可能给社会带来的危险性。人身危险性，是指基于犯罪嫌疑人的人身因素可能给社会带来的危险性。人身危险性表现为犯罪可能性或犯罪以后再次犯罪的可能性，而这种可能性是以行为人犯罪倾向性的人格为基础的，是行为人犯罪倾向性的人格事实与否定规范评价的统一。这里的“犯罪”并非严格的刑法学意义上的犯罪，而是犯罪学意义上的犯罪，其实质是危害社会的可能性，既可能是一般违法行为，也可能是犯罪，在尚未实施之前，处于可能阶段，对其性质不可能从刑法学角度进行认定，而作有罪或无罪判断。人身危险性主要通过以下几个方面体现出来：（1）平时表现；（2）犯中表现；（3）犯后表现。一般侧重于从以下几个方面考察：（1）主体是否属于未成年人或者在校学生、老年人、严重疾病患者、盲聋哑人、初犯、从犯、怀孕或者哺乳自己婴儿的妇女等；（2）情节是否具有中止、未遂、自首、立功等法定从轻、减轻或者免除处罚等情形；（3）主观方面是否具有过失、受骗、被胁迫等情节；（4）犯罪后是否具有认罪、悔罪表现，是否具有重新危害社会或者串供、毁证、妨碍作证等妨害诉讼进行的可能；（5）犯罪嫌疑人是否属于流窜作案、有无固定住所及帮教、管教条件。对犯罪嫌疑人的社会危险性进行评估时，应当着重考虑下列因素：（1）累犯、惯犯以及有其他前科的犯罪嫌疑人；（2）有吸毒等恶习的犯罪嫌疑人；（3）违反取保候审、监视居住规定，情节严重的犯罪嫌疑人；（4）有证据证明已经实施、正在实施或者准备实施新的犯罪行为的犯罪嫌疑人；（5）企图自杀、逃跑，毁灭、伪造证据，串供，或者干扰证人作证的犯罪嫌疑人；（6）打击报复被害人、举报人、控告人的犯罪嫌疑人；（7）动机特别恶劣、手段特别残忍、后果特别严重的犯罪嫌疑人；（8）过失犯罪嫌疑人；（9）防卫过当、紧急避险过当的犯罪嫌疑人；（10）有自首、立功表现的犯罪嫌疑人；（11）中止犯；（12）胁从犯。[①]

四、审查逮捕工作的考评机制

科学合理的绩效考评制度对于刑事司法的公正、公平有着极为重要的意义。2009年北京市人民检察院对于审查逮捕工作的考评主要有三点：结案率、捕后无罪处理率、优质案件率或差错率。其中结案率，是指在规定时限内结案的比率，权重在5%。捕后无罪处理率的考评主要是捕后无罪处理发生率等于全市检察机关平均值的，记20分；低于平均值的，每低0.1%，加2分；高于平均值的，每高0.1%，减2分。优质案件率或差错率的考评是二类以上案件达到80%以上、一类案件占全年审结案件的比例，每出现1%，记2分；三类案件占全年审结案件的比例，每出现1%，减1分；四类案件占全年审结案件的比例，每出现1%，减2分。捕后无罪处理率和优质案件率或差错率两项加一起权重占30%。（详见表4-3）

2010年北京市基层人民检察院审查逮捕工作考评发生重大调整，考核的项目主要由2009年的三项调整为四项，主要包括人均受理审查逮捕数、批准和决定逮捕后撤案率、批准和决定逮捕后不起诉率、批准和决定逮捕后法院判决无罪

① 参见贺恒杨：《对批准（决定）逮捕条件的理解和把握》，载《河南社会科学》2009年第6期。

率。（详见表 4 - 4）

表 4 - 3　2009 年北京市基层人民检察院建设执法规范化项目考评表

<table>
<tr><th colspan="2">类　别</th><th>考评项目</th><th>关键业绩指标</th><th>权重</th><th>考评主体</th></tr>
<tr><td rowspan="12">侦查监督工作绩效（6分）</td><td>办案效率</td><td>结 案 率</td><td>规定时限结案率</td><td>5%</td><td rowspan="12">市院侦监处
检委办</td></tr>
<tr><td rowspan="10">执法质量</td><td rowspan="2">审查逮捕</td><td>捕后无罪处理率</td><td rowspan="2">30%</td></tr>
<tr><td>优质案件率或差错率</td></tr>
<tr><td rowspan="3">立案监督</td><td>优质案件率或差错率</td><td rowspan="3">25%</td></tr>
<tr><td>行刑衔接监督准确率</td></tr>
<tr><td>立案监督有罪判决率</td></tr>
<tr><td>侦查活动</td><td>追捕成功数</td><td>25%</td></tr>
<tr><td rowspan="3">监督</td><td>重大疑难案件引导侦查效果</td><td rowspan="3"></td></tr>
<tr><td>延长羁押期限审批质量</td></tr>
<tr><td>纠正违法成效</td></tr>
<tr><td>综合治理</td><td>检察建议被采纳数</td><td>5%</td></tr>
<tr><td>执法规范</td><td>遵　守
办案规范</td><td>法律文书和工作文书质量</td><td>10%</td></tr>
</table>

具体内容如下：

（1）人均受理审查逮捕数（权重 5%）。每受理审查逮捕案件一人计 1 分。

受理审查逮捕人均值 = 本院受理审查逮捕案件得分 ÷ 本院上年度在编检察人员数

（2）批准和决定逮捕后撤案率（权重 15%）。在批准和决定逮捕后，根据《刑事诉讼法》第 15 条规定（经特赦令免除刑罚的，犯罪嫌疑人死亡的除外）公安机关决定撤案和《人民检察院刑事诉讼规则》第 262、263 条规定检察机关要求撤案的人数占同期批准和决定逮捕总人数的比率，每出现 0.1%，减 1 分。

（3）批准和决定逮捕后不起诉率（权重 15%）。批准和决定逮捕后，根据《刑事诉讼法》第 142 条第 1 款（经特赦令免除刑罚的，犯罪嫌疑人死亡的除外）规定，检察机关决定不起诉的人数占同期批准和决定逮捕总人数的比率，每出现 0.1%，减 1 分。

（4）批准和决定逮捕后法院判决无罪率（权重 10%）。批准和决定逮捕后，人民法院根据《刑事诉讼法》第 162 条第 2 项的规定判决被告人无罪人数占同期批准和决定逮捕总人数的比率，每出现 0.1%，减 1 分。

表 4-4　2010 年北京市基层人民检察院审查逮捕工作考评表

侦查监督工作							
分类	考核项目	权重	考评点	考核细则	考评说明	是否自动计算	提交事项
具体业务工作考评项	人均受理审查逮捕数	5%	人均受理审查逮捕数	每受理审查逮捕案件每一人计 1 分。 受理审查逮捕人均值 = 本院受理审查逮捕案件得分 ÷ 本院上年度在编检察人员数		是	
	批准和决定逮捕后撤案率	15%	批准和决定逮捕后撤案率	在批准和决定逮捕后，根据《刑事诉讼法》第 15 条规定（经特赦令免除刑罚的，犯罪嫌疑人死亡的除外）公安机关决定撤案和《人民检察院刑事诉讼规则》第 262、263 条规定检察机关要求撤案的人数占同期批准和决定逮捕总人数的比率，每出现 0.1%，减 1 分	本项目所称批准和决定逮捕后撤案，是指批准和决定逮捕后，根据《刑事诉讼法》第 15 条规定（经特赦令免除刑罚的，犯罪嫌疑人死亡的除外）公安机关决定撤案和《人民检察院刑事诉讼规则》第 262、263 条规定要求撤案的情形。 捕后因法律、司法解释发生变化，因犯罪嫌疑人有立功等法定从轻、减轻或免除处罚情节，以及因刑事和解而撤销案件的除外	否	案件审查逮捕阶段及撤案程序的法律文书
	批准和决定逮捕后不起诉率	15%	批准和决定逮捕后不起诉率	批准和决定逮捕后，根据《刑事诉讼法》第 142 条第 1 款（经特赦令免除刑罚的，犯罪嫌疑人死亡的除外）规定，检察机关决定不起诉的人数占同期批准和决定逮捕总人数的比率，每出现 0.1%，减 1 分	批准和决定逮捕后不起诉，是指批准和决定逮捕后，根据《刑事诉讼法》第 142 条第 1 款（经特赦令免除刑罚的，犯罪嫌疑人死亡的除外）决定不起诉的情形。 捕后因法律、司法解释发生变化而被不起诉的情形除外	否	案件审查逮捕阶段及不起诉程序的法律文书
	批准和决定逮捕后法院判决无罪率	10%	批准和决定逮捕后法院判决无罪率	批准和决定逮捕后，人民法院根据《刑事诉讼法》第 162 条第 2 项规定判决被告人无罪人数占同期批准和决定逮捕总人数的比率，每出现 0.1%，减 1 分	批准和决定逮捕后法院判决无罪，是指批准和决定逮捕后，人民法院根据《刑事诉讼法》第 162 条第 2 项认定被告人无罪并且生效的判决。 捕后因法律、司法解释发生变化而被法院判决无罪的情形除外	否	案件审查逮捕阶段及法院判无罪的法律文书

2011年北京市基层人民检察院审查逮捕工作考核项目又做了调整，增加了不批准逮捕后复议复核改捕率，权重占10%，同时，批准和决定逮捕后撤案率、不起诉率、法院判决无罪率和不批准逮捕后复议复核改捕率的减分比重有所增加，由原来的出现1%减10分，增加到减20分。（详见表4－5）

具体内容如下：

（1）人均受理审查逮捕数（权重5%）。每受理审查逮捕案件每一人计1分。

受理审查逮捕人均值＝本院受理审查逮捕案件得分÷本院上年度在编检察人员数

（2）批准和决定逮捕后撤案率（权重10%）。在批准和决定逮捕后，根据《刑事诉讼法》第15条规定（经特赦令免除刑罚的，犯罪嫌疑人死亡的除外）公安机关决定撤案和《人民检察院刑事诉讼规则》第262、263条规定检察机关要求撤案的人数占同期批准和决定逮捕总人数的比率，每出现1%，减20分。

（3）批准和决定逮捕后不起诉率（权重10%）。批准和决定逮捕后，根据《刑事诉讼法》第142条第1款规定（经特赦令免除刑罚的，犯罪嫌疑人死亡的除外），检察机关决定不起诉的人数占同期批准和决定逮捕总人数的比率，每出现1%，减20分。

（4）批准和决定逮捕后法院判决无罪率（权重10%）。批准和决定逮捕后，人民法院根据《刑事诉讼法》第162条第2项的规定判决被告人无罪人数占同期批准和决定逮捕总人数的比率，每出现1%，减20分。

（5）不批准逮捕后复议复核改捕率（权重10%）。不构成犯罪不批准逮捕经复议复核改捕后，被判处有期徒刑以上刑罚的人数占同期不逮捕总人数的比率，每出现1%，减20分。

2012年北京市基层人民检察院建设考评中对审查逮捕工作的考评同2011年相比，无论是在考核项目、考核方式、减分的比例等均保持不变，这说明2011年后审查逮捕工作的考评逐渐稳定和规范。

通过对北京市检察机关近4年审查逮捕工作考评细则的分析，我们可以看出，审查逮捕工作的考评一方面注重办理案件的数量（如对人均结案数的考查）；另一方面注重审查逮捕案件的质量，无论是捕后的无罪率、改判率、撤案率，还是对不捕后的复议复核改捕率，均是对审查逮捕案件质量的考核。

这里笔者需要说明的是，在过去，一些地方的公安机关、检察机关曾将批捕率/不捕率作为考评工作优劣的一项重要指标，这就导致办案人员热衷于适用

表 4－5　2011 年北京市基层人民检察院审查逮捕工作考评表

侦查监督工作							
分类	考核项目	权重	考评点	考核细则	考评说明	是否自动计算	提交事项
具体业务工作考评项	人均受理审查逮捕数	5%	人均受理审查逮捕数	每受理审查逮捕案件每一人计 1 分。 受理审查逮捕人均值＝本院受理审查逮捕案件得分÷本院上年度在编检察人员数	受理审查逮捕数以市院办公室统计数据为准	是	
	批准和决定逮捕后撤案率	10%	批准和决定逮捕后撤案率	在批准和决定逮捕后，根据《刑事诉讼法》第 15 条规定（经特赦令免除刑罚的，犯罪嫌疑人死亡的除外）公安机关决定撤案和《人民检察院刑事诉讼规则》第 262、263 条规定检察机关要求撤案的人数占同期批准和决定逮捕总人数的比率，每出现 1%，减 20 分	本项目所称批准和决定逮捕后撤案，是指批准和决定逮捕后，根据《刑事诉讼法》第 15 条规定（经特赦令免除刑罚的，犯罪嫌疑人死亡的除外）公安机关决定撤案和《人民检察院刑事诉讼规则》第 262、263 条规定要求撤案的情形。 捕后因法律、司法解释发生变化，因犯罪嫌疑人有立功等法定从轻、减轻或免除处罚情节，以及因刑事和解而撤销案件的除外。 批准和决定逮捕后撤案数以市院办公室统计数据为准，除外情形由市院侦查监督部门根据各院报送材料审核确定	否	除外情形案件审查逮捕阶段及撤案程序的法律文书、案件复查意见书
	批准和决定逮捕后不起诉率	10%	批准和决定逮捕后不起诉率	批准和决定逮捕后，根据《刑事诉讼法》第 142 条第 1 款规定（经特赦令免除刑罚的，犯罪嫌疑人死亡的除外），检察机关决定不起诉的人数占同期批准和决定逮捕总人数的比率，每出现 1%，减 20 分	批准和决定逮捕后不起诉，是指批准和决定逮捕后，根据《刑事诉讼法》第 142 条第 1 款（经特赦令免除刑罚的，犯罪嫌疑人死亡的除外）决定不起诉的情形。 捕后因法律、司法解释发生变化而被不起诉的情形除外。 批准和决定逮捕后不起诉数以市院办公室统计数据为准，除外情形由市院侦查监督部门根据各院报送材料审核确定	否	除外情形案件审查逮捕阶段及不起诉程序的法律文书、案件复查意见书

续表

侦查监督工作							
分类	考核项目	权重	考评点	考核细则	考评说明	是否自动计算	提交事项
具体业务工作考评项	批准和决定逮捕后法院判决无罪率	10%	批准和决定逮捕后法院判决无罪率	批准和决定逮捕后，人民法院根据《刑事诉讼法》第162条第2项规定判决被告人无罪人数占同期批准和决定逮捕总人数的比率，每出现1%，减20分	批准和决定逮捕后法院判决无罪，是指批准和决定逮捕后，人民法院根据《刑事诉讼法》第162条第2项认定被告人无罪并且生效的判决。 捕后因法律、司法解释发生变化而被法院判决无罪的情形除外。 批准和决定逮捕后法院判决无罪数以市院办公室统计数据为准，除外情形由市院侦查监督部门根据各院报送材料审核确定	否	除外情形案件审查逮捕阶段及法院判决无罪的法律文书、案件复查意见书
	不批准逮捕后复议复核改捕率	10%	不批准逮捕后复议复核改捕率	不构成犯罪不批准逮捕经复议复核改捕后，被判处有期徒刑以上刑罚的人数占同期不逮捕总人数的比率，每出现1%，减20分	不批准逮捕后因法律、司法解释发生变化而经复议复核改捕的情形除外。 不构成犯罪不批准逮捕经复议复核改捕后，被判处有期徒刑以上刑罚的人数以市院办公室统计数据为准	否	

逮捕措施，积极追求逮捕率。[①] 后来，一些检察机关意识到这一指标的不科学性和实践中的错误导向，取消了以批捕率作为考核指标。应该说，取消批捕率的考核指标反映了检察机关执法理念的变化，是符合诉讼规律的选择。但这还不是一项彻底的改革，笔者认为，为了提高逮捕案件的质量，建议今后不仅要将捕后不诉、捕后撤案和捕后被判无罪纳入考核的范围，而且要将办案人员在批捕过程中是否进行了逮捕的刑罚条件和逮捕必要性条件的分析论证作为日常工作考核的内容，并建立激励保障机制，使保障人权的司法理念真正得到体现。另外，在考核指标的设计上，应承认一定范围内漏捕的合理性。理想的逮捕制度是既防错也防漏的，但这并不具有现实性，因为在侦查初期，可能出现证据尚未收集完全的情况。在事实尚不固定、证据尚不完善的情况下，检察机关要作出捕或不捕的决定，肯定会存在着错捕或漏捕的风险。因此，对于审查逮捕的案件，其政策本身就蕴涵了一种价值判断和取向，逮捕是为了打击犯罪，不捕则是为了保证不侵犯无辜之人的自由，其表明了人权保障的优先性。所以，“可捕可不捕”的案件，漏捕和错捕不能承受一样的责难，应明确禁止错捕，虽然漏捕不值得鼓励，但应在一定条件下和一定范围内允许，而不应追责。[②]

第三节　审查逮捕制度运行

一、不（予）批准逮捕制度运行

不批准逮捕，是指检察机关对侦查机关（侦查部门）提请审查批准逮捕（移送逮捕）的刑事案件，经审查后认为不符合《刑事诉讼法》规定的逮捕条件，依法作出不批捕犯罪嫌疑人决定的活动。不批捕是法律赋予检察机关逮捕自由裁量权的体现，它在刑事诉讼中至少有两个方面的功能：一是人权保障功能（侦查控制功能）。由于逮捕是国家为应对犯罪而不得以使用的一种以限制公民人身自由权利为代价的手段，所以必须遵循“谦抑性”原则，其适用必须受到严格的限制，适用的对象必须是少数已经在相当程度上被证明涉嫌犯罪的人。检察机关通过审查逮捕活动，对那些不符合事实要件的犯罪嫌疑人不批捕，从程序

① 参见肖卓、倪绍霞、王凯石、李娅寰：《云南省审查逮捕机制运作实证分析》，载《云南大学学报（法学版）》2010 年第 3 期；康诚、张国轩：《检察机关审查逮捕程序之完善》，载《中国刑事法杂志》2010 年第 2 期；左卫民等著：《中国刑事诉讼运行机制实证研究》，法律出版社 2007 年版，第 194 页。

② 缪凌蓉、胡菲、邵方铿、黄元强：《宽严相济政策在审查逮捕阶段适用的实证分析》，载《浙江工商大学学报》2007 年第 6 期 。

上控制了这类案件进入下一诉讼环节，最大限度地避免无辜者被滥捕，从而实现刑事诉讼保障人权的目标。二是程序分流功能。对于符合事实要件但没有羁押必要的犯罪嫌疑人，通过逮捕必要性的审查，作出不批捕决定，从而实现部分犯罪嫌疑人从羁押程序中分流出来，符合诉讼经济原则。① 正是基于不批捕的这两个基本功能，我们说一定数量的不批捕案件的存在是合理的、必然的，这也是诉讼分工和检警制约制度设计的初衷所在。但是，我们不能忽视的是，不批准逮捕是与逮捕相伴而生的，二者之间是一种零和博弈的关系，如果不批捕率过高，逮捕制度功能——保证诉讼顺利进行的实现就容易受到影响和消解。因此，如何看待不批准逮捕是个重大的理论和实践问题。笔者以 1998 ~ 2011 年北京市检察机关不批准逮捕制度的运行为例，对不批捕的原因进行分析研究，有助于我们及时掌握刑事案件侦查和审查逮捕的质量，从而适时地调整工作措施，维持配合与制约的平衡，进而促使提高执法办案的质量与人权保障双重功能的实现。

1998 ~ 2011 年北京市检察机关批准逮捕案件数量的变化分为两个阶段：第一个阶段是从 1998 ~ 2007 年，北京市检察机关批准逮捕案件的数量基本呈上升趋势（除 2004 年稍有下降外），其中，1998 年北京市检察机关批准逮捕的案件数量为 8740 件，2007 年达到 14 年来批捕数量的最高峰，为 16307 件，增长了 86.58%；第二个阶段是 2007 年后，为北京市检察机关批准逮捕的案件数量比较稳定，基本保持在 15000 ~ 16500 件之间。（详见图 4 - 1）

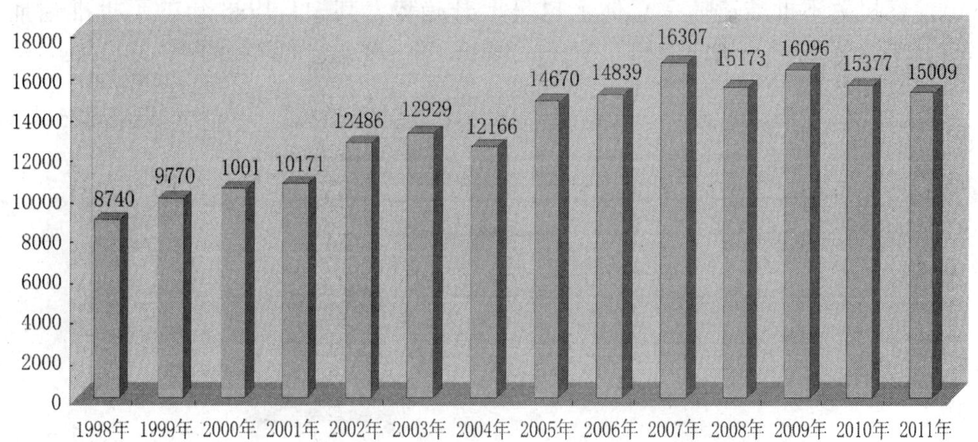

图 4 - 1　1998 ~ 2011 年北京市检察机关批准逮捕的案件数量

① 刘敏、崔庆林：《析刑事案件不批准逮捕的原因——以昆明地区为实例研究》，载《云南警官学院学报》2009 年第 6 期。

与此相对照，1998 ~2011 年北京市检察机关不批准逮捕的案件数量总体呈上升趋势（除2006年数量显著升高外），其中，1998 年北京市检察机关不批准逮捕的案件数量为268 件，2011 年为3199 件，增长了10.94 倍。（详见图4 -2）

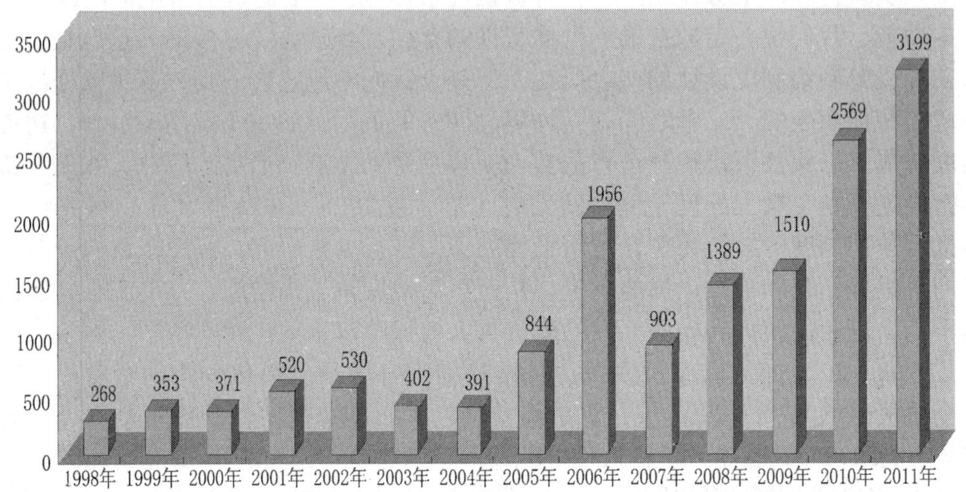

图4 -2　1998 ~2011 年北京市检察机关不批准逮捕的案件数量

与北京市检察机关不批准逮捕案件数量变化的趋势相似，1998 ~2011 年北京市检察机关不批准逮捕率总体上也呈上升趋势，其中，1998 年的不批准逮捕率为2.98%，2011 年增长到17.57%，增长了4.90 倍。（详见图4 -3）

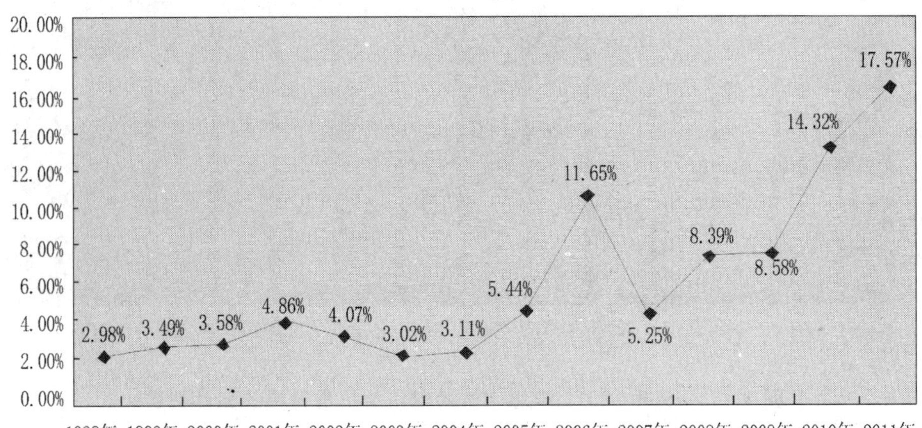

图4 -3　1998 ~2011 年北京市检察机关不批准逮捕率

北京市检察机关不批准逮捕率的运行趋势说明，检察机关的侦查监督职能正逐步实现，并取得了良好的效果。同时，我们也应看到批捕与不批捕之间是零和博弈的关系，不批捕率的升高具有多重意义，如果一味地强调不批准逮捕率，可能会影响逮捕制度功能的实现，造成有限司法资源的内耗和浪费，不利于执法效果的实现。

这里我们需要注意的是，2006 年不批准逮捕率和不批准逮捕的人数与前后两三年相比，明显突出，笔者通过查阅 2007 年北京市人民检察院年鉴和 2006 年北京市×检察院的侦监处工作总结发现，2005 年年底全国政法工作会议第一次独立地提出了“宽严相济”刑事政策，并把“严打”方针置于“宽严相济”刑事政策之下。2006 年 10 月 11 日中国共产党第十六届中央委员会第六次全体会议通过的中共中央《关于构建社会主义和谐社会若干重大问题的决定》中明确要求，“实施宽严相济的刑事司法政策，改革未成年人司法制度，积极推行社区矫正”。司法实务部门在宽严相济的刑事政策提出后，往往更加重视“宽”的一面。2006 年较高的不批准逮捕率很可能是“宽严相济”的“主流政治话语”在司法实践中的反映。

二、侦查机关不服逮捕复议复核案件运行

（一）复议复核案件情况

按照我国《宪法》第 135 条的规定，公、检、法三机关之间是分工负责、互相配合、互相制约的关系。因此，《刑事诉讼法》等相关法律在赋予检察机关批准逮捕或不批准逮捕权力的同时，也赋予侦查机关对检察机关的不批准逮捕决定，有权向作出决定的检察机关及其上级机关申请复议、复核的权力。例如，2012 年《刑事诉讼法》第 90 条规定：“公安机关对人民检察院不批准逮捕的决定，认为有错误的时候，可以要求复议。如果意见不被接受，可以向上一级人民检察院提请复核。上级人民检察院应当立即复核，作出是否变更的决定，通知下级人民检察院和公安机关执行。”

从 2006～2011 年北京市检察机关受理侦查机关复议复核的案件数量来看，2006 年受理 245 件，2007 年受理 171 件，2008 年受理 213 件，2009 年受理 212 件，2010 年受理 235 件，2011 年受理 210 件。从这六年的趋势看，北京市检察机关受理侦查机关复议复核的案件数量基本比较稳定，保持在 200 件左右，六年共受理 1286 件，占六年来检察机关作出不批准逮捕案件总数（11526 件）的 11.16%。（详见表 4－6）这个数据说明，从总体上看，检察机关不批准逮捕案件的质量较高。

表4－6　2006～2011年北京市检察机关审查逮捕情况报表

年份		上期结存	受案	已拘留	补查重报	审结						不捕已拘留	提请单位撤回	复议复核		执行情况				
						合计	批准逮捕	不批准逮捕	不构成犯罪	通知补查	无逮捕必要			维持原决定	改变原决定	批捕已逮捕	逮捕变更强制措施	批捕犯罪嫌疑人在逃	不捕已释放	不捕变更强制措施
		1	2	3	4	5	6	7	8	9	10	11	12	13	14	15	16	17	18	19
2011	合计（件）	244	18279	17675	127	18208	15009	3199	240	1343	1616	3056		199	11	14957	3	26	658	2394
	合计（人）	501	25284	24544	161	25360	20145	5215	470	2317	2428	5017	1	297	14	20085	3	28	1097	3914
2010	合计（件）	136	18060	17463	73	17946	15377	2569	300	1067	1202	2444	6	229	6	15287	9	42	680	1766
	合计（人）	212	25211	24475	95	24915	20894	4021	539	1691	1791	3852	7	369	7	20791	10	45	1111	2742
2009	合计（件）	153	17593	17132	34	17606	16096	1510	215	682	613	1462	4	209	3	15898	8	51	415	1008
	合计（人）	222	24618	24043	41	24623	22272	2351	395	1076	880	2284	5	340	3	22025	10	56	688	1548
2008	合计（件）	195	16584	16157	86	16562	15173	1389	267	652	470	1327	64	212	1	15060	3	39	581	728
	合计（人）	324	23529	22974	140	23550	21251	2299	501	1098	700	2202	81	342	3	21117	3	45	959	1220
2007	合计（件）	182	19126	18554	125	17210	16307	903	235	396	272	855	1902	164	7	16238	1	47	269	584
	合计（人）	274	28658	27900	168	25284	23722	1562	432	709	421	1473	3323	260	7	23646	1	49	473	995
2006	合计（件）	142	18137	17660	225	16795	14839	1956	657	605	694	1864	1303	230	15	14764	9	30	368	1492
	合计（人）	229	28162	27459	333	25747	22306	3441	1236	1088	1117	3296	2371	363	19	22214	13	33	708	2561

从2006～2011年北京市检察机关改变原不批准逮捕决定的数量和比例来看，2006年为15件，占同期提出复议复核申请比例的6.12%；2007年为7件，占4.09%；2008年仅为1件，比例为0.47%；2009年为3件，比例为1.42%；2010年为6件，比例为2.55%；2011年为11件，比例为5.24%。从上述数字可以看出，北京市检察机关改变复议复核案件的数量较少，基本在10件以下，但其复议改变原决定的比例总体上说变化较大，其中，2006年复议改变原决定的比例为六年中最高，达到6. 12%，2008年的比例仅为0.47%。以上数字说明，复议（复核）改变原决定的比例总体上说来不高，这反映出北京市检察机关总体上不批准逮捕案件质量较好，而公安机关提请复议复核质量总体不高。但是这个数字从另一个侧面也反映出不批准逮捕复议复核的功能即侦查机关对检察机关不批准逮捕的制约功能有限。关于不批准逮捕中的检警关系问题，笔者在访谈中发现，一般情况下侦查机关是不会轻易动用复议复核权力的，因为不批准逮捕案件的复议复核结果往往涉及公、检两家机关内部的绩效考核成绩，实践中经过复议复核改变原决定的可能性极小。因此，在通常情况下，如果公安机关觉得不批准逮捕的案件有问题，则其都事先和检察机关侦查监督部门私下沟通，如果检察机关在复议复核后发现原决定确实需要改变的，为了不影响本单位的绩效考核成绩，通过私下和公安机关协商，让其撤回复议复核，重新报捕，之后再由检察机关作出批捕决定，从而绕开复议复核程序。再如，还有个别地方的公安机关对不批准逮捕决定不服的，不是通过提起复议、复核程序，而是私下先与法院沟通，再通过当地的政法委等部门出面协调，迫使检察机关被动改变原不批捕决定。

另外，笔者通过对北京市×检察院近4年不捕复议、复核案件办理情况的调研发现，2008～2011年北京市×检察院共受理不捕复议案件8件，分别为2008年4件、2010年4件，复议结果均为维持原决定。（详见表4－7）这个数据说明，侦查机关提出不捕复议案件的时间主要集中在2008年和2010年。为什么会出现这种情况呢？2008年和2010年有什么特别吗？经过对北京市×检察院侦查监督部门某检察官的访谈，笔者得知，一般情况下侦查机关想申请复议时都事先和检察机关的侦查监督部门私下沟通，只有新换处领导，侦检两机关之间不熟悉的时候，才动用《刑事诉讼法》规定的复议权，而2008年和2010年这两年正是北京市×检察院侦查监督部门负责人新上任的第一年。该检察官的说法在一定程度上也得到了北京市×检察院2008～2011年不捕复议案件数量的印证。

表 4－7　2008 年和 2010 年北京市×检察院不捕复议案件情况

序号	案号	案由	审查处理结果
1	×检复议字 2010 第 0004 号	故意伤害罪	维持原决定
2	×检复议字 2010 第 0003 号	运输毒品罪	维持原决定
3	×检复议字 2010 第 0002 号	故意伤害罪	维持原决定
4	×检复议字 2010 第 0001 号	盗窃罪	维持原决定
5	×检复议字 2008 第 0004 号	故意伤害罪	维持原决定
6	×检复议字 2008 第 0003 号	妨害公务罪	维持原决定
7	×检复议字 2008 第 0002 号	招摇撞骗罪	维持原决定
8	×检复议字 2008 第 0001 号	妨害公务罪	维持原决定

2008～2011 年北京市×检察院共受理不捕复核案件 58 件，其中，2008 年受理 13 件，2009 年受理 11 件，2010 年受理 12 件，2011 年受理 22 件。（详见表 4－8）从这个数据可以看出，北京市×检察院受理下级侦查机关提起复核案件的数量总体上比较平稳，而没有出现像复议案件数量那样极不平衡的特征，原因在于复核案件与复议案件不同，其受理的对象是下一级侦查机关提起的申请，下级侦查机关与上级检察机关之间的关系就没有同级侦检机关之间那样熟悉和容易协调。因此，2008 年和 2010 年不是案件的法律环境有什么特别变化而是案件的社会环境有所变化，即北京市×检察院侦查监督部门负责人的改变。这个小小的事例再一次说明了检警关系之间的微妙之处，而这种微妙关系在某种程度上却是我国司法运行的真实写照，这些变通和技术化的处理方式真实地展现了复议、复核案件中的检警关系。

表 4－8　2008～2011 年北京市×检察院不捕复核案件情况

序号	案号	案由	审查处理结果
1	×检复核字 2011 第 0022 号	盗窃罪	维持原决定
2	×检复核字 2011 第 0021 号	敲诈勒索罪	维持原决定
3	×检复核字 2011 第 0020 号	寻衅滋事罪	改变原决定
4	×检复核字 2011 第 0019 号	强奸罪	维持原决定
5	×检复核字 2011 第 0018 号	掩饰、隐瞒犯罪所得罪	维持原决定
6	×检复核字 2011 第 0017 号	妨害公务罪	维持原决定
7	×检复核字 2011 第 0016 号	盗窃罪	改变原决定
8	×检复核字 2011 第 0015 号	伪造企业印章罪	维持原决定

序号	案号	案由	审查处理结果
9	×检复核字 2011 第 0014 号	盗窃罪	改变原决定
10	×检复核字 2011 第 0013 号	盗窃罪	改变原决定
11	×检复核字 2011 第 0012 号	诈骗罪	维持原决定
12	×检复核字 2011 第 0011 号	盗窃罪	改变原决定
13	×检复核字 2011 第 0010 号	盗窃罪	改变原决定
14	×检复核字 2011 第 0009 号	盗窃罪	改变原决定
15	×检复核字 2011 第 0008 号	盗窃罪	改变原决定
16	×检复核字 2011 第 0007 号	盗窃罪	改变原决定
17	×检复核字 2011 第 0006 号	合同诈骗罪	维持原决定
18	×检复核字 2011 第 0005 号	强奸罪	维持原决定
19	×检复核字 2011 第 0004 号	虐待罪	维持原决定
20	×检复核字 2011 第 0003 号	交通肇事罪	维持原决定
21	×检复核字 2011 第 0002 号	赌博罪	维持原决定
22	×检复核字 2011 第 0001 号	掩饰、隐瞒犯罪所得罪	维持原决定
23	×检复核字 2010 第 0012 号	冒充军人招摇撞骗罪	维持原决定
24	×检复核字 2010 第 0011 号	抢劫罪	维持原决定
25	×检复核字 2010 第 0010 号	强制猥亵妇女罪	维持原决定
26	×检复核字 2010 第 0009 号	盗窃罪	维持原决定
27	×检复核字 2010 第 0008 号	盗窃罪	维持原决定
28	×检复核字 2010 第 0007 号	盗窃罪	维持原决定
29	×检复核字 2010 第 006 号	寻衅滋事罪	维持原决定
30	×检复核字 2010 第 0005 号	组织卖淫罪	维持原决定
31	×检复核字 2010 第 0004 号	强奸罪	维持原决定
32	×检复核字 2010 第 0003 号	盗窃罪	维持原决定
33	×检复核字 2010 第 0002 号	盗窃罪	维持原决定
34	×检复核字 2010 第 0001 号	诈骗罪	维持原决定
35	×检复核字 2009 第 0011 号	介绍卖淫罪	维持原决定
36	×检复核字 2009 第 0010 号	寻衅滋事罪	维持原决定
37	×检复核字 2009 第 0009 号	抢劫罪	维持原决定

序号	案号	案由	审查处理结果
38	×检复核字 2009 第 0008 号	寻衅滋事罪	维持原决定
39	×检复核字 2009 第 0007 号	盗窃罪	维持原决定
40	×检复核字 2009 第 0006 号	拐卖儿童罪	维持原决定
41	×检复核字 2009 第 0005 号	诈骗罪	维持原决定
42	×检复核字 2009 第 0004 号	妨害公务罪	维持原决定
43	×检复核字 2009 第 0003 号	抢劫罪	维持原决定
44	×检复核字 2009 第 0002 号	职务侵占罪	维持原决定
45	×检复核字 2009 第 0001 号	盗窃罪	维持原决定
46	×检复核字 2008 第 0013 号	妨害公务罪	维持原决定
47	×检复核字 2008 第 0012 号	诈骗罪	维持原决定
48	×检复核字 2008 第 0011 号	妨害公务罪	维持原决定
49	×检复核字 2008 第 0010 号	诈骗罪	维持原决定
50	×检复核字 2008 第 0009 号	职务侵占罪	维持原决定
51	×检复核字 2008 第 0008 号	寻衅滋事罪	维持原决定
52	×检复核字 2008 第 0007 号	故意杀人罪	维持原决定
53	×检复核字 2008 第 0006 号	贩卖毒品罪、非法持有毒品罪	维持原决定
54	×检复核字 2008 第 0005 号	盗窃罪	维持原决定
55	×检复核字 2008 第 0004 号	挪用资金罪	维持原决定
56	×检复核字 2008 第 0003 号	非法持有毒品罪	维持原决定
57	×检复核字 2008 第 0002 号	寻衅滋事罪	维持原决定
58	×检复核字 2008 第 0001 号	寻衅滋事罪	维持原决定

（二）复议复核案件的类型及检警分歧所在

根据《人民检察院刑事诉讼规则》等相关法律的规定，侦查机关申请复议、复核的案件主要是针对检察机关不（予）批准逮捕的决定。检察机关作出不（予）批准逮捕决定的情形主要有三种，分别是犯罪嫌疑人的行为不构成犯罪；案件事实不清、证据不足；犯罪嫌疑人虽构成犯罪，但没有逮捕的必要。因此，侦查机关提请复议、复核的理由也主要有三类，即不构成犯罪，事实不清、证据不足，无逮捕必要。从北京市检察机关和全国检察机关的情况来看，不捕复议复核案件类型主要是“事实不清、证据不足”和“无逮捕必要”两种。[①] 这反映出检警两机关的主要分歧在于证据认定和逮捕必要性。所谓证据认定方面的分歧，是指检警两机关对提请批准逮捕犯罪嫌疑人时的证据材料能否证实其构成犯罪存在争议。这些争议在强奸罪、诈骗类犯罪、妨害公务罪等罪名上体现得更为突出。

以强奸罪为例，强奸罪要求行为人违背妇女意志强行与其发生性关系。检警双方在强奸罪认定方面的争议点主要是，犯罪嫌疑人与被害人发生性关系是否违背妇女意志。检察机关通常从被害人报案是否及时、能否证明暴力是犯罪嫌疑人实施的、被害人是否有不同意的意思表示等方面进行判断，如果被害人报案不及时、无确切证据证明犯罪嫌疑人对被害人实施暴力、不能证明被害人有不同意的意思表示，其通常就作出“证据不足”不批准逮捕的决定；公安机关则对上述几个方面关注不多。以魏某某涉嫌强奸案为例，魏某某与李某曾于2003～2005年处过朋友，并生育有一女儿。后二人分手未联系。2009年冬天，魏某某通过李某某与李某进行短信联络。2010年5月12日上午，李某瞒着其丈夫李某涛，带着与魏某某所生的女儿及自己的儿子来到北京，魏某某接的李某。晚上住到魏某某的住处。2010年5月18日，李某与其老公李某涛到某派出所报案称：5月12日晚及第二天早晨，魏某某用皮带抽打等暴力手段，将其两次强奸（李某身上有伤）；魏某某则称二人未发生性关系，只是自己遗精了。公安机关认为，现有证据可认定魏某某对李某实施了强奸行为：被害人李某对其身上的伤是如何形成的描述符合伤情，医生也证实其伤应当是暴力造成。且本案中，魏某某对于是否与李某发生性关系的口供先后变化较大，可以看出其一直在进行狡辩，没有如实供述，存在侥幸心理，试图逃避法律的制裁。检察机关则认为，被害人关于魏某某使用暴力的两次陈述不一致，且被害人在事发5天后才到公安机关报案，无法排除其丈夫得知后对其进行殴打的合理怀疑。另从李某与魏某某互发的短信内容可以看出其对魏某某的爱意，对此，李某并不能给出合理解释，因而难以认定被害人有不同意的意思表示。[②]

检警之间对于证据认定的分歧也表现在诈骗类犯罪案件中。诈骗类犯罪要求行为人主观上必须具有非法占有的目的，客观上实施了骗取财物的行为。在犯罪嫌疑人拒不供认且没有其他直接证据（被害人陈述除外）证实犯罪嫌疑人骗取财物时，检警双方对于证据的证明程度把握不同。以唐某某涉嫌诈骗案为例，

---

① 参见陈建强：《不批捕复议复核制度的问题及完善对策——以2007至2009年全国公安机关不服人民检察院不批准逮捕决定要求复议复核案件为分析样本》，载《天津法学》2011年第2期。

② 关振海：《石景山检察院复议复核案件调查报告》，载首都检察网。

2009年7月，巢某某通过QQ聊天的方式认识了犯罪嫌疑人唐某某。巢某某称，唐某某自称是安全局的工作人员，能买到便宜的住房，其让唐某某帮助买房，唐某某向其索要3万元好处费。同年9月3日中午，二人在某公园见面，巢某某将3万元现金交给了唐某某，次日便与唐某某失去了联系。9月9日，巢某某向公安机关报案。唐某某到案后拒不承认曾接到巢某某所给的3万元人民币。公安机关认为，巢某某作为外地在京做生意的普通人，很容易被唐某某的这种身份所迷惑，进而轻易地相信唐某某的言行及办事能力，所以才会将3万元人民币交给唐某某，用于购买便宜的住房，并没有任何手续。这符合本案中犯罪嫌疑人唐某某与被害人巢某某的关系，也符合托人办事的常理。唐某某承认巢某某托其购买便宜房之事，且未通过测谎检测，正说明其为了逃避法律制裁，故意隐瞒犯罪事实。检察机关则认为，现有证据无法证实巢某某给予唐某某钱财。虽有测谎检测，但依据法律规定不能作为证据使用，没有形成完整的证据链，无法证实唐某某构成诈骗罪。

根据以上两案我们可以发现，在现有证据不充分时，公安机关作为追诉机关，其对案件事实往往强调犯罪嫌疑人的主观恶性和人身危险性，从而降低了对证据的构罪要求，甚至出现主观推断事实的现象。相反，检察机关作为法律监督机关，其强调在追究犯罪的同时，依法保障各诉讼参与人的合法权益，对批捕证据掌握较严，要求能达到起诉甚至判决的标准。[①] 这种对证据把握严格程度的不同，反映出了检警两机关对证据认定的分歧，也折射出了两机关不同的职能定位，体现出了《宪法》和《刑事诉讼法》关于公、检、法三机关分工负责、互相配合、互相制约的精神。

在调研中，笔者还发现，部分公安机关提起复议、复核的案件，并不是证据或者法律问题，而仅仅是迫于被害人压力下的策略行为。例如，毛某某职务侵占复核案。涉案公司内部管理存在漏洞，公司负责人与承包人毛某某就负责购买、开采四川某矿山以及资金管理等问题没有任何明确的约定，在矿山转让协议中没有标明地界，由于事后关于矿山地界问题产生争议，导致实际矿山面积小于合同约定面积，但没有证据证实毛某某主观上具有诈骗的故意；在矿山开采过程中的投资额、开采量、销售额等均没有相关证据证实，无法证实毛某某利用职务之便非法占有了销售款。被害人一方在当地控告毛某某涉嫌诈骗，检察机关以证据不足不予批准逮捕，后其又向北京市公安机关举报毛某某涉嫌职务侵占，公安机关先后两次提请批捕，检察机关两次以证据不足作出不予批准逮捕的决定。在案件

① 关振海：《石景山检察院复议复核案件调查报告》，载首都检察网。

证据没有实质性进展的情况下，公安机关仅因被害人缠访而提起复议、复核程序。[①] 这个案例说明，在当前社会矛盾化解压力非常大的情况下，组织体为了转移压力、推卸责任，把提请复议、复核的权力作为转移矛盾的一种工具。

三、延长羁押期限案件运行

在我国刑事诉讼中，法定的强制措施共有五种，其中与羁押有关的强制措施主要是刑事拘留和逮捕。按照《刑事诉讼法》的规定，刑事拘留延长羁押期限的审批由侦查机关内部通过行政审批的途径解决，属于侦查机关内部的监督制约机制，故不在本书的主要讨论范围之内。本书所研究的延长羁押期限，是指为确保侦查质量，对符合《刑事诉讼法》规定的特殊案件，经检察机关批准或决定，延长对犯罪嫌疑人的羁押期限的一种诉讼活动。[②]我国 1996 年《刑事诉讼法》第 124、126、127 条对犯罪嫌疑人逮捕后的侦查羁押期限及其延长做了规定。从上述法律规定可以看出，延长侦查羁押期限的功能主要有三：一是为侦查工作提供一定的时间保证，提高案件质量，从而保证刑事诉讼的顺利进行；二是督促侦查机关提高工作效率，保障犯罪嫌疑人的合法权益；三是侦查活动监督的重要手段。[③] 但是从目前检察机关批准延长羁押期限的实践来看，延长羁押期限的第一个功能，即保证刑事诉讼顺利进行的功能，体现得较为充分，而对犯罪嫌疑人的权益保障和侦查监督制约的功能却没有得到很好的实现。以 2005 ~ 2011 年北京市检察机关批准延长羁押期限和不批准延长羁押期限的数据为例，2005 年北京市检察机关批准延长羁押期限的人数为 506 人，不批准延长羁押期限的人数为 4 人；2006 年批准延长羁押期限的人数为 2366 人，不批准延长羁押期限的人数为 27 人；2007 年批准延长羁押期限的人数为 3051 人，不批准延长羁押期限的人数为 20 人；2008 批准延长羁押期限的人数为 2310 人，不批准延长羁押期限的人数为 13 人；2009 年批准延长羁押期限的人数为 2578 人，不批准延长羁押期限的人数为 14 人；2010 年批准延长羁押期限的人数为 2176 人，不批准延长羁押期限的人数为 12 人；2011 年批准延长羁押期限的人数为 2425 人，不批准延长羁押期限的人数为 29 人。（详见图 4 - 4、图 4 - 5）2005 ~ 2011 年北京市检察机关共批准延长侦查羁押期限的人数为 15412 人，不批准延长羁押期限的人数为 119 人，7 年间平均批准延长羁押期限率约为 99%，不批准延长羁押期限率约为 1%。（详见图 4 - 6）

---

① 李晓春：《近年来二分院办理不批准逮捕复核案件情况分析》，载北京市人民检察院第二分院侦查监督处编：《侦监业务研究》2010 年（下）（内部刊物）。

② 杨振江主编：《侦查监督业务教程》，中国检察出版社 2003 年版，第 177 页。

③ 杨振江主编：《侦查监督业务教程》，中国检察出版社 2003 年版，第 179 页。

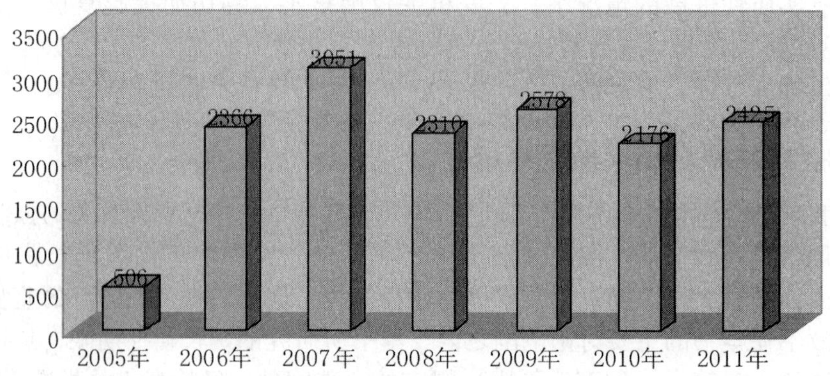

图4－4　2005～2011年北京市检察机关批准延长羁押期限的人数

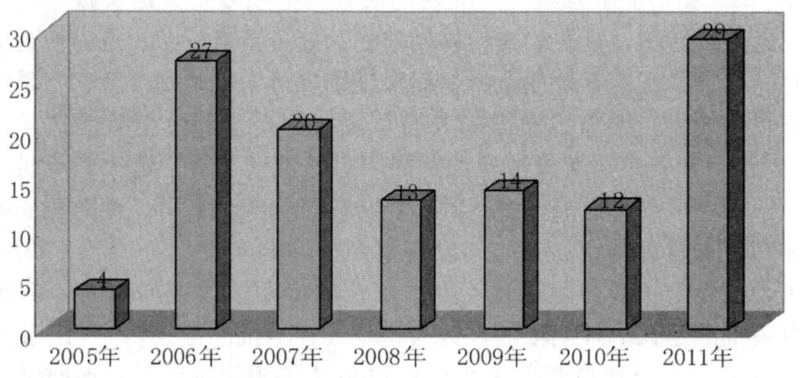

图4－5　2005～2011年北京市检察机关不批准延长羁押期限的人数

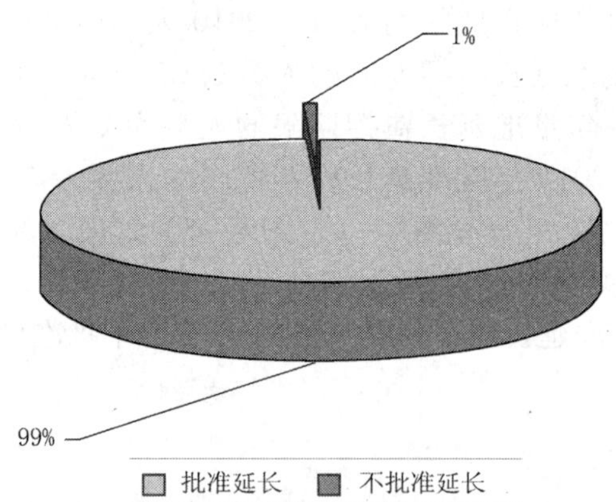

图4－6　2005～2011年北京市检察机关批准延长羁押期限人数和不批准延长羁押期限人数对比

从以上数据可以看出，检察机关的批延程序在司法实践中有虚设的嫌疑，因为7年来北京市检察机关不批准延长羁押期限的数字就没有超出过1%。[①] 这说明侦查机关延长羁押期限的提请几乎都会被批准，只要侦查工作在羁押期限届满时仍不能达到侦查终结的要求，犯罪嫌疑人的羁押状态就会一直持续下去。“从这样一个数据，就不难想象延长羁押期限的审查状态：下级检察机关程序性地审查一下材料是否齐备，延长羁押理由是否‘面上过得去’，就提出同意延长的意见；上级检察机关再程序性地审查一下，即作出了同意延长的意见。”检察机关这种流于形式的审查，也使得延长羁押期限制度已偏离了制度设计的初衷。立法者确立了基本的侦查羁押期限，又设计了延长羁押期限制度，意在使大部分案件在基本侦查羁押期限内侦查终结的同时，保证小部分案情复杂、取证困难的重大、疑难案件能够有充足的办案时间。从以上数据可以看出，延长羁押期限已经成为侦查机关（部门）争取办案时间、缓解办案压力的“有效”措施，而不是制度设计之初将其作为提高侦查效率、保障犯罪嫌疑人权利和进行侦查监督的有效手段。[②]

造成延长羁押期限审批流于形式的原因有很多，既有现有法律制度对延长羁押期限理由的规定比较模糊、较难把握的客观原因（如对于什么是“交通十分不便”、什么是“案情复杂”较难把握），也有检察机关工作人员主观意识的原因，认为“审查批准逮捕关系到犯罪嫌疑人的切身权益，是侦查监督工作的重中之重，而延长侦查羁押期限，一方面，不过是为深入开展侦查赢得更多时间，只是一项简单的办手续工作，能迁就就迁就；另一方面，对于犯罪嫌疑人而言，延长一个月的羁押期限对于其没有什么损失，最后也会折抵刑期”。殊不知，严格依照法定程序正确作出报延意见，对促进侦查机关提高工作效率，节约诉讼成本，及时收集、固定证据，杜绝超期羁押，维护犯罪嫌疑人合法权益，保证犯罪嫌疑人被及时交付审判具有重要意义。

---

① 北京市检察机关不批准延长羁押期限不到1%的数据不是全国中的特例，而是普遍现象，据廖荣辉对广州市检察机关不批准延长羁押期限的调研发现，不批准延长的现象寥寥无几。参见廖荣辉：《刑事案件“延长羁押期限”问题研究》，载《河北法学》2008年第1期。

② 参见廖荣辉：《刑事案件“延长羁押期限”问题研究》，载《河北法学》2008年第1期。

第五章　侦查活动监督制度运行的考察与反思

第一节　侦查活动监督的制度规范现状

一、侦查活动监督的概念

作为对刑事侦查活动的正当性、合法性进行有效监督、制约的侦查活动监督，是刑事诉讼的必要程序，也是诉讼规律的必然要求。在我国，这一权力由检察机关来行使。2012 年《刑事诉讼法》第 98 条规定："人民检察院在审查批准逮捕工作中，如果发现公安机关的侦查活动有违法情况，应当通知公安机关予以纠正，公安机关应当将纠正情况通知人民检察院。"第 168 条第 5 项针对提起公诉程序规定，人民检察院在审查案件的时候，必须查明侦查活动是否合法。另外，《人民检察院刑事诉讼规则》第十章"刑事诉讼法律监督"第二节"侦查监督"中也对检察机关对侦查活动监督的内容、程序和方式等进行了规定。

可以说，目前《刑事诉讼法》、《人民检察院刑事诉讼规则》对检察机关对侦查活动监督进行了较为明确的规定，但理论界对其具体涵义尚存在争议。归纳起来主要有以下两种观点：

（一）广义说

广义说认为，侦查活动监督即为侦查监督，其不仅应包括对违法侦查活动的监督，也应包括对立案活动的监督，还应包括在审查逮捕和审查起诉工作中对于侦查机关认定事实和适用法律的监督。这样理解不仅符合我国侦查监督工作的实际运行情况，也有利于促使监督主体强化监督意识，将侦查机关的整个诉讼行为都纳入监督的视野。①

① 参见韩成军：《侦查监督权配置的现状与改革构想》，载《法学论坛》2011 年第 4 期。

（二）狭义说

狭义说认为，侦查活动监督，是指检察机关对侦查机关、侦查部门的侦查活动是否合法进行察看、对违法取证的纠正情况进行督促的活动。监督主体是各级人民检察院，监督对象是公安机关、国家安全机关、走私犯罪侦查局、监狱、军队保卫部门和人民检察院的侦查部门的刑事侦查活动。这一监督是一项贯穿于侦查工作全过程的法律监督，讯问犯罪嫌疑人，询问证人、被害人，勘验、检查，扣押物证、书证，鉴定、通缉、采取强制措施等所有的侦查行为都是监督的对象。[①] 在司法实践中，侦查活动监督主要包括对侦查机关的监督和对侦查部门的监督。对侦查机关的监督，是指对公安机关的监督以及对具有侦查权的其他侦查机关的监督；对侦查部门的监督，是指对人民检察院内部具有侦查权的部门的侦查。[②] 本章所研究的侦查活动监督是狭义的侦查活动监督，即检察机关对侦查机关、侦查部门的侦查活动的监督。

二、侦查活动监督的制度规范现状

早在我国人民检察制度创建初期，检察机关就被赋予了侦查监督职能。1954年颁布的我国首部《人民检察院组织法》明确规定检察机关“对于侦查机关的侦查活动是否合法，实行监督”。当时的最高人民检察院专门设置了侦查监督厅，还制定了《关于侦查监督工作程序方面的意见（试行草案）》。按照该试行草案的规定，侦查监督工作的范围包括四个方面：（1）审查批准逮捕人犯；（2）审查决定起诉；（3）处理对于公安机关侦查活动违法现象或关于冤案、错案的申诉和控告；（4）对于发现有问题的案件进行检查。[③] 前面已提到2012年《刑事诉讼法》第98条、第168条第5项赋予了检察机关对侦查机关及侦查部门的侦查活动进行监督的权力。第98条是关于检察机关在审查批捕过程中对公安机关的侦查活动有违法情况进行监督的规定，其中，监督的对象明确限定为公安机关的违法侦查行为，而不包括检察机关自侦部门的违法侦查行为。第168条第5项是关于人民检察院审查案件的时候（即审查起诉的过程中）对侦查活动是否合法进行监督的规定。因为检察机关审查起诉部门审查起诉的案件既包括公安机关、国家安全机关、走私犯罪侦查机关、监狱、军队保卫部门等移送的案件，也包括检察机关自侦部门移送的案件，因此，审查起诉部门监督的对象包括公安机关、国家安全机关、走私犯罪侦查机关、监狱、军队保卫部门和检察机关的侦查

---

① 朱智晖：《论我国侦查活动监督的缺陷和完善》，兰州大学硕士学位论文，2010年。

② 赵亚平：《加强检察机关侦查监督职能的若干思考》，载《学习月刊》2008年第2期。

③ 参见王然冀主编：《当代中国检察学》，法律出版社1989年版，第232页。

部门的刑事侦查活动。从上述规定可以看出，虽然《刑事诉讼法》赋予了检察机关在审查批捕和审查起诉过程中对侦查机关（侦查部门）的违法侦查活动进行监督的权力，但总体来说规定得还是比较原则。鉴于此，1999 年 1 月 18 日最高人民检察院发布实施的《人民检察院刑事诉讼规则》第 103、250、380～390 条对检察机关对侦查活动监督的主体、内容、程序和方式等进行了细化规定。其中，《人民检察院刑事诉讼规则》第 103 条规定，人民检察院办理审查逮捕案件，发现应当逮捕而公安机关未提请批准逮捕的犯罪嫌疑人的，应当建议公安机关提请批准逮捕。如果公安机关不提请批准逮捕的理由不能成立的，人民检察院也可以直接作出逮捕决定，送达公安机关执行。第 381 条明确了检察机关对 11 项侦查违法行为进行监督：（1）对犯罪嫌疑人刑讯逼供、诱供的；（2）对被害人、证人以体罚、威胁、诱骗等非法手段收集证据的；（3）伪造、隐匿、销毁、调换或者私自涂改证据的；（4）徇私舞弊，放纵、包庇犯罪分子的；（5）故意制造冤、假、错案的；（6）在侦查活动中利用职务之便谋取非法利益的；（7）在侦查过程中不应当撤案而撤案的；（8）贪污、挪用、调换所扣押、冻结的款物及其孳息的；（9）违反《刑事诉讼法》关于决定、执行、变更、撤销强制措施规定的；（10）违反羁押和办案期限规定的；（11）在侦查中有其他违反《刑事诉讼法》有关规定的行为的。第 382 条第 2 款赋予了检察机关监所检察部门对侦查中违反法律规定的羁押和办案期限进行监督的权力。第 383 条增加了人民检察院对公安机关的侦查活动进行监督的途径，即除了审查批捕和审查起诉外，还包括参加公安机关对于重大案件的讨论和其他侦查活动以发现违法行为。第 390 条明确了审查逮捕部门或者审查起诉部门对本院侦查部门的侦查或者决定、执行、变更、撤销强制措施等活动中的违法行为进行监督的权力，等等。

除《人民检察院刑事诉讼规则》外，2009 年 2 月 18 日，最高人民检察院第十一届检察委员会第九次会议还审议通过了最高人民检察院《关于进一步加强对诉讼活动法律监督工作的意见》，[①] 该意见虽然不是专门关于侦查活动监督的法律规范，但作为诉讼监督重要组成部分的侦查活动监督也是其中的重要内容，尤其是该意见要求加大对刑讯逼供、暴力取证等违法行为的查处力度，健全排除非法证据制度，发现以刑讯逼供或者威胁、引诱、欺骗等非法方法收集的言辞证

① 该意见于 2009 年 2 月 18 日由最高人民检察院第十一届检察委员会第九次会议通过，但时隔十个多月之后（即 2009 年 12 月 29 日）才由最高人民检察院印发施行（高检发〔2009〕30 号），间隔时间之长比较少见，其中的理由笔者不得而知，但是可以推测的是，该意见因涉及对公安机关、人民法院以及监狱等机关的监督，在我国目前司法职权配置的体制下，其中的关系协调是重点也是难点，因此，文件通过后需要经过一段时间的印发实施也在常理之中。

据，应依法予以排除，以及对侦查机关采取的强制性侦查措施和强制措施的监督机制等问题都是在实践中比较突出和重要的侦查违法问题。2010 年 6 月 13 日，最高人民法院、最高人民检察院、公安部、国家安全部、司法部联合印发了《关于办理刑事案件排除非法证据若干问题的规定》，可以说该文件是专门针对侦查活动中的顽疾——刑讯逼供、暴力、威胁取证，而从证据制度的角度采取的专门手段。①（详见表5 –1）

表 5 – 1　侦查活动监督法律制度规范一览表

时间	发文单位	名　　称
1982 年	全国人民代表大会	《宪法》第 129、135 条
1996 年	全国人民代表大会	《刑事诉讼法》第 8、76、137 条
1999 年	最高人民检察院	《人民检察院刑事诉讼规则》第 103、250、380 ~ 390 条
2001 年	最高人民检察院、公安部	《关于在办理刑事案件工作中加强联系配合的通知》
2009 年	最高人民检察院	《关于进一步加强对诉讼活动法律监督工作的意见》
2010 年	最高人民法院、最高人民检察院、公安部、国家安全部、司法部	《关于办理刑事案件排除非法证据若干问题的规定》

除了适用全国范围的有关侦查活动监督的制度规范外，目前，北京市检察机关在对侦查活动监督过程中还以本市出台的文件为指导，这些文件主要包括 2008 年 9 月北京市人民代表大会常务委员会通过的《关于加强人民检察院对诉讼活动的法律监督工作的决议》、2009 年北京市人民检察院制定的《关于加强对诉讼活动的法律监督工作的意见》以及《北京市人民检察院侦查活动监督细则（试行）》、《侦查活动违法情形具体认定标准和纠正方式（试行）》等（详见表 5 –2），《北京市人民检察院侦查活动监督细则（试行）》对侦查活动监督应遵循的原则、方式、程序等进行了比较详细的规定，《侦查活动违法情形具体认定标准和纠正方式（试行）》对侦查活动中的具体违法情形、监督依据、认定标准和

① 最高人民法院、最高人民检察院、公安部、国家安全部、司法部《关于办理刑事案件排除非法证据若干问题的规定》第 1 条规定："采用刑讯逼供等非法手段取得的犯罪嫌疑人、被告人供述和采用暴力、威胁等非法手段取得的证人证言、被害人陈述，属于非法言辞证据。"第 2 条规定："经依法确认的非法言辞证据，应当予以排除，不能作为定案的根据。"第 3 条规定："人民检察院在审查批准逮捕、审查起诉中，对于非法言辞证据应当依法予以排除，不能作为批准逮捕、提起公诉的根据。"

监督方式等进行了具体明确的规定，这些文件在效力层次上虽不如《刑事诉讼法》等法律规范，但因其具体和细化了《刑事诉讼法》的相关规定，在实践中更具有可操作性，是检察干警从事侦查活动监督工作的最主要依据。[①]

表 5－2　北京市检察机关对侦查活动监督的相关制度规范

2008 年 9 月	北京市人民代表大会常务委员会	《关于加强人民检察院对诉讼活动的法律监督工作的决议》
2009 年 1 月	北京市人民检察院	《关于加强对诉讼活动的法律监督工作的意见》
2009 年 5 月	北京市人民检察院	《北京市人民检察院侦查活动监督细则（试行）》
2009 年 8 月	北京市人民检察院	《侦查活动违法情形具体认定标准和纠正方式（试行）》

第二节　侦查活动监督制度的运行现状

按照我国现行《刑事诉讼法》的规定，目前享有对侦查活动监督职责的主要是人民检察院的审查批捕和审查起诉部门。审查批捕环节对侦查活动监督的内容主要是纠正漏捕、纠正违法（纠正侦查取证违法、纠正办案程序违法以及执行违法）以及对延长侦查羁押期限的监督（详见表 5－3）；审查起诉环节的侦查监督主要包括纠正漏起诉、纠正违法、介入侦查等。因为北京检察年鉴统计的数据将审查批捕和审查起诉环节分开，笔者在描述检察机关对侦查活动监督制度的运行现状时也将二者分开叙述。

一、审查批捕环节纠正漏捕情况

（一）纠正漏捕的总体情况

《人民检察院刑事诉讼规则》第 103 条规定：“人民检察院办理审查逮捕案件，发现应当逮捕而公安机关未提请批准逮捕的犯罪嫌疑人的，应当建议公安机关提请批准逮捕。如果公安机关不提请批准逮捕的理由不能成立的，人民检察院也可以直接作出逮捕决定，送达公安机关执行。”可见，追捕和纠正漏捕是检察机关侦查监督部门依法履行侦查监督职能，全面、准确、及时打击犯罪的重要工作制度。2005～2011 年，审查批捕环节纠正漏捕数量基本上呈上升趋势，2005 年纠正 20 件，2006 年略有下降纠正 14 件，2007 年以后每年纠正漏捕的案件数

① 这是笔者对个别检察官访谈得到的答案。在笔者问及目前侦查活动监督的主要依据时，多数干警的第一反应回答就是《北京市人民检察院侦查活动监督细则（试行）》。

逐渐上升，2011年达到最高峰，纠正411件，是2005年的20.55倍，是2006年的29.35倍。（详见图5-1）

表5-3 2005~2011年北京市检察机关审查批捕环节侦查监督情况一览表

<table>
<tr><td rowspan="3">年份</td><td colspan="4">书面纠正违法</td><td colspan="2">延长侦查羁押期限</td><td colspan="2">介入侦查</td><td rowspan="2">检察建议</td><td rowspan="2">纠正漏捕</td></tr>
<tr><td>提出纠正</td><td>侦查取证违法</td><td>办案程序违法</td><td>已纠正</td><td>批准</td><td>不批准</td><td>参加重大案件讨论</td><td>参加现场勘查</td></tr>
<tr><td>件</td><td>件</td><td>件</td><td>件</td><td>人</td><td>人</td><td>件</td><td>件</td><td>件</td><td>件</td></tr>
<tr><td>2005</td><td>7</td><td>1</td><td>4</td><td>4</td><td>506</td><td>4</td><td></td><td></td><td></td><td>20</td></tr>
<tr><td>2006</td><td>2</td><td>1</td><td>1</td><td>2</td><td>2366</td><td>27</td><td>177</td><td>2</td><td>40</td><td>14</td></tr>
<tr><td>2007</td><td>2</td><td>0</td><td>2</td><td>0</td><td>3051</td><td>20</td><td>163</td><td>2</td><td>44</td><td>24</td></tr>
<tr><td>2008</td><td>11</td><td>3</td><td>5</td><td>4</td><td>2310</td><td>13</td><td>146</td><td>1</td><td>75</td><td>33</td></tr>
<tr><td>2009</td><td>15</td><td>9</td><td>5</td><td>8</td><td>2578</td><td>14</td><td>160</td><td>1</td><td>119</td><td>82</td></tr>
<tr><td>2010</td><td>33</td><td>12</td><td>17</td><td>33</td><td>2176</td><td>12</td><td>151</td><td>33</td><td>329</td><td>179</td></tr>
<tr><td>2011</td><td>56</td><td>8</td><td>38</td><td>43</td><td>2425</td><td>29</td><td>170</td><td></td><td>477</td><td>411</td></tr>
<tr><td>合计</td><td>126</td><td>34</td><td>72</td><td>94</td><td>15412</td><td>119</td><td>967</td><td>39</td><td>1084</td><td>763</td></tr>
</table>

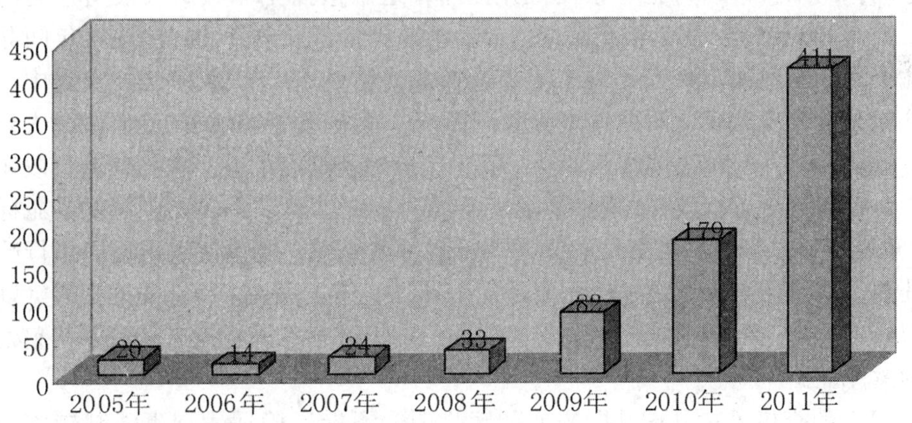

图5-1 2005~2011年北京市检察机关审查批捕环节纠正漏捕情况

（二）纠正漏捕案件的特点

1. 纠正案件多是追捕遗漏共犯

笔者对2010~2011年北京市×检察院纠正漏捕的8个案件（详见表5-4），

结合《2005年至2007年北京市侦查活动监督情况报告》[①] 统计分析和首都检察内网公布的信息来看，追捕犯罪嫌疑人主要分为四种类型，以追捕遗漏共犯最为常见。

表5-4 2010~2011年北京市×检察院纠正漏捕案件情况

受案日期	提请单位	提请案由	审结处理情况
2010年4月16日	公安机关	合同诈骗	纠正漏捕
2010年5月14日	公安机关	运送他人偷越国（边）境	纠正漏捕
2010年12月9日	公安机关	故意伤害	纠正漏捕
2010年12月9日	公安机关	故意伤害	纠正漏捕
2011年6月24日	公安机关	聚众斗殴	纠正漏捕
2011年7月8日	公安机关	故意伤害	纠正漏捕
2011年9月22日	公安机关	假冒注册商标	纠正漏捕
2011年10月3日	走私侦查机关	走私珍贵动物、珍贵动物制品	纠正漏捕

（1）侦查机关在办理共同犯罪的案件时，不能准确认定涉案人员的共犯关系，将部分参与共同犯罪的人员遗漏，尤其常见的是将起教唆、帮助等作用的共犯遗漏，而未将其列为犯罪嫌疑人并提捕，这是追捕犯罪嫌疑人最为常见的类型。据《2005年至2007年北京市侦查活动监督情况报告》的统计，3年间共追捕此类犯罪嫌疑人169人，占3年来追捕总人数的59.7%。在司法实践中，遗漏共犯又常表现为以下两种具体情形：其一，侦查机关将遗漏的犯罪嫌疑人列为案件的证人，并向其收集相关证据。其中，有的将遗漏的共犯作为普通行政违法人员，在对其给予行政处罚的同时列为刑事案件的证人；有的将遗漏的共犯标明“另案处理”并列为刑事案件的证人，所谓另案处理，既包括以罚代刑作行政处罚处理，也包括不了了之未作任何处理。其二，侦查机关未将遗漏的犯罪嫌疑人纳入侦查视野，案卷中既没有关于遗漏共犯的审查材料，也没有从遗漏共犯处收集的案件证据。

（2）侦查机关在办理共同犯罪的案件时，不能准确适用刑事强制措施，对部分参与共同犯罪且应当适用逮捕措施的人员，虽将其列为犯罪嫌疑人，但未向检察机关提请批准逮捕，这也是追捕犯罪嫌疑人较为常见的类型。据《2005年

① 此调研报告没有列明具体作者，据笔者查询目前也没有公开发表，笔者在这一章中参考调研报告的统计数据和分析情况一般在正文中说明，而不再以脚注形式具体列明。报告具体内容参见首都检察网。

至2007年北京市侦查活动监督情况报告》的统计，3年间共追捕此类犯罪嫌疑人61人，占3年来追捕总人数的21.6%。在司法实践中，适用强制措施不当又常表现为以下四种具体情形：其一，对部分应当适用逮捕措施的犯罪嫌疑人，采取取保候审、监视居住等强制措施而未提捕；其二，对部分应当适用逮捕措施的犯罪嫌疑人，采取刑事拘留强制措施但未提捕；其三，对部分应当适用逮捕强制措施的犯罪嫌疑人，未采取任何强制措施亦未提捕；其四，部分列为“在逃”的犯罪嫌疑人，应当提捕而未提捕。

（3）在侦查机关移送审查逮捕的案件中，有证据证明案件的被害人、证人涉嫌与案件相同（并非共同犯罪）或相关的犯罪，侦查机关未立案侦查，未将其列为犯罪嫌疑人提请批捕。据《2005年至2007年北京市侦查活动监督情况报告》的统计，3年间共追捕此类犯罪嫌疑人51人，占3年来追捕总人数的18%。在司法实践中，此类追捕又常表现为以下两种情形：

其一，部分故意伤害、聚众斗殴案件，涉案双方均实施侵害对方的行为，均造成人身伤害的后果，涉案双方当事人的行为均已构成犯罪（并非共同犯罪），侦查机关仅将其中一方当事人作为犯罪嫌疑人提请批捕，而将另一方当事人作为案件被害人、证人收集证据。侦查监督机关在办理案件过程中，发现被害人、证人的行为已经涉嫌故意伤害、聚众斗殴等犯罪且应当适用逮捕措施，遂提出追捕意见。例如，C区检察院在办理犯罪嫌疑人靳某等人涉嫌聚众斗殴一案时，发现身受轻伤而被列为被害人的张小某、张兴某系参与斗殴的另一方当事人，二人积极联系约架、准备刀棍，并积极参与斗殴，其行为已经涉嫌聚众斗殴罪，遂提出追捕意见，后该二人均被法院判处有期徒刑3年。

其二，在侦查机关移送审查逮捕的案件中，有证据证明案件的被害人、证人实施了与提捕案件相关的犯罪，侦查机关未对相关犯罪立案侦查，也未将相关人员作为犯罪嫌疑人提捕。侦查监督机关在办理案件过程中，发现被害人、证人的行为已涉嫌相关犯罪且应当适用逮捕措施，遂提出追捕意见。例如，D区人民检察院在办理犯罪嫌疑人朱某某涉嫌盗窃一案时，发现该案证人栗某实施了收购朱某某盗窃所得赃物的行为且数额巨大，其行为已经涉嫌掩饰、隐瞒犯罪所得罪，遂提出追捕意见，后栗某被法院判处有期徒刑6年。

（4）3年来全市共有两件追捕案件不属于以上三种类型。这两件案件均系贩卖毒品案件，犯罪嫌疑人在被抓获后供述了从上线贩毒分子处购得毒品的事实，且有证据证实上线贩毒分子的行为已经涉嫌贩卖毒品罪，侦查机关因各种原因未将上线贩毒分子提请批捕，检察机关在办理案件过程中发现该线索并提出追捕意见。

2. 提请单位多为公安机关

从提请单位来看，提请单位多为公安机关。少部分案件涉及海关、安全、监狱机关和检察机关的自侦部门。

3. 纠正漏捕案件的罪名多集中在刑事发案率高、易形成共同犯罪的罪名

从表5－4可以看出，北京市×检察院纠正漏捕案件的案由涉及《刑法》规定的6个罪名，包括故意伤害（3件）、聚众斗殴（1件）、合同诈骗（1件）、假冒注册商标（1件）、走私珍贵动物、珍贵动物制品（1件）、运送他人偷越国（边）境（1件）。

根据《2005年至2007年北京市侦查活动监督情况报告》的统计分析，北京市3年来追捕案件案由涉及《刑法》规定的35个罪名，主要有寻衅滋事罪，故意伤害罪，盗窃罪，聚众斗殴罪，掩饰、隐瞒犯罪所得、犯罪所得收益罪等，这些都是刑事发案率高、易形成共同犯罪的罪名。（详见表5－5）

表5－5　2005～2007年北京市检察机关追捕案件涉及罪名情况一览表

追捕案由	追捕人数
寻衅滋事罪	44人
故意伤害罪	38人
盗窃罪	35人
聚众斗殴罪	29人
掩饰、隐瞒犯罪所得、犯罪所得收益罪	22人
抢劫罪	20人
贩卖毒品罪	12人
容留、介绍卖淫罪	10人
组织卖淫罪	9人
诈骗罪	6人
强奸罪	5人
敲诈勒索罪、销售伪劣产品罪、非法经营罪、赌博罪、虚开增值税专用发票罪	各4人
非法拘禁罪、协助组织卖淫罪、容留他人吸毒罪	各3人
其他16个罪名	共24人

4. 追捕案件有罪判决率较高，追捕工作质量总体较高

根据《2005年至2007年北京市侦查活动监督情况报告》统计，2005～2007年，北京市检察机关共追捕犯罪嫌疑人283人，其中，追捕到案178人，占追捕总人数的62.9%；其中有4人系侦查机关抓获后取保候审直接移送审查起诉

（均被判刑），占追捕总人数的 1.41%；另有 105 人批捕后未能抓获，占追捕总人数的 37.1%。追捕到案率超过六成。

截至 2008 年初，全市追捕到案的 178 人中，已被法院作出有罪判决的 144 人，占追捕到案总人数的 80.9%；尚处于刑事诉讼过程中的为 23 人，占追捕到案总人数的 12.92%；作不起诉决定或公安机关撤回起诉的为 11 人，占追捕到案人数的 6.18%。追捕到案后有罪判决率超过八成。

（三）纠正漏捕案件中存在的问题及对策

1. 追捕后未能到案率较高（接近四成），严重影响追捕工作取得实效

前面已提到，2005～2007 年北京市共追捕犯罪嫌疑人 283 人，其中有 105 人批捕后未能抓获，占追捕总人数的 37.1%，这说明追捕工作的未到案率较高。

造成追捕未到案率较高的原因，既有检察机关在提出追捕意见时“部分犯罪嫌疑人已经潜逃”的客观因素，也有侦查机关对检察机关的追捕意见存在抵触、懈怠情绪等主观因素。针对这一问题，一方面，检察机关要在追捕、追诉前加强与公安机关的联系，增强对追捕工作的积极性和主动性；另一方面，应建立实行追捕跟踪制度，确保监督效果。例如，对于公安机关提请批准逮捕书中已列明在逃的人员，侦查监督部门如果发现其能够采取上网追逃措施而未采取的，应以应当逮捕犯罪嫌疑人意见书的形式，督促公安机关采取有效的追缉措施。对发出的应当逮捕犯罪嫌疑人意见书，则应采取跟踪监督的办法，即承办人跟踪掌握和记录公安机关采取追捕措施的情况。

2. 追捕后被判处拘役以下刑罚或作无罪处理的比例较高，反映出追捕质量不高

根据《2005 年至 2007 年北京市侦查活动监督情况报告》的统计，2005～2007 年，北京市检察机关追捕到案后被判有罪 144 人，被判处拘役以下刑罚的 26 人，占有罪判决人数的 18.1%。其中，被判处拘役的 23 人，被判处管制的 1 人，被判处免予刑事处罚的 2 人。这说明“构罪即捕”的错误观念在检察机关纠正漏捕的工作中仍然存在。因为按照《刑事诉讼法》等相关法律的规定，追捕机制的启动应当严格遵循逮捕的条件，即不仅要求符合逮捕的证据条件，而且要求符合逮捕的刑罚条件和必要性条件。如果追捕后犯罪嫌疑人被判处拘役、管制或免予刑事处罚，说明该案本不应当启动追捕机制。另外，2005～2007 年，北京市追捕到案的 174 人中，最后作无罪处理共 11 人，占 6.3%，说明追捕工作质量较差。上述追捕后被判处拘役以下刑罚和作无罪处理的案件是检察机关不当追捕的体现，这部分工作不但浪费了司法资源，也使检察机关的监督权威和监督质量大打折扣。造成这种现象的原因有两个：一是部分承办人的监督意识薄弱，对监督工作的理解比较片面，在监督工作时，一味追求监督数量，盲目追求多提追捕意见，而忽视了追捕准确性和追捕后积极跟踪监督，导致追捕工作质量不

高，实效不突出。二是整个审查逮捕工作中“构罪即捕”的错误观念在追捕工作中的蔓延和体现。

二、审查批捕环节纠正违法情况

2012 年《刑事诉讼法》第 98 条规定：“人民检察院在审查批准逮捕工作中，如果发现公安机关的侦查活动有违法情况，应当通知公安机关予以纠正，公安机关应当将纠正情况通知人民检察院。”可见，纠正违法是检察机关侦查监督部门依法履行侦查监督职能，促进侦查人员严格执法，依法保护公民合法权益的重要工作制度。

（一）从纠正违法的数量上看

2005~2011 年审查批捕环节书面纠正违法数量基本上呈逐年上升的趋势，2005 年发出纠正违法通知书 7 件，其中，取证违法 1 件，办案程序违法 4 件，公安机关已纠正 4 件，纠正率为 57.14%；2006 年提出纠正违法通知书 2 件，其中，取证违法 1 件，办案程序违法 1 件，公安机关已纠正 2 件，纠正率为 100%；2007 年侦查活动监督走入了低谷，发出书面纠正违法通知书的数量是 7 年最低的，只有 2 件，而且纠正率为 0。从 2008 年起，北京市检察机关发出书面纠正违法通知书的数量逐年升高，2011 年达到了最高峰 56 件，公安机关已纠正 43 件，纠正率达到 76.79%，仅次于 2010 年 100% 的纠正率。（详见图 5-2）

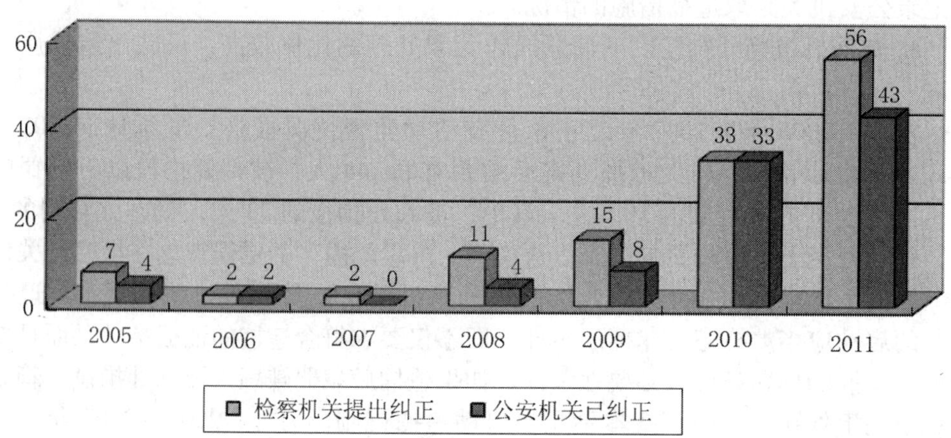

图 5-2　2005~2011 年北京市检察机关提出纠正和公安机关已纠正违法的数量

从上述数据可以看出，2008 年是北京市检察机关审查批捕环节纠正违法数量变化的分水岭，2008 年以前提出纠正违法的数量和已纠正违法的数量徘徊不前，基本都在个位数，而且 2005~2007 年无论是提出纠正违法的数量还是已纠正违法数量都呈下降趋势，2008 年以后情况大为改观，不仅数量实现了个位数到十位数的转变，而且增长幅度也很大，尤其是2011年的数字几乎占到了7年中的一半。为什么2008年会成为审查批捕环节纠正违法工作的分水岭呢？笔者认为，这与2008年9月北京市人民代表大会常务委员会出台的《关于加强人民检察院对诉讼活动的法律监督工作的决议》密切相关。因为检察机关开展诉讼监督工作很重要的一个因素就是涉及各个司法机关之间的关系，监督工作的开展必须得到被监督单位的配合。决议的出台，“在各个司法机关之间建立了一个共识，检察机关的诉讼监督实际上是要通过外部监督帮助其他司法机关找出问题、提出建议。在此基础上，监督的环境明显改善了。”① 另外对于检察机关来说，履行诉讼监督职能最大的障碍莫过于法律规定的不完善。北京市人民代表大会《关于加强人民检察院对诉讼活动的法律监督工作的决议》的出台为检察机关完善监督程序提供了一个良好的契机。2009年5月，北京市人民检察院出台了《北京市人民检察院侦查活动监督细则（试行）》，2009年8月又颁布了《侦查活动违法情形具体认定标准和纠正方式（试行）》，这些规定对侦查活动监督中纠正违法的情形、标准、方式等作出了详细的规定，改变了侦查活动监督中“有法律无程序”的尴尬现状。

（二）从公安机关纠正违法率来看

2005~2011年，北京市检察机关共发出纠正违法通知书126件，侦查机关已纠正94件，纠正率为74.60%（详见图5-3），这个数据说明1/4的侦查违法行为没有得到公安机关的纠正，检察机关对侦查活动监督的效果和力度有待加强。分析这个数据背后的原因，笔者认为主要有以下几个方面：

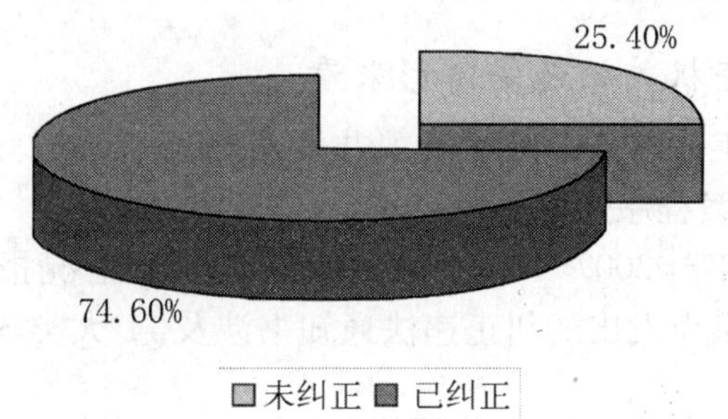

图5-3　2005~2011年北京市检察机关纠正违法通知书发出后侦查机关纠正情况统计图

1. 检察机关书面纠正违法质量不高

根据《2005年至2007年北京市侦查活动监督情况报告》中对2005~2007

① 李松、黄洁：《北京市人大常委会加强诉讼监督决议实施一年成效显著 抗诉率历史最高 法院采纳率过半》，载《法制日报》2009年10月17日。

年北京市各级侦查监督部门发出的书面纠正违法通知书进行实证研究发现，检察机关发出的部分纠正违法通知书存在质量问题。例如，公安机关抓捕不力导致犯罪嫌疑人逃跑，公安机关提捕时遗漏重大犯罪嫌疑人等事项，如果没有证据证明侦查人员存在严重渎职、徇私舞弊等问题，一般不宜作为违法侦查事项予以书面纠正。又如，提请不捕复议超过法定期限，检察机关可以不受理该复议申请，但不宜作为违法事项进行纠正；因证据不足不捕的案件，公安机关在补充证据后没有重新报捕，而是提请复议，检察机关可不受理该复议申请并与公安机关及时沟通协调，避免此种情况继续发生，但不宜作为违法事项进行纠正。

2. 侦查监督纠正违法制度刚性不足，手段较弱

相关立法在赋予检察机关对侦查机关违法侦查行为监督纠正权力的同时，并没有规定被监督机关必须根据人民检察院纠正违法通知书的要求纠正违法的义务，以及被监督机关及其工作人员不纠正违法行为要承担的法律责任。“法律的力量在于惩罚，而不起作用的惩罚乃是对法律的一种附加的谴责”①。违法和责任是必然联系的，如果一个违法活动不需要承担任何法律后果，我们怎能去要求公安机关在侦查活动中不违法呢？这样的制度缺陷必然会导致现有的纠正违法制度刚性不足，纠正违法通知书缺乏应有的法律强制力和执行力，在实践中难以发挥法律监督的作用。在实践中，公安机关回函流于形式、敷衍了事的情况屡见不鲜，更有甚者对检察机关的纠正违法通知书置之不理，不予回函，这说明检察机关的侦查活动监督权是一项软权力，其权力因素尚不充分，因为“权力的重要特质在于：它确保可行的因果链、不依赖于服从权力的参与者的意志——不管他是否愿意”②。

（三）从侦查机关的违法情形来看

2005～2011 年，北京市检察机关共发出纠正违法通知书 127 件，其中，取证违法 34 件，办案程序违法 72 件，执行违法 11 件。

根据《2005 年至 2007 年北京市侦查活动监督情况报告》的统计，2005～2007 年 3 年间北京市发出的纠正违法通知书涉及 11 大类 30 余种违法事项。（详见表 5－6）

---

① ［英］吉米·边沁著，李贵方等译：《立法理论》，中国人民公安大学出版社 2004 年版，第 186 页。

② 参见左卫民等著：《中国刑事诉讼运行机制实证研究》，法律出版社 2007 年版，第 196 页。

表 5－6　2005～2007 年北京市检察机关纠正违法情况一览表[①]

违法类型	违法事项	书面纠正次数
适用刑事强制措施环节违法	违法延长刑事拘留期限	12
	刑事拘留期限届满未及时提捕	3
	适用刑事强制措施环节其他违法事项	4
讯问犯罪嫌疑人环节违法	侦查人员未签名、讯问笔录填写不完整	15
	单人讯问、交叉讯问	8
	未在刑事拘留 24 小时内讯问犯罪嫌疑人	1
	讯问未成年犯罪嫌疑人未通知其法定代理人到场	1
扣押环节违法	扣押清单无见证人、侦查人员、持有人签名	8
	单人扣押	3
	扣押环节其他违法事项	4
搜查环节违法	无证搜查	1
勘验环节违法	应当勘验而未勘验，勘验不及时导致证据灭失	3
	勘验笔录未注明勘验人、见证人	1
鉴定环节违法	鉴定人未签名	1
	原鉴定人参与重新鉴定	1
辨认环节违法	辨认笔录无辨认人、见证人签名	2
	多份辨认笔录时间交叉	1
	辨认照片未达到规定数量	1
	辨认环节其他违法事项	2
违法收集证据	制作虚假辨认笔录、证人证言、扣押清单	4
违反回避规定	侦查人员作为案件被害人、证人参与讯问	2
立案环节违法	应当立案不立案、不及时立案	5
	没有立案法律手续	1
	立案后消极侦查	1

① 注：右侧栏为书面纠正侦查机关相应违法事项的次数，因一份书面纠正违法通知书可能涉及多个违法事项，故纠正违法次数累计多于纠正违法通知书份数。

违法类型	违法事项	书面纠正次数
其他侦查违法	超过法定期限提请不捕复议	1
	超过法定期限提请延长羁押期限	1
	法律手续填写不规范	6
	应当附卷的案件材料未附卷	5
	丢失物证、卷宗	4
	违反管辖规定办案	1
	看管不善致犯罪嫌疑人从派出所（去所途中）逃脱	3
	抓捕不力导致犯罪嫌疑人逃跑	1
	提捕时遗漏重大犯罪嫌疑人	1
	因证据不足不捕，补充证据后直接提出复议	1

通过表5－6不难看出，书面纠正违法所纠正的违法侦查事项涉及刑事侦查活动的整个流程和各项工作，违法事项种类繁多，共涉及11类30余项。其中，违法延长刑事拘留期限，侦查人员未签名、讯问笔录填写不完整，单人讯问、交叉讯问，扣押物品清单无见证人、侦查人员、持有人签名，法律手续填写不规范等违法侦查事项是司法实践中最为常见的违法事项，也是书面纠正违法最集中的违法事项。[①] 这说明北京市侦查机关的侦查活动总体上还不够规范，违反《刑事诉讼法》相关规定的情况比较常见。尤其在适用刑事强制措施环节和讯问犯罪嫌疑人环节违法情况还比较突出，这一方面反映了我国侦查中形成的“口供中心主义”，另一方面也反映了侦查机关对犯罪嫌疑人自由权利的漠视。这说明我们现有制度设计对关系公民个人人身自由和财产权利的强制措施，目前（除逮捕外）只有公安机关内部的行政化审批而缺少外部监督制约，存在重大缺陷，建议应赋予检察机关对强制措施的事前审批权和犯罪嫌疑人的有效救济权。

（四）从侦查活动违法的易发案件来看

2005～2011年，北京市检察机关发出的纠正违法通知书主要涉及侵犯公民人身权利、民主权利类案件，侵犯财产类案件，妨害社会管理秩序类案件，破坏社会主义市场经济秩序类案件。其中，侵犯公民人身权利、民主权利类案件和侵犯财产类案件最多。这个数据可以从2010～2011年北京市×检察院审查批捕环节纠正违法案件的类型得到部分印证。北京市×检察院2年间共发出纠正违法通

① 参见首都检察网。

知书8件，案由集中在故意伤害和故意杀人两类案件中，其中，故意伤害案件6件，故意杀人案件2件。（详见表5－7）

表5－7　2010～2011年北京市×检察院审查批捕环节纠正违法情况

归档号	案件来源	案由	侦查监督纠正提出日期	侦查纠正违法情况	侦查监督纠正日期
纠违1	办案中发现	故意伤害罪	2010年11月26日	侦查取证违法	2010年12月20日
纠违2	办案中发现	故意伤害罪	2010年11月27日	侦查取证违法	2010年12月21日
纠违3	办案中发现	故意伤害罪	2010年11月30日	侦查取证违法	2010年12月22日
纠违1	办案中发现	故意伤害罪	2011年3月21日	办案程序违法	2011年4月18日
纠违2	办案中发现	故意杀人罪	2011年4月19日	执行违法	2011年4月29日
纠违3	办案中发现	故意杀人罪	2011年8月10日	办案程序违法	2011年9月6日
纠违4	办案中发现	故意伤害罪	2011年8月15日	办案程序违法	2011年9月5日
纠违5	办案中发现	故意伤害罪	2011年11月22日	办案程序违法	2011年12月16日

三、审查批捕环节的检察建议

检察建议是检察机关对一些不能通过诉讼手段解决的问题，有针对性地向在管理上存在问题和漏洞的有关单位提出的，或认为需要追究有关责任人党纪、政纪责任而提出的处理建议和改进要求，或向法院提出民事行政再审建议，并督促落实，实现法律监督职能的方式。[①] 审查批捕环节的检察建议是检察机关履行侦查监督职能的重要方式之一，2005～2011年北京市检察机关批捕环节发送的检察建议数量逐年增多，2005年为0件，2006年为40件，2007年为44件，2008年为75件，2009年为119件，2010年为329件，2011年达到了477件，从这些数据可以看出，2008年以后检察建议数量基数开始增大，尤其是2010年发送检察建议的数量增长最快（176%），达到了329件。（详见图5－4）

① 刘铁流：《检察机关检察建议实施情况调研》，载《人民检察》2011年第2期。

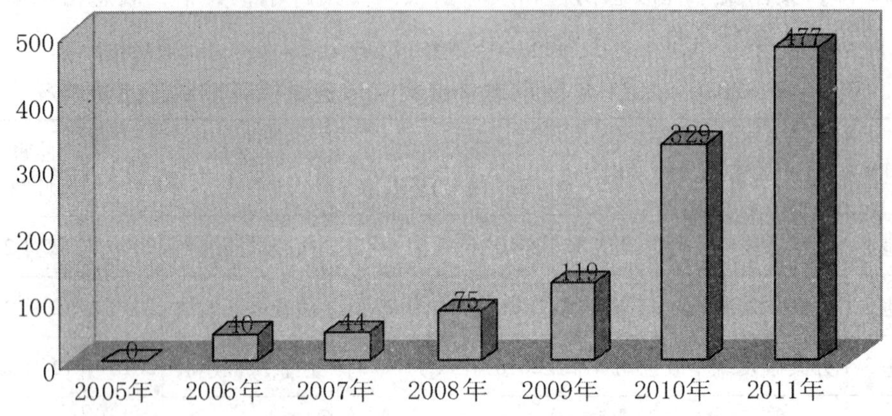

图 5－4　2005～2011 年北京市检察机关批捕环节检察建议数量

四、审查起诉环节的侦查监督

审查起诉是检察机关开展侦查活动监督的又一重要环节，其方式主要包括纠正漏起诉，参加重大案件讨论，提出书面或口头纠正违法通知，发送检察建议等。从总体上看，审查起诉环节纠正违法和检察建议的情况和变化趋势与审查批捕环节比较相似，笔者在此不予赘述。下面仅就纠正漏诉和介入侦查两种方式进行分析。

（一）纠正漏诉

所谓漏诉，顾名思义，即遗漏的起诉，具体而言，是指侦查机关已查清案件事实，但在公诉机关向法院提起公诉时，只起诉了其中一部分事实，而漏掉另一部分事实或将另一部分再重新起诉的情形。纠正漏诉在司法实践中主要包括纠正漏犯和纠正漏罪两种情况。追诉漏犯、漏罪是公诉部门开展侦查监督工作的重要内容，也是衡量一名公诉人开展法律监督工作能力的重要方面。2001～2011 年北京市检察机关纠正漏诉案件的数量基本上呈上升趋势，2001 年纠正漏诉 11 件 25 人，2002 年纠正漏诉 11 件 19 人，2003 年纠正漏诉 1 件 17 人，2004 年纠正漏诉 5 件 23 人，2005 年纠正漏诉 14 件 23 人，2006 年纠正漏诉 14 件 37 人，2007 年纠正漏诉 19 件 29 人，2008 年纠正漏诉 30 件 62 人，2009 年纠正漏诉 82 件 142 人，2010 年纠正漏诉 171 件 251 人，2011 年纠正漏诉 233 件 312 人。（详见表 5－8）

表 5－8　2001～2011 年北京市检察机关审查起诉环节侦查监督情况一览表

年份		审结	介入侦查（2004 年前只有介入侦查）		书面纠正违法		口头	检察建议
		纠正漏起诉	参加重大案件讨论	参加现场勘查	提出纠正	已纠正		
2011	合计（件）	233	7		65	55		771
	合计（人）	312	7		98	81		1162
2010	合计（件）	171	2		49	43		650
	合计（人）	251	12		73	63		967
2009	合计（件）	82			57	39		381
	合计（人）	142			90	41		549
2008	合计（件）	30	9		28	15		217
	合计（人）	62	17		38	16		379
2007	合计（件）	19	12		22	4		159
	合计（人）	29	35		28	5		248
2006	合计（件）	14	3	2	12	3		75
	合计（人）	37	11	2	13	3		111
2005	合计（件）	14		7	18	7		65
	合计（人）	23		15	38	10		114
2004	合计（件）	5	1		3	3		
	合计（人）	23	1		8	8		
2003	合计（件）	1	1		3	3		
	合计（人）	17	1		8	8		
2002	合计（件）	11	1		1			
	合计（人）	19	2		1			
2001	合计（件）	11	2		2			
	合计（人）	25	6		3			

笔者通过对首都检察网信息系统中北京市检察机关办理的追诉漏捕、漏犯案件的调研分析发现，检察机关纠正漏诉的案件具有如下特点：

1. 追诉漏罪主要是关联性的上下游犯罪

关联犯罪，是指一种犯罪的存在附随于另一种犯罪的存在，彼此之间存在依附与被依附关系的犯罪群。① 在司法实践中常见的有贩卖毒品罪和非法持有毒品罪，伪造货币罪与出售、购买、运输假币罪，受贿罪与行贿罪等。

例如，北京市×检察院办理的艾某萨贩卖毒品、非法持有毒品一案就是检察机关强化侦查监督对艾某萨非法持有毒品罪进行追诉的典型案例。

犯罪嫌疑人艾某萨于2011年3月28日2时许，在北京工人体育场北门的中国银行附近，以人民币1000元的价格向董某贩卖毒品甲基苯丙胺0.49克、可卡因0.29克。在其毒品交易完成后，艾某萨被公安机关当场抓获，其所贩卖毒品被起获收缴。随后，公安机关从艾某萨身上搜出毒品可疑物，并将上述可疑物与艾某萨在逃跑过程中扔弃的物品一并起获送检，经鉴定，上述物品为甲基苯丙胺药片3.38克、甲基苯丙胺0.40克、可卡因8.07克、大麻2.64克。公安机关对艾某萨以1000元人民币贩卖甲基苯丙胺0.49克、可卡因0.29克的行为予以认

---

① 关联犯罪在我国现行《刑法》中主要有以下13组，分别是：（1）受贿罪（《刑法》第385条，主犯罪）与行贿罪（《刑法》第389条，从犯罪）及单位行贿罪（《刑法》第393条，从犯罪）；（2）单位受贿罪（《刑法》第387条，主犯罪）与对单位行贿罪（《刑法》第391条，从犯罪）；（3）非国家工作人员受贿罪（《刑法》第163条，主犯罪）与对非国家工作人员行贿罪（《刑法》第164条第1款，从犯罪）；（4）洗钱罪（《刑法》第191条，从犯罪）与毒品犯罪（《刑法》第六章第七节规定之犯罪，主犯罪）、黑社会性质的组织犯罪（《刑法》第294条，主犯罪）及走私犯罪（《刑法》第三章第二节规定之犯罪，主犯罪）；（5）组织、领导、参加黑社会性质组织罪（《刑法》第294条第1款，主犯罪）和入境发展黑社会组织罪（《刑法》第294条第2款，主犯罪）与包庇、纵容黑社会性质组织罪（《刑法》第294条第3款，从犯罪）；（6）掩饰、隐瞒犯罪所得、犯罪所得收益罪（《刑法》第312条，从犯罪）与为获得赃物而实施的犯罪（《刑法》中规定的大多数犯罪，主犯罪）；（7）包庇毒品犯罪分子罪（《刑法》第349条第1、2款，从犯罪）和窝藏、转移、隐瞒毒品、毒赃罪（《刑法》第349条第1款，从犯罪）与毒品犯罪（《刑法》第六章第七节规定之他罪，主犯罪）；（8）逃离部队罪（《刑法》第435条，主犯罪）与战时窝藏逃离部队军人罪（《刑法》第379条，从犯罪）及雇用逃离部队军人罪（《刑法》第373条，从犯罪）；（9）非法收购盗伐、滥伐的林木罪（《刑法》第345条第3款，从犯罪）与盗伐林木罪（《刑法》第345条第1款，主犯罪）及滥伐林木罪（《刑法》第345条第2款，主犯罪）；（10）放纵制售伪劣商品犯罪行为罪（《刑法》第414条，从犯罪）与生产、销售伪劣商品罪（《刑法》第三章第一节规定之犯罪，主犯罪）；（11）收买被拐卖的妇女、儿童罪（《刑法》第241条第1款，从犯罪）与拐卖妇女、儿童罪（《刑法》第240条，主犯罪）；（12）窝藏、包庇罪（《刑法》第310条，从犯罪）与被窝藏、包庇之罪犯所犯罪行（除毒品犯罪、黑社会性质的组织犯罪及逃离部队罪等特殊犯罪之外的所有犯罪，主犯罪）；（13）帮助犯罪分子逃避处罚罪（《刑法》第417条，从犯罪）与现行《刑法》规定之所有犯罪（主犯罪）。参见杨子良：《论关联犯罪》，载《中国刑事法杂志》2000年第4期。

定，以其涉嫌贩卖毒品罪移送北京市×检察院审查起诉，但对于艾某萨身上藏毒及逃跑过程中弃毒的行为没有认定涉嫌犯罪。案件审理过程中，艾某萨始终对从其身上及从其逃跑路上起获的毒品用于贩卖予以否认，也无其他证据能够证明其对上述毒品具有贩卖之故意，且艾某萨尿液中未检出苯丙胺类、吗啡毒品，即无法认定其为吸毒人员，故根据最高人民法院发布的《全国部分法院审理毒品犯罪案件工作座谈会纪要》的相关规定，对艾某萨不能以贩卖毒品罪追究刑事责任。但综合在案证据情况，能够充分认定艾某萨具有非法持有毒品的故意，且其非法持有的毒品数量已经达到法律对非法持有毒品罪规定的甲基苯丙胺、可卡因10克以上的入罪要求，遂对艾某萨的上述行为以非法持有毒品罪提起公诉。法院最终对此作出确认判决。①

2. 在故意杀人类案件中常常伴有其他漏罪

例如，2009年北京市×检察院办理的杨某犯故意杀人罪、盗窃罪一案中，盗窃犯罪事实就是通过追诉追加的漏罪。

被告人杨某案发前在F区某饭庄任保安一职，因嫌工资待遇低遂辞职离开。其本人供述因为身上没钱，便萌生了利用熟悉环境返回原单位盗窃保险柜内钱物的想法。案发当日（2010年5月30日）凌晨3时左右杨某翻墙潜入饭庄，被巡夜保安员代某（被害人）发现。因杨某与代某认识，其未暴露潜入饭庄的真实意图。但杨某内心怕被人怀疑是其实施盗窃行为，就产生了将代某杀死的想法。其利用代某进入院内巡视的机会准备了作案工具（黑色旅游鞋鞋带2条），并找借口将代某引到相对偏僻的位置。后趁代某不备实施了用鞋带勒颈的行为，代某晕倒之后杨某用身旁的晾衣电线缠绕代某的颈部猛勒，并持菜刀猛砍代某的颈部，造成代某机械性窒息合并失血性休克死亡。后被告人杨某从饭庄收银台找出钥匙欲打开保险柜（内存有现金11万余元）行窃，因为不知道保险柜密码最终未能得逞。2010年6月1日，公安机关根据线索将逃往重庆的杨某抓获归案，并以涉嫌故意杀人罪移送起诉。针对公安机关移送审查起诉阶段遗漏的盗窃未遂的犯罪事实，检察机关依法追加认定，并最终获得一审法院判决的支持。

另外，赵某故意杀人、伪造居民身份证一案也是故意杀人案件中遗漏其他犯罪事实的典型。被告人赵某因生活拮据，遂起意向其父亲索要钱财，并邀段某（女）予以配合。2010年11月23日下午，在被告人赵某的租住处，二人再次提及此事并欲共同实施。其间，被告人赵某因段某提出索要1万元而对段某心存不满，遂起意杀人，即使用锤子、尖刀先后对段某的颈部、背部进行击打、扎刺，致段某死亡。后被告人赵某将段某的尸体放入段某的捷达牌轿车内，运至北京市通州区某空地，将段某的尸体及轿车焚毁。赵某实施故意杀人行为后，为逃避法

① 参见北京市×检察院内网信息。

律追究，在本市某小区附近，看到办假证的小广告并通过手机联系，让人为自己伪造了名为“卢某庆”的居民身份证一张，并经北京市公安局人口管理总队出具检验书证实本案中名为“卢某庆”的居民身份证系伪造。根据以上事实检察机关对赵某伪造居民身份证罪予以追诉，并得到了法院的认可。

3. 漏犯案件多为多人共同参与实施的犯罪

追诉漏犯的案件多为多人共同参与实施的犯罪，且罪名较多集中在寻衅滋事罪、诈骗罪、聚众斗殴罪等易发的罪名和案件中。例如，S 检察院办理的张某某寻衅滋事案，经审查发现，张某某指使 10 余人殴打 2 名被害人，致一人轻微伤，一人轻伤。然而，因为张某某否认指使并参与打架，且打人一方人数较多，平时均以绰号相称，打架参与人的身份情况难以确定。承办人通过对被害人陈述、证人证言进行列表梳理，发现被害人提及的“贺某某”有作案嫌疑且身份情况相对确定，遂引导公安机关针对“贺某某”的犯罪行为进行补充侦查，后发现“贺某某”真实姓名为赫某某，成功将其追诉到案。赫某某到案后，通过其供述，承办人确定了另外 4 名打架参与人的具体身份情况及犯罪行为，并对该 4 人依法进行追诉。[①]

4. 侵财类、犯罪嫌疑人未及时归案类案件是追诉漏罪、漏犯的重点

有些案件的发生具有高度的伴随性，如犯罪嫌疑人在逃跑过程中可能受到亲戚朋友的帮助，因此要注意追诉窝藏、包庇漏犯；在盗窃、抢劫等侵犯财产类案件中，由于犯罪嫌疑人非法占有的财物大多数要兑换成现金，因此要注意掩饰、隐瞒犯罪所得、犯罪所得收益罪的漏犯。例如，S 检察院在审查贾某某、朱某某盗窃、收购赃物时，发现朱某某以低价收购贾某某所盗车辆后，先后将其中 5 辆转手销售给岳某某、张某某、殷某某，依据现有证据足以认定岳某某、张某某、殷某某 3 人行为均已构成收购赃物罪，故依法对此 3 人进行追诉。现 3 人均已被法院判决。[②]

（二）介入侦查

检察机关提前介入公安机关的侦查活动，从而监督公安机关的侦查行为、引导公安机关调查取证，是近年来检察机关完善侦查监督的重要举措之一。目前，检察机关提前介入侦查在司法实践中已经是普遍的做法，主要表现为两种方式：一是参加重大案件讨论；二是参加现场勘查。其中，参加重大案件讨论是主要方式。按照介入环节的不同可以分为审查批捕环节的介入侦查和审查起诉环节的介

---

① 《顺义院开展追诉漏犯工作的主要做法》，载《北京市人民检察院公诉一处经验交流》2011 年第 19 期。

② 《顺义院开展追诉漏犯工作的主要做法》，载《北京市人民检察院公诉一处经验交流》2011 年第 19 期。

入侦查。从2005～2011年北京市检察机关的统计数据来看，2006～2011年北京市检察机关参加重大案件讨论的数量[①]总体上变化不大，2006年为7年中最高，有180件；2007年参加重大案件讨论的数量有所下降，为172件；2008年继续下降到155件；2009年有所回升，为160件；2010年又有所下降，降到153件；2011年为177件。（详见表5－9）这一数量的变化趋势与其他侦查活动监督的项目内容（如纠正违法、检察建议、纠正漏捕、漏诉等近年来案件数量大幅增长）相比，数量比较稳定，甚至有所下降。在检察机关不断强化诉讼监督的背景下，为什么这一侦查活动监督的方式“独树一帜”，而没有长足进展呢？到底是什么原因导致了这种情况的发生呢？笔者拟从介入侦查的法律依据、功能以及介入侦查的主体、范围、时间、方式等方面进行阐述。

表5－9　2005～2011年北京市检察机关参加重大案件讨论的数量

时间	2005年	2006年	2007年	2008年	2009年	2010年	2011年
审查批捕环节	0	177件	160件	146件	160件	151件	170件
审查起诉环节	0	3件	12件	9件	0件	2件	7件
合计	0	180件	172件	155件	160件	153件	177件

1. 介入侦查的法律依据

介入侦查虽然在实践中已成为一个普遍做法，但对该制度的争议却不绝于耳，反对介入侦查论者的一个重要理由即认为提前介入制度缺乏理论基础和法律依据，“检察机关提前介入侦查活动于法无据、于理不合”[②]。但是笔者认为，该种说法有失偏颇，不但《人民检察院组织法》第5条、《刑事诉讼法》第8条等条文对检察机关对侦查活动的监督职权有笼统的规定，而且《刑事诉讼法》第85条、《人民检察院刑事诉讼规则》第383条对人民检察院参与重大案件讨论都有明确的规定。2012年《刑事诉讼法》第85条规定：“公安机关要求逮捕犯罪嫌疑人的时候，应当写出提请批准逮捕书，连同案卷材料、证据，一并移送同级人民检察院审查批准。必要的时候，人民检察院可以派人参加公安机关对于重大案件的讨论。”《人民检察院刑事诉讼规则》第383条规定：“人民检察院根据需

① 介入侦查的方式除了参与重大案件讨论外，还有参加现场勘查，由于参加现场勘查的数量较少，审查批捕环节参加现场勘查除2010年有33件外，其他各年都在2件以下；审查起诉环节参加现场勘查只有2005年和2006年的数据，且都是个位数，因此，笔者不对参加现场勘查的数字进行统计分析，仅以参加重大案件讨论的数字为例来说明北京市检察机关介入侦查的情况。

② 王超、周菁：《试论我国司法改革中的越位问题》，载《南京师大学报（社会科学版）》2002年第2期。

要可以派员参加公安机关对于重大案件的讨论和其他侦查活动，发现违法行为，应当及时通知纠正。”从上述规定可以看出检察机关介入侦查不是于法无据，而是有法可依的。

除了法律依据以外，介入侦查作为检察机关工作机制创新的一项改革举措，还在最高人民检察院领导的讲话和一些会议精神中得到了体现。2002 年 3 月 11 日，最高人民检察院检察长韩杼滨在第九届全国人民代表大会第五次会议上作《最高人民检察院工作报告》时指出，要“深化侦查监督和公诉工作改革，建立和规范适时介入侦查、引导侦查取证、强化侦查监督的工作机制”①。2002 年 5 月，最高人民检察院召开了全国刑事检察工作会议。为推进刑事检察改革，促进公正执法，会议提出要坚持、巩固和完善“适时介入侦查、引导侦查取证、强化侦查监督”的工作机制。②

从以上论述可以看出，检察机关介入侦查是有明确法律授权的，虽然规定还不是很具体，但是对比其他的侦查监督手段和方式的法律规定来看，这一点没有明显的劣势。

2. 介入侦查的主体和功能

虽然在实践中对检察机关作为介入侦查的主体没有疑问，但是具体由检察机关的哪个部门（侦查监督部门，还是公诉部门）、哪个层面的人（是由主诉检察官、处室负责人，还是主管检察长）参与介入存有争议。有论者认为：“提前介入的主体只能是人民检察院审查批捕部门，因为逮捕是保证侦查活动顺利进行的强制措施，审查公安机关提请批捕的案件，是人民检察院把握罪与非罪的第一道关口，所以法律规定审查批捕部门在必要时，可提前介入直接参与公安机关的侦查活动，并对侦查活动是否合法实行同步监督。”③ 也有论者认为，“提前介入的主体为侦查监督部门和公诉部门，以侦查监督部门为主，对未报捕案件主动介入、在报捕前介入、接受公安机关案件信息备案由侦监部门负责；对于已经报捕案件起诉前介入，由公诉部门负责”④。笔者认为，确定介入侦查的主体首先应明确介入侦查的功能，从理论上讲，介入侦查的功能至少有两个：一是侦查监督功能，即通过派员参加公安机关对于重大案件的讨论以发现违法行为，及时通知纠正；二是通过提前介入制度引导侦查取证，以提高效率。因此，从这两项功能

---

① 《最高人民检察院工作报告》，载《中华人民共和国最高人民检察院公报》2002 年第 2 期。

② 柴春元、张安平：《以改革推动“严打”在“严打”中深化改革——全国刑事检察工作会议综述》，载《人民检察》2002 年第 6 期。

③ 毛晓玲：《检察机关提前介入中的问题及对策》，载《法学》1998 年第 11 期。

④ 张铁英、齐恩平、马青春、张磊：《检察机关“提前介入问题研究”》，载《河北法学》2009 年第 3 期。

来看，检察机关提前介入侦查的主体应是审查批捕部门和审查起诉部门。但是，从笔者访谈和了解到的介入侦查的实践来看，目前介入侦查的第一个功能（即侦查监督）发挥有限，检察机关无论是主动还是应邀介入侦查，主要目的都不是侦查监督，而是协助侦查机关及时查清犯罪事实，通过分析案情，提供侦查取证的建议，协助、引导侦查机关取证，以保证案件能够及时审理，提高效率。这一点也可以解释为什么在检察机关不断强化诉讼监督的背景下，介入侦查实践的变化却不明显。因为在实践中介入侦查的主要功能根本不在于侦查监督，所以其也没有随着监督大环境的改变而有所变化。

3. 介入侦查的范围

虽然目前学术界对于介入侦查的案件范围有争议，但是从法理上和司法实践上看，介入侦查的案件应限于“重大、复杂、疑难案件”，这不仅是《刑事诉讼法》和《人民检察院刑事诉讼规则》的规定，也是检警两机关之间分工与制约的需要，如果检察机关不论案件性质和范围一味地介入，就会混淆侦查机关和法律监督机关的职责分工。笔者在对北京市×检察院的调研中也发现，该院于2011年专门通过了《职务犯罪案件提前介入办法》，但是在实践中，由于人员、精力以及侦查部门不主动邀请介入等原因，职务犯罪案件提前介入比例仅为11%。这说明在实践中，一方面，由于重大、疑难、复杂案件的数量基数有限；另一方面，由于其他因素的影响（如侦查机关不主动邀请），介入侦查的案件数量有限而没有快速增长。

4. 介入侦查的方式

检察机关提前介入侦查的方式包括两方面的含义：一是启动介入侦查的方式，是检察机关主动介入还是侦查部门邀请介入；二是介入后的具体工作方式，包括交流书面函件、召开座谈会、参与案件讨论、参与部分侦查活动等。从实践来看，目前启动介入侦查的方式是侦查部门邀请介入为主、检察机关主动介入为辅的方式。对于介入后的具体工作方式目前仍以参与案件讨论为主。这两种介入方式在一定程度上决定了介入侦查的效果。一方面，对于侦查机关邀请介入侦查的案件，检察机关很难实现侦查监督的效果。因为侦查机关如果有重大侦查违法嫌疑的，其就不会主动邀请检察机关介入，“自投罗网”的事情不符合逻辑。另一方面，介入侦查的方式目前主要是参与案件讨论而不是直接进行阅卷，这样对于案件中一些深层次的问题就很难及时发现。如果不能有效发现问题以引导侦查取证或是监督侦查违法，那么介入侦查就会流于形式，其功能就会弱化甚至虚化。如果制度的功能得不到有效实现，其生命力就会大打折扣。因此，在实践中介入侦查的数量徘徊不前就“合情合理”了。

第三节 侦查活动监督的工作程序和考评机制

一、侦查活动监督的工作程序

（一）侦查活动监督的主体

目前，人民检察院对侦查活动监督主要由侦查监督部门和公诉部门按照各自的职责范围和程序办理。在案件侦查终结前主要由侦查监督部门负责，在案件侦查终结移送审查起诉后由公诉部门负责。

（二）侦查活动监督的途径

在实践中，检察机关主要通过审查卷宗，提前介入侦查活动，① 参与侦查机关对重大案件的讨论，复核主要证据，受理控告、申诉，审查强制措施执行情况或上级指定等几个途径来对侦查活动进行监督。

1. 审查卷宗

卷宗材料是对侦查活动所作的真实记录。侦查活动中存在的一些违法行为，在审查卷宗时是可以被发现的。检察机关通过对侦查机关、侦查部门提请批准逮捕、移送起诉案件卷宗材料的审查，发现侦查活动中的违法行为，依法向侦查机关提出纠正意见。这一途径是检察机关履行侦查活动监督职能的最主要途径。

2. 提前介入侦查活动，参与侦查机关对重大案件讨论

重大案件、有影响案件以及疑难复杂案件发生后，侦查机关、侦查部门往往请求检察机关的侦查监督部门、公诉部门派员提前介入侦查活动，参与对案件的讨论，引导侦查机关取证，并对下一步的侦查活动提出指导意见。检察机关会根据案件需要，应侦查机关、侦查部门的要求，或主动派员介入侦查机关对某一案件的侦查活动，参与对某一案件的讨论。由于需要检察机关有关部门提前介入的案件往往是疑难复杂案件，有关侦查人员可能对犯罪的构成、所需的证据、讯问、询问的重点并不是太了解，故在取证工作中不能做到像办理多发性犯罪的案件那么熟悉，从而导致侦查工作中如诱供、破坏重要证据、遗漏犯罪嫌疑人等违法行为的发生，故检察机关在提前介入并参与案件讨论工作，发现侦查活动中的违法行为，及时通知侦查机关予以纠正也是侦查监督的一个重要途径。②

3. 复核主要证据

检察机关办理逮捕案件、起诉案件都要对犯罪嫌疑人的供述、被害人陈述、

---

① 提前介入侦查活动包括主动提前介入和侦查机关要求介入。

② 朱智晖：《论我国侦查活动监督的缺陷和完善》，兰州大学硕士学位论文，2010 年。

证人证言等主要证据进行复核。对于审查起诉案件，2012 年《刑事诉讼法》第 170 条规定“应当讯问犯罪嫌疑人，听取辩护人、被害人及其诉讼代理人的意见”，这是法律的硬性规定，是办理起诉案件的必经程序。对于审查逮捕案件，1996 年《刑事诉讼法》并未作出硬性的规定，但在 2010 年 8 月 31 日最高人民检察院、公安部《关于审查逮捕阶段讯问犯罪嫌疑人的规定》通过后，以下四种情况必须讯问犯罪嫌疑人：（1）犯罪嫌疑人是否有犯罪事实、是否有逮捕必要等关键问题有疑点的，主要包括：罪与非罪界限不清的，是否达到刑事责任年龄需要确认的，有无逮捕必要难以把握的，犯罪嫌疑人的供述前后矛盾或者违背常理的，据以定罪的主要证据之间存在重大矛盾的；（2）案情重大疑难复杂的，主要包括：涉嫌造成被害人死亡的故意杀人案、故意伤害致人死亡案以及其他可能判处无期徒刑以上刑罚的，在罪与非罪认定上存在重大争议的；（3）犯罪嫌疑人系未成年人的；（4）有线索或者证据表明侦查活动可能存在刑讯逼供、暴力取证等违法犯罪行为的。对于被拘留的犯罪嫌疑人其要求讯问的，一般应当讯问。检察机关在讯问犯罪嫌疑人、询问证人等主要证据的复核中了解侦查机关在侦查过程中有无刑讯逼供、暴力取证等违法行为，也是对侦查活动进行监督的一个途径。2012 年《刑事诉讼法》第 86 条同样对审查逮捕阶段应当讯问犯罪嫌疑人的情形作出了规定，其中第三种情形就是侦查活动可能有重大违法行为的。

4. 受理控告、申诉

《人民检察院刑事诉讼规则》第 384 条规定：“诉讼参与人对于侦查机关或者侦查人员侵犯其诉讼权利和人身侮辱的行为提出控告的，人民检察院应当受理，并及时审查，依法处理。”2012 年《刑事诉讼法》第 115 条同样规定，当事人和辩护人、诉讼代理人、利害关系人对于以下五种情形，有权向人民检察院提出申诉、控告：“（一）采取强制措施法定期限届满，不予以释放、解除或者变更的；（二）应当退还取保候审保证金不退还的；（三）对与案件无关的财物采取查封、扣押、冻结措施的；（四）应当解除查封、扣押、冻结不解除的；（五）贪污、挪用、私分、调换、违反规定使用查封、扣押、冻结的财物的。”随着法治宣传力度的加大以及人民群众受教育程度的提升，普通百姓的法治意识不断增强，懂得侦查活动中的违法行为侵犯其诉讼权利和人身权利的，被侵权者可以向检察机关控告申诉部门或是侦查监督部门提出控告。在司法实践中，检察人员在对犯罪嫌疑人进行讯问、对证人、被害人进行询问前，也必须告知其相关的诉讼权利和义务，并询问侦查机关有无侵犯其合法权利的行为。所以，检察机关接受诉讼参与人对侦查人员侵犯其诉讼权利和人身权利的行为而提起的控告和举报，及时进行审查并予以纠正，也是侦查监督的一个途径。

5. 审查强制措施执行情况

检察机关通过审查侦查机关执行检察机关批准或不批准逮捕决定的情况，以及释放被逮捕的犯罪嫌疑人或者变更强制措施的情况，履行侦查活动监督职能。检察机关发现侦查机关或者本院侦查部门、侦查人员在侦查或者决定、执行、变更、撤销强制措施等活动中有违法行为的，及时提出纠正意见，这也是检察机关对侦查活动监督的一个途径。

（三）侦查监督的一般监督程序

人民检察院通过上述途径发现或接到侦查违法线索后，首先要对违法的性质、程度及其他具体情况进行必要的调查。经调查发现侦查违法行为属实的，办案人员在审查结案文书中载明提出口头纠正违法、发出纠正违法通知书、应当逮捕犯罪嫌疑人意见书、应当追诉犯罪嫌疑人意见书、提供法庭审判所需证据材料意见（通知）书、不予批准逮捕案件补充侦查提纲、补充侦查决定书、检察建议书等的具体事项及工作意见，由部门负责人审核后报主管检察长批准；在审查逮捕、审查起诉期限外，办案人员提出上述监督工作意见，应当填写侦查监督工作呈批表，由部门负责人审核后报主管检察长批准。

（四）纠正违法的延伸监督程序

向公安机关发出纠正违法通知书后，承办人员在通知书限定的回函期限内，向公安机关有关人员了解纠正意见的落实情况。公安机关已经纠正的，建议及时回函；公安机关尚未纠正的，督促及时纠正。

公安机关在纠正违法通知书要求的期限内，无正当理由未对违法事项予以纠正或无正当理由未予函复的，承办人员向部门负责人汇报，部门负责人督促公安机关相关人员在15日内将落实监督情况函告人民检察院，同时将督促情况进行书面登记。公安机关经督促仍不接受纠正违法意见的，承办人员及部门负责人在向主管检察长报告后，将监督文书和工作材料呈报给上级人民检察院。

上级人民检察院经审查认为下级人民检察院意见正确的，通知同级公安机关督促下级公安机关纠正。上级人民检察院认为下级人民检察院意见错误的，书面通知同级公安机关及下级人民检察院，由下级人民检察院撤销纠正违法通知。

经上级人民检察院通知同级公安机关督促纠正后，下级公安机关仍未对违法情形予以纠正的，提出纠正意见的人民检察院向同级公安机关监察部门进行通报，建议其调查处理并将情况函告。上级人民检察院可以直接建议同级公安机关调查处理。

侦查监督部门、公诉部门经向公安机关监察部门通报后，公安机关未予函复且仍不接受纠正违法意见，侦查监督部门、公诉部门发现或认为侦查人员涉嫌渎职犯罪的，提出开展初查或向反渎职侵权部门移送线索的意见，报主管检察长决定。在向反渎职侵权部门移送线索的同时，抄送控告申诉检察部门。

（五）纠正违法的复议、复核程序

公安机关认为纠正违法意见错误，向人民检察院要求复议的，人民检察院另行指定检察人员重新审查原案材料及纠正违法意见，及时制作纠正违法复议意见书，载明复议事项和审查意见，由部门负责人审核后报主管检察长批准。

复议意见应当制作纠正违法复议通知书通知公安机关。认为纠正违法意见错误的，应当及时撤销纠正违法通知书。

公安机关认为复议意见错误，向上一级人民检察院提请复核的，上一级人民检察院应当指定检察人员认真审查原案材料、纠正违法意见及复议意见，及时制作纠正违法复核意见书，载明复核事项和审查意见，由部门负责人审核后报主管检察长批准。

复核意见应当制作纠正违法复核通知书通知公安机关，同时抄送提出纠正意见的人民检察院。认为纠正违法意见错误的，下级人民检察院应当及时撤销纠正违法通知书。

公安机关对纠正违法意见要求复议或提请复核的，人民检察院应当自受理之日起5日内完成复议或复核。

二、侦查活动监督的文书

侦查活动监督的文书包括法律文书和工作文书两类。侦查活动监督的法律文书，是指各级人民检察院为履行侦查监督职责，依法行使侦查活动监督权，根据有关法律规定制作的具有法律效力的公文。侦查活动监督的工作文书，是指各级人民检察院为规范、方便侦查监督工作，内部使用而不具有法律效力的文书。两类文书最大的区别是：法律文书属于外部文书，具有法律效力；工作文书属于内部文书，没有法律效力。

根据《刑事诉讼法》和《人民检察院刑事诉讼规则》，侦查活动监督的法律文书主要包括口头纠正违法通知书、书面纠正违法通知书及检察建议书三种，其中，口头纠正违法通知书因其不是通过书面发函的形式通知公安机关纠正违法，其正式性不如书面纠正违法通知书，但这种纠正违法形式是《人民检察院刑事诉讼规则》第386条明确规定的针对公安机关情节较轻的违法行为采取的监督形式，虽然对公安机关发出纠正违法通知书是通过口头的形式，但是口头发出纠正违法通知书本身是需要向部门负责人汇报，并登记在台账上的。在2005年前，北京市人民检察院关于侦查活动监督的统计中也将口头纠正违法通知书列为一个单独的项目。根据最高人民检察院及北京市人民检察院有关规定，侦查活动监督的工作文书包括：不予批准逮捕案件补充侦查提纲、补充侦查决定书、提供法庭审判所需证据材料意见（通知）书、应当逮捕犯罪嫌疑人意见书、应当追诉犯罪嫌疑人意见书、侦查监督工作呈批表、纠正违法复议意见书、纠正违法复核通知书、纠正违法复核意见书、纠正违法复议通知书。

三、侦查活动监督的业务考评机制

（一）侦查监督工作考评中的侦查活动监督

侦查活动监督的业务考评主要在侦查监督工作和审查起诉工作两个部分。根据2009年北京市基层人民检察院建设执法规范化项目及业务管理机制考评的规定，侦查活动监督占整个侦查监督工作考核比例的25%，考核的主体是市院侦监处和检委办，考核的形式是加减分，考核的项目主要是追捕嫌疑人的成功率，重大、疑难案件引导侦查的效果，延长羁押期限审批质量，以及发出纠正违法通知书的效果。（详见表5－10）

表5－10　2009年北京市基层人民检察院建设执法规范化项目考评表

<table>
<tr><th colspan="2">类　别</th><th>考评项目</th><th>关键业绩指标</th><th>权重</th><th>考评主体</th></tr>
<tr><td rowspan="13">侦查监督工作绩效（6分）</td><td>办案效率</td><td>结 案 率</td><td>规定时限结案率</td><td>5%</td><td rowspan="13">市院侦监处、检委办</td></tr>
<tr><td rowspan="10">执法质量</td><td rowspan="2">审查逮捕</td><td>捕后无罪处理率</td><td rowspan="2">30%</td></tr>
<tr><td>优质案件率或差错率</td></tr>
<tr><td rowspan="3">立案监督</td><td>优质案件率或差错率</td><td rowspan="3">25%</td></tr>
<tr><td>行刑衔接监督准确率</td></tr>
<tr><td>立案监督有罪判决数</td></tr>
<tr><td rowspan="4">侦查活动监督</td><td>追捕成功数</td><td rowspan="4">25%</td></tr>
<tr><td>重大疑难案件引导侦查效果</td></tr>
<tr><td>延长羁押期限审批质量</td></tr>
<tr><td>纠正违法成效</td></tr>
<tr><td>综合治理</td><td>检察建议被采纳数</td><td>5%</td></tr>
<tr><td rowspan="2">执法规范</td><td rowspan="2">遵守办案规范</td><td>法律文书和工作文书质量</td><td rowspan="2">10%</td></tr>
<tr><td>重大案件和事项备案规范</td></tr>
</table>

具体内容是：

（1）追捕犯罪嫌疑人被法院判处刑罚的，每人记2～6分；错误适用追捕的，每人减5分。建议追究刑事责任案件被法院判处刑罚的，每人记1～3分；错误建议追究刑事责任的，每人减2分。

（2）引导侦查取证不力造成捕后无罪处理的，每件减2分。

（3）延长羁押期限审批按时报延率100%，记3分；审查意见采用率100%，记5分。审查意见采用率每低1%，减1分。

（4）及时发出纠正违法通知书，得到落实并收到纠正情况回复的，每份记2分；所作出的纠正违法意见经复议、复核程序，被上级院撤销的，每份减3分。

从以上叙述可以看出2009年北京市基层检察院关于侦查活动监督的考核项目比较全面，基本包括了侦查活动监督的主要工作，但总体来看还不够精确，比如，追捕犯罪嫌疑人被法院判处刑罚的，每人记2～6分，但什么情况下记2分，什么情况下记3分或者4分等却没有明确规定，这说明2009年北京市基层人民检察院建设考评工作还处于探索和不成熟阶段。

2010年北京市基层人民检察院建设考评中对侦查活动监督的考评有所调整，主要表现在：首先，考核项目由原来的四项改为三项，即人均纠正漏捕数、人均监督纠正侦查活动中违法情形数、人均提出侦查活动监督类检察建议并整改落实数，这说明考核点更为集中。其次，考核的权重有所下降，由2009年25%的考核权重，下降为18%，即人均纠正漏捕数权重占10%，人均监督纠正侦查活动中违法情形数权重占5%，人均提出侦查活动监督类检察建议并整改落实数权重占3%。最后，考核的计分比较准确，比如，纠正漏捕犯罪嫌疑人并执行逮捕的，每人计1分；判处3年以下有期徒刑的，每人加1分；对于侦查活动中的违法情形，发出纠正违法通知书并纠正的，每件计1分，改变了2009年考评中从几分到几分的不准确局面。（详见表5－11）

具体内容是：

（1）人均纠正漏捕数（权重10%）。纠正漏捕犯罪嫌疑人并执行逮捕的，每人计1分；判处3年以下有期徒刑的，每人加1分；判处3年以上有期徒刑的，每人加2分；判处无期徒刑、死刑的，每人加4分。

纠正漏捕犯罪嫌疑人均值＝纠正漏捕得分÷本院上年度在编检察人员数

（2）人均监督纠正侦查活动中违法情形数（权重5%）。对于侦查活动中的违法情形，发出纠正违法通知书并纠正的，每件计1分。

监督纠正侦查活动中违法情形人均值＝纠正侦查活动中违法情形得分÷本院上年度在编检察人员数

（3）人均提出侦查活动监督类检察建议并整改落实数（权重3%）。提出侦查活动监督类检察建议并获得整改落实回函的，每件计1分。

提出侦查活动监督类检察建议并整改落实人均值＝提出侦查活动监督类检察建议并整改落实得分÷本院上年度在编检察人员数

2011年侦查监督工作中侦查活动监督的考评与2010年相比，在考核项目、计分方式等方面变化不大，只是在考评项目的权重中提高了人均监督纠正侦查活动中违法情形数的比例，由2010年的5%提高到10%，这说明了纠正侦查活动中的违法项的重要性逐渐加大。（详见表5－12）

表 5－11　2010 年北京市基层人民检察院建设侦查活动监督项目考评表

考核项目	权重	考评点	考核细则	考评说明	是否自动计算	提交事项
人均纠正漏捕数	10%	人均纠正漏捕数	纠正漏捕犯罪嫌疑人并执行逮捕的，每人计 1 分；判处 3 年以下有期徒刑的，每人加 1 分；判处 3 年以上有期徒刑的，每人加 2 分；判处无期徒刑、死刑的，每人加 4 分。 纠正漏捕犯罪嫌疑人均值＝纠正漏捕得分÷本院上年度在编检察人员数	本项目所称漏捕，是指符合逮捕条件，侦查机关应当提请批准逮捕，而不予提请的情形。如侦查机关对犯罪嫌疑人采取取保候审、监视居住或虽对犯罪嫌疑人刑事拘留但明确不予提请的	是	纠正漏捕案件、纠正漏捕后提起公诉、有期徒刑判决案件法律文书
人均监督纠正侦查活动中违法情形数	5%	人均监督纠正侦查活动中违法情形数	对于侦查活动中的违法情形，发出纠正违法通知书并纠正的，每件计 1 分。 监督纠正侦查活动中违法人均值＝纠正侦查活动中违法情形得分÷本院上年度在编检察人员数		是	纠正违法通知书及整改纠正文书
人均提出侦查活动监督类检察建议并整改落实数	3%	人均提出侦查活动监督类检察建议并整改落实数	提出侦查活动监督类检察建议并获得整改落实回函的，每件计 1 分。 提出侦查活动监督类检察建议并整改落实人均值＝提出侦查活动监督类检察建议并整改落实得分÷本院上年度在编检察人员数	本项目所称检察建议，是指人民检察院发现公安机关或者公安人员的活动具有下列情形之一的，所发出的检察建议书：（1）办案管理不到位，出现案件文书、材料等差错的；（2）办案制度不落实，影响侦查工作顺利开展的；（3）办案或管理工作不负责，影响案件质量或办案效率的；（4）多次对不符合条件的案件报请延长侦查羁押期限的；（5）其他执法行为不规范、执法质量不高等需要以检察建议方式进行监督的	否	此类检察建议书及整改落实文书

表 5－12　2011 年度北京市基层人民检察院建设侦查活动监督考评表

考核项目	权重	考评点	考核细则	考评说明	是否自动计算	提交事项
人均纠正漏捕数	10%	人均纠正漏捕数	纠正漏捕犯罪嫌疑人并执行逮捕的，每人计 1 分；判处不满 3 年有期徒刑的，每人加 1 分；判处 3 年以上有期徒刑的，每人加 2 分；判处无期徒刑、死刑的，每人加 4 分。 纠正漏捕犯罪嫌疑人均值＝纠正漏捕得分÷本院上年度在编检察人员数	本项目所称漏捕，是指符合逮捕条件，侦查机关应当提请批准逮捕，而不予提请的情形，如侦查机关不认为是犯罪嫌疑人的；侦查机关对犯罪嫌疑人未采取强制措施或采取取保候审、监视居住措施的。 纠正漏捕数以市院办公室统计数据为准	否	
人均监督纠正侦查活动中违法情形数	10%	人均监督纠正侦查活动中违法情形数	对于侦查活动中的违法情形，发出纠正违法通知书并纠正的，每件计 1 分。书面纠正违法后经复议或复核撤销监督意见的，每件减 1 分。 监督纠正侦查活动中违法情形人均值＝纠正侦查活动中违法情形得分÷本院上年度在编检察人员数	监督纠正侦查活动中违法情形数以市院办公室统计数据为准，撤销监督意见的情形由市院侦查监督部门根据各院报送材料审核确定	否	
人均提出侦查活动监督类检察建议并整改落实数	3%	人均提出侦查活动监督类检察建议并整改落实数	提出侦查活动监督类检察建议并获得整改落实回函的，每件计 1 分。 提出侦查活动监督类检察建议并整改落实人均值＝提出侦查活动监督类检察建议并整改落实得分÷本院上年度在编检察人员数	本项目所称检察建议，是指人民检察院发现公安机关或者公安人员的活动具有下列情形之一的，所发出的《检察建议书》：（1）办案管理不到位，出现案件文书、材料等差错的；（2）办案制度不落实，影响侦查工作顺利开展的；（3）办案或管理工作不负责，影响案件质量或办案效率的；（4）多次对不符合条件的案件报请延长侦查羁押期限的；（5）其他执法行为不规范、执法质量不高等需要以检察建议方式进行监督的。 检察建议应符合《北京市检察机关检察建议工作实施细则（试行）》的相关规定； 由市院侦查监督部门根据各院报送数据审核确定	是	侦查活动监督类检察建议书及整改落实文书

具体内容是：

（1）人均纠正漏捕数（权重10%）。纠正漏捕犯罪嫌疑人并执行逮捕的，每人计1分；判处不满3年有期徒刑的，每人加1分；判处3年以上有期徒刑的，每人加2分；判处无期徒刑、死刑的，每人加4分。

纠正漏捕犯罪嫌疑人均值＝纠正漏捕得分÷本院上年度在编检察人员数

（2）人均监督纠正侦查活动中违法情形数（权重10%）。对于侦查活动中的违法情形，发出纠正违法通知书并纠正的，每件计1分。书面纠正违法后经复议或复核撤销监督意见的，每件减1分。

监督纠正侦查活动中违法情形人均值＝纠正侦查活动中违法情形得分÷本院上年度在编检察人员数

（3）人均提出侦查活动监督类检察建议并整改落实数（权重3%）。提出侦查活动监督类检察建议并获得整改落实回函的，每件计1分。

提出侦查活动监督类检察建议并整改落实人均值＝提出侦查活动监督类检察建议并整改落实得分÷本院上年度在编检察人员数

在笔者截稿时止，《2012年度北京市基层人民检察院建设考评实施细则（征求意见稿）》已发布，对侦查监督工作中侦查活动监督的考评与2011年完全相同，笔者在此不赘述。这也说明了侦查活动监督的考评逐渐成熟和规范。

（二）审查起诉工作中的侦查活动监督

2009年审查起诉工作中的侦查活动监督没有单独列为一个考评项目，而是与抗诉等审判监督一起构成诉讼监督的考评项目，权重占45%，考评主体是市院公诉处、检委办。审查起诉工作中侦查活动监督的考核项目主要包括追诉漏罪、增加罪名、改变定性，纠正违法等。（详见表5－13）

表5－13　2009年北京市基层人民检察院建设执法规范化项目考评表

类别	考评项目	关键业绩指标	权重	考评主体
	诉讼监督	追诉漏罪、增加罪名、改变定性准确率	45%	市院公诉处、检委办
		追诉漏犯数		
		纠正违法被采纳数		
		抗诉数及准确率		
	综合治理	检察建议被采纳数	5%	

具体内容是：

（1）诉讼监督（权重45%）。追诉漏罪、增加罪名、改变定性准确率低于全市检察机关平均值不记分；高于或等于平均值的记4分；高于或等于平均值二倍的记8分。追诉漏犯，每人记3分。

（2）发出纠正违法通知书并被采纳的，每份记2分。

2010年审查起诉中关于侦查活动监督的考评项目主要包括人均纠正漏罪漏犯数、人均监督纠正侦查、审判活动中违法情形数和人均检察建议数，其中，人均纠正漏罪漏犯数的权重占10%，人均监督纠正侦查、审判活动中违法情形数的权重占10%，人均检察建议数①的权重占5%。值得注意的是，公诉工作的考评中还有一项共性加分项，② 它就是移送诉讼监督案件线索，取得监督实效的。这里的“诉讼监督案件线索，取得监督实效”，是指受移交单位已经采用了监督线索，发出纠正违法通知书或检察建议书，并收到整改回函的。这里当然包括了移送侦查监督的线索。（详见表5-14）

具体内容是：

（1）人均纠正漏罪漏犯数（权重10%）。纠正遗漏起诉同案犯罪嫌疑人，每人计1分；纠正遗漏起诉罪行，每件计1分。

纠正漏罪漏犯人均值=纠正漏罪漏犯得分÷本院上年度在编检察人员数

（2）人均监督纠正侦查、审判活动中违法情形数（权重10%）。对于侦查活动、审判活动中的违法情形，发出纠正违法通知书并纠正的，每件计1分。

监督纠正侦查活动中违法情形人均值=纠正侦查活动中违法情形得分÷本院上年度在编检察人员数

（3）人均检察建议数（权重5%）。发出检察建议或检察意见，被采纳并有书面回复的，每份计1分。

检察建议人均值=检察建议得分÷本院上年度在编检察人员数

2011年审查起诉中关于侦查活动监督的考评项目与2010年相比基本保持不变，还是主要包括人均纠正漏罪漏犯数、人均监督纠正侦查、审判活动中违法情形数和人均检察建议数，但人均检察建议数③的权重比例有所调整，由2010年的5%下降到3%。同时，对检察建议的考评中增加了不计分的情形，即对不应制发检察建议而制发或制发的检察建议显著不当的，该检察建议不计分，这是对实践中为了应付考核而滥发或乱发检察建议行为的有效限制，保证了检察建议执法的严肃性和权威性。（详见表5-15）

---

① 这个检察建议既包括针对侦查机关违法的检察建议也包括针对审判机关违法的检察建议。

② 共性加分项，是指不进行权重折算，直接加分项。

③ 这个检察建议既包括针对侦查机关违法的检察建议，也包括针对审判机关违法的检察建议。

表 5－14　2010 年北京市基层人民检察院建设公诉工作中侦查活动监督考评表

考核项目	权重	考评点	考核细则	考评说明	是否自动计算	提交事项
人均纠正漏罪漏犯数	10%	人均纠正漏罪漏犯数	纠正遗漏起诉同案犯罪嫌疑人，每人计1分；纠正遗漏起诉罪行，每件计1分。纠正漏罪漏犯人均值＝纠正漏罪漏犯得分÷本院上年度在编检察人员数			起诉意见书、起诉书、追诉漏犯书
人均监督纠正侦查、审判活动中违法情形数	10%	人均监督纠正侦查、审判活动中违法情形数	对于侦查活动、审判活动中的违法情形，发出纠正违法通知书并纠正的，每件计1分。 监督纠正侦查活动中违法情形人均值＝纠正侦查活动中违法情形得分÷本院上年度在编检察人员数			纠正违法通知书、纠正审理违法通知书、回函
人均检察建议数	5%	人均检察建议数	发出检察建议或检察意见，被采纳并有书面回复的，每份计1分。 检察建议人均值＝检察建议得分÷本院上年度在编检察人员数			检察建议、检察意见、回函
共性加分	不进行折算	移送诉讼监督线索	分院、基层院业务部门自行发现并书面向其他检察机关或本院有关处室移送诉讼监督案件线索，取得监督实效的，每件加1分	所谓取得监督实效，是指受移交单位已经采用了监督线索，发出《纠正违法通知书》或《检察建议书》，并收到整改回函		移送函、受移送单位的监督文书、回函等体现监督效果的文件

表 5－15　2011 年北京市基层人民检察院建设公诉工作中侦查活动监督考评表

考核项目	权重	考评点	考核细则	考评说明	是否自动计算	提交事项
人均纠正漏罪漏犯数	10%	人均纠正漏罪漏犯数	纠正遗漏起诉同案犯罪嫌疑人，每人计 2 分；纠正遗漏起诉罪行，每件计 1 分。 纠正漏罪漏犯人均值＝纠正漏罪漏犯得分÷本院上年度在编检察人员数	遗漏起诉的罪行与移送起诉罪行属于相同罪名的，以纠正遗漏犯罪事实单独构成该罪为标准，纠正多起遗漏犯罪事实均单独符合的，计算为多件，每一件计 1 分。纠正遗漏事实均不能单独构成犯罪，但与原起诉的罪行结合后可以引起法定刑变更的，合并计算为一件，计 1 分。 遗漏起诉的罪行与移送起诉罪行属于不同种罪名的，以纠正遗漏犯罪事实单独构成该罪为标准，每件计 1 分。纠正多起遗漏犯罪事实均单独符合的，计算为多件，每一件计 1 分。纠正两种以上遗漏犯罪事实又构成两种以上犯罪的，以上述标准分别计算。 纠正漏罪漏犯数以市院办公室统计数据为准	否	
人均监督纠正侦查、审判活动中违法情形数	10%	人均监督纠正侦查、审判活动中违法情形数	对于侦查活动、审判活动中的违法情形，发出纠正违法通知书并纠正的，每件计 1 分。 监督纠正侦查活动中违法情形人均值＝纠正侦查活动中违法情形得分÷本院上年度在编检察人员数	回函等相关证明的日期需在考评规定的截止日期之前。 监督纠正侦查活动中违法情形数、监督纠正审判活动中违法情形数以市院办公室统计数据为准	是	

续表

考核项目	权重	考评点	考核细则	考评说明	是否自动计算	提交事项
人均检察建议数	3%	人均检察建议数	发出检察建议或检察意见，被采纳并有书面回复的，每份计1分。不应制发检察建议而制发或制发的检察建议显著不当的，该检察建议不计分。 检察建议人均值 = 检察建议得分 ÷ 本院上年度在编检察人员数	检察建议应符合《北京市检察机关检察建议工作实施细则（试行）》的相关规定； 不应制发检察建议而制发或制发的检察建议显著不当的情形，由市院公诉部门复查认定； 回函日期需在考评规定的截止日期之前。 检察建议、意见数在市院办公室统计数据基础上，由市院公诉部门根据各院报送材料审核确定	是	检察建议、检察意见、回函的数码照片
		移送诉讼监督线索	自行发现并书面向其他检察机关或本院有关处室移送诉讼监督案件线索，取得监督实效的，每件计1分	所谓取得监督实效，是指受移交单位已经采用了监督线索，发出纠正违法通知书或检察建议书，并收到整改回函。 属于同一监督线索案件，按一件予以认定；因管辖权改变移送的案件，不属于考评范围；本部门负责进行监督的案件除外。 由市院公诉部门审核确定		移送函、受移送单位的监督文书、回函等体现监督效果的文件

具体内容是：

（1）人均纠正漏罪漏犯数（权重 10%）。纠正遗漏起诉同案犯罪嫌疑人，每人计 2 分；纠正遗漏起诉罪行，每件计 1 分。

纠正漏罪漏犯人均值 = 纠正漏罪漏犯得分 ÷ 本院上年度在编检察人员数

（2）人均监督纠正侦查、审判活动中违法情形数（权重 10%）。对于侦查活动、审判活动中的违法情形，发出纠正违法通知书并纠正的，每件计 1 分。

监督纠正侦查活动中违法情形人均值 = 纠正侦查活动中违法情形得分 ÷ 本院上年度在编检察人员数

（3）人均检察建议数（权重 3%）。发出检察建议或检察意见，被采纳并有书面回复的，每份计 1 分。不应制发检察建议而制发或制发的检察建议显著不当的，该检察建议不计分。

检察建议人均值 = 检察建议得分 ÷ 本院上年度在编检察人员数

《2012 年北京市基层人民检察院建设考评实施细则（征求意见稿）》① 对公诉工作中侦查监督的考评项目同 2011 年相比没有变化，但是人均监督纠正侦查、审判活动中违法情形数和人均检察建议数的权重比例均有所调整，人均监督纠正侦查、审判活动中违法情形数的权重比例由 10% 降为 8%，人均检察建议数的权重比例由 3% 上升到了 4%。同时，人均监督纠正侦查、审判活动中违法情形数的考核内容也有所变化，增加了对类案或其他综合类违法情形发出纠正违法通知书并纠正以及诉讼监督类检察建议的考核分值（3 分），这说明了北京市基层人民检察院建设考评的内容越来越精准，也越来越科学。

具体内容是：

（1）人均纠正漏罪漏犯数（权重 10%）。纠正遗漏起诉同案犯罪嫌疑人，每人计 2 分；纠正遗漏起诉罪行，每件计 1 分。

纠正漏罪漏犯人均值 = 纠正漏罪漏犯得分 ÷ 本院上年度在编检察人员数

（2）人均监督纠正侦查、审判活动中违法情形数（权重 8%）。对于侦查活动、审判活动中的违法情形，针对个案违法情形发出纠正违法通知书并纠正的，每件计 1 分；针对一类案件或其他综合类违法情形发出纠正违法通知书并纠正的，每件计 3 分。

监督纠正侦查活动中违法情形人均值 = 纠正侦查活动中违法情形得分 ÷ 本院上年度在编检察人员数

---

① 虽然目前出台的是《2012 年北京市基层人民检察院建设考评实施细则（征求意见稿）》，但是以笔者的经验，该征求意见稿与最后的正式稿应该不会有太大变化，因为在征求意见稿出台之前，已广泛征求了各个基层检察院的意见、建议，许多部门还召开了专门的座谈会，经过充分的酝酿。

（3）人均检察建议数（权重4%）。发出检察建议或检察意见，被采纳并有书面回复的，每份计1分。向法院或公安机关发出属于诉讼监督类的检察建议或检察意见的，每份计3分。

检察建议人均值=检察建议得分÷本院上年度在编检察人员数。

从以上笔者对侦查监督和审查起诉工作中对侦查活动监督的考评制度的梳理，我们看到2010年以后侦查活动监督的考评点主要包括纠正漏捕、漏诉，纠正侦查违法和检察建议，而不包括侦查监督部门对延长侦查羁押期限批准这一侦查活动监督的内容，这从一个侧面说明对这项工作目前检察机关没有很好地履行监督职责，其已不是侦查活动监督的重点。这个结论也印证了笔者在前面分析侦查活动监督运行的描述中延长侦查羁押期限的不批准率过低，[①] 该项工作的监督更多的是流于形式。

① 从2005年至2011年，7年间延长羁押期限的不批准率平均为0.77%。

第六章　侦查监督制度改革实践的内在逻辑和发展趋势

检察制度属于历史性、政策性的制度形式，其产生和发展具有变动性和适应性的特征，[①] 与审判制度相比，世界各国的检察制度差异性较大，呈现出“五花八门”的特点，“参照系”的多元化，导致我国的检察制度改革一直以来都是司法改革中的难点和热点。近些年来，关于检察权的性质、检察机关的归属、检察机关的职能、检察改革等都成为学界热议的话题。一个制度存在并发挥作用，必须有坚实的基础来论证其必要性和合理性。我国检察机关法律监督的独特定性以及法律监督与侦查、公诉等具体职权的关系导致其在理论上尤其是诉讼理论上备受争议。到目前为止，对检察权的性质、检察职能等核心问题在学术界和理论界还远远没有达成共识。检察机关改革的方向则是与检察权的性质和职能密切相关的问题。我们认为，现今对检察改革问题乃至整个检察理论的研究，不仅应继续加强对专门问题的探索和争论，而且应当用系统的历史的眼光来审视和研讨检察改革问题，要在对现行制度设计和已经推行的检察改革举措进行经验分析的基础上，对检察改革的整体效果进行反思、评估与前瞻，并结合改革已经取得的成效以及检察体制和工作机制完善的整体目标，提出后续改革的方向，笔者正是基于这样的理论关怀进行本章的研究。本章以 1996 年[②]后我国侦查监督制度改革的发展变迁为线索，通过对我国侦查监督工作发展历程的线性考察，提炼出我国侦查监督制度改革实践的内在逻辑和规律，并以此透视出我国整个检察制度发展改革中的路径和完善方向。

---

① 甄贞等著：《检察制度比较研究》，法律出版社 2010 年版，前言第 1 页。

② 按照何勤华等人的研究，中国 1988 年到 1992 年开始发动检察改革，作为检察改革重要组成部分的侦查监督制度改革最早也应从此开始，但笔者通过检索相关的侦查监督制度改革的文献发现，在这一阶段侦查监督制度改革没有大的有影响的举措，真正的侦查监督改革的制度成果是从 1996 年《刑事诉讼法》修改开始的，因此，笔者在这里选择以 1996 年作为侦查监督制度改革的时间起点。

第一节　侦查监督制度改革实践

一、中央司法体制改革前的侦查监督制度改革

20 世纪 90 年代前后，随着改革开放的不断深入，中国的经济得以高速发展，整个社会也产生了巨大的变革。为了适应时代的要求，检察制度也亟须变革。1988 年至 1992 年间，检察机关开始发动检察改革。20 世纪的后 10 年是检察制度一边扎实基础一边谋求改革的 10 年。这一时期，有两个方面的发展趋势非常显著。一方面，当性质定位得到基本确立之后，在检察职能上把握重点、在工作方向上找准当务之急便成为检察制度发展的首当其冲；另一方面，在提升检察人员素质和保障检察行为的规范性等领域有所作为，搞好检察制度的基础建设。[①] 在这一时期，作为中国检察制度改革重要一环的侦查监督制度改革也已迈开了改革的脚步，在我国法制变迁中扮演着重要角色。最初的侦查监督制度改革的成效体现在 1996 年《刑事诉讼法》的修改上，其强化了检察机关履行刑事诉讼监督的职能，该法第 66 条规定："公安机关要求逮捕犯罪嫌疑人的时候，应当写出提请批准逮捕书，连同案卷材料、证据，一并移送同级人民检察院审查批准。必要的时候，人民检察院可以派人参加公安机关对于重大案件的讨论。"第 76 条规定："人民检察院在审查批准逮捕工作中，如果发现公安机关的侦查活动有违法情况，应当通知公安机关予以纠正，公安机关应当将纠正情况通知人民检察院。"第 107 条规定："人民检察院审查案件的时候，对公安机关的勘验、检查，认为需要复验、复查时，可以要求公安机关复验、复查，并且可以派检察人员参加。"这些条文对检察机关的侦查监督职能做了较为全面的规定。

同时，1996 年《刑事诉讼法》第 87 条增加了检察机关对公安机关的立案监督职权，该条规定："人民检察院认为公安机关对应当立案侦查的案件而不立案侦查的，或者被害人认为公安机关对应当立案侦查的案件而不立案侦查，向人民检察院提出的，人民检察院应当要求公安机关说明不立案的理由。人民检察院认为公安机关不立案理由不能成立的，应当通知公安机关立案，公安机关接到通知后应当立案。"1998 年最高人民法院、最高人民检察院、公安部、国家安全部、司法部、全国人大常委会法制工作委员会《关于刑事诉讼法实施中若干问题的规定》第 7 条补充了《刑事诉讼法》第 87 条的规定，明确了公安机关收到人民检察院要求说明不立案理由通知书、通知立案书后的责任和义务。同年 12 月最高人民检察院检察委员会通过的《人民检察院刑事诉讼规则》第十章"刑事诉

① 张进德、何勤华：《中国检察制度六十年》，载《人民检察》2009 年第 19 期。

讼法律监督”第一节“立案监督”中专门有9个条文对立案监督做了进一步的细化，同时将检察机关立案监督的范围扩大到公安机关不应当立案而立案侦查的案件，以及检察机关自侦部门应当立案侦查而未立案侦查的案件，体现了检察机关加强侦查监督与加强自身内部监督并重的思路。为适应新形势的发展需要，全面履行法律监督职能，1999年最高人民检察院将刑事检察厅分设为审查批捕厅和审查起诉厅，由审查批捕部门独立承担对刑事案件的审查批捕、立案监督、侦查活动监督等职能。2000年8月，最高人民检察院将审查批捕厅更名为侦查监督厅，全国各级检察机关原来的刑事检察部门也相应地分设为公诉部门和侦查监督部门。更名后的侦查监督部门的职责和任务，可以概括为“三项职责八大任务”。“三项职责”，即审查逮捕、刑事立案监督和侦查活动监督。“八大任务”是对三项职责的具体化：一是全力维护社会稳定；二是刑事立案监督；三是适时介入侦查，参与重大案件讨论；四是审查批捕和决定逮捕；五是要求侦查机关开展补充侦查；六是要求侦查机关提供法庭审判所必需的证据材料；七是开展侦查活动监督；八是对强制措施执行情况开展监督。

与此同时，在侦查监督部门所担负的审查批捕、刑事立案监督和侦查活动监督三项工作中，确定以监督公安机关等侦查机关的侦查活动为重点，通过履行监督职责，引导侦查取证工作，保障侦查活动依法进行。2002年3月11日，最高人民检察院检察长韩杼滨在九届全国人大五次会议上郑重提出，要“深化侦查监督和公诉工作改革，建立和规范适时介入侦查、侦查取证、强化侦查监督的工作机制”。2002年5月15日至18日，最高人民检察院召开了全国刑事检察工作会议。为推进刑事检察改革、促进公正执法，会议提出了“坚持、巩固和完善，适时介入侦查、引导侦查取证、强化侦查监督的工作机制”等四项改革措施。为我国改革完善侦查监督工作机制进一步指明了方向。

二、中央深化司法体制和工作机制改革框架下的侦查监督制度改革

通过上面的梳理，我们看到经过20世纪后10年的侦查监督改革，已形成了较为健全的侦查监督制度，取得了较好的监督效果。但由于改革的复杂性和相对敏感性，侦查监督改革呈现相对平稳和保守的特征。刑讯逼供、超期羁押等刑事司法制度的顽疾仍屡禁不止，侦查监督改革面临的困难和阻力不容轻视。就在侦查监督改革逐渐趋缓之时，2008年11月，中共中央政治局从发展社会主义民主政治、加快建设社会主义法治国家的战略高度，原则同意中央政法委《关于深化司法体制和工作机制改革若干问题的意见》，这是60年来中共中央首次以政治局的名义审查并原则同意的司法改革事项，也是继2002年党的十六大作出“推进司法体制改革的战略决策”、2004年确定“司法改革以体制和工作机制改

革为主”、2007 年党的十七大提出“深化司法体制改革”战略任务之后，首次作出深化改革的战略部署。[①] 中央司法体制改革领导小组随即对司法改革进行分工部署。最高人民法院和最高人民检察院跟进，分别出台《人民法院第三个五年司法改革纲要（2009—2013）》（下称“三五纲要”）和《关于贯彻落实〈中央政法委员会关于深化司法体制和工作机制改革若干问题的意见〉的实施意见——关于深化检察改革 2009—2012 年工作规划》（下称“2009～2012 年检察改革规划”），伴随着上述一系列文件的出台，借着中央司法体制改革的东风，侦查监督制度改革也迎来了属于自己的春天。按照“2009～2012 年检察改革规划”确定的 5 个方面、[②] 40 项深化检察改革的任务，最高人民检察院积极推动了以下与侦查监督制度相关的改革：

---

① 北京理工大学的徐昕教授提出了中国司法改革的“两波论”和“三元素论”。认为自 1989 年民事审判方式改革推行以来，司法改革大致可分为初步展开（1989～1998 年）和全面系统推进（1998～2009 年）两阶段。2009 年启动的新一轮司法改革，总体上属于 1998 年以来的第二波司法改革之延续，其任务、目标和特征基本相近。稍有不同的是，这一轮司法改革具有巩固深化、承上启下的特点，既是对前 10 年司法改革成果的反思、改进和提升，也是为未来司法改革的攻坚战奠定基础。从更长远的历史视野来看，中国司法改革应置于晚清以来中国社会转型及变法图强的大背景下来思考。晚清以来的司法建设一直贯穿着从传统向现代转型的司法现代化主题，因此，1989 年以来的司法改革整体上构成中国司法改革的第二波，第一波是清末民初以移植西方制度为主要特征的司法建设。在此过程中，三大元素——来自西方的现代司法元素（以对抗制和形式理性为特征）、源于几千年深厚历史的中国传统司法元素（以行政司法合一、情理法结合及和平解决纠纷为特征）、自 20 世纪 20 年代登上历史舞台的中国共产党所引入的社会主义元素（以“司法为民”的马锡五审判方式为特征）相互冲击、相互影响、相互交融，构成百余年来决定中国司法制度特征和走向的核心力量。中国司法改革的历史、现实与未来正是这三大元素趋向合理配置的过程。未来中国的司法改革将以现代司法元素的扩张为主要方向，融合传统司法和社会主义司法两大元素的优势，一个具有中国特色的社会主义现代司法制度将由此形成。参见徐昕、卢荣荣：《中国司法改革年度报告（2009）》，载正义网。

② 一是优化检察职权配置，改革和完善法律监督的范围、程序和措施，加强对诉讼活动的法律监督，切实维护司法公正；二是改革和完善人民检察院接受监督制约制度，规范执法行为，保障检察权依法、公正行使；三是完善检察工作中贯彻落实宽严相济刑事政策的制度和措施，创新检察工作机制，增强惩治犯罪、保障人权、维护社会和谐稳定的能力；四是改革和完善人民检察院组织体系和检察干部管理制度，进一步提高工作效能，加强检察队伍建设；五是认真落实中央关于改革和完善政法经费保障体制的总体部署，为检察事业发展提供更加坚实有力的经费和物质保障。

（一）多个省（市）人大常委会出台关于加强检察机关法律监督（诉讼监督）工作的决议（决定）

北京、湖北、黑龙江、上海、江西、山东①等地人大先后制定“关于加强检察机关法律（诉讼）监督工作的决定（决议）”，积极支持检察院依法履行法律监督职责。以北京市人民代表大会常务委员会《关于加强人民检察院对诉讼活动的法律监督工作的决议》为例，该决议不仅提出全面强化立案监督、侦查监督的要求，而且还明文规定“公安机关、人民法院和刑罚执行等单位应当严格依照法定权限和程序行使各自的职权，自觉接受并积极配合人民检察院的法律监督。对人民检察院发出的纠正违法通知书和检察建议，有关单位应当认真研究，及时将相关工作情况反馈给人民检察院。确有违纪违法情形的，应当坚决纠正，并针对问题健全制度，改进工作，完善预防违纪违法的长效机制”。这些规定对于保证侦查监督的实效，解决公安机关对人民检察院依法提出的立案监督、侦查监督事项的推诿、应付或者不作为具有积极意义。

（二）加强诉讼监督

在深入贯彻2008年最高人民检察院公诉厅《关于在公诉工作中全面加强诉讼监督的意见》的基础上，检察机关对应立案而不立案、已立案侦查但未移送审查起诉的案件等处于监督盲区的案件加大监督力度，着力监督纠正有罪不究、以罚代刑、违法立案、刑讯逼供等突出问题，切实防止放纵犯罪和冤枉无辜。2009年2月，最高人民检察院检察委员会审议通过《关于进一步加强对诉讼活动法律监督工作的意见》，要求各级检察院进一步加强对诉讼活动的法律监督工作，重点是加强对刑事立案、侦查活动、刑事审判、刑罚执行和监管活动、民事和行政诉讼的监督。该意见指出，针对刑事立案，要加强对应当立案而不立案的监督，探索建立与侦查机关信息资源共享机制，及时掌握刑事发案和侦查机关立案情况，建立和完善方便群众举报、申诉、听取律师意见以及从新闻媒介中发现案件线索的制度；加强对以罚代刑、漏罪漏犯、另案处理等案件的监督；健全对立案后侦查工作的跟踪监督机制，防止和纠正立而不侦、侦而不结、立案后违法撤案等现象。探索完善对不应当立案而立案的监督机制，建立和完善行政执法与刑事司法有效衔接的工作机制。针对侦查活动环节，最高人民检察院《关于进一步加强对诉讼活动法律监督工作的意见》要求加大对刑讯逼供、暴力取证等违法行为的查处力度，健全排除非法证据制度，发现以刑讯逼供或者威胁、引诱、欺骗等非法方法收集的言辞证据，应依法予以排除，探索对侦查机关采取的强制性侦查措施及强制措施的监督机制，防止错误性逮捕、起诉。最高人民检察

① 截至目前全国已有30个省市。

院《关于进一步加强对诉讼活动法律监督工作的意见》虽不是专门侦查监督改革的文件，但其直指立案监督和侦查活动监督中的重点和症结，为下一步具体的侦查监督制度改革指明了方向。

（三）加强职务犯罪侦查内部监督

2009年7月，最高人民检察院《关于完善抗诉工作与职务犯罪侦查工作内部监督制约机制的规定》出台，明确抗诉工作与职务犯罪侦查工作由检察机关不同业务部门负责承办，力图规范检察机关内设各部门的权力行使，强化检察机关抗诉工作的内部监督。

（四）职务犯罪案件逮捕决定权上提一级

2009年9月，最高人民检察院《关于省级以下人民检察院立案侦查的案件由上一级人民检察院审查决定逮捕的规定（试行）》出台，明确要求省级以下检察院立案侦查的案件，需要逮捕犯罪嫌疑人的，应报请上一级检察院审查决定，并详细规定了下级检察院报请审查逮捕程序、上一级检察院审查决定逮捕程序、追捕程序、发现不应逮捕的纠正程序、下级检察院不服不捕报请重新审查程序、逮捕担任各级人大代表的犯罪嫌疑人的报请许可程序、人民监督员监督程序、报请延长侦查羁押期限程序及通过检察专网报送案卷材料等。

（五）规范扣押、冻结涉案款物工作

长期以来，在职务犯罪侦查活动中存在未立案先行扣押冻结、超范围扣押冻结、该上缴未上缴、该移送未移送、涉案款物该返还未返还等突出问题。作为加强对自身执法监督的重要环节，改进扣押、冻结涉案款物工作一直受到最高人民检察院的重视。最高人民检察院1996年发布《人民检察院立案侦查案件扣押物品管理规定（试行）》，2001年颁行《人民检察院扣押、冻结款物管理规定》，2006年发布《人民检察院扣押、冻结款物工作规定》；2009年，全国检察机关开展直接立案侦查案件扣押冻结款物专项检查工作，对2004年以来办结的13.7万件职务犯罪案件进行全面检查，纠正了一批违规违法问题；2010年，《人民检察院扣押、冻结涉案款物工作规定》出台。地方检察机关也积极探索。例如，湖北省武汉市汉阳区人民检察院研发“扣押冻结款物管理系统软件”，设立扣押冻结款物“电子账本”。《人民检察院扣押、冻结涉案款物工作规定》明确职务犯罪案件侦查中扣押、冻结涉案款物的界限和范围，确立涉案款物有限原则；完善和规范相关程序，修改相关文书的内容要求，强调须有文书记载，提高扣押、冻结活动的透明度；拓宽监督制约渠道；扩大当事人及其利害关系人知情权、投诉权、监督权和出售权。

（六）全面推行人民监督员制度

2003年9月，最高人民检察院主动向社会打开了一个窗口——推行人民监

督员制度试点工作。当月，最高人民检察院正式下发《关于人民检察院直接受理侦查案件实行人民监督员制度的规定（试行）》，并决定在天津、四川、河北、内蒙古等10地检察机关开展试点。统计数据显示，全国3137个检察院试点了人民监督员制度，占全国各级检察院总数的86.5%，共选任人民监督员21962名。在不断总结试点经验的基础上，2010年10月，最高人民检察院下发《关于印发〈最高人民检察院关于实行人民监督员制度的规定〉的通知》，标志着人民监督员制度结束试点转向全面推行。这一制度的全面推行，进一步健全了对检察权特别是职务犯罪侦查权的监督制约机制，对于保证检察机关依法独立公正行使检察权，具有十分重要的意义，因为人民监督员制度的设置初衷，就是为了加强对查办职务犯罪案件的监督。人民监督员监督的范围最初是“三类案件”、“五种情形”。三类案件主要包括：（1）职务犯罪案件拟撤销案件的；（2）犯罪嫌疑人不服逮捕决定的；（3）拟作不起诉决定的。五种情形是指：一是应当立案而不立案的，或者不应当立案而立案的；二是超期羁押的，或者延长超期羁押不正确的；三是违法查封、扣押、冻结财产，或者非法处置查封、扣押、冻结财产的；四是应当给予刑事补偿而不给予依法补偿，或者不予以确认补偿的；五是检察机关的工作人员在办案当中有徇私枉法、刑讯逼供、暴力取证等违法违纪的。其中，三类案件中的第一类，五种情形中的前三种情形都是针对检察机关职务犯罪侦查环节提出的监督制约，因此，说人民监督员制度的设置初衷，就是为了加强对查办职务犯罪案件的监督不为过。①

（七）完善和落实讯问职务犯罪嫌疑人全程同步录音录像

为规范职务犯罪侦查行为，防止刑讯逼供，增强检察人员依法、文明办案意识和人权保护观念，2005年5月，根据中央政法委的统一部署，全国检察机关普遍开展了“规范执法行为，促进执法公正”专项整改活动，集中整改执法不规范的突出问题，加强执法规范化建设。2005年11月1日，最高人民检察院第十届检察委员会第43次会议决定，为进一步规范执法行为，依法惩治犯罪，保障人权，提高执法水平和办案质量，检察机关对讯问职务犯罪嫌疑人实行全程不间断同步录音、录像。通过客观记录和再现讯问全部过程，加强对办案人员讯问活动的监督，规范执法行为，保障犯罪嫌疑人权利。一个多月后，最高人民检察院印发了《人民检察院讯问职务犯罪嫌疑人实行全程同步录音录像的规定（试行）》，决定从2006年3月1日开始，在全国检察机关分三步推进讯问职务犯罪嫌疑人同步录音录像工作。2006年12月，最高人民检察院办公厅印发了《人民

① 赵阳：《检察权受监督范围从三类案件五种情形调整为七个方面统一选任 打破人民监督员熟人化瓶颈》，载《法制日报》2011年2月15日。

检察院讯问职务犯罪嫌疑人实行全程同步录音录像技术工作流程（试行）》和《人民检察院讯问职务犯罪嫌疑人实行全程同步录音录像系统建设规范（试行）》，前者从检察技术工作环节对讯问职务犯罪嫌疑人实行同步录音录像的受理、录制、封签、保存到录制资料的调用、结案后归档等作出了规定，保障了同步录音录像工作程序规范；后者明确了同步录音录像的设备标准、技术指标和功能要求，为各级检察机关同步录音录像系统建设提供了依据。在“三步走”实施方案的指导下，各地检察机关根据全程同步录音录像的需要，大力加强有关硬件设施和技术装备建设，把全程同步录音录像所需经费列入办案经费项目。加强对侦查干警和技术人员的培训，使办案人员尽快适应同步录音录像的办案新要求，严格执行《人民检察院讯问职务犯罪嫌疑人实行全程同步录音录像的规定（试行）》。据统计，2006 年至 2007 年 8 月，全国检察机关共投入经费 5 亿多元，在办案工作区建立同步录音录像讯问室 4280 个，在看守所建立同步录音录像讯问室 872 个，2829 个检察院实行了讯问同步录音录像，适用案件 34973 件。① 2007 年 11 月 14 日，在全国检察机关讯问全程同步录音录像工作经验交流会上，提出同步录音录像要做到全面、全部、全程，同步录音录像结束试点，全面推开。这里的“全面、全部、全程”，是指坚持每次讯问必录，对讯问全过程实施不间断的同步录音录像，从开始到结束，做到同步进行、全程录制。其次，是指不论是在检察机关的讯问室，还是在看守所提讯在押犯罪嫌疑人，以及外出办案就地开展讯问工作，都应该进行同步录音录像。从目前看，全程同步录音录像工作取得了一些重要进展，但仍然存在一些困难和问题，如检察机关侦查措施严重不足，对于全面推行此项改革有很大的制约；同时，有的检察院经费保障不足，没有配齐设备或者设备陈旧落后；有的缺少录制人员，有的人员素质不高，不能承担录制任务；有的执行最高人民检察院要求不到位，未对全部案件实行全程同录；有的没有与公安机关就在看守所内设置同步录音录像讯问室取得一致意见，工作推动不力；有些制度规定尚需完善，等等。

（八）促进行政执法与刑事司法衔接

行政执法与刑事司法衔接，是检察机关会同公安机关和有关行政执法机关探索实行的旨在防止以罚代刑、有罪不究，使行政执法与刑事司法形成合力的工作机制。近年来，检察机关在推动“两法衔接”方面做了大量卓有成效的工作。2008 年 11 月中央政法委员会下发的《关于深化司法体制和工作机制改革若干问题的意见》，将建立和完善“两法”有效衔接机制列入司法改革任务。2009 年

① 丁海东：《促进规范文明执法“逼”出侦查新水平》，载《检察日报》2010 年 2 月 23 日。

10 月，全国人大常委会在审议最高人民检察院《关于加强渎职侵权检察工作 促进依法行政和公正司法情况的报告》时，对落实和推进“两法衔接”工作提出了明确要求。2010 年，最高人民检察院向国务院法制办报送了《关于行政执法与刑事司法衔接工作情况及落实相关司法改革任务的建议》，协助国务院法制办推进行政执法与刑事司法的衔接改革，推动建立“网上衔接，信息共享”机制，督促行政执法机关及时移送涉嫌犯罪案件。2011 年，中共中央办公厅、国务院办公厅发布《关于加强行政执法与刑事司法衔接工作的意见》，要求行政执法机关、公安机关、检察机关和法院做好行政执法与刑事司法的衔接工作。

（九）完善刑事证据制度

2010 年 6 月 13 日，最高人民法院、最高人民检察院、公安部、国家安全部、司法部印发的《关于办理死刑案件审查判断证据若干问题的规定》和《关于办理刑事案件排除非法证据若干问题的规定》可谓刑事证据立法的重大进展，体现了中国在遏制刑讯逼供、避免违法取证、维护司法公正、保障人权等方面的努力。但该两项规定仍有不足，如采用刑讯逼供等非法手段取得的供述等规定过于模糊，非法证据范围过窄，某些规则有所保留甚至有所倒退，死刑案件的证据规则区别于其他刑事案件并无必要，不少规则仍需完善。未来应切实执行该两项规定，确立并落实无罪推定、疑罪从无和直接言辞原则，进一步完善诉讼证据规则。从根本而言，公民应享有沉默权；律师的权利应得到切实保障；警察权应弱化并受到有力的监督制约；检察权恰当定位从而实现有效的监督；司法的独立性应得到切实保障。

（十）强化刑事立案监督

1996 年修订的《刑事诉讼法》首次明确检察机关对公安机关刑事立案享有监督权。1998 年，最高人民法院、最高人民检察院、公安部、国家安全部、司法部、全国人大常委会法制工作委员会发布的《关于刑事诉讼法实施中若干问题的规定》，公安部发布的《公安机关办理刑事案件程序规定》，1999 年最高人民检察院发布的《人民检察院刑事诉讼规则》进一步规定了刑事立案监督的程序和效力。2010 年，最高人民检察院、公安部联合发布《关于刑事立案监督有关问题的规定（试行）》，明确了刑事立案监督的任务、原则、监督程序及其保障措施、公安机关立案的条件、刑事案件信息通报制度、法律文书的随案移送等事项。长期以来，刑事立案存在有案不立、不破不立、以罚代刑、不当立而立、动用刑事手段插手民商事纠纷等严重问题，主要原因在于刑事侦查权过于强大且缺乏有效监督和实质约束。实践中，刑事立案监督存在诸多困境，主要表现为对国家安全机关等缺乏监督、监督范围模糊、知情渠道狭窄、限制不当立案或违法立案的制裁性规定欠缺等。上述规定的出台在一定程度上弥补了原有立法的缺陷，有利于拓宽监督范围、疏通知情渠道、增加监督手段、增强监督的可操作性。该规定特别针对公安机关“不当立而立”的情形，明确了监督的条件、范围和程序，成为改革亮点。

（十一）完善审查逮捕程序

尽管最高人民检察院发布的《人民检察院刑事诉讼规则》、《关于在检察工作中防止和纠正超期羁押的若干规定》、《人民检察院审查逮捕质量标准（试行）》等文件均对审查逮捕阶段讯问犯罪嫌疑人提出了具体要求，但由于1996年《刑事诉讼法》缺乏明确规定，有关文件的规定也较为模糊，难以在实践中落实。2010年8月，最高人民检察院、公安部联合发布《关于审查逮捕阶段讯问犯罪嫌疑人的规定》，明确了审查逮捕阶段应当讯问犯罪嫌疑人的情形、讯问的要求和重点、听取律师意见的方式等事项。作为强化侦查监督职能的有力措施，该规定体现了检察机关审查逮捕程序改革的司法化、规范化走向，强化了案件侦查讯问过程的监督，可有效避免检察机关办案书面化，有利于及时发现并纠正侦查活动中的违法行为，特别是刑讯逼供。因此，相关措施有助于减少冤假错案。“必要时听取律师意见”的规定，体现了“兼听则明”的诉讼规律和人权保障的基本要求，是一大进步。但由于该条文的操作弹性大，何谓“必要时”、如何“听取”、“律师意见”具有何种拘束力等模糊不清，加之司法权配置不合理、刑辩律师处境艰难、调查权等执业权利缺乏保障等因素的存在，律师在侦查阶段的实质性作用仍难以发挥。总体上，该规定对违法侦查的监督制约作用有限。①

三、2012年《刑事诉讼法》修改中的侦查监督措施

2012年3月14日，第十一届全国人大五次会议通过了《关于修改〈中华人民共和国刑事诉讼法〉的决定》。具有“保障人权的小宪法”之称的《刑事诉讼法》从三个渠道强化了对侦查活动的监督：

（一）完善辩护制度，有利于发挥辩护律师对侦查违法的监督

在刑事诉讼中，辩护人不仅对于保障犯罪嫌疑人、被告人依法行使辩护权具有重要作用，而且辩护人在监督侦查机关的侦查行为是否合法、是否侵犯了当事人的合法权益等方面发挥着重要作用。2012年《刑事诉讼法》第33条规定，犯罪嫌疑人自被侦查机关第一次讯问或者采取强制措施之日起，有权委托辩护人。并且第37条规定，除危害国家安全犯罪、恐怖活动犯罪、特别重大贿赂犯罪案

① 徐昕、黄艳好、卢荣荣：《2010年中国司法改革年度报告》，载《政治论坛》2010年第3期。

件，在侦查期间辩护律师会见在押的犯罪嫌疑人，应当经侦查机关许可外，对于其他案件，辩护律师持律师执业证书、律师事务所证明和委托书或者法律援助公函要求会见在押的犯罪嫌疑人、被告人的，看守所应当及时安排会见，至迟不得超过48小时。这些新规定，不仅保证了律师作为辩护人在侦查阶段能够保障犯罪嫌疑人的合法权利，而且也有利于发挥律师对侦查违法的监督作用。

（二）加强和完善了检察机关对侦查活动的法律监督

1. 规定了羁押必要性审查制度，有利于防止不当羁押

2012年《刑事诉讼法》第93条规定："犯罪嫌疑人、被告人被逮捕后，人民检察院仍应当对羁押的必要性进行审查。对不需要继续羁押的，应当建议予以释放或者变更强制措施。有关机关应当在十日以内将处理情况通知人民检察院。"建立检察机关对捕后羁押必要性的审查制度，在侦查阶段有利于防止侦查机关对没有羁押必要性的犯罪嫌疑人继续羁押，并侵犯犯罪嫌疑人的合法权利，这也体现了检察机关对捕后侦查活动监督的加强。

2. 完善了审查逮捕制度，有利于检察机关发挥侦查监督职能

审查批准（决定）逮捕是检察机关在刑事诉讼中的一项重要职能。通过这一职能的发挥，检察机关担负着侦查监督的重要职责。审查逮捕是检察机关发挥侦查监督职能，防止错捕漏捕，并依法保障犯罪嫌疑人合法权益的重要途径和手段。2012年《刑事诉讼法》在完善检察机关的审查逮捕制度方面，增加了许多新的规定，体现了对侦查监督的加强。第一，明确规定了人民检察院审查批准逮捕可以讯问犯罪嫌疑人。2012年《刑事诉讼法》第86条第1款规定："人民检察院审查批准逮捕，可以讯问犯罪嫌疑人；有下列情形之一的，应当讯问犯罪嫌疑人：（一）对是否符合逮捕条件有疑问的；（二）犯罪嫌疑人要求向检察人员当面陈述的；（三）侦查活动可能有重大违法行为的。"人民检察院在审查逮捕时，依法讯问犯罪嫌疑人不仅可以核实有关证据，而且可以通过讯问活动发现侦查活动是否违法，或者进一步调查核实侦查活动有无违法行为，这均有利于检察机关加强对侦查活动的监督。第二，2012年《刑事诉讼法》第86条第2款规定了人民检察院在审查批准逮捕时可以询问证人等诉讼参与人，听取辩护律师的意见，这不仅是核实证据，使检察机关做到兼听则明的需要，而且有利于检察机关发现或者调查核实侦查机关是否存在侦查活动违法，有利于检察机关的法律监督。

3. 明确规定检察机关对指定居所监视居住的监督

2012年《刑事诉讼法》为了进一步减少逮捕强制措施的适用，进一步完善了监视居住的相关规定，将监视居住定位于减少羁押的替代措施。并在第73条第1款规定，对于涉嫌危害国家安全犯罪、恐怖活动犯罪、特别重大贿赂犯罪的犯罪嫌疑人，监视居住在住处执行可能有碍侦查的，经上一级人民检察院或者公

安机关批准，可以在指定的居所执行。但是，不得在羁押场所和专门的办案场所执行。由于指定居所的监视居住极易被侦查机关（包括人民检察院侦查部门）滥用，并可能因为失去监督而肆意侵犯犯罪嫌疑人的合法权利，为此，2012年《刑事诉讼法》第73条第4款专门规定："人民检察院对指定居所监视居住的决定和执行是否合法实行监督。"这体现了2012年《刑事诉讼法》要求检察机关对严厉刑事强制措施必须予以法律监督的精神。

4. 完善控告、申诉制度，加强检察机关的监督

加强对侦查机关采取强制措施和强制性侦查措施的监督一直是检察机关侦查监督的重点，是中央深化司法体制和工作机制改革的内容。为了落实司法改革的精神，加强侦查监督，维护司法公正，2012年《刑事诉讼法》对侦查措施和强制措施的法律监督出台了新举措，把人权保障提高到了一个新的层次。2012年《刑事诉讼法》第115条明确规定："当事人和辩护人、诉讼代理人、利害关系人对于司法机关及其工作人员有下列行为之一的，有权向该机关申诉或者控告：（一）采取强制措施法定期限届满，不予以释放、解除或者变更的……受理申诉或者控告的机关应当及时处理。对处理不服的，可以向同级人民检察院申诉；人民检察院直接受理的案件，可以向上一级人民检察院申诉。人民检察院对申诉应当及时进行审查，情况属实的，通知有关机关予以纠正。"上述规定采取列举的方式，明确了当事人和辩护人、诉讼代理人、利害关系人对五种刑事诉讼中严重损害司法公正、侵犯当事人、利害关系人合法权益的行为有权向该机关控告、申诉，并规定对处理不服的进而可以向检察机关申诉的权利，同时规定了检察机关对此的监督职责。这些新规定，丰富了检察机关法律监督的内容，也加强了对侦查机关采取强制措施和查封、扣押、冻结等强制性侦查措施的监督。

（三）增加排除非法证据的有关规定，有利于加强对侦查取证活动的监督

建立非法证据排除制度，有利于防止侦查机关刑讯逼供等违法取证行为，规范侦查取证活动。2012年《刑事诉讼法》第54～58条规定了较为完善的排除非法证据制度，其中明确规定了检察机关的法律监督职责，体现了对侦查取证活动加强监督的内在要求。2012年《刑事诉讼法》第55条规定："人民检察院接到报案、控告、举报或者发现侦查人员以非法方法收集证据的，应当进行调查核实。对于确有以非法方法收集证据情形的，应当提出纠正意见；构成犯罪的，依法追究刑事责任。"人民检察院依据本条规定，加强对侦查人员违法取证活动的监督，有利于保证证据的合法性，保障刑事诉讼活动的顺利进行，也有利于保障

司法公正。①

《刑事诉讼法》修改既是我国法治建设进程的重大事件，也是侦查监督制度改革中的重大事件，全国人民代表大会《关于修改〈中华人民共和国刑事诉讼法〉的决定》从证据制度、辩护制度、侦查程序以及检察监督等多个方面加强了对侦查机关活动的监督，但作为多方不断博弈妥协的成果，此次《刑事诉讼法》的修改对侦查监督制度的改革仍有不足。例如，没有把深化中央司法体制改革中有关立案监督、行刑衔接的成果写入《刑事诉讼法》，立案监督、行刑衔接的法律规范效力层次仍然很低，缺乏刚性和可操作性；某些规定尤其是侦查措施的规定，限制过于薄弱。

第二节　侦查监督制度改革实践的内在逻辑

一种社会历史现象的关键是把握其发展逻辑。对于理解 20 世纪 90 年代以来的中国侦查监督制度改革而言，同样如此。对于改革内在发展逻辑的清晰梳理可以使我们更好地理解改革的发生、推进，已经取得的成就、尚未突破的困局，今天问题的成因、未来改革的思路。只有如此，才能得出理性的认识，对改革的评价才能更为客观。② 审视 20 多年来的改革历程及其未来趋势，一条侦监改革的发展脉络和内在的发展逻辑已经相对清晰地呈现在我们面前。

一、检察机关对外强化对公安等侦查机关的监督与对内加强对自侦部门的监督并重

根据我国《宪法》、《人民检察院组织法》、《刑事诉讼法》等相关法律的规定，人民检察院是享有侦查监督权的机关。通过对 20 年来实行的一系列侦查监督制度改革措施的梳理，我们可以发现，我国现阶段大多数侦查监督制度改革主要是由人民检察院推动的，尤其是最高人民检察院作为最高检察机关，其在侦查监督制度改革的过程中扮演着积极的角色。从检察机关采取的各种侦查监督制度改革措施的归纳来看，主要有两个方向和立足点：一方面，加强对公安等侦查机关的监督。例如，加强对公安机关不应当立案而立案的监督，促进行政执法与刑事司法衔接，以监督公安机关有案不立、以罚代刑的行为，完善审查逮捕的程序、规定审查逮捕阶段应当讯问犯罪嫌疑人，增强审查逮捕程序的司法性，健全检察机关介入侦查和引导取证工作机制，完善当事人权利义务告知制度，保障律

① 刘福谦：《新刑诉法亮点：三条渠道强化侦查取证活动监督》，载《检察日报》2012 年 5 月 7 日。

② 李海清：《应重视改革的内在发展逻辑》，载《学习时报》2011 年 10 月 10 日。

师执业权利等努力，赋予检察机关对羁押必要性进行审查的权力，防止超期羁押，确定了非法证据排除规则，规定采用刑讯逼供等非法方法收集的犯罪嫌疑人、被告人供述和采用暴力、威胁等非法方法收集的证人证言、被害人陈述，应当予以排除，完善了辩护制度，将律师、辩护人介入侦查的环节提前到犯罪嫌疑人被侦查机关第一次讯问或者采取强制措施之日起，同时简化了辩护律师会见案件当事人的程序，除三种犯罪（危害国家安全犯罪、恐怖活动犯罪、特别重大贿赂犯罪）案件外，并不需要侦查机关的审批等，这些规定对于规制公安等侦查机关合法侦查、取证，防止刑讯逼供、超期羁押以及违法插手经济纠纷等具有重要意义。另一方面，就是加强对检察机关侦查活动的监督制约。例如，职务犯罪案件讯问犯罪嫌疑人同步录音录像的规定、职务犯罪案件审查批捕权上提一级的改革、规范职务犯罪侦查中扣押、冻结涉案款物工作的规定以及人民监督员制度的建立完善等，可以说，这些年检察机关在侦查监督制度的改革中，对自侦案件的监督约束力度绝不小于对公安机关侦查活动的监督。原因在于，在我国现有司法职权配置的体制下，职务犯罪案件的侦查、批捕、起诉均集于检察机关一身，这种在审前程序中几乎没有其他权力监督制约的职务犯罪案件的侦查权屡受外界的质疑。检察机关作为《宪法》规定的法律监督机关，其自身必须接受监督是中国语境下优化检察权配置必须回应的基本问题。可以说加强对职务犯罪案件侦查权的监督制约，既是民众的热切期待、中央的明确要求，也是推进检察工作科学发展的客观需要，因而成为这一轮侦查监督制度改革的重点之一。最高人民检察院的领导和最高人民检察院的工作报告等各种官方正式文件中也多次提到检察机关作为法律监督机关要加强法律监督与加强自身监督并重，检察机关坚持用比监督别人更严格的标准来监督自己等说法。① 近年来，检察机关通过建立巡视工作制度、检务督察制度、执法办案内部监督制度，优化职务犯罪审查逮捕权配置，建立健全规范检察机关扣押、冻结涉案款物工作的长效机制，完善检察机关接受人大和社会各界监督机制，建立和推行人民监督员制度等一系列举措，显示了检察机关自上“枷锁”的智慧和勇气。应该说，这是检察机关执法活动适应诉讼运行规律的客观要求，也是提升检察执法公信力，推进检察工作科学发展的客观需要，是符合司法规律的明智之举。

---

① 类似的提法很多，如只有做到自身正、自身净、自身硬才能更好地履行好法律监督职能；加强法律监督是立根之基，加强自身监督是发展之本，我们必须把强化自身监督放在与强化法律监督同等重要的位置上。2009 年 9 月 8 日至 9 日，第七届全国检察长论坛的会议主题就是“强化法律监督与强化自身监督”。

二、侦查监督制度改革多是司法机制改革，而未直接涉及司法体制的转型

梳理过去30年中国社会的关键词，改革应是其中的一个。从经济体制改革到政治体制改革，从司法体制改革到司法工作机制改革，各种改革措施频出，中国的社会发生了翻天覆地的变化，法治领域也不例外。尤其是近年来，党中央一直高度重视司法体制机制改革工作。2002年11月，党的十六大作出了“推进司法体制改革”的战略决策，将司法体制改革作为贯彻落实依法治国基本方略的重大举措和政治体制改革的重要组成部分的相应部署。2004年年底，中共中央转发了中央司法体制改革领导小组《关于司法体制和工作机制改革的初步意见》，提出了改革和完善诉讼制度、诉讼收费制度、检察监督体制等10个方面的35项改革任务。时任中共中央政治局常委、中央政法委书记的罗干同志，领导和召集各有关部门逐项研究，着力推进改革措施的组织实施工作。2007年10月，党的十七大从发展社会主义民主、全面落实依法治国基本方略、加快建设社会主义法治国家的战略高度，作出了深化司法体制改革的重大决策。2008年12月，中共中央转发中央政法委员会《关于深化司法体制和工作机制改革若干问题的意见》，从优化司法职权配置、落实宽严相济刑事政策、加强政法队伍建设、加强政法经费保障四个方面，就深化司法改革工作作出了总体部署。经过4年不懈努力，目前，60项司法体制机制改革任务取得重要阶段性成果。按照改革的时间表，将在今年（2012年）对司法体制改革进行评估和总结，确保党的十八大召开之前，新一轮司法体制改革各项措施基本落实到位。虽然从上述中央政法委改革文件的名称上看是司法体制和工作机制改革，但是通过以上对一系列侦查监督制度改革成果的盘点，我们发现，现有的侦查监督制度改革举措无论是针对公安等侦查机关的监督改革，还是针对检察机关自侦部门的监督，大多数改革措施仍然是小修小补，力度不大，因而是司法工作机制的创新改革，而未直接涉及司法体制的转型。各个司法实务部门在近一轮司法改革中的姿态由积极张扬转为保守低调，并在不同场合反复强调这一轮司法改革重在“机制改革”。例如，最高人民检察院侦查监督厅厅长万春在文章中曾指出，“中央反复强调，司法体制改革应当是中国特色社会主义司法制度的自我完善和发展，因此，推进司法体制改革包括侦查监督制度改革，应当在这个基本制度框架下进行”①。例如，关于羁押必要性审查制度的改革，在《刑事诉讼法》修改之前关于审查逮捕制度相关改革的讨论中，学界曾激烈争论并形成了有代表性的两种观点：一种观点认为，仿效西方法治国家的经验，将羁押必要性审查的权力赋予人民法院。另一

① 参见万春:《侦查监督制度改革若干问题》，载《河南社会科学》2010年第2期。

种观点认为，在现有的制度框架下改革完善审查逮捕制度，将羁押必要性审查的权力仍然赋予检察机关，这样具有现实可行性，也与《公民权利和政治权利国际公约》的规定不矛盾。2012 年《刑事诉讼法》修改，将羁押必要性审查的权力赋予了检察机关，也就是在中国现有司法职权配置体制下进行制度创新改革。但现有部分改革措施（如优化司法职权配置、改革政法经费保障机制等）其实力度较大，直接涉及司法体制的转型。①

之所以现有的侦查监督制度改革措施更多的是司法工作机制层面的改革，而不是司法体制改革，原因在于我国的侦查监督制度改革是涉及检警关系、检法关系的重大改革，是一项庞大的系统工程，涉及立法、司法、执法等方方面面的问题，涉及我国司法机关之间以及司法机关与立法机关、行政机关之间资源与权力的再分配问题，因为只有通过权力再分配，才能实现司法资源的合理配置和司法效益的优化。而司法权力重新分配的改革不仅仅是诉讼结构或司法体制问题，更是国家机关权力配置的重大宪政问题，是牵一发而动全身的改革，改革的重大性和复杂性可想而知。此外，我国现有侦查监督制度改革多是司法工作机制层面的改革，它与目前自上而下的司法改革路径紧密相关。21 世纪以来的司法改革不是民间组织和地方政府主导的（这与我国许多经济体制改革的路径不尽相同），而是在中央政法委（中央司法改革领导小组）统一部署下实施的，改革的成果多是各个政法机关之间不断协调、博弈、妥协的结果。也正因为上述种种原因，我们翻开现有的侦查监督制度改革措施可以清楚地看到，大多数改革方案都在小心翼翼地回避着司法机关与立法机关、行政机关之间的权力调整，以及两大司法机关相互之间的权力调整问题。

三、侦查监督制度改革多采取自上而下的改革路径

任何社会改革，其实施的路径大致都是两种：一是政府基于自身所坚持的某种“主义”或“构想”进行自上而下式的推进；二是政府基于某类普遍的困境或问题而对社会的现实需要进行积极的回应。司法改革，作为一项根本性的社会改革，在路径的方向上也同样有着“自上而下”的主动推进型道路，还是“自下而上”的积极回应型道路问题。② 通过对近 20 年侦查监督制度改革过程的回顾，我们发现在侦查监督制度改革过程中更多地体现出的是自上而下的改革路径，最典型的就是立案监督制度改革。立案监督是 1996 年《刑事诉讼法》赋予人民检察院的一项新的职权。通过立法的方式建构一种制度，这是典型的自上而下的改革路径。但是仅有《刑事诉讼法》的原则规定并没有给检察机关的立案

① 徐昕、卢荣荣：《中国司法改革年度报告（2009）》，载正义网。

② 张琦：《司法改革：自上而下还是自下而上?》，载《决策与信息》2012 年第 4 期。

监督实践带来日新月异的改变。由于法律规定原则又没有相应的配套制度做支撑，立案监督在实践中困难重重。面对此问题，最高人民检察院通过自身的努力，一步步地完善立案监督制度。从《人民检察院刑事诉讼规则》对立案监督的逐步细化到一个个关于加强立案监督文件的出台，到2010年与公安部联合出台《关于刑事立案监督有关问题的规定（试行)》，这其中无不是最高检察机关采取“自上而下”的路径来逐步深化和完善立案监督改革。职务犯罪批捕权上提一级改革和职务犯罪讯问犯罪嫌疑人同步录音录像的改革也是如此，都是在最高人民检察院统一部署和安排下，在全国检察机关贯彻实施的，可以说这两项改革都给基层检察机关执法和办案方式带来了很大的挑战和变革，尤其是职务犯罪讯问犯罪嫌疑人同步录音录像制度，由于一步到位实施的困难很大，最高人民检察院采取了“三步走的战略”，由部分试点到逐步全面推行。

另外，在侦查监督制度（司法制度）自上而下的改革中，中央政法委的统一协调和领导作用值得注意，这既体现了我国司法制度和政治制度中党领导的特点，也是我国司法改革（侦查监督制度改革）的一个特色。当然，也有学者对此颇有微词，认为中央政法委领导的我国自上而下的司法体制和工作机制改革具有浓厚的政治色彩，下一步改革应坚持去政治化的技术和策略，实现司法与政治相对分离。这样，中国的司法改革才可能走出停滞不前的困境，最终迈向公正、高效、权威、独立的社会主义现代司法制度。理由在于体制尽管属于政治体制的一部分，但也是相对独立的功能区域，司法体系基本属于中立性、工具性、功能性的治理技术问题，绝大部分司法改革措施无涉“政治”。从法律技术的角度推进司法改革，具有广阔的空间。除了社会主义道路和共产党领导的底线外，几乎所有的问题在理论上都可以转化为法律技术问题予以考虑和完善。① 司法改革是个世界性的浪潮，很多国家在司法改革过程中也成立了专门的领导机构。例如，1965年，英国议会就设立了法律委员会，该法律委员会是指导英国全国司法改革的专门机构，其职责就是对所有的法律不断地进行审查和评价，负责提出具体的司法改革目标。1999年伊始，日本政府宣布，将对日本的司法制度进行改革。此次司法制度改革由法务省负责，具体修改工作由“司法制度改革审议会”承办。1997年7月，日本内阁根据《日本司法制度改革审议会设置法》设置了司法制度改革特设专门机构——日本司法改革制度审议会。② 我国在确定司法改革的领导协调机构方案时，曾有学者建议由全国人大常委会牵头成立全国司法改革委员会作为领导机构，并在该委员会下设立专家咨询委员会，其成员由著名法学

① 参见徐昕：《司法改革应“去政治化”》，载《财经》2011年第3期。

② 参见张卫平、李旺：《日本司法改革审议会意见书——支撑21世纪日本的司法制度》，载《司法改革论评》2002年第1期。

专家、资深法官、检察官和律师组成。在具体职能上，新的司法改革领导机构不但要担负统一组织、领导和规划司法改革的任务，更要发挥其在国家机构中的强势地位，以有效的手段来监督司法机关与立法机关、行政机关之间以及司法机关相互之间在统一推进司法改革进程中的步调是否一致，并确保各个权力主体在权力调整过程中能顺利地完成交接，从而推动司法改革最终目标的实现，但该方案没有被采纳。①

之所以我国侦查监督制度改革大多采取自上而下的路径，我想原因有以下几点：

一是我国侦查监督制度改革是我国整个司法体制和工作机制改革的一部分，而我国司法改革的路径就是在中央政法委的统一领导下“自上而下、循序渐进、有组织、更理性地稳步推进”的，作为整体中的一部分，其路径受整体决定。因此，侦查监督改革采取自上而下的路径就成为了“必由之路”。

二是我国侦查监督制度改革是涉及检法关系、检警关系的改革，是涉及国家机关的组织体制、权力配置等全局性的司法制度问题，如果没有一个统一部门领导协调改革，公、检、法各个部门各搞一套就会导致各项改革措施互不衔接，相互矛盾。

三是侦查监督制度改革是限制公安等侦查机关和检察院自侦部门权力的改革，改革的主要模式也是“以权力制约权力”的模式，即通过检察机关的法律监督权来限制侦查权。而检察机关的法律监督权作为一种公权力其行使要遵循“法无明文授权即禁止、法无明文不可为”的原则，所以自下而上的改革探索往往易超出现有法律的规定，而不具有合法性。

四、侦查监督制度改革呈现出“多措并举”的特点

在本书导言中，笔者总结过侦查监督制约的方式从总体上说可以分为四种，即以法限权的模式、以权力限制权力的模式、以权利限制权力的模式和内部监督的模式。通过对近20年来推行的各项侦查监督制度改革措施的梳理，我们发现这四种模式的侦查监督制度改革均被悉数采用，侦查监督制度改革呈现出“多措并举”的特点，如检察机关对其享有的职务犯罪侦查权采取的监督制约措施，规范职务犯罪侦查中的讯问、逮捕以及扣押款物等就是典型的侦查权的内部监督制约模式。例如，人民监督员制度、2012年《刑事诉讼法》对辩护制度的完善，② 就是通过公民个人权利限制侦查权的思路。以法限权的方式典型的体现就

① 参见王琳：《试论司法改革的路径选择》，载《江苏行政学院学报》2002年第2期。

② 明确律师在侦查阶段辩护人的身份、职责与权利，明确规定了侦查机关告知犯罪嫌疑人有权委托辩护人的法定义务，明确律师凭“三证”即可要求会见犯罪嫌疑人，解决会见难问题。

是2012年《刑事诉讼法》修改中对侦查机关采取强制措施的完善。例如，进一步明确了取保候审适用的条件，明确了监视居住的法律定位、适用范围和执行机关，细化了逮捕的条件等，这些制度的细化、完善减少和限制了侦查机关在司法实践中的自由裁量权。[①] 对于权力监督制约权力的模式的主要体现就是检察机关对公安等侦查权的监督，这方面改革主要体现在检察机关立案监督制度的改革、完善，以及2012年《刑事诉讼法》对检察机关侦查监督的强化。另外，值得一提的是，近年来多个省人大常委会出台的“关于加强检察机关诉讼监督（法律监督）的决议（决定）”中对侦查监督制度改革的规定，这既体现了法律监督权对侦查权的监督制约，也体现了人民代表大会的监督权对侦查权的监督制约，是双重权力对侦查权的监督模式。

第三节　侦查监督制度改革的方向和发展趋势

经过20余年侦查监督制度改革，尤其是2012年《刑事诉讼法》的修改通过，中国的侦查监督制度已经站在了一个历史的新起点上。可以说，现阶段侦查监督制度改革已进入“深水区”，进入一个攻坚克难的阶段，短时期内可能不会再大规模地推行各种改革措施，而重点是对现有各种改革措施的落实和深化，改革后的侦查监督制度的趋势是检察机关成为审前程序中的主导者，对审前程序进行诉讼化的改造，这既是加强对公安机关监督的需要，也是加强人权保障的需要。

一、改革的现状：改革进入“深水区”，改革的步伐会逐渐放缓

始于20世纪90年代中期的我国侦查监督制度改革至今已有近20年的历程，20年来在党中央的坚强领导下，全国上下各级政法机关、专家学者励精图治，锐意进取，在推进侦查监督制度改革中取得了令人瞩目的成绩：侦查权的行使更

① 2012年《刑事诉讼法》第72条规定：“人民法院、人民检察院和公安机关对符合逮捕条件，有下列情形之一的犯罪嫌疑人、被告人，可以监视居住：（一）患有严重疾病、生活不能自理的；（二）怀孕或者正在哺乳自己婴儿的妇女；（三）系生活不能自理的人的唯一扶养人；（四）因为案件的特殊情况或者办理案件的需要，采取监视居住措施更为适宜的；（五）羁押期限届满，案件尚未办结，需要采取监视居住措施的。对符合取保候审条件，但犯罪嫌疑人、被告人不能提出保证人，也不交纳保证金的，可以监视居住。监视居住由公安机关执行。”第73条第1款规定：“监视居住应当在犯罪嫌疑人、被告人的住处执行；无固定住处的，可以在指定的居所执行。对于涉嫌危害国家安全犯罪、恐怖活动犯罪、特别重大贿赂犯罪，在住处执行可能有碍侦查的，经上一级人民检察院或者公安机关批准，也可以在指定的居所执行。但是，不得在羁押场所、专门的办案场所执行。”

加规范，检察机关侦查监督权不断强化，犯罪嫌疑人的诉讼权利不断完善，超期羁押、刑讯逼供等刑事侦查中的违法情况逐渐减少。但在看到这些成绩的同时，我们也不得不承认，许多更深层次的问题并没有彻底解决，公安机关的侦查权仍一支独大，检察机关的侦查监督权仍然“软弱无力”，检察监督的效果也相当有限，法院、检察院和公安机关在刑事诉讼中配合有余而监督制约不足，犯罪嫌疑人和律师的各项权利在实践中仍得不到充分保障，我国侦查监督制度改革已经进入“深水区”，改革的步伐会逐渐放缓。政法机关也多次强调司法改革应立足于国情，强调改革的政治意识、大局意识和责任意识，要求考虑社会的理解力和承受力，正确选择改革的方式和时机，把握改革的力度和节奏。原因在于，目前的侦查制度改革措施大多停留在工作机制层面上，深层次的体制改革尚未展开。而深层次的司法体制改革是一项涉及机制设置、权力机关协调等多方位的全面改革，在现有政治体制框架内改革将困难重重，阻力巨大，司法改革的攻坚工作何时启动尚难预测。忧虑的同时更应思考，司法改革攻坚，“坚”在何处？“坚”，集中体现于司法改革的政治化逻辑。司法体制是政治体制的一部分，中国的政治体制改革长期被视为“禁区”，改革工作举步维艰，作为政治体制一部分的司法体制若要改革，很可能牵一发而动全身，故不可轻举妄动。这样的误解导致司法体制改革长期以来陷于停滞状态，司法改革的政治化逻辑已成为改革的桎梏，阻碍了我国社会主义法治建设的进程。①

二、现阶段的重点：对现有改革措施的落实和深化

经过 20 余年侦查监督制度改革，尤其是 2012 年《刑事诉讼法》的修改通过，可以说，我国的侦查监督制度已经站在了一个历史的新起点上。但同时，我们也应看到，大多数改革举措仍是机制改革和工作方法的改进，而绝大部分改革任务的完成也只是出台相关文件。应当指出，出台文件只是改革的第一步，只有改革措施切实贯彻、良好运转，才可视为完成。因此，现阶段的重点可能不再是大规模地推行各种改革措施，而是对现有各种改革措施的落实和深化。只有深化和细化目前的各项改革措施，并接受实践检验，然后做进一步的调整和完善，使之在实践中顺畅运行并得到良好的效果，改革才能说真正取得了成功。以羁押必要性改革为例，2012 年《刑事诉讼法》建立了羁押必要性审查制度，并把审查的权力赋予了检察机关。但是，现有的法律只是为羁押必要性审查制度提供了一个基本框架，至于由检察机关的哪个部门来承担审查的职能，羁押必要性审查的内容、审查的形式、审查的期限等事关该制度落实的各种要素都需要在实践中摸索，不断地试错、纠正、完善。立案监督制度同样如此，虽然最高人民检察院和

---

① 徐昕：《司法改革应“去政治化”》，载《财经》2011 年第 3 期。

公安部联合出台了《关于刑事立案监督有关问题的规定（试行）》，可以说解决了多年来“无法可依”的局面，但是“徒法不足以自行”，现实中如果检察机关对于立案监督工作的人手配备不够，或者把一些“老弱病残”、无心进取的干警安排到立案监督岗位上，再完美的制度设计也会流于形式。

三、改革的方向：检察机关成为审前程序中的主导者，对审前程序进行诉讼化的改造

长期以来，我国的刑事侦查程序，在侦查权制约机制上存在着结构性的缺失，缺乏有效的外部制约，侦查活动的制约实质上主要依赖于侦查机关的内部控制，侦查程序的构建体现出浓厚的行政色彩，这种结构性的缺陷也是导致侦查程序违法屡禁不止的根本原因。因此，近年来，侦查监督程序改革的重点就是建立以司法制约为主的检警关系，主要目的在于形成侦查阶段的“诉讼构造”，即侦查官员与犯罪嫌疑人分别作为原被告，由检察官作出诉讼裁决的这样一种构造，从而由检察机关对侦查活动实施司法控制。虽然这不是最理想的制度选择，但却是在我国现有司法职权配置体制下对侦查权进行监督制约的最可行方式，也是最合理的制度选择。2012 年《刑事诉讼法》吸收了多项改革举措，如增加了关于审查逮捕阶段讯问犯罪嫌疑人的规定就是这种改革思路的成果。① 但是，目前的改革还不彻底，对于公安机关采取的搜查、扣押、冻结等直接涉及公民人身自由权和财产权的强制性措施都需经检察机关批准，并赋予犯罪嫌疑人一定的救济权利。因此，笔者认为，下一步侦查监督制度改革的方向就是检察机关成为审前程序的主导者，同时，完善犯罪嫌疑人及其律师在审前阶段的诉讼权利，对审前程序进行诉讼化的改造，即对可能导致公民权益受到限制或剥夺的侦查行为、侦查措施实施司法授权，以司法裁判的方式审查、决定追诉行为的合法性与正当性，并赋予当事人申请司法听证的权利，以获得司法救济而不是行政救济。

---

① 对于审前程序的诉讼化改造，也有学者提出仿效西方国家的经验，在侦查程序中建立预审法官或侦查法官的制度，将其作为“中立第三方”来限制侦查权。但这样的方案不具有现实可行性，因为我国的审判独立，仅指法院独立，而不是法官独立。因此，无论预审法官设在哪个庭、如何轮流，该法院院长或审委会早已形成预断，继而更直接地影响案件实体审判的结果。从这个意义上说，由法院进行侦查活动的司法审查和司法授权，将会更大地危及被追诉人的权益。而由作为法律监督机关的检察机关担任“中立第三方”，即使因其履行控诉职能也会产生追诉的倾向，被追诉人的权利在法庭审理阶段仍有实体救济之机会。参见江伟：《论刑事侦查程序的诉讼化改造途径——以刑事诉讼构造为视角》，载《福建法学》2005 年第 2 期。

第七章 侦查监督制度的未来：检察机关权威重塑与找回宪法定位

当代中国正处于一个全面变革的时代，无论是人们外在的行为方式，还是内在的心理结构，都在发生着或明或暗、或隐或显的深刻变化。涉及政治、经济、文化等各个领域的社会转型已经是正在发生的事实。其中，发端于20世纪80年代的司法改革，尽管一直以来都是以司法机关为主体而得以进行，但不可否认的是，无论就其深度还是广度而言，它都是改革开放以来当代中国社会整体性转型的重要组成部分。[①] 随着党的十五大依法治国方略的确定，法律和司法制度的改革和发展成为关系国家和社会发展的重大问题。在围绕着司法改革和建设社会主义法治国家的讨论中，人们对审判制度给予了相当的关注，而作为现代司法制度重要构成部分的检察制度却不同程度地被边缘化了。在对作为现代司法制度之核心的司法独立原则与制度建构的探究中，一些观点把中国检察制度的局部问题放大了，甚至把检察机关的法律监督与司法独立原则对立起来，因此，在司法改革中，中国检察制度被认为是缺少制度正当性的一种设计，应当进行彻底的改造。而另一方面，在中国当代检察制度的曲折发展过程中，人们对制度建构的历史合理性和发展的内在逻辑缺乏理性的思考。在社会转型时期，社会的法律价值观进行着变革，检察制度面临着如何证成其合理性和寻求发展方向的重大挑战。[②] 在这样的理论和实践背景下，我们在思考侦查监督制度未来的时候就不能仅仅拘泥于内在视角，就制度论制度，而需要将其放在检察机关的宪法定位、中国社会的政治权力结构和中国法治现代性转型的宏观视野中来定位。因此，在本章关于侦查监督制度未来的谋划中，笔者从检察机关的宪法定位以及法院、检察院和公安机关这三机关宪法关系的高度分析目前法律监督（包括侦查监督）的问题，以期对中国侦查监督制度的未来进行展望。

---

① 赵明：《从历史的深处走来——漫议转型时期的当代中国政治与司法改革》，载《政法论丛》2008年第3期。

② 孙谦：《中国的检察改革》，载《法学研究》2003年第6期。

第一节　检察机关法律监督职能的宪法定位与实践的背离

一、为什么检察制度屡受质疑

检察制度属于历史性、政策性的制度形式，其产生和发展具有变动性和适应性的特征，与审判制度相比，世界各国的检察制度差异性较大，呈现出"五花八门"的特点，"参照系"的多元化，导致我国的检察制度改革一直以来都是司法改革中的难点和热点之一。我国检察机关法律监督的特有属性以及法律监督与侦查、公诉等具体职权的关系导致其在理论上尤其是诉讼理论上备受争议和质疑。纵观这些争议和质疑，既有因少数人研究方法单一、研究视野不开阔导致的对检察机关性质、职能的模糊认识，也有因中国检察制度本身不完善而导致的制度设计缺陷以及实际运行中某些不顺畅、不协调之处。排除意识形态或是其他"不纯正动机"的因素外，单纯从学术意义上分析"为什么检察制度屡遭质疑"，笔者认为，其中很重要的一个原因就是检察机关法律监督职能的"表达"与"实践"之间的背离，正是宪法关于检察机关是国家法律监督机关的定位与检察权运行实践之间的"非适度"背离，引起了人们对于检察制度的质疑和争议。"表达"与"实践"是美国加州大学洛杉矶分校黄宗智先生在《清代的法律、社会与文化：民法的表达与实践》一书中使用的一对概念，[①] 这里的"表达"，主要是指法律文本或制度规范，有时也包含国家官方意识形态话语中关于法律的"宣传和说教"。"实践"，主要是指法律制度的具体运作实施。尽管这个概念最初是用于法制史研究的，但对于当今法律制度的研究也具有指导性。本书尝试以此为分析工具，以检察机关的核心职能（即"法律监督职能"）为例，对检察机关法律监督职能的"表达"与"实践"的背离现象及其成因进行研究，分析这种"背离"背后的原因机理及其产生的影响，从中发现一些中国特色检察制度发展改革的问题和启示。

二、法律监督职能"表达"与"实践"背离的表现

检察机关法律监督职能的相关制度文本表达主要体现在《宪法》、《人民检

① 通过对清代诉讼档案的细致考察，黄先生发现了清代法律的官方"表达"与制度运作"实践"既矛盾又统一、既背离又抱合的关系。参见黄宗智著：《清代的法律、社会与文化：民法的表达与实践》，上海书店出版社 2007 年版，重版代序第 3 ~ 9 页。

察院组织法》、《检察官法》和三大诉讼法中。[①] 其中，最主要也是最权威的就是《宪法》第129条“中华人民共和国人民检察院是国家的法律监督机关”的规定，这是检察机关行使职权与进行活动的权力来源和基本出发点，也是分析检察机关性质与地位的基本依据。正是由于《宪法》在国家法律体系中的特殊地位，使得检察院是国家法律监督机关的定位成为“宪法定位”，法律监督职能成为检察机关的“宪政职能”。宪法的这一文本表达预设了法律监督职能应该是检察机关最重要也是最核心的职能。但是，如果我们真实地考察中国检察制度的运作实践，就会发现检察机关的职能结构以及实际运行还与宪法等制度文本关于检察机关的定位存在较大差距。鉴于检察制度运行的复杂性，笔者不可能一一考察，面面俱到，仅以1980~2011年的最高人民检察院工作报告（以下简称工作报告）为样本[②]描述检察机关法律监督职能的运行实践。

（一）法律监督职能主要表现为诉讼监督，法律监督职能履行还不充分

笔者以法律监督职能在工作报告中的位置和地位为线索分析1980~2011年的工作报告，将其分为两个阶段。第一阶段是1980~1993年，在这一阶段，关于检察机关法律监督工作情况的总结没有作为一个独立的标题予以阐述，而是将其分散在打击刑事犯罪或是保护公民民主权利的部分。第二阶段是1994~2011年，在这一阶段，法律监督职能与查办职务犯罪、严厉打击刑事犯罪并列作为检察机关三大业务职能之一，具有独立地位。但是在不同时期法律监督的内容又被归入不同的条目之下，如1994~1998年，侦查监督、刑事审判监督、民行监督、

① 《宪法》第129条规定：“中华人民共和国人民检察院是国家的法律监督机关。”1979年通过的《人民检察院组织法》第1条也做了同样的规定。除了《宪法》和《人民检察院组织法》外，《检察官法》第1条“立法目的”中明确了“保障人民检察院实施法律监督”。此外，1982年通过的《民事诉讼法（试行）》第12条规定，“人民检察院有权对人民法院的民事审判活动实行法律监督”，它首次将法律监督的范围拓宽到了民事审判活动领域。1991年修改后的《民事诉讼法》第185~188条规定了民事审判监督程序中人民检察院抗诉制度。《行政诉讼法》第10条以及第64条规定人民检察院对行政诉讼实行法律监督以及在行政案件的审判监督程序中的抗诉制度。1996年《刑事诉讼法》第8条、第76条、第87条、第169条、第181条、第205条第2款、第212条、第215条、第222条、第224条等条文对检察机关对刑事诉讼的法律监督作出了更加详细的规定。

② 之所以选择以最高人民检察院工作报告为样本，原因如下：一是工作报告是最高人民检察院发布的最权威的官方文件之一，其公布的数字最具有权威性；二是工作报告不仅是对最高人民检察院工作的总结，也是对全国检察系统情况的总结和汇报，其内容涉及检察院工作的各个方面，既有各项检察工作的总结、存在问题的检讨，又有日后工作的安排和计划，可以说最高人民检察院工作报告是整个检察工作的结晶和体现。

监所检察等法律监督工作在“加强执法监督”的条目下予以介绍；1999～2004年，在“加强诉讼监督”的条目下介绍了法律监督职能的各项工作；2005～2011年，在“加强对诉讼活动的法律监督”的条目下介绍（详见表7－1）。值得注意的是，在2005年、2006年的工作报告中履行法律监督职能是个广义的概念，打击刑事犯罪、查办职务犯罪与加强对诉讼活动的法律监督均涵盖在此。但是2007年之后，这种情况有所改变，将法律监督职能改为“检察职能”，包括传统的三大业务工作。这一阶段法律监督的内容趋于稳定，包括立案监督、侦查监督、审判监督（刑事、民事和行政）、刑罚执行和监管活动监督，以及查处司法工作人员职务犯罪等。

表7－1　法律监督职能在工作报告中的位置和地位

阶段	地位	时间	其内容在工作报告中所属标题
第一阶段	附属	1980～1993年	分散在打击刑事犯罪或是保护公民民主权利的部分
第二阶段	独立	1994～1998年	加强执法监督
		1999～2004年	加强诉讼监督
		2005～2011年	加强对诉讼活动的法律监督

通过以上梳理，可以看出，一方面，法律监督职能在工作报告中的地位经历了从附属到独立的变化；但是，另一方面，对法律监督概念的内涵和外延仍没有清晰的界定。目前，法律监督职能主要表现为诉讼监督，在工作报告中并没有检察机关监督行政执法活动的记录。而且诉讼监督也主要是指刑事诉讼监督，民行诉讼监督仅为少量，二者的比例约为10:1。① 这在一定程度上说明，检察机关法律监督职能的履行很不充分。

（二）法律监督职能比较薄弱，“诉讼型”职能模式是现阶段我国检察职权配置的实然状态

通过对工作报告的统计，可以看出全国检察机关最近12年（1998～2009年）② 的主要业务工作情况（详见表7－2）：检察机关的侦查、批捕和公诉职能的履行在工作量上占有绝对大的比重（提起公诉10637074件，约占46%；批准逮捕9727647件，约占42%；查办职务犯罪499300件，约占2%；法律

① 1998～2009年全国检察机关共办理刑事诉讼监督案件2276693件，办理民事诉讼监督案件207976件。

② 之所以以1998～2009年为统计范围，一方面，是因为1998年后法律监督工作逐步走向规范和深入，报告中各项统计数字较为全面；另一方面，近12年的数字也可以在很大程度上反映检察机关近年来的工作现状。

表 7－2　1998～2009 年检察机关主要业务工作情况一览表

职能 / 报告年份①	立案侦查职务犯罪（人）	审查批捕（批准逮捕）（人）	审查起诉（提起公诉）（人）	法律监督												
				侦查监督							审判监督		刑罚执行和监管活动监督		民行监督	
				立案监督		追捕（人）	追诉（人）	不予批捕（人）	不起诉（人）	侦查活动违法纠正意见（件次）	抗诉（件）	审判违法纠正意见（件次）	纠正减刑、假释、暂予监外执行不当（人）	纠正超期羁押（人次）	抗诉（件）	再审检察建议（件次）
				对应当立案而不立案的监督（件）	对不应当立案而立案的监督（件）											
2003	207103	3601357	3666142	36955		50863	25297	466357	106715		18369	61162		308182	69392	15189
2004	43490	764776	819216	22575	2552	9440	5220	58870	27957		2906	9518	7055	25181	13120	3316
2005	43757	811102	867186	20742	2699	10660	5670	67904	21225	7561	3063	1387	21771		13218	4333
2006	41447	860372	950804	17940	3737	12686	8646	19957	7366	7845	2978	1865	8625	271	12757	5192
2007	40041	891620	999086	16662	4569	14858	10703	96382	7204	11368	3161	2200	6074	233	12669	5949
2008	209487	4232616	4692655	94766	18266	63500	42430	255931	34433	50742	15161	9251	13275	85	63662	24782
2009	41179	952583	1143897	20198	6774	20703	16679	107815	29871	22050	3248	2995	4990	181	11459	5222
2010	41531	941091	1134380	19466	6742	21232	18954	123235	33048	25664	3963	4035	9883	337	11556	6714

① 2003 年、2008 年的工作报告分别是对前五年工作情况的总结，2010 年的工作报告是对 2009 年工作情况的总结，故从 2003～2010 年的工作报告可以反映 1998～2009 年的工作情况。

监督 2381779 件，约占 10%）。如果采用简单的件数相加的办法来计算，三者的工作总量为 20864021 件，而法律（诉讼）监督的工作量为 2381779 件，二者的比例约为 8.5∶1。（详见图 7－1）

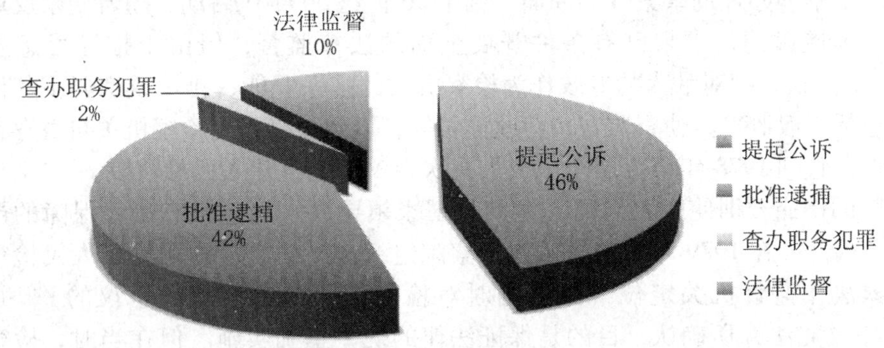

图 7－1 1998～2009 年检察机关业主要务工作分布情况图

通过上述对检察职能实际运行情况的描述，可以看出目前法律监督职能的业务范围仍局限于诉讼领域；从检察职权的配置现状来看，法律监督职能仍比较薄弱，侦查、公诉等参与诉讼的职能远比法律监督职能活跃，目前占有绝对的实践优势，法律监督职能并没有实际获得“主业”的地位。[①] 显然“诉讼型”的职能模式仍是现阶段我国检察职能的实然状态，同国家宪政体制中的地位相匹配的“宪政型”检察职能的应然状态相比仍有很大差距。

三、法律监督职能“表达”与“实践”背离的原因

通过对我国检察机关法律监督职能运作实践的考察，我们发现，宪法关于检察机关是国家法律监督机关的定位与检察机关具体职能的承担存在着较大的差距，以至于一些学者不断批评检察机关作为国家法律监督机关“名不副实”。那么，检察机关法律监督职能的“表达”与“实践”之间为什么会出现巨大的差距和背离呢？

（一）法律监督相关立法本身不协调

我国检察机关的“法律监督”定位是新中国成立初期受列宁法律监督理论影响，以及借鉴前苏联检察制度建设实践的结果。苏联检察机关的法律监督是全面监督，其内涵包括“一般监督＋司法监督”，其中一般监督是其鲜明特点。

① 在笔者所在的检察院，法律监督工作仍被当做是工作亮点，几乎每一件法律监督工作的开展都要通过检察信息来宣传，这说明法律监督工作仍不是检察机关的常业和主业。

1954 年我国《宪法》和《人民检察院组织法》中关于检察机关职权的规定均体现了前苏联法律监督的精神。但是由于在新生政权初创时期，镇压反革命任务繁重，再加上检察机关的组织机构尚不健全，使得检察机关无力兼顾其他工作，从而形成了单一办理刑事案件的局面。到了 20 世纪 50 年代后期，随着残余反革命势力基本被肃清，本来已有条件开展全面的法律监督，但由于指导思想发生"左"的失误，把对敌人的专政作为检察机关的唯一职能，排斥或削弱了其他职能，包括一般监督、侦查监督、劳改监督等，以致最终否定检察机关自身存在的必要性，直到 1978 年第五届全国人大一次会议决定重建人民检察院。[①]"文化大革命"的惨痛教训使广大人民（尤其是国家领导人）痛感没有法律保障的严重后果，因此，在 1979 年制定《人民检察院组织法》时，首次明确了人民检察院的国家法律监督机关定位（虽然当时对检察机关的定性是有争议的）[②] 并被 1982 年《宪法》所确认，目的是保证法律的统一正确实施。但在当时，检察机关百废待举，如果立即恢复检察机关的一般监督职能的话，在既存的政治体制和权力架构下，检察机关很难在短期内树立起自己的权威，于是立法者选择了更切合实际的做法，在制定《人民检察院组织法》时，虽保留了法律监督的定位，但又取消了检察机关的一般监督权，只留下了对刑事法律和狱政法规的监督，法律自身出现了矛盾和不协调之处。[③] 20 世纪 90 年代以来，诉讼制度改革的指导思想是以欧美等西方国家的"普适价值"为模版，法律监督制度的完善也仅仅局限于诉讼领域，前苏联原初意义上的法律监督已没有被重拾的机会，这样的现状就给检察机关留下了难题——检察机关的宪法定位是法律监督机关，但长期以来，检察机关的工作实际与这一定位很不相称。正是这种尴尬的现实使许多人对检察机关的宪法定位提出了质疑。

（二）法律现代化过程中"移植法治"路径的局限

清末以来的法律改革是传统中国向现代社会转变过程中迈出的重要一步。在这一现代化转型过程中大规模移植所谓"先进"国家的法律制度就成为了一个捷径。这种移植法治路径虽有其优越性和存在的历史合理性，但也不可避免地带有局限性，主要体现在以下两个方面：

---

① 参见王桂五主编：《中华人民共和国检察制度研究》，中国检察出版社 2008 年版，第 186 ~ 187 页。

② 据顾昂然回忆，当时人们对检察机关的定性是存有争议的，有人主张定性为国家的法律监督机关，彭真同志表示同意。参见庄永廉：《四部人民检察院组织法：一部浓缩的检察史》，载《检察日报》2009 年 9 月 16 日。

③ 王立、宗源：《前苏联检察制度的几个问题——兼论对中国检察制度发展的启示》，载《法学杂志》2010 年第 9 期。

1. 移植不同国家的法律制度造成中国现行法律制度是个多元的混合体，制度之间的矛盾、冲突和不协调在所难免

具体到检察制度领域，从最初清末修律时借鉴日本，到新中国成立初期以苏联为师，到近20年来言必称欧美之风气，再加上中国原有的传统法律制度，可以说，现今的中国检察制度不可避免地是一个多元的混合体。这种移植不同国家法律制度的弊端在检察领域突出的体现就是检察机关的法律监督职能与定位问题。如前所述，新中国成立后1954年《宪法》和《人民检察院组织法》关于我国检察机关职权的规定包括一般监督、垂直领导以及侦查监督、审判监督职能等均主要是学习借鉴前苏联的结果。1979年修改后的《人民检察院组织法》虽将检察机关是专门的法律监督机关予以明确规定，但在职能的配置上却与法律监督的性质定位不相适应，突出表现为取消了一般监督和垂直领导，而这两个是前苏联法律监督的突出特点，仅剩下司法监督的检察职能与职权主义色彩强烈的德国检察制度更为接近。[①] 1996年《刑事诉讼法》对检察机关职权和作用的修改主要是参考英美当事人主义诉讼模式，强化了检察机关的控诉职能，废除了免予起诉制度，检察权的运行更符合西方法治的精神和司法规律。从以上论述可以看出，目前中国检察制度既有前苏联的因子，又有欧美等西方国家检察制度的原形，再加上中国传统法律制度以及革命根据地时期检察制度的影响，中国的检察制度就成为典型的多元混合体。因此，其在运行过程中出现许多不顺畅和不协调的地方，出现宪法文本的规范定位和实践的巨大背离也就不足为怪了。从这个意义上说，怎样协调、融合这些不同的传统，创建一个适用于当今实际的检察制度，对今天的中国法学来说仍是一个亟待解决的重要命题。

2. 缺乏制度实践基础，容易造成立法与实践的脱节

长期以来，中国法学界一直存在着一种通过变法修律来推动制度变革的思路，并被称做制度变革中的“立法推动主义”。[②] 这种制度变革方式虽然可以有效地解决短期内“无法可依”的问题，但局限性在于对制度的实践基础关注不够。我们知道，任何国家的法律制度都与一国文化传统、权力结构框架以及社会环境密切相关，但这些制度环境是无法通过立法移植完成的。哈耶克教授区分

---

① 参见孙谦主编：《人民检察制度的历史变迁》，中国检察出版社2009年版，第337页。

② 陈瑞华：《制度变革中的立法推动主义——以律师法实施问题为范例的分析》，载《政法论坛》2010年第1期。

"法律"和"立法"的意义也在于此。[①] 因此，在制度变革的过程中立法推动主义的路径容易造成立法与实践的脱节，使"法律"无法得到切实的贯彻和执行。人民检察院的法律监督机关宪法定位就是一个典型的例证。前述已提到新中国成立初期确立检察机关是法律监督机关的定位是在特殊的历史条件下借鉴前苏联制度的结果，但是检察机关法律监督职能的实践基础不牢的问题一直都未得到根本解决，再加上现行法律对检察机关法律监督职能的相关规定比较原则和笼统，缺乏可操作性，在这样的情况下检察机关法律监督职能"表达"与"实践"的背离就成为了不可避免的宿命。

（三）检察基础理论研究在一定程度上呈现出"内卷化"倾向

近年来，具有中国特色的检察制度理论研究硕果累累，呈现出繁荣景象。然而，理论研究的课题大多停留在对现行检察制度进行剖析和论证的层面，涉及检察制度深层次的问题却未有实质进步，检察基础论研究呈现出一定的"内卷化"[②] 倾向。这一倾向的典型表现就是对法律监督概念的研究。虽然"法律监督"是检察基础理论研究中的基本概念，它关系到检察机关的性质、定位以及检察权的性质等，但这么重要的一个核心概念却长期处于定义含糊、争论不休的状态。在近年来的讨论中，尽管学者们给出了诸多定义，但无论在理论界还是实务界，至今也没有形成较为一致的意见。同样，关于检察权的性质，检察权和法律监督权关系的研究也存在这样的问题，目前，关于检察权的性质有司法权说、行政权说、兼具行政和司法双重性质说、法律监督权说、多元权力说等，[③] 关于法律监督权的内容有一元论、二元论、三元论和四元论说，[④] 虽然检察基础理论研究中出现了诸多新观点、新论证，但始终没有在"法律监督"理论研究上出现实质性的进步和提高。检察基础理论研究"内卷化"倾向不仅导致法律监督理论上的停滞不前，也导致实践中法律监督工作难以持续深入地开展。这在某种

---

① 哈耶克认为，立法是"以审慎刻意的方式制定法律"，实际上就是上面我们所理解的"外部规则"，而"法律本身却从来不是像立法那样被'发明'出来的"，法律是与人类社会相伴而生的为人们所公认的规则，是我们所理解的"内部规则"。法律优先于立法，内部规则的层级高于外部规则，外部规则要受内部规则的指导和约束。参见［英］弗里德利希·冯·哈耶克著，邓正来等译：《法律、立法与自由》（第一卷），中国大百科全书出版社 2000 年版，第 113～223 页。

② "内卷化"一词源于美国人类学家吉尔茨《农业内卷化》一书，它是指一种社会或政治、经济、文化模式发展到某个阶段形成一定的形式后就停滞不前，只是在内部变得越来越复杂而无法向新的、更高级的形式变迁的状态。

③ 参见张智辉：《中国特色检察制度的理论探索——检察基础理论研究 30 年述评》，载《中国法学》2009 年第 3 期。

④ 韩成军：《检察权基本理论研究综述》，载《河南社会科学》2010 年第 2 期。

程度上也导致法律监督职能“表达”与“实践”背离的长期存在。

四、法律监督职能“表达”与“实践”背离的影响

从法社会学的视角看，立法与司法、法律条文与法律在实践中的运用都不可避免地存在着背离和差距，这是由法律运行的制度环境以及运行过程中诸多社会因素介入所决定的。甚至从哲学角度看法律的“表达”与“实践”之间的这种背离是绝对的、永恒的，而“表达”与“实践”之间的一致却是相对的、暂时的。从这个意义上说，“有法必依、执法必严、违法必究”是立法者或是国家统治者的一个美好愿望。通过前述对检察机关法律监督职能“表达”与“实践”之间背离原因的剖析，可以看出二者之间的背离在某种程度上是中国法律现代化过程的“产物”。那么我们怎样看待“表达”与“实践”之间存在的背离与紧张；这种背离对客观实践产生了怎样的影响；又将在多大程度上引领司法实践的走向；我们如何在一种新的意义和维度上，重新认识“表达”与“实践”之间复杂而又微妙的关系呢？

检察机关法律监督职能“表达”与“实践”的背离对检察机关各项工作的影响是双重的。一方面，它会引起对检察机关存在的正当性的质疑和争论，进而影响检察机关的司法权威，导致实践中对检察院和检察权的不重视或轻视的态度。同时，这种争论也可能影响法律监督工作的开展，1999～2000年，我国民行检察监督领域发生的理论争论，导致了这一时期我国民行检察监督工作发展缓慢甚至出现倒退就是一个典型例证。[①] 但另一方面，“表达”与“实践”之间背离的争论也带来了积极影响，正是在回应近年来对检察机关的种种争议和质疑的过程中，检察机关成为名副其实的法律监督机关的目标逐步清晰起来。近年来，检察机关采取推动法律监督（诉讼监督）地方立法[②]以及法律监督专门立法、成立专门的诉讼监督机构等多种措施强化法律监督工作，以逐渐找回自身正当性的定位。

五、启示与结语

（一）检察理论研究的外在视角——“跳出检察看检察”

检察制度屡受质疑和争议可以说是近年来检察理论研究中的一个典型现象，这一现象的产生既有历史的惯性，同时也不是中国的特例，对这一问题从学术意

① 参见孙春雨、张翠松：《检察制度发展改革应处理好的几个问题——以1978年以来民行检察监督制度的发展变迁为视角》，载《人民检察》2011年第9期。

② 目前，已有30个省级人大常委会出台了加强法律监督（或诉讼监督）的决定或决议。

义上进行科学、理性的回答，既是检察理论研究工作者的职责和使命，也是推动中国检察理论研究深化进而完善中国特色检察制度的需要。笔者的研究就是这一尝试的努力。本书是描述解释型的经验法社会学研究，研究中试图采取“跳出检察看检察”的外在视角来解读检察理论研究中的一些现象，认为中国检察制度存在的许多问题和原因不应从检察制度本身去寻找答案，而应该将其放到整个时代变革的潮流中去思考，我们不应忽略那些特殊年代和特殊路径带给我们的副产品，这是我们理解和解读现有制度存在问题的基础。目前，对检察理论相关问题作出知识性贡献的学者主要集中在刑事诉讼法学界、刑法学界以及检察系统的理论工作者中间，而本该对国家权力性质以及相应配置作出理论贡献的法理学界和宪法学界却贡献寥寥。[①] 这也是目前检察理论研究在一定程度上呈现出“内卷化”趋向的一个原因，作为一名有着法理学科背景的检察人，以自己的知识积累和学科视野关注检察基础理论研究，这既是我的责任，也是我的义务。

（二）检察理论的研究方法——超越“表达主义”和“客观主义”[②]的二元对立

本书的研究缘起于近年来理论界关于检察机关法律监督定位的争议和质疑，纵观种种争议，总体来说可以分为“挺检派”和“撤检派”两个派别。[③] 双方的观点虽针锋相对，但从方法论上看却有着一致性，就是割裂“表达”与“实践”之间的关系。“挺检派”多数是表达主义的立场，他们从法律规范（尤其是宪法规范）的文本表达出发，轻视法律运作的实践，法律监督一元论就是代表之一。法律监督一元论将宪法文本关于检察机关的法律监督定位奉为“圣经”，以致将检察机关的主要工作（如侦查、公诉等）均视为“法律监督”，这样就导致了法律监督概念的泛化，以至于无法回答为什么中国检察机关公诉活动是法律监督，而在西方国家就不是法律监督；为什么检察机关的侦查活动是法律监督，而公安机关的侦查就不是法律监督这两个诘问。相反，“撤检派”多数是客观主义的立场，他们重视检察工作的实践却轻视法律规范的文本表达，那种认为检察机关应定位为公诉机关的观点就是典型代表。该种观点看到了公诉工作在检察工作中占据的重要地位，却轻视宪法关于检察机关法律监督定位的意义，这样就会无视我国检察机关的特殊性，无视宪法定位对实践的影响，也无法解释近年来检

---

① 韩成军：《检察权基本理论研究综述》，载《河南社会科学》2010 年第 2 期。

② 笔者这里的“表达主义”与本书的“表达”相对应，指“表达”起决定作用的观点；“客观主义”与本书中的“实践”相对应，指“实践”起决定作用的观点。

③ “挺检派”，主要是指主张保留和加强检察机关建制的学者；“撤检派”，主要是指主张撤销检察机关建制的学者。参见陈云生：《中国检察制度与“权力制衡原则”的内在关联的排除之辩》，载《政法论丛》2011 年第 1 期。

察机关在法律监督工作中取得巨大进步的事实。

表达主义和客观主义的研究方法虽然都有其自身的优点，但由于其片面夸大“表达”或“实践”的作用，也使得其在理论研究中表现出明显缺陷。笔者认为，在检察理论研究中应超越表达主义和客观主义二元对立的思维模式，我们既不能只凭法律文本的表达来理解，也不能只凭它的实际行为来理解，而是要看到“表达”与“实践”之间相互影响、相互作用的复杂关系。“表达”和“实践”都是有意义的，二者之间的差异既蕴含着这种差异来源的历史合理性，又折射出检察工作的现实矛盾性。“实践”不能脱离和排斥“表达”，反之，“表达”也不能高高在上，无视“实践”。理性检视这种差异来源的历史合理性，理性反思这种差异导致的现实矛盾性，把“表达”和“实践”统一起来，中国特色的检察制度将更加完善，检察机关法律监督职能也将得以充分发挥。

第二节　法院、检察院和公安机关的宪法关系

一、引　　子

法院、检察院和公安机关的宪法关系是我国宪政体制中的基本问题，涉及司法职权配置、司法程序运行和司法独立等基本制度，对于维护人民群众根本权益、保障社会和谐稳定具有重要意义。2011 年第 3 期《法学研究》杂志刊登了中国人民大学法学院韩大元教授的《法院、检察院和公安机关的宪法关系》一文。[①] 该文章从《宪法》第 135 条“人民法院、人民检察院和公安机关办理刑事案件，应当分工负责，互相配合，互相制约，以保证准确有效地执行法律”出发，以制度演进的历史为脉络，还原了从 1949～1982 年公检法三机关关系的演变以及“分工负责，互相配合，互相制约”的最终形成与入宪历程。通过对“分工负责，互相配合，互相制约”的规范结构以及实际运作模式的分析，提出了对法院、检察院和公安机关关系的合宪性调整思路。文章视野开阔、资料详实、论证充分，既有历史的厚重感，又有现实的针对性，是 2011 年韩大元教授在宪法学研究领域的一部力作。该文为深刻理解和把握公检法三机关之间的宪法关系，推进司法改革，建立公正、高效、权威的社会主义司法制度提供了重要参考和决策依据。鉴于本书研究主题的重要性以及韩大元教授在学界和社会上的影响，笔者对“法院、检察院和公安机关的宪法关系”做进一步的思考，以便让读者有兼听的机会。

---

① 该文的作者为韩大元、于文豪，因讨论的方便，文中仅以第一作者作为代表。

二、宪法关系、宪法性法律关系以及公检法三机关宪法关系的体现

（一）何为宪法关系

宪法关系是宪法学的基本范畴之一，按照我国目前宪法学界的观点，宪法关系有广义和狭义两种理解。广义上的宪法关系，又称宪法性法律关系，是指根据宪法性法律规范产生的，以宪法上的权利和义务为基本内容的社会政治关系。[①]广义上的宪法关系直接以宪法性法律规范为调整依据。这里的“宪法性法律规范”不仅包括《宪法》，还包括其他一切宪法性法律，如《选举法》、《国旗法》、《集会游行示威法》、《民族区域自治法》、《香港特别行政区基本法》、《澳门特别行政区基本法》等。狭义上的宪法关系，仅指依据宪法规范（宪法典）所产生的权利义务关系，而不包括宪法性法律关系，即宪法性法律关系不是宪法关系。狭义说认为，宪法关系的建立主要是依赖宪法规范，但宪法性法律是法律而不是宪法，只有由宪法调整的关系才是宪法关系，而宪法性法律调整的关系只能是一般的法律关系，不是宪法关系。[②]

通过以上对宪法关系定义的梳理我们可以看出，广义上的宪法关系，是指以宪法典和宪法性法律规范（如《选举法》、国家机构组织法、《民族区域自治法》、《香港特别行政区基本法》、《澳门特别行政区基本法》等）为基础和调整依据的。狭义上的宪法关系，仅指作为国家根本大法的《宪法》所确认和调整的社会关系。

（二）公检法三机关宪法关系的体现

根据以上分析，按照狭义上的理解，目前人民法院、人民检察院和公安机关之间的宪法关系体现在《宪法》第 129 条、第 135 条；按照广义上的理解，目前人民法院、人民检察院和公安机关之间的宪法关系体现在众多法律条文中，除了上述提到的《宪法》第 129 条、第 135 条外，还包括《人民检察院组织法》第 1 条、第 5 条、第 13 条、第 14 条、第 15 条、第 16 条、第 17 条、第 18 条、第 19 条，《人民法院组织法》第 11 条第 2 款、第 3 款、第 14 条第 3 款、第 15 条等。从这三部法律的制定时间来看，《人民检察院组织法》和《人民法院组织法》是 1979 年 7 月 1 日由第五届全国人民代表大会第二次会议通过，而《宪

① 据笔者所查阅到的资料，目前大多数学者持这种广义观点。相关文章参见梁忠前：《论宪法关系》，载《法律科学——西北政法学院学报》1995 年第 1 期；王向明：《试论宪法关系和宪法规范》，载《当代法学》1988 年第 3 期，等等。

② 参见刘作翔、马岭：《宪法关系和宪法性法律关系》，载《西北大学学报（哲学社会科学版）》2005 年第 4 期。

法》是1982年12月4日由第五届全国人民代表大会第五次会议通过。从颁布时间上的先后顺序可以看出，《宪法》第129条是对《人民检察院组织法》和《人民法院组织法》上述条文精神的归纳和提炼，特别是《宪法》第129条和《人民检察院组织法》第1条的规定完全相同，实质上是对《人民检察院组织法》第1条“中华人民共和国人民检察院是国家的法律监督机关”的确认。同样，《宪法》第135条和1979年7月1日由第五届全国人民代表大会第二次会议通过的《刑事诉讼法》第7条的规定完全一致，是对《刑事诉讼法》第7条“人民法院、人民检察院和公安机关进行刑事诉讼，应当分工负责，互相配合，互相制约，以保证准确有效地执行法律”的肯定和确认。这一规定一经写入《宪法》，就使得公检法三机关“分工负责，互相配合，互相制约的关系”由刑事诉讼法律关系上升为宪法关系。《宪法》第129条的规定因原来也是在宪法性法律文件《人民检察院组织法》中，因此，公检法三机关的宪法关系①的性质没有改变，只不过法律地位有所提高。其后，1982年《宪法》经历了四次修改，《人民法院组织法》经历了两次修改，《人民检察院组织法》经历了两次修改，但在这三部法律的历次修改过程中，上述提到的法律条文没有任何变动。因此，我们也可以说《人民法院组织法》和《人民检察院组织法》的上述条文是对《宪法》第129条和第135条精神的细化和具体化。

通过上述对宪法关系理论和条文产生过程的分析可以看出，公检法三机关的宪法关系除了体现在《宪法》第135条外，还体现在《宪法》第129条以及其他诸多条文中。② 那么为什么我们在理解人民法院、人民检察院和公安机关的宪法关系的时候容易谈到《宪法》第135条，而忽略第129条呢？

这主要是由《宪法》第129条这一法律条文的结构和内容的特殊性所决定的。同第135条相比，第129条法律规范的主体不是很明确，只是说人民检察院是国家的法律监督机关，而没有提到其他主体和法律关系的内容，这就需要我们结合宪法理论和我国的宪政体制来理解这一条文的具体内涵。与西方国家的“三权分立”不同，我国是“议行合一”的政治体制，全国人民代表大会行使最高立法权，是人民行使国家权力的机关。“一府两院”都是人民代表大会的执行机关，“一府两院”接受人民代表大会的领导，受其监督。在人民代表大会领导

① 从广义上理解宪法关系。

② 按照对宪法关系的狭义理解，公检法三机关的宪法关系仅体现在《宪法》第129条和第135条；按照对宪法关系的广义理解，除了上述两个条文，其还体现在《人民法院组织法》和《人民检察院组织法》的一些条文中（本书前面已提到，在此不赘述）。从目前宪法学界来看，大多数学者持广义观点，笔者也倾向于广义说。但无论是广义理解还是狭义理解，《宪法》第129条和第135条都包括在其中，已能满足本书讨论主题的需要，故在此不对广义观点和狭义观点的区分作出评价。

下，各个国家机关行使不同性质的国家权力，相互之间互不隶属，地位平等，行使人民代表大会赋予的职权。行政机关承担着国家建设和公共服务的主要职责。人民法院专司审判，对于各种纠纷按照法律的规定进行公正的裁判。因我国的人民代表大会制度是一种“有分工、无分权”的制度，它虽然不排斥国家权力在具体行使上的划分，但在人民代表大会统一授权的前提下，行政权和审判权都有其相对独立的封闭的运行系统，除依托其内部的监督体系进行自律、自省外，对其外部监督往往处于一种真空的状态。① 再加上实践中，涉及我国国家机关之间相互关系的问题时，往往协调被过分地强调，而出现忽视分工、忽视被监督的问题，这是有违国家权力的一般运行原理的。在这样的宪政体制背景下，我国就设立了一个专门的机关——人民检察院负责法律监督工作，主要是对行政执法权和审判权的监督，目的是保证国家法律的统一、正确实施。这里行使行政执法权的机关主要包括公安、工商、卫生、财政、建设等机关，行使审判权的机关是指人民法院。因此，从理论上来说，《宪法》第 129 条调整的是人民检察院与人民法院和公安、工商等行政执法机关之间的关系。目前，由于我国检察机关的法律监督职能履行得还不充分，检察机关对行政执法机关的监督尚付阙如，检察机关的法律监督权在实际运行中主要表现为诉讼监督权。② 因此，宪政制度设立检察机关对行政机关和审判机关的监督，在实际运行中主要体现为人民检察院对公安机关和人民法院的监督。因而，《宪法》第 129 条在实际运行中调整的主要是作为国家法律监督机关的人民检察院与公安机关和人民法院之间的关系。因此，人民法院、人民检察院和公安机关之间的宪法关系不仅体现在《宪法》第 135 条，也体现在第 129 条，纵然第 129 条没有像第 135 条那么明确地表述该条文调整的法律关系的主体和内容。本书前面提到的《人民检察院组织法》和《人民法院组织法》中的条文是对《宪法》第 129 条和第 135 条精神的体现和具体化，它们中有的条文调整的是三机关的关系，如《人民检察院组织法》第 1 条、第 5 条；有的条文调整的是两机关的关系，如《人民检察院组织法》第 13 条、第 14 条调整的是人民检察院和公安机关之间的关系，《人民检察院组织法》第 15 条、《人民法院组织法》第 11 条第 2 款、第 3 款、第 14 条第 3 款、第 15 条等调整的是人民法院和人民检察院之间的关系。鉴于研究重点和篇幅所限，笔者在此对其中的法律关系就不一一列明。

---

① 高乃谦、高宏雷：《检察机关行使法律监督权的应然研究》，载《中国司法》2010 年第 8 期。

② 参见张翠松：《检察机关法律监督职能的“表达”与“实践”——以宪法定位与实践的背离为视角》，载《犯罪研究》2011 年第 6 期。

三、诉讼监督与诉讼制约的区别

根据本书前述，公检法三机关的宪法关系既体现在《宪法》第 129 条又体现在《宪法》第 135 条，因此，要全面理解和把握公检法三机关之间的宪法关系，就要正确处理好《宪法》第 129 条和第 135 条的关系，将其放在一个整体的框架中去理解，关键是准确把握检察机关与公安机关和人民法院的诉讼监督与诉讼制约的关系。

根据《宪法》第 129 条的规定，人民检察院作为法律监督机关对公安机关和人民法院行使法律监督权，根据第 135 条的规定，人民检察院和人民法院、公安机关之间是分工负责、互相配合、互相制约的关系，这两条体现了人民检察院既是国家的法律监督机关又是刑事诉讼中的一个参与机关，人民检察院既履行法律监督职能又履行诉讼职能。当其履行法律监督职能时，与人民法院和公安机关之间形成法律监督（诉讼监督）的关系；当其履行诉讼职能时，与人民法院和公安机关之间形成互相制约的关系，那么人民检察院对人民法院、公安机关的诉讼监督和三者之间的诉讼制约关系是否相同，应如何区分呢？

关于检察机关与人民法院、公安机关之间的诉讼监督与诉讼制约关系，学界看法不一，有的对诉讼监督和诉讼制约不作区分，认为监督就是制约，制约就是监督；[①] 有的认为应严格区分监督和制约，不应将二者混淆。[②] 笔者认为，监督和制约都是对权力的约束和控制的方式，二者具有相似性，但在谈到人民法院、人民检察院和公安机关的宪法关系时，不应将二者等同，理由如下：

（一）诉讼监督与诉讼制约区别的概念分析

1. 从词源来看，监督和制约是两个不同的概念

从监督的词义来看，是指从旁边或自上而下察看并督促，因此，在监督关系

---

① 参见龙宗智：《相对合理主义视角下的检察机关审判监督问题》，载《四川大学学报（哲学社会科学版）》2004 年第 2 期；万春、高景峰：《论法律监督与控、辩、审关系》，载《法学家》2007 年第 5 期。韩大元教授的《法院、检察院和公安机关的宪法关系》一文也是秉承这一观点，他在论述分工负责、互相配合、互相制约原则的一般性时，认为在民事和行政诉讼中，检察院对法院也具有制约关系，其法律支撑分别体现为《民事诉讼法》第 14 条和《行政诉讼法》第 10 条关于人民检察院对民事审判和行政诉讼进行法律监督的规定。可见，韩大元教授的观点就是对监督和制约不作严格区分。参见韩大元、于文豪：《法院、检察院和公安机关的宪法关系》，载《法学研究》2011 年第 3 期。

② 参见葛洪义：《“监督”与“制约”不能混同——兼论司法权的监督与制约的不同意义》，载《法学》2007 年第 10 期；周标龙：《论刑事诉讼中的“制约”与“监督”》，载《法学杂志》2010 年第 2 期；蒋德海：《权力监督与权力制约不应混同》，载《检察日报》2008 年 4 月 4 日。

中，监督者处于相对超脱和独立的地位，其权益与被监督者的权益是不同的。制约是牵制、约束之意，一事物的存在、变化是另一事物存在、变化的先决条件，则前者制约后者。[①] 在权力关系体系中，制约，主要是指在某种权力系统之下，若干种相对独立的子权力之间存在的互为依存、互相影响、互相约束的关系，即某种权力的运行要以其他相关权力的运行为条件，反之亦然。因此，互相制约关系是同一权力系统内部互相约束的关系。

2. 从中央文件和法律文本来看，监督和制约是两个不同的概念

党的十七大报告提出要"完善制约和监督机制，保证人们赋予的权力始终用来为人民谋利益"，这说明监督和制约不是同一个概念，否则是同语反复。在我国《宪法》文本中"监督"出现16次，"法律监督"出现1次，"制约"出现1次。其中，在有关人民代表大会及其常务委员会的职权规定中，使用"监督"一词；"法律监督"一词出现在《宪法》第129条；"制约"一词出现在《宪法》第135条，可见，《宪法》的立法原意已经将"监督"、"制约"与"法律监督"做了区分。在我国《刑事诉讼法》中，"监督"一词出现12次，"制约"一词出现1次（与《宪法》第135条的规定相同），"监督"一词的使用语境主要是人民法院的"审判监督程序"以及人民检察院对刑事诉讼活动进行法律监督的规定，如人民检察院依法对刑事诉讼活动进行法律监督的概括规定、最高人民检察院对死刑复核的监督以及对刑罚执行的监督等。通过上述梳理可以看出，在我国中央文件和法律文本中，监督和制约不是同一个法律概念，二者具有不同的法律意义及后果，并且"监督"一词的使用频率远高于"制约"。

（二）诉讼监督与诉讼制约区别的法理分析

1. 监督产生于授权，而制约产生于分权（权力的分工）

监督与制约都是权力的控制和约束机制，但二者的控权机理不同。一般来说，监督以授权为前提，它是权力的拥有者、委托者对权力的受托者、行使者的一种控制。监督反映的是法律地位不同的权力主体之间的约束关系，这种关系侧重于纵向性和单向性，是监督主体向监督客体发出的行为，是一种权力对另一种权力的约束，所以监督是以授权为前提的，授权并不改变权力从属的主体。在我国，检察机关之所以拥有法律监督权是来源于宪法的授权。制约是以分权（权力的分工）为前提的，权力经过分解后由不同的主体来行使，彼此形成一种掣肘、均衡的关系。制约反映的是法律地位平等的权力主体之间的约束关系，这种关系侧重于横向性和双向性，使双方互为制约主体和制约客体，是权力之间的相

① 参见在线辞海查询"制约"词条。

互约束，所以权力集于一体是不可能形成对权力的制约的。[①]

2. 监督是单向的、外力控权方式，制约是双向的、内力控权方式

监督通常是单向的、外力控权方式，是权力的所有者、委托者对权力的受托者的一种控制，而后者对前者没有反向的牵制权、控制权。因此，在监督关系中，监督者处于相对超脱和独立的地位。制约是权力的一种内力控制，主要依靠诉讼权力运行的制度化、程序化进行控制。在制约关系中，制约双方都在“局中”，都不能摆脱他们之间的联系。这种相互制约的不同主体的相关性主要有两种情况：一是各权力主体处于权力运行的不同程序和阶段，有前后之分，前后权力行使的结果形成互相制约；二是各权力主体在同一程序或阶段中扮演不同的角色，通过共同参与和相互辩论对最终结果形成制约。譬如，在刑事诉讼中，侦查、控诉、审判由于分工不同，职能的内涵各异，互相衔接，交互发生作用而形成互相制约的诉讼机制，这种互相制约以一方的存在作为另一方存在的前提。[②]

3. 监督具有主动性，制约具有依赖性

由于监督权源自于被监督权力系统的外部，二者在权力运行所追求的具体目标和利益上存在层次上的差异性，监督权是以纠正被监督者在权力运行过程中的错误为己任，因此，在有法律明确授权的前提下，监督权的行使具有主动性，即只要发现被监督者在权力运行中存在足以损害法律统一正确实施的错误，就可以启动监督程序，或督促，或匡正，或弹劾，而不受被监督者的提请或其权力生效与否的限制。制约权则有很大的不同。制约权的发生依赖于与同一体系相关权力之间的权能转换和“激活”机制。就检察机关与公安机关而言，在指控犯罪的同一目标之下，批捕权或起诉权的行使有赖于提请批捕权或移送起诉权的行使。同样，公安机关的复议、复核权，也有赖于检察机关批捕权和起诉权的行使。换言之，互相制约是当一种权力用尽后，需要转换为另一种权力才能实现最终的目标；而另一种权力主导作用的发挥也有赖于前一种权力的“激活”才能达成。这也是监督权只能由检察机关单向作用于公安等行政执法机关，而制约权则存在双向作用的重要理由。[③]

（三）诉讼监督与诉讼制约区别的规范分析

以上是从概念上和法理上对监督和制约区别的分析，那么在我国现行法律文本中，诉讼监督与诉讼制约有何不同的表现呢？因检察机关与公安机关和人民法院的监督与制约的宪法关系主要体现在刑事诉讼中，故本书主要从《刑事诉讼

① 参见王寿林：《制约监督：规范权力运行的两大法宝》，载《检察日报》2008 年 9 月 2 日。

② 参见谢鹏程：《也谈监督、制约和制衡》，《检察日报》2008 年 5 月 29 日。

③ 参见佚名：《浅论法律监督关系与互相制约关系比较》，载中顾法律网。

法》的条文规定和运行机制出发，来阐释诉讼监督与诉讼制约的区别体现。

1. 诉讼制约关系的体现

在刑事诉讼中，人民检察院在参与刑事诉讼的整个过程中，是一个独立的诉讼主体，在依法独立行使侦查、审查批捕、审查起诉、出庭公诉、刑罚执行监督等职权中，与审判机关、监狱机关、安全机关、公安机关等国家机关形成一定的制约关系。这种制约关系是《宪法》和《刑事诉讼法》规定的公检法三机关分工负责、互相配合、互相制约原则的制度化体现。

（1）检察机关和公安机关之间的互相制约主要体现在审查批捕和审查起诉制度中。公安机关逮捕犯罪嫌疑人和移送起诉案件，需要提请人民检察院批准和审查决定，人民检察院可以作出不批准逮捕或不起诉决定，公安机关认为应当逮捕或应当起诉的，可以要求复议、复核。在这一互相制约的关系中，公安机关和检察机关虽同为指控犯罪的一方，但公安机关对犯罪嫌疑人采取逮捕强制措施和移送起诉的权力，受到检察机关批准或不批准逮捕、审查决定起诉或不起诉权力的制约；检察机关的上述权力也受到公安机关复议、复核权的反向制约。

（2）检察机关与审判机关的相互制约主要体现在刑事公诉案件和刑事、民事、行政案件的抗诉中。在刑事公诉案件中，检察机关不提起公诉，人民法院就不能审判；人民法院的审判范围必须与起诉的范围一致，不能超越起诉的范围；检察机关认为人民法院的裁判确有错误，可以提起抗诉。人民法院对检察机关的制约包括：人民法院对检察机关提起公诉的案件在审理后，认为证据不足或在法律上不构成犯罪的，可以作出无罪判决；人民法院即使作出有罪判决，也可能只是认定公诉人指控的部分犯罪事实，对不实部分或证据不足部分不予认定；对公诉人提出的非法证据，合议庭拒绝予以采纳作为认定事实的依据，等等。

2. 诉讼监督关系的体现

公检法三机关之间的诉讼监督关系主要体现为人民检察院对刑事诉讼的法律监督，其内容主要包括立案监督、侦查监督、审判监督和刑罚执行的监督。

（1）立案监督。根据 2012 年《刑事诉讼法》第 111 条的规定，检察机关认为公安机关对应当立案侦查的案件而不立案侦查的，或者被害人认为公安机关对应当立案侦查的案件而不立案侦查，向检察机关提出的，检察机关应当要求公安机关说明不立案的理由。检察机关认为公安机关不立案理由不能成立的，应当通知公安机关立案，公安机关接到通知后应当立案。此外，1998 年修订的《人民检察院刑事诉讼规则》第 378 条还将公安机关不应当立案而立案侦查的，也列入了检察机关立案监督的范围。检察机关主要是通过对应当立案而不立案的情况发出要求说明不立案理由通知书、通知立案书等形式对公安机关的立案进行监督。

（2）侦查监督。侦查监督，是指检察机关对公安机关侦查活动中的违法行为，有权以口头或书面方式向公安机关提出纠正意见。立案监督和侦查活动监督，是检察机关对公安机关实行诉讼监督的主要内容。检察机关主要是通过对公安机关的专门调查工作和适用强制措施活动中的违法情形发出纠正违法通知书、检察建议等方式体现法律监督权对侦查权的单向监控和纠错。

（3）审判监督。根据2012年《刑事诉讼法》第203条的规定："人民检察院发现人民法院审理案件违反法律规定的诉讼程序，有权向人民法院提出纠正意见。"检察机关通过发出纠正违法通知书、检察建议等形式体现对人民法院的审判监督。

（4）执行监督。人民检察院对人民法院、监狱、公安机关看守所和派出所等刑罚执行机关执行刑罚的活动以及刑罚的变更是否合法进行监督。如果发现有违法情况，提出纠正意见。

综上，检察机关与人民法院和公安机关之间的诉讼监督与诉讼制约关系是有区别的。当然，这种区别在理论上和逻辑上容易区分，在司法实践中却容易混淆和替代，这是检察机关肩担双任的结果，也是中国特色检察制度的独特性所在。

四、正确认识诉讼监督与诉讼制约的关系是全面把握公检法三机关宪法关系的关键

从上述对诉讼监督与诉讼制约区别的分析来看，检察机关与人民法院和公安机关之间的诉讼监督和诉讼制约是两种不同的法律关系，应将二者正确区分，不能混淆和互相替代。理论上和实践中出现的只谈制约而忽略监督的倾向是有害的，这可能导致监督被制约所遮蔽，甚至用制约代替监督。再加上我国司法实践中，公检法三机关流水式的诉讼构造以及一直存在的"重配合、轻制约"、"重打击犯罪、轻保障人权"的倾向，最终可能会使国家法律的权威性被部门眼前利益的功利性所代替，《宪法》关于公检法三机关之间权力行使的约束和规范的规定也就流于形式，司法实践中出现的许多冤假错案（如佘某林、聂某斌、赵某海案等）都是典型例证。因此，在某种程度上说，检察机关的诉讼监督比诉讼制约更迫切，只有强调对刑事诉讼的法律监督，充分发挥检察机关在整个刑事诉讼中既作为诉讼参与者，又作为法律监督者的双重职能作用，公检法三机关的相互制约机制才能充分实现，《宪法》第129条和第135条关于公检法三机关关系的规定才能全面的体现。这既是规范司法行为的要求，也是优化司法职权配置的基础。当然，在强化检察机关诉讼监督职能的同时，我们也不能忽视公检法三机关互相制约机制的功能和作用，因权力制约机制属于日常工作中由于分工而产生的相互约束，具有经常性、普遍性、即时性的优点，这对司法权的规范和约束

更有现实性。[①] 所以，对司法权的制约也需要建立起比较完善的内部工作过程中的权力制约机制。

综上，正确认识公检法三机关的宪法关系，需要发挥诉讼监督与诉讼制约两个方面的作用。日常工作中的制约机制是司法权正确行使的重要保障，检察机关的法律监督是司法权机体健康运行的重要手段，二者缺一不可、不可偏废。只有将监督和制约两种手段结合起来，相互作用，才能保证司法权规范、健康、合法、有效的行使。

第三节　侦查监督制度的未来

侦查是刑事诉讼中的基础性环节，侦查权的行使也直接关及诉讼活动的成败得失。自1996年修改《刑事诉讼法》以后，我国全面启动了以诉讼文明和人权保障为主要目标的刑事司法改革。在这一进程不断深化之时，人们越来越深切地认识到，侦查作为整个刑事诉讼程序的基石，是国家权力与个人自由冲突最激烈的场域，最为明显和直接地体现出国家权力和公民权利之间的对抗和矛盾，而国家在对待、处理这一矛盾时的态度，则生动地反映出一国法治水平的现状。目前，我国的侦查监督制度，主要围绕检察机关这一国家专门的法律监督机关，行使审查批准逮捕权、立案监督权、侦查活动监督权等权力构筑起来。[②] 但是，从本书对我国侦查监督制度运行现状的描述来看，虽然近几年侦查监督制度取得了一定的成效，但总体来说，检察机关监督的权威较弱、监督的范围受限、监督的具体制度缺失、立法上存在与检察监督侦查直接龃龉的其他诉讼原则，因而，我国检察机关的侦查监督职能受到严重贬抑，当下我国的侦查监督制度仍在艰难中行走。对于这样的现状，作为一名法律人、一名检察人，我们要做的不是“患了老花眼，又戴上望远镜”去看问题，我国侦查监督制度的未来不在于批判，而在于建构，那么我国侦查监督制度的未来在哪里，具体路径又如何呢?

在现代化与全球化的拖曳下，我国整体的政治结构与社会结构将不可避免地走上一种西方意义上的现代性轨道。在此背景下，侦查监督制度的未来目标当然也应该是在重建合法性的基础上完成现代性的转型。转型的基本路径应摒弃理念先行的做法，回归“实践论”的传统，即应在观察和分析我国侦查监督制度实际情况的基础上，立足于我国自身的实践与资源，探寻我国侦查监督能够如何构

① 参见葛洪义:《“监督”与“制约”不能混同——兼论司法权的监督与制约的不同意义》，载《法学》2007年第10期。

② 但伟、姜涛:《侦查监督制度研究——兼论检察引导侦查的基本理论问题》，载《中国法学》2003年第2期。

建，并依据适当的理想目标，引导相应的制度变革。①

一、明确检察机关的侦查监督主体地位

明确检察机关的侦查监督主体地位，采取检察控制侦查的模式是在我国现有政治权力结构下相对最好的选择。在我国侦查监督制度改革过程中，关于采取检察控权还是法院控权曾是司法改革的焦点之一。其中，一个重要观点就是借鉴西方法治发达国家的经验，将逮捕等刑事强制措施在内的重大侦查措施的批准权交由法院行使，由法院控制侦查，因为审判机关相对于检察机关强烈的追诉倾向而言具有中立性和独立性，而检察机关则完全改造为公诉机关。笔者认为，这样的改革构想是亦步亦趋地尾随西方法律制度的典型表现，在我国目前的司法语境中不具有可行性。原因在于：一方面，我国的司法制度完全不同于西方法律制度，我国的法院既没有西方司法的权威也没有治安法官（侦查法官）和审判法官两套法官体系。我国检察机关也不是西方意义上的单纯的追诉机关，而是负有客观、公正义务的法律监督机关。另一方面，目前，我国的法院客观上无力承担、主观上也不愿承担审前程序中的侦查控制。②

二、侦查监督制度必须以权威重建为核心

权威是实践性概念，这意味着谁对谁拥有权威的问题是实践性问题，这些问题关涉他（拥有权威之人）应该做什么。从目前的刑事法律规范与刑事侦查实务来看，公安机关在侦查中占据实际主导地位，是事实权威，而侦查监督机关连法律权威都不充分具备，因为从现行法律关于侦查机关与侦查监督机关的规定来看，侦查监督机关缺乏权威的监督手段和相应的制裁措施，“检察机关的监督需要在配合中开展，监督措施也往往需要侦查机关配合才能落实”③。这样的制度硬伤助长了公安机关的主导地位，使我国的刑事诉讼形成了侦查主导公诉乃至审判的侦查中心主义，这就损害了监督制约的权力架构与审判居中的诉讼架构。因此，侦查监督改革必须确立侦查监督机关对于侦查机关与侦查行为法律上与事实上的权威。

三、检察机关的权威重塑需找回其应有的宪法定位

我国《宪法》第 129 条规定：“中华人民共和国人民检察院是国家的法律监

① 左卫民：《迈向实践的刑事诉讼法学》，载《法制资讯》2011 年第 11 期。

② 左卫民 、赵开年：《侦查监督制度的考察与反思——一种基于实证的研究》，载《现代法学》2006 年第 6 期。

③ 朱孝清：《强化侦查监督 维护公平正义》，载《人民检察》2005 年第 12 期。

督机关。”这一条文预设了法律监督应是检察机关最核心、最重要的职能。但是，从近30年法律监督职能的运行来看，检察机关的法律监督职能的“表达”与“实践”之间存在严重背离，这种背离引起了人们对于检察制度存在正当性的质疑，影响了检察机关的权威和法律监督工作的开展。因此，检察机关需找回自己应有的宪法定位以树立其在侦查监督制度中的权威。

当然，在侦查监督制度未来的发展中，我们除了重视权力制约权力的模式外，还应强化权利制约权力的模式，赋予犯罪嫌疑人和辩护人在侦查程序中的事先的预防权和事后的救济、申诉权，只有“权力制约”与“权利制约”双管齐下，相互配合，强大的侦查权才可能被“规训”，这一过程注定是艰辛和漫长的。

附　　录

上海市检察机关审查批捕、侦查监督工作大事记[①]

1978 年 3 月 5 日，第五届全国人民代表大会第一次会议通过的《中华人民共和国宪法》规定重新设置人民检察院。检察机关恢复重建初期，最高人民检察院设置了包括刑事检察厅在内的 8 个内设机构。

1978 年 7 月，开始筹建上海市人民检察院。

1978 年 8 月 20 日，正式宣布重新建立上海市人民检察院。

1979 年 3 月 6 日，中共上海市委批示同意上海市人民检察院内部机构设置包括一处（审查批捕检察处）等在内的 1 室 4 处。依照 1979 年《刑事诉讼法》和《人民检察院组织法》的规定，由一处（审查批捕检察处）依法开展审查批捕工作和侦查监督工作。

70 年代末 80 年代中期，上海市检察机关根据党的十一届三中全会精神，以及 1979 年我国《刑法》和《刑事诉讼法》的规定，运用审查批捕职能，对严重破坏社会治安秩序的犯罪分子实行依法从重、从快的方针，严厉打击各类严重刑事犯罪。

80 年代后期至 90 年代，遵照中央关于惩治腐败的指示，继续加大了查办职务犯罪的工作力度。根据第十一届全国人民代表大会第四次会议修订的《刑事诉讼法》规定，除继续履行法律规定的职能外，自 1997 年起调整了案件管辖范围，依法加强对立案、侦查等刑事诉讼的法律监督。

1980 年，开展以提高办案质量为中心的侦查监督。审查批捕中，深入公安刑队、治安、预审等业务部门了解第一线情况，重大案件参与勘验现场，掌握案件的全过程，凡有刑讯逼供、超期羁押、法律手续不全的，纠正违法。

1980 年，刑事检察部门贯彻全国整顿城市治安工作会议精神，在审查批捕和审查起诉工作中，对杀人、放火、抢劫、强奸和其他严重破坏社会治安秩序的犯罪分子实行依法从重、从快的方针，严厉打击各类严重刑事犯罪。

1981 年 6 月 22 日，上海市人民检察院制定《关于执行〈刑事诉讼法〉若干审批权限的暂行规定》。规定公安机关提请批准逮捕的案件，应由承办检察员审

① 这份大事记是 2008 年 6 月由上海市人民检察院侦查监督处在上海市人民检察院内网公布的，笔者在此将其收录附录中，作为 30 年侦查监督制度变迁与改革的一个例证和缩影。

查提出批准逮捕或不批准逮捕的意见，经科（组）、股讨论，区、县人民检察院报检察长决定；市、分院由处长审核，报主管副检察长决定；重大、复杂或意见分歧的案件，应提交各级检察委员会讨论决定。

1982年9月，最高人民检察院对有关厅、室机构进行调整。其中，设一厅（负责原刑事检察厅业务）。

1983年4月24日，上海市人民检察院制定了《关于市院刑事检察处、自行侦查处和分院职权范围及业务分工的几项规定（试行方案）》。规定了市院刑检处的工作任务。

1983年9月，全国人民代表大会常务委员会通过《关于严惩严重危害社会治安的犯罪分子的决定》。遵照中共中央的有关方针政策和国家权力机关的决定，各级人民检察院与公安机关、人民法院统一行动，积极投入到严厉打击严重刑事犯罪的斗争中，发挥了检察机关的职能作用。

1983年8月至1986年年底，上海市检察机关根据全国人民代表大会常务委员会《关于严厉打击严重刑事犯罪活动的决定》，贯彻依法从重、从快的方针，协同公安机关、人民法院依法严厉打击流氓团伙分子、流窜作案分子，杀人犯、爆炸犯、投毒犯、贩毒犯、强奸犯、抢劫犯和重大盗窃犯，拐卖妇女、儿童的人贩子，强迫、引诱、容留妇女卖淫的犯罪分子和制造、复制、贩卖内容反动、淫秽的图书、图片、录音带、录像带的罪犯，劳改逃跑犯，重新犯罪的劳改释放分子和解除劳教分子，以及其他通缉在案的罪犯。在“严打”斗争中，检察机关适时介入公安机关的侦查活动，审阅公安机关准备报捕的案件材料，发现需要补充侦查的，及时向公安机关提出，抓紧取证；发现不应逮捕的，建议公安机关不要报捕；发现在政策、法律上有争议的，提交讨论，统一政策思想；对于案件事实清楚，证据确凿的，依法及时审查批捕、审查起诉和提起公诉。之后，上海市检察机关认真贯彻中央维护政治安定、社会稳定的方针，以及最高人民检察院、公安部《关于加强检察公安机关相互联系的通知》和全国刑事检察适时介入、信息工作座谈会精神，此项工作进一步制度化。适时介入的重点是重、特大刑事案件；在本地区有重大影响的刑事案件；配合专项打击、专项斗争的刑事案件；集中公诉和处理的刑事案件。方法是参与公安机关现场勘查、侦查预审和提前阅卷、提前了解案犯犯罪情况，确保依法快捕快诉。第八届全国人民代表大会第四次会议修订的《刑事诉讼法》进一步明确规定，“必要时，人民检察院可以派人参加公安机关对于重大案件的讨论”。

1983年8月至1986年年底，在“严打”斗争中，审查批捕部门“提前介入”公安机关的侦查活动中，为公安机关正式报捕后及时批捕做好准备。

1984年5月，经上海市编制委员会批准，上海市人民检察院内设机构设置了一处（审查批捕检察处）等。

1984 年 12 月，根据中共中央政法委文件的要求，并经上海市编制委员会批准，上海市人民检察院内设机构改设包括一处（刑事检察处）在内的 1 部 2 室 6 处。

1985 年 4 月 3 日，上海市人民检察院制定了《关于各处室、分院职责范围和业务分工的试行规定》，明确规定了由一处（刑事检察处）全面负责审查批捕、审查起诉等工作。

1988 年至 1995 年，在开展的“反窃车”、“反抢劫”、“反盗窃”、“打流窜”、“除六害”、“打流氓”、“整顿夏季治安”、“打击车匪路霸”等专项斗争中，采取加强与公安机关联系，掌握案件信息和提前介入公安机关侦查办案，了解情况等方法，加强批捕进度。

1988 年，与公安机关建立了治安信息网络，及时掌握和研究社会治安形势，保证批捕工作反应迅速，部署得当，配合主动。上海市人民检察院刑事检察处与市公安局办公室、刑事侦查处、治安处等建立了互通情况制度，上海市公安局对上海市发生的重、特大刑事案件和突发事件，以及全市治安形势的分析，均以书面形式及时向上海市人民检察院通报，每月定期向上海市人民检察院提供各类刑事案件的统计数据。

1988 年，根据最高人民检察院机构改革“三定”方案，最高人民检察院将原一厅改名为刑事检察厅。

1988 年 2 月 12 日，上海市高级人民法院、市人民检察院、市公安局会签了《关于进一步明确刑事案件管辖范围的几点意见》。

1988 年，上海市人民检察院制定《关于自行侦查案件审查批捕的试行办法》，规定自行侦查部门对需要逮捕的人犯，应当制作移交审查批准逮捕意见书，连同装订成册的案卷材料，一并移交刑事检察部门审查。刑事检察部门按照 1979《刑事诉讼法》第 40 条的规定，对人犯作出批准逮捕、不批准逮捕或退回补充侦查的决定。该办法于当年 10 月 1 日起执行，检察机关自行侦查案件中逮捕的人犯，均由刑事检察部门审查批捕。1991 年，最高人民检察院印发了《人民检察院直接受理侦查的刑事案件审查逮捕审查起诉工作暂行规定》（以下简称《暂行规定》），亦规定人民检察院直接受理侦查的刑事案件，由刑事检察部门审查逮捕。上海市检察机关的贪污贿赂检察、法纪检察、税务检察和控告申诉检察等自行侦查部门在侦查中，需要逮捕人犯时，均按照最高人民检察院的《暂行规定》执行，由刑事检察部门审查批捕。

1988 年，上海市人民检察院制定《审查批捕阶段侦查活动监督工作细则》，对侦查监督的范围、内容、要求、审批和程序、处理方法等都做了具体规定。

1989 年，贯彻最高人民检察院、公安部《关于加强检察公安机关相互联系的通知》和全国刑事检察提前介入、信息工作座谈会精神，提前介入工作进一步制度化。

1989年4月6日，上海市人民检察院制定《刑检内勤工作须知》。规定了批捕内勤的六项工作。

1991年，执行侦捕、侦诉分开的工作制度，加强了对自侦案件的制约，通过严格把关和制约使一些定性不当、证据不足的自侦案件及时得到修正。

1992年，上海市人民检察院内部机构增至1部5室11处，一处（刑事检察处）改名为刑事检察处。

1993年，各级检察机关始终把维护稳定作为重大政治任务，开展多种形式的集中打击和重点整治，积极参加“严打”集中统一行动和“扫黄打非”、禁毒等专项斗争，严厉打击严重危害社会治安的刑事犯罪，依法严惩了一大批严重刑事犯罪分子，维护社会稳定。

1993年，将侦查监督工作延伸至公安机关的立案阶段，弥补了长期存在的空白。为完善监督机制，上海市人民检察院结合多年的司法实践，制定《审查批捕案件跟踪监督制度》，规定凡是经审查作出批捕、不捕或退查决定的案件，均实行跟踪监督，以掌握侦查机关的执行情况，保证法律的正确实施。在审查案件中，针对有案不立、有罪不究的情况，积极采取措施。

1994年，上海市人民检察院制定了《关于取保候审办案期限的若干规定（试行）》。

1994年6月30日，经过中共上海市委和最高人民检察院批准，撤销上海市人民检察院分院建制，成立上海市人民检察院第一、第二两个分院，由下设的审查批捕检察处负责审查批捕和侦查监督工作。

1996年初，上海市人民检察院刑事检察处针对全市在开展“扫黄打非”行动中出现的淫秽VCD、LD影碟片案件立法上缺乏规范，造成查获大量案件中作行政处罚多，追究刑事责任少的查禁与处罚失衡的情况，进行专门调查，形成调查意见。后经市政法委牵头，于1996年12月30日下发了上海市人民检察院、市高级人民法院、市公安局、市司法局联合发文的沪检办字（96）240号《关于办理淫秽物品案件若干问题的试行意见》，解决了在司法实践中遇到的有关法律上的问题。

1996年2月，浦东新区人民检察院批捕处为适应1996年《刑事诉讼法》实施的工作要求，积极探索工作新思路，提出了对公安机关准备报捕的案件进行初审的工作方法，为1996年《刑事诉讼法》正式实施积累了工作经验。

1996年3月17日，第八届全国人民代表大会第四次会议通过了《关于修改〈中华人民共和国刑事诉讼法〉的决定》，对检察机关在刑事诉讼活动中的职权和作用进行了调整，规定了“人民检察院依法对刑事诉讼实行法律监督”的基本原则。

1996年4月下旬，上海市人民检察院刑检处分片召开全市批捕科（处）长会议，传达贯彻中央、最高人民检察院及上海市人民检察院关于开展“严打”斗争的文件及领导的批示精神，具体部署参加全国范围内的“严打”统一行动的有关工作。

1996年5月，长宁区人民检察院批捕科根据上海市人民检察院提出的适应1996年《刑事诉讼法》，刑检批捕部门提前介入试点工作的要求，与区公安分局共同研究，在变“坐堂审案”为“动态办案”方面达成共识，提出了具体措施，保证了试点工作的顺利进行，为执行1996年《刑事诉讼法》积累了经验。

1996年7月22日，上海市人民检察院召开了全市批捕科（处）长会议，上海市人民检察院第二分院、浦东新区人民检察院等11个单位就今年开展集中“严打”斗争以来取得的成果和经验做了交流发言。市院刑检处对全市批捕部门在“严打”斗争中依法履行审查批捕职能，从重从快打击严重刑事犯罪，开展执法监督和社会治安综合治理等工作做了总结，对下一阶段“严打”工作提出了具体要求。

1996年9月16日，上海市人民检察院召开区县检察长会议，传达贯彻全国检察机关批捕起诉工作会议精神。全市各检察分院和区县人民检察院检察长、市人民检察院各处室负责人出席会议。市人民检察院检察长倪鸿福、副检察长李思根到会并讲话。

1996年，为了适应修改后的《刑事诉讼法》对检察机关审查批捕工作的要求，更好地履行监督职能，虹口区人民检察院批捕科认真做好2012年《刑事诉讼法》实施的各项准备，试行7天办案制，进一步探索提前介入案件的方式，并与上海港公安分局就提前介入侦查形成了工作意见。这些商定的意见于1996年下半年起已贯彻到试点工作中，为1996年《刑事诉讼法》正式实施奠定了工作基础。

1996年12月20日，刑事检察处分设为审查批捕检察处和审查起诉检察处。

1996年12月，上海市人民检察院检委会第16次会议讨论通过了《关于掌握逮捕条件的意见（试行）》。

1996年至1997年，为了做好修改后的《刑事诉讼法》的施行的准备工作，全市各级检察机关批捕部门按照1996年年初的工作计划，有步骤地开展各项准备工作，从执法观念、人员装备、业务培训等方面做好必要的调整。1996年《刑事诉讼法》颁布后，市院刑事检察处立即制订了刑检部门的工作方案，下发至各基本部门，以调研先行，探索批捕业务如何适应新法要求，加强对适应修改后的《刑事诉讼法》工作的研究。全市批捕部门共完成市院下发的15个调研课题，撰写调研文章70余篇，为制定相配套的试行工作制度提供了依据。同时，按照计划积极开展准备阶段的试点工作，由点到面逐步全面铺开，全市批捕部门对提前介入模式转变、审查批捕条件掌握、执行逮捕情况监督等环节进行实质性试点运作。对各单位的有效做法和试点单位的成功经验，上海市人民检察院刑检处及时总结，并拟定了有关工作意见，交流研讨。召开了批捕工作若干问题研讨会，与公安机关、人民法院、司法局等政法各家初步达成执法共识。

1997年，《刑事诉讼法》修改后，审查批捕部门实施法律监督的任务更加艰巨，立案监督是《刑事诉讼法》赋予批捕部门法律监督的新的职能。1997年8月18日，市院批捕处与控申处就立案监督工作中双方必要联系、分工、协调等工作，会签了《上海市人民检察院控申、批捕部门开展立案监督工作制度（试行）》并下发执行。

1997年，根据1996年《刑事诉讼法》的规定，各区县、分院积极探索监督的新途径，对公安机关执行逮捕决定、不捕决定或变更强制措施的情况全面实施监督。各级检察机关执行逮捕决定的回执率达98.4%，不批准逮捕执行情况反馈率达92.5%。

1998年，全市审查批捕部门针对公安机关侦审合一后对批捕工作产生的变化和影响，强调了在加强配合的同时，要特别注重发挥法律监督职能作用，保证公正执法，不枉不纵，打击犯罪。上海市人民检察院适时召开执法监督专项研讨会，总结了部分区县人民检察院开展执法监督的成功做法，并对监督工作中存在的问题，进一步分析原因，提出要求。为提高执法监督的质量和效果，市院批捕处继与控申处联合制定了《关于开展立案监督的工作规定》后，又与起诉、法纪、反贪部门联合下发了《关于立案监督案源线索移送的通知》，修改下发了《关于立案监督的若干规定》和《执行监督的若干规定》。在《审查批捕量化考核实施细则》中，进一步规范了侦查监督的范围和内容，使审查批捕环节的执法监督进入健康、有序的轨道。

1998年，1997《刑法》实施后，为保证及时、正确地办理新罪名、新类型的犯罪案件，市院批捕处与研究室合作收集、汇编了《新罪名案例选编》一书。该书为各基层单位准确把握逮捕条件提供了指导和借鉴。

1998年8、9月间，为全面了解本市各级公安机关实行侦审合一刑侦体制改革以及检察机关适应公安体制改革的工作情况，市院批捕处与市公安局法制处联合组成调查小组，先后走访了市公安局刑侦总队及虹口、宝山、奉贤区（县）公安局、人民检察院，召开了市公安局治安、经保总队、外管处负责人座谈会，市检一、二分院、部分区县公安局、人民检察院分管领导和职能部门负责人座谈会，广泛听取了各单位的意见和看法，并向市政法委做了专题汇报，引起了市政法委领导和市局、市院领导的重视。

1998年10月，上海市人民检察院在全市范围内开展了“批捕办案能手”评比活动。各级人民检察院推荐的选手参加了市院组织的逮捕案件审查报告制作、案例答辩、案件汇报等比赛。经过评选，全市有8名选手被授予“批捕办案能手”的荣誉称号。

1999年，最高人民检察院将刑事检察厅分设为审查批捕厅和审查起诉厅。

1999年1月24日，上海市人民检察院制定了《关于本市办理毒品犯罪案件若干问题的规定》。

1999年2月11日，上海市人民检察院审查批捕处召开批捕和未检工作会议。会议总结了1998年全市检察机关的批捕和未检工作，对今年的工作进行了部署。与会者在会议中对今年批捕和未检工作的重点及如何更好地发挥审查批捕职能作用，如何使未成年人犯罪的起诉工作与未成年人的特点相适应等进行了讨论，并达成了一些共识。

1999年3月2日，上海市人民检察院和上海市公安局共同签发了《关于检察机关适时介入公安机关侦查活动的暂行规定》，明确了适时介入侦查活动的主要任务、范围、时间以及程序，规范了适时介入工作。

1999年3月2日，上海市人民检察院和上海市公安局共同签发了《关于刑事立案与刑事立案监督的暂行规定》，对刑事立案的内容、程序等做了详细规定，从而使刑事立案和刑事立案监督工作进入健康、有序的轨道。

1999年4月9日，上海市人民检察院审查批捕处召开了批捕工作制度化、规范化现场交流会，部分区县人民检察院在会上做了交流发言。并就市院批捕处制定的《上海市检察机关审查批捕部门业务工作要求和评估方法》、《审查逮捕工作实施细则》等工作制度进行了讨论。会上，市院批捕处要求全市各级检察机关的审查批捕部门，应认真贯彻执行最高人民检察院制定的检察工作方针，积极维护社会稳定，还应进一步加强批捕工作的制度化和规范化建设，以推进各项批捕业务高质量、高效率地开展，使批捕干部队伍的整体素质得以进一步提高。

1999年4月，最高人民检察院刑检厅在上海召开全国部分省市检察机关社会治安综合治理研讨会。河北、贵州、吉林、江苏、山东、福建、上海等省市检察机关批捕部门的负责人参加了会议，分别就检察机关积极参与社会治安综合治理、全力维护社会稳定和加强信息工作等进行了交流，并围绕如何进一步加强社会治安综合治理和信息工作等进行了研讨。中央社会治安综合治理委员会办公室常务副主任徐伟华、最高人民检察院刑检厅副厅长阎敏才、上海市人民检察院副检察长李思根到会并讲话。

1999年6月17日，上海市人民检察院审查批捕处召开了部分基层人民检察院审查批捕部门负责人会议，就全市检察机关认真贯彻市政法委和市院的部署，积极配合公安机关开展严厉打击流氓恶势力犯罪的整治活动进行总结交流。

1999年，上海市人民检察院和杨浦区人民检察院联合编写了《刑法分则适用实务手册》，将1997年《刑法》实施以来，最高人民法院、最高人民检察院、公安部、司法部对《刑法》有关罪名的构成条件作出的司法解释和规定汇编成册，为本市政法单位的司法实践活动提供了方便，对提高办案效率、加快工作节奏、提高办案质量起到积极的作用。

1999 年 9 月，上海市人民检察院审查批捕处举办了批捕系统规范化建设业务培训班，全市批捕部门的处科长和办案骨干参加了这次培训活动。培训内容主要是围绕市院批捕处制定的《批捕工作实务手册》的重点章节，分七个专题举办讲座，取得了良好的效果。

1999 年，上海市人民检察院审查批捕处制定了《审查批捕部门业务工作要求和评估办法》，对批捕部门所涉及的办案质量、侦查监督、立案监督、综合治理、社敌情动态和治安信息上报、队伍建设、业务工作开拓创新等方面的工作明确了要求和评估办法。

2000 年，上海市人民检察院审查批捕处组织开展了“立案监督精品”案件评选活动。这次评选活动共收到 12 家区县人民检察院上报参评的案例。经评选，对奉贤县人民检察院办理的刘某等 3 人强奸妇女案等 10 件立案监督案件授予“立案监督精品案”的称号。

2000 年 7 月 11 日，最高人民检察院审查批捕厅和《检察风云》杂志社共同举办的“全国检察机关刑事立案监督十佳案件”评选活动在上海成立工作委员会，并召开首次工作会议。

2000 年 9 月 21 日至 9 月 24 日，全国检察机关第一次侦查监督会议在杭州市召开。上海市人民检察院唐周绍副检察长和审查批捕处戴国建处长出席了会议。市院批捕处以《锐意进取，勇于实践，努力探索完备高效的审查批捕工作新机制》为题做了发言，得到好评。

2000 年 5 月 29 日至 6 月 2 日，上海市人民检察院审查批捕处召开了由全市批捕、未检科、处长、立案监督专职干部参加的立案监督培训班。培训班采取授课和讨论相结合的方式，由最高人民检察院批捕厅领导介绍各地立案监督工作的情况和最高人民检察院关于立案监督工作的要求，并邀请山东省人民检察院、福州市人民检察院批捕处领导介绍了他们立案监督工作的做法和经验。

2000 年，上海市人民检察院审查批捕处制定了《关于试行主办检察官办案责任制的意见》，从制度上对主办检察官的任职条件、选拔产生的程序、主办检察官的职责权利、监督制约以及考核的途径和方法做了明确规定。并在去年试点的基础上，确定闸北、黄浦、长宁、虹口、宝山、浦东、杨浦、静安、普陀、一分院等十个单位批捕科（处）为主办检察官试点单位。

2000 年 4 月，上海市人民检察院审查批捕处根据吴光裕检察长、唐周绍副检察长的指示精神，专门召集闸北等 8 家涉案区、县人民检察院部署打击假币犯罪专项斗争。

2000 年 7 月，上海市人民检察院审查批捕处在全市批捕部门组织开展“逮捕案件审查意见书”评选活动。经专家对全市28个基层人民检察院的82篇逮捕案件审查意见书进行评审，长宁等12个基层人民检察院的参选意见书获得优胜。同年12月，根据最高人民检察院《审查逮捕案件意见书（征求意见稿）》的制作格式和要求进行了改写，汇编成《审查逮捕案件意见书汇编》一书。

2000年，最高人民检察院将审查批捕厅更名为侦查监督厅。

2001年2月21日，上海市人民检察院召开全市检察机关批捕、未检工作会议。各分院、区县人民检察院分管检察长及批捕、未检部门科（处）长参加了会议。市院副检察长唐周绍到会并对批捕、未检工作提出要求。

2001年2月26日，上海市人民检察院表彰立案监督先进集体和办案组，给予浦东新区人民检察院记集体三等功，长宁、宝山、虹口、闸北区人民检察院批捕科集体嘉奖，10个办案组记集体三等功和集体嘉奖。

2001年3月，上海市人民检察院在全市范围内开展了第二届“市级批捕办案能手”评比活动，以此选拔和培养批捕办案的骨干队伍。各级人民检察院通过选拔共推荐了27名业务骨干参加市院组织的论文撰写、审查逮捕业务知识考试、案例评析、逮捕案件审查报告制作等比赛。经评选，全市有10名选手被授予“批捕办案能手”的荣誉称号，5名获成绩优秀奖。通过评选活动，推动了广大侦查监督干部认真学习法律、刻苦钻研法律业务的积极性，促进了队伍整体素质的提高。

2001年4月8日，上海市人民检察院批捕处召开全市批捕部门“严打”整治斗争工作会议，对本市批捕开展“严打”整治斗争进行动员，并结合上海实际，进行专项部署。

2001年6月7日，上海市人民检察院举办以规范引导侦查为主要内容的“严打”整治斗争业务培训班，全市各级批捕、未检部门负责人和业务骨干100余人参加培训。

2001年8月24日，上海人民检察院批捕处结合集中教育整顿，组织全市批捕条线开展以排查问题，规范制度，提高公正执法水平为主旨的办案质量巡查专题活动。巡查专题活动从8月中旬开始，为期2个月，分为动员部署、排查问题剖析原因、落实整改措施、总结提高四个阶段。市、分院两级业务处负责人深入各区县人民检察院检查活动开展情况，征求基层人民检察院意见，并通过制定《关于加强审查逮捕案件备案和案件材料移送制度》等工作规范。同年11月20日，市院侦查监督处召开办案质量巡查专题活动总结会，对全市侦查监督、未检条线为期2个月的办案质量巡查专题活动进行总结。

2001年10月1日，上海市检察机关审查逮捕部门正式更名为侦查监督部门，承担刑事立案监督、审查批捕和侦查活动监督三项职责。

2001年，全国侦查监督工作会议以来，上海市各级侦查监督部门积极贯彻落实最高人民检察院的部署，紧紧围绕“三大职责，八项任务”，依法履行检察职能，强化改革意识，积极探索与实践，构筑引导侦查工作的新机制。

2001年，根据全国人民代表大会常务委员会《关于取缔邪教组织、防范和惩治邪教活动的决定》及最高人民法院、最高人民检察院《关于办理组织和利用邪教组织犯罪案件具体应用法律若干问题的解释》、《关于办理组织和利用邪教组织犯罪案件具体应用法律若干问题的解释（二）》等规定，全市各级侦监部门在最高人民检察院、市委政法委的统一领导下，组织精兵强将，指定专职办案人员，积极提前介入，与公安机关加强配合，在把握政策和证据的前提下，依法打击极少数的涉“法轮功”刑事犯罪分子。

2002年1月17日至18日，上海市人民检察院召开全市检察机关侦查监督、未检工作会议。回顾总结2001年工作，研究部署2002年工作任务。会上宣读了“全国优秀青少年维权岗”、“上海优秀青少年维权岗”、“十佳未检办案能手”获得者名单。市院党组成员、副检察长余啸波出席会议并讲话。

2002年3月7日，上海市人民检察院检委会通过了《上海市检察机关侦查监督部门主办官办案责任制实施办法（试行）》。

2002年6月12日，上海市人民检察院召开全市检察机关侦查监督和公诉工作会议。市院党组副书记、副检察长邹传纪主持会议。市院党组成员、副检察长余啸波传达了全国检察机关刑事检察工作会议精神，部署了下一阶段的侦查监督和公诉工作。市院党组书记、检察长吴光裕对贯彻全国检察机关刑事检察工作会议精神提出要求。

2002年6月6日，吴群同志先进事迹报告会在闸北区人民检察院召开。全市侦查监督系统负责人及代表参加了事迹报告会。市院政治部主任苏秉公到会讲话。闸北区人民检察院侦查监督科干部吴群是侦查监督系统开展向优秀民警肖玉泉学习活动中涌现出的先进典型，她在平凡的工作岗位上兢兢业业、无私奉献，赢得了共同战斗在“严打”一线的公安机关的赞誉和好评。

2002年7月3日，根据最高人民检察院侦查监督厅关于在全国推行主办检察官办案责任制的要求，上海市人民检察院侦查监督处会同市院政治部在检察官培训中心举行了首届侦查监督系统主办检察官任职资格考试，全市132名检察干部报名参加。上海市人民检察院副检察长余啸波等领导于当天巡视了考场。

2002年7月19日，上海市人民检察院检委会通过《上海检察机关未检部门主办检察官办案责任制实施办法》。

2002年，根据全国“严打”整治斗争电视电话会议和最高人民检察院电视电话会议精神，上海市人民检察院侦查监督处及时开展了“打黑除恶”和整顿规范市场经济秩序立案监督专项行动，4月17日下发了《关于开展“打黑除恶”和整顿规范市场经济秩序的立案监督专项行动的实施意见》。经过动员部署、调研排摸、落实措施和检查总结四阶段后，为期半年的专项行动取得了圆满成功。

2002 年 7 月 31 日，上海市人民检察院召开了上海市检察机关侦查监督部门侦查监督、未检专业人才小组成立暨首次研讨会。启动这项工作是为了加强检察业务专门人才的培养，推进侦查监督、未检干部队伍专业化、职业化建设。经市院侦查监督处与政治部教育处研究，由检察业务专门人才培养对象和侦查监督、未检部门办案骨干等人员组成的专业人才小组孕育而生，专业人才小组聘请了检察业务专家黄一超和龚培华同志担任顾问。

2002 年 8 月 12 日至 16 日，上海市人民检察院侦查监督处举办了侦查监督、未检科（处）长科学管理培训班，邀请市委党校有关学者传授科学管理知识，并编发生动案例予以讨论，收效显著。市院政治部主任苏秉公为学员们做了题为《人事制度与检察改革》的专题报告。

2002 年，为顺应加入世贸组织、打击侵犯知识产权犯罪、保证逮捕案件质量的需要，市院侦查监督处专业人才小组结合形势和办案实际，共同制定《侵犯知识产权犯罪逮捕证据标准》，并于 9 月 16 日举行了《侵犯知识产权犯罪逮捕证据标准》研讨会。

2002 年 9 月 24 日，上海市人民检察院侦查监督处与二分院侦查监督处、研究室等共同探索制定《非法证据排除规则》，并在二分院召开了《非法证据排除规则》课题研讨会。二分院副检察长曾勉介绍了《非法证据排除规则》的起草、制定过程。刑事诉讼法专家、复旦大学法学院教授谢佑平做了点评。最高人民检察院侦查监督厅副厅长万泉民出席会议并做了讲话，高度肯定了这一做法。

2002 年 9 月 2 日至 9 月底，为推进审查逮捕方式改革，根据最高人民检察院侦查监督厅关于在全国开展“优秀审查逮捕案件意见书”评选活动的通知，市院侦查监督处开展了“全市侦查监督、未检优秀法律文书”评选活动。最后，杨浦、黄浦、二分院、闸北、卢湾、长宁等区人民检察院的文书分获一、二、三等奖，其中杨浦、黄浦、长宁等区人民检察院的文书还被选送参加全国评比。

2002 年 10 月 17 日至 19 日，为适应加入世贸组织后打击知识产权犯罪的形势需要，切实研究并解决当前知识产权刑事司法保护实践中的疑难问题，形成打击合力，市院侦查监督处和市公安局经侦总队联合举办了知识产权刑事司法保护高级研讨会。本市法院系统和部分外资企业的有关人员参加了会议，江苏、浙江、安徽等地公安机关、检察机关部门负责人也应邀参加了会议。

2002 年 10 月，受最高人民检察院侦查监督厅委托，市院侦查监督处成立了“全国（南片）优秀审查逮捕案件意见书”评选办公室，制订了详细的计划和实施方案，并邀请了上海检察业务专家、部分区县人民检察院检察长及部门负责人担任评委，对“南片”包括上海、江苏、浙江、安徽、福建、江西、山东、湖北、湖南、广东、广西、海南、重庆、四川、云南、西藏、贵州等 17 个省、市、自治区人民检察院侦查监督部门选送的80份法律文书及证据材料进行了评审，评审结果及评选工作报告得到了最高人民检察院侦查监督厅的肯定。

2003年1月27日至28日，上海市人民检察院召开全市检察机关侦查监督、未检工作会议。会议传达贯彻了全市政法工作会议和全市检察长会议精神，总结了2002年上海市检察机关侦查监督、未检工作，分析了工作所面临的形势，并对2003年上海市检察机关侦查监督、未检工作作出部署。市院党组副书记、副检察长余啸波出席会议并作重要讲话。

2003年3月12日至14日，上海市人民检察院侦查监督处举办立案监督工作、主办检察官培训班。市院检察委员会专职委员、上海市检察业务专家黄一超应邀授课。市院副检察长余啸波到会参加分组讨论，并对加强立案监督工作提出要求。

2003年5月27日、6月17日、8月6日，上海市人民检察院侦查监督处先后与市质量技术监督局、市药品监督管理局、市烟草专卖局会签了《进一步加强工作联系制度》。此外，市院侦查监督处与市院控申处联合下发《上海市检察机关控告申诉、侦查监督部门关于加强立案监督工作相互配合的通知》，就控申部门在信访、来访过程中发现的立案监督线索移送侦查监督部门的时间、侦查监督部门受理线索后答复控申部门的时间、案件查处答复方式等均做了明确规定。

2003年，上海市人民检察院侦查监督处制定了《突发事件快速处置办法》，进一步规范了处理重特大刑事案件、敏感案件、领导交督办案件的程序，理顺市、分院与区县人民检察院在处置突发事件中的关系，使案件办理进入良性运作轨道。

2003年9月8日至12日，上海市人民检察院侦查监督处举办主办检察官培训班。最高人民检察院侦查监督厅厅长杨振江、市公安局经侦总队总队长倪瑞平等应邀授课。

2003年9月和11月，最高人民检察院侦查监督厅分别在重庆、合肥召开建立行政执法与刑事执法相衔接工作机制座谈会和全国检察机关侦查监督业务骨干培训班，市院侦查监督处出席并分别做了题为《结合区位特点加大工作力度积极开展经济犯罪立案监督专项行动》和《探索和运用证据参考标准规范和完善审查逮捕工作》的交流发言，获得最高人民检察院侦查监督厅和与会者的好评。

2003年10月29日至30日，上海市人民检察院侦查监督处组织开展“刑事立案监督十佳精品案件”评选活动。最终，虹口、黄浦、杨浦、南汇、宝山、闸北、浦东新区、松江、闵行和长宁区人民检察院等立案监督的郭某斌诈骗案等案件被评为“十佳精品案件”。

2003年，上海市人民检察院侦查监督处、政治部教育处研究决定对侦查监督专业人才小组成员进行调整，并就完善逮捕证据参考标准、疑难案例等开展了研究活动。此外，在全市检察机关未检部门组成了由历届未检办案能手、资深未检部门负责人及业务骨干参加的未检专业人才小组，积极开展工作机制研究、典型及疑难案例分析、专题调研等活动。

2003 年，上海市人民检察院侦查监督处先后制定并提交公检联席会议讨论通过了《合同诈骗犯罪案件逮捕证据参考标准》、《侵犯知识产权犯罪案件逮捕证据参考标准》、《妨害国（边）境管理秩序犯罪案件逮捕证据标准》及《审查逮捕非法证据排除规则》、《优势证据确认办法》等文件，对统一逮捕证据认识，增强打击合力，保证办案质量，起到了积极作用。

2003 年，上海市人民检察院侦查监督处编写出版了《侦查监督检察实务教程》，以此适应上海市检察机关侦查监督部门岗位培训的需要。该书根据 2000 年 9 月份在杭州市召开的全国检察机关第一次侦查监督工作会议确立的侦查监督部门所承担的"三项职责，八大任务"，依据 1996 年修正的《刑事诉讼法》、1998 年修订的《人民检察院刑事诉讼规则》等现行法律规定和有关司法解释，认真总结多年来特别是"杭州会议"以来上海市检察机关侦查监督工作的实践经验，从理论与实践相结合的角度，对侦查监督部门的职能和相关业务工作进行了阐述。

2004 年 1 月 16 日、17 日，上海市人民检察院侦查监督处召开了"2004 年上海市检察机关侦查监督、未检工作会议"，会议认真贯彻了全市检察长会议精神，总结了全市检察机关侦查监督、未检 2003 年度工作，部署了 2004 年度工作，颁发了 2003 年度工作中"十佳立案监督案件"等奖项。市院党组副书记、副检察长余啸波到会并做了重要讲话。

2004 年 3 月至 2005 年年底，全市侦查监督部门积极贯彻落实最高人民检察院部署开展的"制售假冒伪劣、侵犯知识产权犯罪立案监督活动"，开展打击制假售假、侵犯知识产权立案监督专项行动。市院侦监处立足于上海的区位特点，立即制定贯彻意见，部署上海开展立案监督专项工作，重点突出对注册商标、专利、商业秘密、著作权以及各种载体的保护，并配合有关职能部门，加大对畜禽、豆制品市场流通、药品、农资、汽车、建筑装潢等市场秩序的整顿和规范，加强相关市场经济领域中制假、售假的立案监督，努力构建行政执法与刑事司法相衔接的工作机制，进一步加大了对制假售假、侵犯知识产权犯罪的打击力度，促进了刑事立案监督工作的全面发展，初步建立起行政执法与刑事司法相衔接的工作机制，为维护本市市场经济秩序、营造良好的执法环境发挥了重要作用。

2004 年 7 月 26 日至 29 日，上海市人民检察院侦查监督处举办了全市侦监、未检部门主办检察官培训班，邀请了最高人民检察院业务厅的部门领导、全国著名法学家、市公安局等部门领导为来自全市侦监、未检条线的 100 余名主办检察官等业务骨干授课讲学。

2004 年 7 月中旬开始，上海市人民检察院侦查监督处举办"上海市检察机关第四届优秀侦查监督员、第三届未检办案能手”评选活动。最后，评选出上海铁路运输检察院侦监科蒋锦华等8名优秀侦查监督员和浦东新区人民检察院未检处潘震颖等6名未检办案能手及6名单项优秀奖获得者。

2004年8月10日，在市政府的大力支持下，上海市人民检察院与上海市整顿和规范市场经济秩序领导小组办公室、市公安局和市监察局等14家行政执法单位会签《建立行政执法与刑事司法相衔接工作机制的办法》，这标志着上海构建行政执法与刑事司法相衔接工作机制的正式建立。

2004年9月7日，上海市人民检察院侦查监督处借助市院二级专线网首次召开了全市检察机关侦监工作电视电话会议。传达了最高人民检察院侦监厅领导在最近召开的有关会议上所作的“关于全国侦监工作开展情况和下一步工作部署”的讲话精神；通报了上海开展制售假冒伪劣商品、侵犯知识产权犯罪立案监督专项活动情况，介绍《关于建立行政执法与刑事司法相衔接工作机制的办法》的起草过程及实施中应当注意的有关问题。市院党组副书记、副检察长余啸波到会并做了重要讲话。

2004年9月，上海市人民检察院侦查监督处专门召开全市侦监部门负责人工作会议，研究部署开展对淫秽网站、声讯台的专项行动。

2004年10月26日、27日，上海市人民检察院侦查监督处先后在宝山、闵行两区人民检察院分片召开“侦监工作”座谈会，对深入扎实开展打击制假售假、侵犯知识产权犯罪专项立案监督活动进行再动员、再部署。

2004年，上海市人民检察院侦查监督处为规范审查逮捕工作，提高全市侦监、未检部门审查逮捕案件质量，制定并下发了《审查逮捕确认优势证据的办法（试行）》。为进一步规范未检部门庭审预案的制作，提高未检部门出庭公诉水平和能力，确保出庭效果，制定并下发了《未成年人刑事案件出庭庭审预案制作基本标准（试行）》。

2004年，上海市人民检察院侦查监督处制定了《妨害国（边）境管理犯罪的认定及逮捕证据参考标准》和《合同诈骗罪逮捕证据参考标准》，经公检执法办案工作联席会议通过，在全市各级公安机关、检察机关办案中施行。

2005年2月，上海市人民检察院侦查监督处被评为2004~2005年度“上海市社会治安综合治理先进集体”。

2005年3月31日至4月1日，上海市人民检察院侦查监督处会同市整顿和规范市场经济秩序领导小组办公室举办行政执法与刑事司法相衔接业务研讨班，市工商局、市质监局、市公安局、市高级人民法院、市检察院就行政执法与刑事司法衔接工作中存在的问题进行了研讨。市整规办领导和市院副检察长余啸波分别讲话。

2005年5月至12月，全市侦查监督部门积极配合市公安局在全市范围内开展打击“两抢一盗”（抢劫、抢夺、盗窃）犯罪专项斗争，有效遏制和减少“两抢一盗”案件的多发势头，增强群众安全感，维护社会和谐稳定。2005 年 5 月至 12 月，最高人民检察院部署开展以纠正刑讯逼供为重点的专项侦查监督活动以来，全市检察机关侦查监督部门将专项活动作为贯彻落实中央政法委“规范执法行为，促进执法公正”专项整改的一个重要举措来抓，集中排查了一批线索，查处突破了重点案件，加强了预防教育，制定完善了工作制度，研究提出了建立健全发现、查处和纠正刑讯逼供工作机制和工作设施的意见，引起了市人大领导及相关部门的高度重视，专项活动取得了较为明显的成效。

2005 年 6 月 14 日至 15 日，上海市人民检察院侦查监督处召开“全市检察机关侦查监督工作会议”，认真贯彻全国检察机关第二次侦查监督工作会议精神，研究部署加强和改进侦查监督工作。市院检察长吴光裕、副检察长余啸波参加会议并讲话，对今后一个时期上海市侦查监督工作深化发展的全局、连续推进的关键和深入创新的关系做了重要阐述。

2005 年 6 月 22 日，上海市人民检察院侦查监督处制定了《上海市检察机关侦查监督部门业务工作考核评估办法（修订稿）》。

2005 年，浦东新区人民检察院运用信息化手段，协调各有关单位，率先建立起区域间的“行政执法与刑事司法信息共享平台”，探索了全国首个“行政执法与刑事司法信息共享平台”系统软件，并经市院、市整顿和规范市场经济秩序领导小组办公室研究选择浦东、长宁等区作为先行应用该信息共享平台试点单位。市检察院会同市整规办及时总结推广浦东新区的经验。

2005 年 7 月，上海市人民检察院侦查监督处党支部被评为 2004 ~ 2005 年度“上海市市级机关优秀党支部”。

2005 年 8 月 26 日，上海市人民检察院与市公安局会签下发了《扒窃案件逮捕证据参考标准》，对扒窃案件审查逮捕证据参考标准、特殊参考标准及构成犯罪的数据标准等作出了明确规定。

2005 年 9 月 16 日，参照最高人民检察院、市院关于人民监督员制度的有关规定，结合侦监实际，上海市人民检察院侦查监督处制定了《关于侦查监督部门执行人民监督员制度的若干规定（试行）》并附有关案例下发要求各级侦监部门遵照执行。该规定明确了侦监环节办理被逮捕的职务犯罪嫌疑人不服逮捕决定的办案规定。

2005 年 9 月 20 日，上海市人民检察院侦查监督处与市整规办在浦东新区联合召开“运用信息平台，加强执法衔接工作交流会”，进一步扩大该信息共享平台的试点范围，有效推进行政执法与刑事司法衔接。市院副检察长余啸波、市整规办负责人顾仁达到会讲话。

2005 年 11 月 4 日，上海市人民检察院、市公安局第 12 次执法工作联席会议通过《关于规范撤销或者变更逮捕措施的办法》、《关于有条件批准逮捕的实施细则》和《关于办理提请和批准延长侦查羁押期限案件的规定》。

2005 年 12 月 28 日，最高人民检察院侦查监督厅元明副厅长、李俊平处长、全国整顿和规范市场经济秩序领导小组办公室杨志强一行 3 人专程到浦东新区人民检察院调研“行政执法与刑事司法信息共享平台”应用情况。

2005 年，上海市人民检察院表彰了 2004 年度侦监、未检条线优秀个案。对卢湾区人民检察院侦查监督科审查逮捕“120 专案”等 8 个办案组荣记集体三等功，对松江区人民检察院侦查监督科承办“沈某等 3 人杀人抢劫案”的主办检察官许江波等同志荣记个人三等功。

2005 年，为进一步规范侦查监督部门执法工作，加强和改进侦查监督工作，侦查监督处按照“规范执法行为，促进执法公正”专项整改活动的部署，制定并下发全市侦监部门执行《有条件逮捕的实施细则》、《审查逮捕讯问犯罪嫌疑人的办法》、《关于规范撤销或者变更逮捕措施的办法》、《介入侦查引导取证工作办法》和《关于办理提请和批准延长侦查羁押期限案件的规定》等有关规定。

2006 年以来，上海市人民检察院先后制定了《关于进一步完善和规范适时介入公安机关侦查活动工作的意见》和《关于侦查监督部门与公诉部门工作衔接的暂行规定》，与市公安局共同颁布了《关于检察机关介入公安机关侦查活动的暂行规定》。经过几年的探索和实践，逐步确立了以引导侦查取证为主线，以防止漏罪漏捕、暴力违法取证和排除非法证据为重点的侦查活动合法性监督的工作模式。

2006 年 1 月 18 日，上海市人民检察院侦查监督处制定并下发了《上海市检察机关侦监、未成年人刑事检察部门 2006 ~ 2007 年工作规划》。该规划对本市 2006 ~ 2007 年侦监、未检工作的指导思想、基本原则、主要工作目标及主要任务作出了明确规定，以利于全市侦监、未检条线工作在一段时期健康、稳定、有序地发展。

2006 年 1 月，根据最高人民检察院侦监厅对全国检察机关开展 2005 年度审查逮捕案件复查工作的部署要求，上海市人民检察院侦查监督处对 2005 年全市侦监、未检部门审查逮捕案件质量情况进行了复查，针对存在的问题作出了分析对策，有利于进一步加强和改进审查逮捕工作质量。

2006 年 1 月以来，上海市人民检察院侦监处积极配合市院信息中心，在对基层单位使用办案软件情况调研的基础上，通过组织部分侦监、未检部门分管处（科）长、内勤及办案骨干对办案软件中涉及侦监、未检环节侦查监督阶段批捕案件备案、不批准逮捕案件复核、延长羁押期限审批模块进行了认证、修订和完善，还对办案软件侦监、未检部分有关案件查询、业务统计、汇总以及报表部分向软件公司提出进一步需求及完善建议，以利于办案软件日臻完善，实现市、分院、基层院依托办案软件实现办案、查询、统计、报表信息化，为全市办案软件高质、高效推广、运行作出了积极贡献。

2006 年 1 月 23 日、24 日，召开了上海市检察机关侦查监督、未检工作会议。会议全面总结了全市 2005 年侦查监督、未检工作，进一步明确了 2006 年侦查监督、未检工作的总体要求和工作重点。

2006 年 3 月 2 日，上海市人民检察院、市整规办、市公安局、市监察委联合下发了《关于转发〈关于在行政执法中及时移送涉嫌犯罪案件的意见〉的通知》。

2006 年 3 月 20 日，在与市公安局经侦总队加强信息情况互通的基础上，上海市人民检察院侦监处制定了《关于开展治理商业贿赂专项工作的实施意见》。该意见对检察机关充分认识治理商业贿赂的重要性和紧迫性，进一步明确办理商业贿赂案件的指导原则，切实加强政策、法律的学习和调研，努力形成内部配合、协作的工作合力，进一步加强与行政执法机关的联系配合与工作衔接，切实加强对商业贿赂专项治理工作的领导，以专项治理工作促进检察队伍建设，以及切实加强检察宣传和综合治理工作提出了明确要求。

2006 年 4 月 14 日，根据最高人民检察院《人民检察院直接受理侦查案件立案、逮捕实行备案审查的规定》，结合本市侦查监督工作实际，上海市人民检察院侦查监督处制定了《关于对自侦逮捕案件实行备案审查的通知》。

2006 年 4 月，上海市人民检察院侦查监督处选派干部及部分区县人民检察院侦监、未检内勤赴铁检南京人民检察院考察，学习该院以深化侦监文书、业务归档等基础性工作入手，夯实基础工作，着力精细化管理，不断提升侦监规范化建设水平的先进工作经验。市院侦监处根据考察情况和业务处文档管理工作实际，对各类文档进行了全面梳理，本着“规范、有序、实用”原则，制定了处、科室文书档案管理条目、具体要求及其标准，进一步规范了处、科室文书归档工作，促进了各项业务工作的开展。

2006 年 7 月 12 日，上海市人民检察院制定了《关于侦查监督部门与公诉部门工作衔接的暂行规定》。

2006 年 7 月 12 日，为加强上海市人民检察院对全市检察机关办理重大刑事案件的监督和指导，进一步增强打击严重刑事犯罪的合力，保证刑事诉讼顺利进行，切实提高案件质量和办案效率，市院侦监处起草了《上海市人民检察院关于刑事案件督办的规定》，报经市院批准后下发执行。

2006 年 7 月 12 日，上海市人民检察院侦查监督处与研究室、公诉处共同会商，结合办案实际，根据《开展打黑除恶专项斗争的实施意见》精神，制定了《本市检察机关深化打黑除恶专项斗争、治理社会治安八大“顽症”的政策法律适用意见》，为切实提高办理黑恶势力犯罪案件的质量提供了有力的保障。

2006 年 7 月 31 日，上海市高级人民法院、市人民检察院、市公安局、市司法局会签了《关于重大故意杀人、故意伤害、抢劫和毒品犯罪案件基本证据及其规格的意见》。

2006年8月22日，闵行、普陀区人民检察院侦监科和宝山区人民检察院未检科等单位立案监督的12起个案被评为“上海市检察机关第三届刑事立案监督优秀个案”。

2006年8月，全市各级侦监、未检部门认真开展审查逮捕专项检查工作，深入细致地对逮捕工作中存在的该捕不捕、不该捕而捕以及对有关证据标准和规范性制度执行不严、对侦查活动监督不力、对未成年犯罪嫌疑人执行刑事政策不当等问题进行专项检查。

2006年8月以来，全市各级侦查监督、未检部门根据中央政法委、最高人民检察院和市委政法委的有关部署，按照市院党组的要求，结合侦查监督、未检工作实际，紧紧围绕五个专题，通过自查、互查以及开门检查等方式，找出了在执法观念方面存在的问题，边查边改，积极采取整改措施，进一步推动业务工作的健康发展。

2006年9月，为进一步规范侦监、未检条线办案工作，上海市人民检察院侦查监督处对2004年以来最高人民检察院、市院领导讲话以及制定颁发的相关制度、规定汇编成2006年版《侦查监督工作手册》，供各级侦监、未检干部作办案工作参考。

2006年10月25日，在北京召开的全国行政执法与刑事司法衔接工作座谈会上，市院副检察长余啸波和浦东新区人民检察院就本市开展“两法衔接”工作和信息共享平台工作做了介绍和交流，得到了国务院、全国整规办和最高人民检察院领导的充分肯定和高度评价。

至2006年11月，全市19个区县检察机关运用信息化技术，已与各区县整顿与规范市场经济秩序领导小组办公室、公安分（县）局、监察局和工商、税务、质监、食药监、烟草专卖等行政执法机关全面实行行政执法与刑事司法信息的共享，全面建成了“行政执法与刑事司法信息共享平台”，开创了“网上衔接，信息共享”的工作模式，为“两法衔接”提供了有效的技术保障。信息共享平台的建立，为进一步加强检察机关与公安机关、监察机关以及行政执法机关的联系，促进涉嫌犯罪案件的移送，实现行政执法与刑事司法的有效衔接提供了坚实的载体，对整顿和规范市场经济秩序工作发挥更大的作用。

2007年1月23日至24日，全市侦查监督、未检工作会议在上海检察官培训中心召开。会议总结了2006年上海市侦查监督、未检工作，结合学习贯彻全国和全市政法工作及检察长会议精神，重点分析和研究侦查监督、未检工作在构建和谐社会、落实宽严相济刑事司法政策工作中的任务，提出了新形势下全市侦查监督、未检工作的目标和要求。

2007年年初，根据最高人民检察院《关于在检察工作中贯彻宽严相济刑事司法政策的若干意见》精神、市院部署及有关规定，结合侦查监督和未检工作实际，上海市人民检察院侦查监督处制定并下发了《关于侦查监督、未检工作贯彻宽严相济刑事司法政策的若干意见》，对侦查监督、未检工作贯彻宽严相济刑事司法政策的工作原则、重点、措施，结合上海工作的实际提出了具体的贯彻意见。

2007年上半年，上海市人民检察院侦查监督处对全市19个区县的平台运用情况开展了广泛的调研，并在杨浦区人民检察院召开了全市侦查监督部门信息共享平台工作现场会，推进区级行政执法与刑事司法信息共享平台工作。

2007年7月3日，包括北京、黑龙江、江苏、浙江、湖北、广东、重庆、陕西、上海等9个省、市在内的全国检察机关部分省市侦查监督公诉部门建立办案资源共享机制现场会在沪召开，最高人民检察院侦查监督厅厅长杨振江、公诉厅副厅长彭东参加会议，上海市人民检察院副检察长余啸波到会致辞。

2007年7月，上海市人民检察院侦监处召开上半年全市侦监、未检工作会议。

2007年7月，为贯彻落实中央及最高人民检察院领导关于"网上衔接，信息共享"的重要批示精神，全国整规办和最高人民检察院侦查监督厅组成联合调研组来沪调研、指导行政执法与刑事司法信息共享平台建设工作。

2007年8月30日至9月19日，上海市人民检察院侦查监督处组织开展了"上海市检察机关第五届优秀侦查监督员、第四届未检办案能手"评选活动。全市侦查监督条线有32名选手、未检条线23名选手参加了评选活动。经过各项选拔、评比，并经评选领导小组审核，市院政治部对谢闻波等10位同志授予"上海市检察机关第五届优秀侦查监督员"称号，对在这次评选活动单项评比中有突出表现的黄爱华、陈忠海2位同志颁发审查逮捕意见书制作优秀奖；对吴燕等6位同志授予"上海市检察机关第四届未检办案能手"称号，对陈宇等7位在本次评选活动中部分项目表现突出的同志颁发优秀奖。

2007年9月25日，上海市人民检察院侦查监督处召开全市检察机关侦查监督工作会议。市院副检察长余啸波作《关于上海检察机关侦查监督工作七年回顾》的报告。7年来，侦查监督部门建立健全以拓宽监督途径为核心的立案监督工作机制、建立健全以分析证据为核心的审查逮捕工作机制、建立健全以"介入侦查，引导取证"为核心的侦查监督工作机制、建立健全以信息传输和捕诉衔接为核心的"严打"工作机制。

2007年10月11日，上海市人民检察院举行新闻发布会，通报7年来全市检察机关履行侦查监督职能的情况。

2007年12月5日至6日，上海市人民检察院侦查监督处选派了闵行区人民检察院未检科科长吴燕、一分院侦监处处长助理谢闻波2位同志代表上海市检察机关参加在北京举办的首届"全国检察机关侦查监督十佳检察官暨侦查监督优秀检察官”评选表彰活动。经过激烈角逐、严格审核和认真评议，吴燕、谢闻波2位同志从全国66位参赛选手中脱颖而出，分别以总分第一和第三的优异成绩被最高人民检察院政治部授予“全国侦查监督十佳检察官”称号，同时，最高人民检察院还因二人在本次评选活动中单项成绩第一和第三的突出表现而颁发了审查逮捕案件意见书优秀奖、案件汇报与答辩优秀奖。展示了上海市检察官过硬的业务素质和良好的政治素质，为上海市检察机关争得了荣誉。

2007年12月9日，获得“全国侦查监督十佳检察官”称号的吴燕、谢闻波载誉而归，市人民检察院检察长吴光裕、党组书记、副检察长蔡旭敏、市院副检察长邹传纪、市院一分院检察长李培龙、市院副检察长余啸波和市院政治部主任周越强等领导亲切接见了获奖选手。

2007年12月25日，上海市人民检察院举行新闻发布会，通报闵行区人民检察院未检科科长吴燕、市检一分院侦查监督处处长助理谢闻波荣获首届“全国侦查监督十佳检察官”称号以及本市检察机关以规范化管理打造专业化人才队伍建设的有关情况。

2007年，依照最高人民检察院《关于依法快速办理轻微刑事案件的意见》要求，全市侦监、未检部门推行了对案情简单、事实清楚、证据确实充分、犯罪嫌疑人认罪的轻微刑事案件简化工作流程，缩短办案期限。

2007年3月至11月，上海市人民检察院侦监处配合全市公安机关开展的“反扒”专项行动，制定并下发了《关于配合公安机关开展打击扒窃犯罪专项行动的工作意见》。各级侦监部门在办理扒窃类案件过程中，加强对案件性质、证据采集、团伙认定、法律适用等的分析调研，有效配合公安机关开展专项打击。

2007年12月6日，上海市人民检察院侦查监督处对原有的侦监、未检两个条线的专业人才小组进行了充实调整，调整后的侦监专业人才小组为27人，未检专业专业人才小组为18人。

2007年，上海市人民检察院侦查监督处承接并完成市院《监督公安机关立案工作机制》调研课题。

2007年，为建立上下左右互联互通的市级信息共享平台，充分发挥平台工作效能，年初，市院业务处加强了与市整规办的协调沟通。在双方达成一致意见的基础上，研究制定了市级平台建设的工作方案。在市院业务处和市整规办的共同努力下，6月21日、10月29日，市政府两次召开专题会议，研究部署市级平台建设工作，明确由市整规办作为牵头单位，市人民检察院作为项目建设的法人单位，会同市政府法制办、市监察委、公安局以及各行政执法机关共22家单位共同开展平台建设工作。会后，市院业务处和市整规办成立了项目建设推进小组，根据专题会议的部署和时间节点要求，逐步推进平台建设工作，为本市真正实现“网上衔接，信息共享”的工作机制奠定了坚实的基础。

主要参考文献

一、中文著作

1. 陈瑞华著：《刑事诉讼的前沿问题研究》，中国人民大学出版社2000年版。

2. 赵震江主编：《法律社会学》，北京大学出版社2001年版。

3. 贺恒扬著：《侦查监督论》，河南大学出版社2005年版。

4. 林钰雄著：《刑事诉讼法》，中国人民大学出版社2005年版。

5. 樊崇义主编：《刑事审前程序改革实证研究——侦查讯问程序中律师在场（试验）》，中国人民公安大学出版社2006年版。

6. 吕毅平主编：《检察机关规范执法手册　刑事检察工作分册》，中国检察出版社2006年版。

7. 左卫民等著：《中国刑事诉讼运行机制实证研究》，法律出版社2007年版。

8. 毛立新著：《侦查法治研究》，中国人民公安大学出版社2008年版。

9. 闵钐编：《中国检察史资料选编》，中国检察出版社2008年版。

10. 陈卫东主编：《刑事审前程序与人权保障》，中国法制出版社2008年版。

11. 陈瑞华著：《问题与主义之间——刑事诉讼基本问题研究》（第二版），中国人民大学出版社2008年版。

12. 左卫民等著：《中国刑事诉讼运行机制实证研究（二）——以审前程序为重心》，法律出版社2009年版。

13. 孙谦主编：《人民检察制度的历史变迁》，中国检察出版社2009年版。

14. 王立民主编：《中国传统侦查和审判文化研究》，法律出版社2009年版。

15. 徐美君著：《侦查权的运行与控制》，法律出版社2009年版。

16. 杨振江主编：《审查逮捕实务培训教程》，中国检察出版社2009年版。

17. 黎敏著：《西方检察制度史研究——历史缘起与类型化差异》，清华大学出版社2010年。

18. 陈瑞华著：《比较刑事诉讼法》，中国人民大学出版社2010年版。

19. 甄贞等著：《检察制度比较研究》，法律出版社2010年版。

20. 郭松著：《中国刑事诉讼运行机制实证研究系列（四）——审查逮捕制度实证研究》，法律出版社2011年版。

21. 黄豹著：《侦查权力论》，中国社会科学出版社2011年版。

22. 倪铁著：《法文化视角下的传统侦查研究》，复旦大学出版社2011年版。

23. 宋英辉、孙长永、朴宗根等著：《外国刑事诉讼法》，北京大学出版社2011年版。

二、中文译著

1. ［法］孟德斯鸠著，张雁深译：《论法的精神》（上册），商务印书馆1987年版。

2. ［美］博登海默著，邓正来译：《法理学　法律哲学与法律方法》，中国政法大学出版社1999年版。

3. ［英］哈耶克著，邓正来等译：《法律、立法与自由》（第一卷），中国大百科全书出版社2000年版。

4. 黄道秀译：《俄罗斯联邦刑事诉讼法典》，中国政法大学出版社2003年版。

5. ［德］克劳斯·罗科信著，吴丽琪译：《德国刑事诉讼法》，法律出版社2003年版。

6. ［英］吉米·边沁著，李贵方等译：《立法理论》，中国人民公安大学出版社2004年版。

7. ［美］赖特·米尔斯著，陈强、张永强译：《社会学的想象力》，生活·读书·新知三联书店2005年版。

8. 美］艾尔·巴比著，邱泽奇译：《社会研究方法》（第10版），华夏出版社2005年版。

9. ［日］大木雅夫著，范愉译：《比较法》，法律出版社2006年版。

10. ［美］黄宗智著：《清代的法律、社会与文化：民法的表达与实践》，上海书店出版社2007年版。

11. ［德］托马斯·莱塞尔著，高旭军等译：《法社会学导论》（第4版），上海人民出版社2008年版。

12. ［法］贝尔纳·布洛克著，罗结珍译：《法国刑事诉讼法》，中国政法大学出版社2009年版。

13. ［美］约书亚·德雷斯勒、艾伦·C. 迈克尔斯著，吴宏耀译：《美国刑事诉讼法精解（刑事侦查）》，北京大学出版社2009年版。

14. ［英］约翰·斯普莱克著，徐美君、杨立涛译：《英国刑事诉讼程序（第九版）》，中国人民大学出版社2009年版。

15. ［英］丹宁勋爵著，李克强、杨百揆、刘庸安译：《法律的正当程序》，法律出版社2011年版。

三、期刊论文

1. 但伟、姜涛：《侦查监督制度研究——兼论检察引导侦查的基本理论问题》，载《中国法学》2003年第2期。

2. 刘作翔、马岭：《宪法关系和宪法性法律关系》，载《西北大学学报（哲学社会科学版）》2005年第3期。

3. 李虎桓：《侦查监督概念论析与构建》，载《犯罪研究》2005年第4期。

4. 左卫民、赵开年：《侦查监督制度的考察与反思》，载《现代法学》2006年第6期。

5. 朱孝清：《中国检察制度的几个问题》，载《中国法学》2007年第2期。

6. 葛洪义：《“监督”与“制约”不能混同——兼论司法权的监督与制约的不同意义》，载《法学》2007年第4期。

7. 杨振江：《侦查监督工作三十年回顾与展望》，载《人民检察》2008年第23期。

8. 马静华：《侦查权力的控制如何实现——以刑事拘留审批制度为例的分析》，载《政法论坛》2009年第5期。

9. 陈瑞华：《制度变革中的立法推动主义——以律师法实施问题为范例的分析》，载《政法论坛》2010年第1期。

10. 周标龙：《论刑事诉讼中的“制约”与“监督”》，载《法学杂志》2010年第2期。

11. 万春：《侦查监督制度改革若干问题》，载《河南社会科学》2010年第2期。

12. 徐昕、黄艳好、卢荣荣：《2010年中国司法改革年度报告》，载《政法论坛》2011年第3期。

13. 韩大元、于文豪：《法院、检察院和公安机关的宪法关系》，载《法学研究》2011年第3期。

14. 韩成军：《侦查监督权配置的现状与改革构想》，载《法学论坛》2011年第4期。

15. ［美］沃野：《论实证主义及其方法论的变化和发展》，载《学术研究》1998 年第 7 期。

16. ［英］杰奎琳·霍奇森、朱奎彬、廖耘平译：《警察、检察官与预审法官：法国司法监督的理论与实践》，载《中国刑事法杂志》2010 年第 2 期。

17. 谢如程：《清末检察制度及其实践》，华东政法大学博士学位论文，2007 年。

18. 倪铁：《中国传统侦查制度的现代转型——1906－1937 年侦查制度现代化的初期进展》，华东政法大学博士学位论文，2008 年。

19. 巩富文：《中国侦查监督制度研究》，中国政法大学博士学位论文，2010 年。

后　　记

当敲出“后记”两个字时，没有如释重负的轻松，却感觉诚惶诚恐。这是我的第一本专著，曾赋予它很多特别的意义，没想到却在仓促中收笔，在遗憾中交稿，此时想起了那句“理想很丰满，现实很骨感”，也许这就是生活。

回想整个写作过程，真是一波三折，充满艰辛。最初“认领”侦查监督这个题目，认为是一个制度研究，结构相对清晰，只要从理念、制度、实践三个方面系统研究就可以有自己的贡献。但是在收集文献的过程中，却发现一方面成形的、有价值的“大块头”资料较少，需要自己一点点地收集和积累；另一方面检察系统内部已有两名理论功底深厚、实践经验丰富的省级院副检察长对这个题目做过专门研究，并出版了专著或撰写了40余万字的博士论文，如果不与前辈雷同，需要在理论的深度和研究的角度上都有所创新和突破。当时设想，鉴于两位前辈的专著（论文）都是主要立足于中国现阶段的侦查监督制度，我可以在视角上更广阔一些，对古今中外的侦查监督制度做以系统的考察，具体而言：对新中国成立以前的侦查监督制度鉴于现有研究涉及不多，主要从制度规范文本的角度进行梳理；对西方几个主要法治发达国家侦查监督制度的研究主要侧重于分析支撑制度背后的政治、经济、社会、文化因素，以提炼出不同侦查监督模式背后的政治社会条件；而对中国现存的侦查监督制度研究主要侧重于制度的运行而不是法律条文的制度表达，对于制度运行的考察也不应满足于一些实证的数字，而是进行吉尔兹意义上的“深描”，并深入分析制度运行中行动者的决策和制约机制。目标虽已明确，思路也算清晰，但一旦写作起来却没有想像的容易，不但自己的社会学理论功底有所欠缺，对社会科学的实证研究方法的技术运用也不够纯熟，更重要的是没有大块时间的保证，写作效率很低，导致文章进展很慢。本想利用元旦和春节两个假期潜心写作，不料身体“小恙”，不但元旦、春节没有利用上，按照医嘱还要再休息一段时间，不能用眼睛，这对于本书的写作无异于雪上加霜，当时的我曾一度想过放弃，听从命运的安排，但转念一想，该书的写作不只是我个人的事情，它也是我工作的一部分，实在不好向领导开口。眼看着离出版社最后的截稿日期越来越近，我心急如焚，那段日子，我带着没有完全恢复的身体夜以继日，每天写作十几个小时，眼睛酸涩、腰酸背痛，终于在编辑的一再宽容下仓促完成了写作，但是本书的面目却与自己最初的设想相距甚远。

虽然本书满是缺憾，但是却凝聚了多人的心血和爱。

首先要感谢我的导师石泰峰教授。2003 年，从我走入中央党校的那一刻起，石老师就成为了我的硕士导师，转眼间已有十个年头，十年来石老师在学习、工作和生活上对我的帮助提携自始至终，难以尽言。这是我的第一本专著，也是我六年法理学学习生涯的总结和交代，本书的研究方法、研究意识甚至研究情结都是在我师从先生学习期间培养和铸成的，仅以此书献给您——我的恩师。

感谢多年来在我成长路上给我关心和支持的诸多师友，他们是中央党校的张恒山教授、王红教授、付思明教授、李雅芸教授、王若曦处长，中国人民大学的朱景文教授、范愉教授、冯玉军教授，以及中央党校的退休干部周福勤、苏英两位前辈，这些师友在我求学、求职路上给予了我亲人般的温暖和帮助，没有他们我就不会走上今天的学术研究之路。

本书的写作是我工作的一部分，凝结了三年来我对检察工作的点滴思考，感谢我所在的北京市人民检察院第二分院的领导和同志们，他们是贾颖玲、孙春雨、张军、高伟、魏文荣、王伟、李斌、卢凤英、王静、王岩、郄兰芳、杨鹏飞、李晓春、彭慧等，感谢朝阳区人民检察院的金英梅，他们或是对本书资料的收集提供无私的帮助，或是在我写作过程中帮我分担了很多本职工作，或是在我困难时给予了我最大的理解和支持，正是在这些好心人的帮助下，本书才得以顺利撰写。

在本书即将出版之时，还要感谢我的公公、婆婆。十一年前从我走入家门的那一刻起，你们就像对待“女儿”一样待我，让我这个“没妈的孩子”多了份珍贵的母爱，这么多年来为了我的学业、事业，你们牺牲了本该享有的天伦之乐，感谢你们的理解和宽容！

最后要感谢我的爱人怀宝华，从相识、相恋到相爱结婚，一路走来、风雨兼程，至今已有十七个春秋。这么多年来，他不但无怨无悔地支持我完成了六年学业，更是在世事变化中相濡以沫、相携相伴于左右。在本书写作的过程中，他不但承担了所有图表的制作，忍受了我在写作焦虑过程中的“不可理喻”，更重要的是让我感觉到无论在多么困难的时候，身后总有一个坚强的臂膀在支撑着我，让我感觉不再孤单和弱小。

此时，我想起了含辛茹苦把我养大的父亲、想起了年过八旬的爷爷，他们正直、善良，为人忠厚，正是这样的家族品格影响和塑造了我的人生观和价值观。最后，我把这本小书献给最疼爱我的远在天堂的妈妈、奶奶，女儿（孙女）已经长大、成家，有了自己的一份工作，请不要牵挂，我会乐观而坚强地生活。

有时想想自己的起点真的很低，能走到今天多亏上面提到和未提到名字的好心人的帮助和支持，谢谢你们，祝愿一切温柔而美好！

张翠松

2012 年 7 月 16 日凌晨

于北京城南寓所